Jürgen Schneider
Die Ursachen für den Zusammenbruch
der Sowjetunion (1917–1945)

BWSG

BEITRÄGE ZUR WIRTSCHAFTS- UND SOZIALGESCHICHTE

BAND 132.1

Jürgen Schneider

Die Ursachen für den Zusammenbruch der Sowjetunion (1917–1945)

Eine ordnungstheoretische Analyse

In Kommission bei:
Franz Steiner Verlag

Umschlagabbildung:
Das Bild auf der Titelseite stammt vom 3. Parteitag der SED, Ost-Berlin 1950. Es zeigt die Gründungsväter der Sowjetunion und der DDR.
Quelle: Bundesarchiv, Bild 183-S99089
Fotograf: Hans Günter Quaschinsky

Bibliografische Information der Deutschen Nationalbibliothek:
Die Deutsche Nationalbibliothek verzeichnet diese Publikation in der Deutschen Nationalbibliografie; detaillierte bibliografische Daten sind im Internet über <http://dnb.d-nb.de> abrufbar.

In Kommission bei Franz Steiner Verlag, Stuttgart 2017
Druck: KM-Druck, Groß-Umstadt
Gedruckt auf säurefreiem, alterungsbeständigem Papier. Printed in Germany
ISBN 978-3-515-11843-9 (Print)
ISBN 978-3-515-11846-0 (E-Book)

διὸ ὀρθῶς Ἀγάθων [1)]

μόνου γὰρ αὐτοῦ καὶ θεὸς στερίσκεται,

ἀγένητα ποιεῖν ἅσσ᾽ ἂν ᾖ πεπραγμένα.

Aristoteles E(thica) N(icomachea) VI 2, 1139b9-11

wörtlich

Deshalb richtigerweise Agathon:
denn von einem genau ist selbst ein Gott beraubt,
Nicht-Entstandenes zu machen aus etwas, was doch Ausgeführtes war.

sinngemäß

Deshalb sagte Agathon mit Recht:
denn selbst ein Gott kann genau eines nicht,
nämlich Geschehenes ungeschehen machen.

Das betrifft zwar in erster Linie die Geschichte, aber nicht weniger auch die *Geschichtsschreibung,* die durch Weglassen von Berichten über Ereignisse diese Geschehnisse nicht ungeschehen machen kann.

[1)]Der Pauly: Agathon *(Ἀγάθων)*: „Einer der bedeutendsten attischen Tragiker außer den drei Meistem [also Aischylos, Sophokles, Euripides, Verf.]. (...) * ca. 448/46 (...) 400/399 †."
Aus: Weyershaus, Hans Adolf: Wirtschaftsprüfung in Deutschland und erster europäischer Zusammenschluß (1931-1961), Stuttgart 2012, S. 15.

ERSTER TEIL

Zur Einführung

Als ich 2004 von der Universität Bamberg in den Ruhestand verabschiedet wurde, hatte sich das Vorhaben einer „Wirtschaftsgeschichte der SBZ / DDR (1945-1990)" verdichtet und ich erinnerte mich an die Worte, die Max Weber in seinem Vortrag „Wissenschaft als Beruf" vor Studenten geäußert hatte:

„Denn nichts ist für den Menschen als Menschen etwas wert, was er nicht mit *Leidenschaft* tun kann.

Nun ist es aber Tatsache: daß mit noch so viel von solcher Leidenschaft, so echt und tief sie sein mag, das Resultat sich noch lange nicht erzwingen läßt. Freilich ist sie eine Vorbedingung des Entscheidenden: der ‚Eingebung'. Es ist ja wohl heute in den Kreisen der Jugend die Vorstellung verbreitet, die Wissenschaft sei ein Rechenexempel geworden, das in Laboratorien oder mit der ganzen ‚Seele' fabriziert werde, so wie ‚in einer Fabrik'. Wobei vor allem zu bemerken ist: daß dabei meist weder über das, was in einer Fabrik, noch was in einem Laboratorium vorgeht, irgendwelche Klarheit besteht. Hier wie dort muß dem Menschen etwas – und zwar das Richtige – *einfallen*, damit er irgend etwas Wertvolles leistet. Dieser Einfall aber läßt sich nicht erzwingen. [...] Nur auf dem Boden ganz harter Arbeit bereitet sich normalerweise der Einfall vor. Gewiß: nicht immer. [...] ‚Persönlichkeit' auf wissenschaftlichem Gebiet hat nur der, der *rein der Sache* dient. [...] Die wissenschaftliche Arbeit ist eingespannt in den Ablauf des *Fortschritts*. [...] Jeder von uns in der Wissenschaft weiß, daß das, was er gearbeitet hat, in 10, 20, 50 Jahren veraltet ist. Das ist das Schicksal, ja: das ist der *Sinn* der Arbeit der Wissenschaft, dem sie, in ganz spezifischem Sinne gegenüber allen anderen Kulturelementen, für die es sonst noch gilt, unterworfen und hingegeben ist: jede wissenschaftliche ‚Erfüllung' bedeutet neue ‚Fragen' und *will* ‚überboten' werden und veralten. Damit hat sich jeder abzufinden, der der Wissenschaft dienen will".[1]

Eingedenk der Anforderungen von Max Weber an den Wissenschaftler war ich anfangs der Ansicht, daß ich für die Aufgabe der Rekonstruktion der Wirtschaftsgeschichte der SBZ / DDR einigermaßen gut gerüstet war. Doch das Erfahrungsobjekt entzog sich zunächst dem methodischen Zugriff. Ab und zu dachte ich an Absurdistan von Václav Havel und Surrealismus. Die schriftlichen Quellen berichteten von einer wunderschönen neuen Welt, wie sie in der Zukunft sein sollte. Diese neue Welt hatte nur sehr wenig mit der Realität des realen Sozialismus in der DDR zu tun.

Der Sozialismus besaß nie eine ordnungspolitische Konzeption. Die Fasade der heilen Scheinwelt des realen Sozialismus in der SBZ / DDR (1945-1989/90) entstand dadurch, daß das Erkenntnisobjekt der politischen Ökonomie des Sozialismus nicht die politisch natural gesteuerte sozialistische Zentralplanwirtschaft

1 Weber, Max: Wissenschaft als Beruf, 4. Aufl., Berlin 1959, S. 12-15. Zingerle, Arnold: Max Weber (1864-1920), in: Görres-Gesellschaft (Hrsg.): Staatslexikon, 5. Bd., 7. Aufl., 1995, Sp. 899.

war, sondern die Werke von Marx, Engels, Lenin und Stalin sowie die grundlegenden Dokumente der Sozialistischen Einheitspartei Deutschlands und der Kommunistischen Partei der Sowjetunion, insbesondere die Programme beider Parteien. Jede Kursänderung der SED konnte mit den mehrdeutigen Andeutungen von Marx, Engels, Lenin und Stalin von den Politökonomen „schöpferisch" ausgelegt und damit sanktioniert werden.

Aus dem Destillat der sozialistischen „Klassiker" und den grundlegenden Programmen der KPdSU und der SED entstand eine heile Scheinwelt der Politökonomie. Die Fassade, die heile Scheinwelt, hatte keinen Realitätsbezug zu dem, was sich hinter der Fassade, hinter dem Vorhang auf der Bühne abspielte.

Die Berichte der Sowjetischen Militäradministration in Deutschland (1945 bis 1949) und deren Nachfolgeorganisation, die Sowjetische Kontrollkommission, waren empirisch gehaltvoller und nannten die Symptome beim Namen.

Die „Einheit" war die vom „ZK der SED herausgegebene Monatsschrift für Theorie und Praxis des wissenschaftlichen Sozialismus. Sie erschien erstmals im Februar 1946 in Vorbereitung der Vereinigung der KPD und SPD zur SED. Die Zeitschrift entwickelte sich zum führenden theoretischen Organ des Marxismus-Leninismus und der sozialistischen Praxis sowie zur auflagenstärksten politisch-wissenschaftlichen Zeitschrift in der DDR".[2]

Dem Anspruch, ein Organ für „Theorie und Praxis des wissenschaftlichen Sozialismus" zu sein, ist die „Einheit" nie gerecht geworden. Das Durcharbeiten aller Ausgaben der „Einheit" (1946 bis 1990) brachte viel Frust und keine wissenschaftlichen Erträge. Der Inhalt des „führenden theoretischen Organs der SED" war ein Sammelsurium, ein buntes Gemisch, ein Mischmasch über den theorielosen Zick-Zack-Kurs der SED.

Ebenso erging es mir mit der Zeitschrift „Wirtschaftswissenschaften", der „führenden Monatszeitschrift der DDR zu theoretischen und praktischen Problemen der marxistischen Wirtschaftswissenschaft, insbesondere der politischen Ökonomie des Sozialismus und der Zweigökonomiken. Sie ist Forum der wissenschaftlichen Diskussion über neue Forschungsergebnisse. Die Wirtschaftswissenschaft behandelt ferner Hauptfragen der politischen Ökonomie des Kapitalismus; erscheint seit 1953".[3]

Das Durcharbeiten der „Wirtschaftswissenschaften" brachte ebenso wie die intensive Beschäftigung mit den Lehrbüchern der Politischen Ökonomie des Sozialismus keine Erkenntnisse. Dies verarbeitete ich in einem Beitrag zum 65. Geburtstag von Kollegen Karl Heinrich Kaufhold.[4]

---

2 Meyers Neues Lexikon, 2. Aufl., Bd. 15, Leipzig 1977, S. 135.

3 Ebd., Bd. 15, Leipzig 1977, S. 263.

4 Schneider, Jürgen: „Marxistisch-leninistische Wirtschaftswissenschaften" nach sowjetischem Modell an den Hochschulen der SBZ / DDR: Legitimation und Propaganda für die Parteitage der SED, in: Gerhard, Hans-Jürgen (Hrsg.): Struktur und Dimension. Festschrift für Karl Heinrich Kaufhold zum 65. Geburtstag, Bd. 2: Neunzehntes und Zwanzigstes Jahrhundert, Stuttgart 1997, S. 214-265.

Die Sackgasse beim wissenschaftlichen Erkenntnisprozess veranlaßte mich, dem Modell für die Transformation der SBZ / DDR, der Sowjetunion, nachzugehen. Vielleicht lagen die Ursachen des Untergangs der sozialistischen Länder in den Genen des Modells Sowjetunion. Die Beschäftigung mit der Wirtschaftsgeschichte Sowjet-Rußlands seit der Oktoberrevolution von 1917 war der Schlüssel für die Transformation der Sowjetisch besetzten Zone Deutschlands im Zeitraum von 1945 bis 1948.

„Nach dem Uebergang der Macht in die Hände der Kommunisten 1917 war gar keine Rede davon, daß man einen allgemeinen Wirtschaftsplan gehabt hätte. Die alte kapitalistische Organisation verkrümelte sich; die neue sozialistische funktionierte noch nicht. Indes bestand und besteht eine der Hauptaufgaben der Sowjetmacht darin, die gesamte wirtschaftliche Tätigkeit nach einem gesamtstaatlichen Plan zu vereinheitlichen. Beim kommunistischen Gesellschaftssystem, das die Kommunistische Partei aufzurichten sucht, ist die gesamte Produktion eine organisierte Produktion. In ihr gibt es kein Unternehmen, das mit einem andern Unternehmen kämpft und dem es Konkurrenz macht, denn alle Fabriken, Werke, Bergwerke und sonstige Institutionen stellen hier eine Art von Abteilungen einer großen Werkstatt des ganzen Volkes dar, die die gesamte Volkswirtschaft umfaßt. [...] Als konkretes Modell, nach dem sich die russischen Kommunisten in ihren Maßnahmen bei der planmäßigen Reorganisierung der Volkswirtschaft Rußlands richteten, dienten die kriegswirtschaftlichen Maßnahmen Deutschlands in den Jahren 1914-1918. Die russische Kommunistische Partei glaubte an die Möglichkeit, durch eine Weiterentwicklung dieser Maßnahmen eine planmäßige Organisation der Volkswirtschaft auf kommunistischer Basis erzielen zu können. Mit der deutschen Kriegswirtschaft machten sich die russischen Kommunisten hauptsächlich an Hand der Artikel von J. Larin[5] vertraut, die im ‚Europäischen Boten' erschienen.[6] Larin war der Ansicht, daß die Kriegswirtschaft Deutschlands ‚eine neue Phase in der Organisation der kapitalistischen Produktion' darstellte; wir haben es bei ihr mit einer volkswirtschaftlichen Neubildung zu tun, ‚die durch den Krieg nur beschleunigt, aber keineswegs durch ihn geschaffen worden ist. Für jede Maßnahme, die jetzt getroffen wird, kann man die Wurzeln und die Vorboten schon im früheren Gang der Dinge entdecken. [...] Der Krieg hat nur ihre (der deutschen Wirtschaft) Umgestaltung nach der Richtung beschleunigt, auf die sie sich ohnehin schon zubewegte'. Deshalb ‚hat das deutsche Experiment eine Bedeutung für die Beurteilung über den künftigen Gang der Dinge überhaupt [...]'.

---

5 Larin (Lurje), geb. 1883. Bis 1917 Menschewik, dann führender Mann der KPdSU. Er wurde von Lenin mit unbeschränkter Vollmacht zur Reorganisation der Wirtschaft ausgestattet.

6 Larin, J.: Rußland 1919: Sein Aufstieg und Aufbau. Kernschriften für das revolutionäre Proletariat. Nr. 9. Kernschriften-Verlag Nürnberg. Vertrieb: K. Beißwanger jun., Innere Cramer-Klett-Str. 12. Larin, J. / Kritzmann, L.: Wirtschaftsleben und wirtschaftlicher Aufbau in Sowjet-Rußland 1917-1920. Verlag der Kommunistischen Internationale. Auslieferungsstelle für Deutschland: Carl Hoym Nachf. Louis Cahnbley, Hamburg 11, 1921, 198 S. Diese Artikel sind dann als Buch erschienen: J. Larin: Der Staatskapitalismus der Kriegszeit in Deutschland, Moskau-Leningrad, 1928, S. 28 f., 32.

Lenin war in dieser Frage mit Larin vollkommen solidarisch [...] Der künftige Geschichtsschreiber der Sowjetrevolution, der die Formen und Methoden des Aufbaus des Sowjetsystems studieren wird, kann nicht an der Tatsache vorbeigehen, daß sie dabei die ‚Organisationserbschaft' des zu jener Zeit am meisten entwickelten Kapitalismus Europas, des deutschen, ausgenützt hat".[7]

Der Volkswirt Goetz Briefs[8] analysierte die Kriegswirtschaft und Kriegswirtschaftslehre des Ersten Weltkrieges (1914/18) und resümierte: „Wenn Kriegswirtschaftslehre als Sonderdisziplin begründetes Daseinsrecht haben will, so muß sie ein zureichendes Prinzip besitzen. Dieses zureichende Prinzip kann nicht in dem Hinweis auf wirtschaftspathologische Erscheinungen, auf Störungen und Komplikationen der ‚normalen' Friedenswirtschaft gesehen werden. Alle diese Begriffe weisen auf die tatsächlich zugrunde liegende Wirtschaftsform hin und besagen deutlich, daß der Krieg wirtschaftliche Erscheinungen zeitigt, die nicht ‚normal' sind, gemessen am normalen Verlauf der Friedenswirtschaft. Als pathologische Erscheinungen, als ‚Störungen' müssen sie dann aber auch wissenschaftlich behandelt werden, d. h. auf der Basis und mit den Mitteln, Begriffen und Strukturzusammenhängen der Friedenswirtschaft; es gibt dann eben keine Möglichkeit der Kriegswirtschaft als einer neben der Volkswirtschaftslehre rangierenden Disziplin. Zwar kann man die pathologischen Erscheinungen darstellend und beschreibend isolieren, aber das ist dann doch keine theoretische und praktische Kriegsnationalökonomie. Es wäre ungefähr so, wie wenn man eine theoretische und praktische Krisenlehre als Sonderdisziplin neben die Volkswirtschaftslehre stellen wollte.

Allgemein ist der *Staat* der maßgebende Träger der Kriegswirtschaftspolitik, sei es von sich aus organisierend, dirigierend – oder sei es im Anschluß an schon bestehende privatwirtschaftliche Verbandsgebilde. Die Mittel der staatlichen Wirtschaftspolitik haben eine große Gleichförmigkeit; sie werden im Verlauf des Krieges immer systematischer, rücksichtsloser. Nie zuvor ist die Wirtschaft als Waffe gegen den politischen und militärischen Feind so allgemein anerkannt und so scharf eingesetzt worden wie in diesem Kriege. Nachdrücklich aber auch wie nie zuvor trägt die Wirtschaft der ganzen Welt die furchtbaren Wunden, die sie als Waffe sich selbst schlug.

Der Wurzelpunkt aller ‚Störungen' der Weltwirtschaft im Kriege ist die Vernichtung des hergebrachten Verhältnisses von Angebot und Nachfrage. Worin bestehen die ‚Störungen'? Sie bestehen darin, daß alle Produktionsanlagen der Welt, die für den Krieg oder in Ausnutzung der durch den Krieg geschaffenen Konjunktur arbeiten, gewaltig und ohne Rücksicht auf Kosten ausgedehnt wurden. Das gilt

---

7 Prokopovicz, S. H.: Rußlands Volkswirtschaft unter den Sowjets, Zürich / New York 1944, S. 238 f., 240.

8 Brintzinger, Klaus-Rainer: Gottfried Anton Briefs, gen. Goetz (1889-1974), in: Hagemann, Harald / Krohn, Claus-Dieter (Hrsg.): Biographisches Handbuch der deutschsprachigen wirtschaftswissenschaftlichen Emigration nach 1933, Bd. 1, München 1999, S. 78-82.

zumal für die Grundstoffe des Krieges: Kohle, Eisen, Stahl, Schiffe, Chemikalien, Leder, Textilien, Holz usw.".[9]

Briefs nahm die „Marktwirtschaft der Friedenszeit als Bezugsgröße, um die in der Kriegswirtschaft auftretenden Prozesse und Wandlungen als Störungen des Gleichgewichts[10] der Friedenswirtschaft zu erklären. [...] Die totale Umstellung auf den Krieg im Interesse einer erheblichen Steigerung der Rüstungsproduktion erfolgte durch das sog. ‚Hindenburgprogramm', mit dem im Herbst 1916 die dritte und letzte Periode der deutschen Kriegswirtschaft anlief".[11] In der Friedenszeit waren Produktion und Konsum aufeinander abgestimmt, die Wirtschaft befand sich im Gleichgewicht. Im totalen Krieg (1914/18, 1939/45) wird die Produktionsgüterindustrie auf Kosten der Verbrauchsgüterindustrie ausgebaut. Die Wirtschaft im totalen Krieg ist deformiert und gleichgewichtslos.

Stalin erfand „das Gesetz der planmäßigen (proportionalen) Entwicklung der Volkswirtschaft, das an die Stelle des Gesetzes der Konkurrenz und der Anarchie der Produktion getreten ist".[12] Im „Ökonomischen Lexikon" heißt es dazu: „Bei der planmäßigen Wirtschaftsführung sind insbesondere folgende volkswirtschaftliche Proportionen zu beachten und – ausgehend von der objektiven Dynamik der ökonomischen und gesellschaftlichen Entwicklung – durchzusetzen: die durch das Gesetz der vorrangigen Entwicklung der Produktion von Produktionsmitteln bestimmte Proportion zwischen den Abteilungen I und II der gesellschaftlichen Produktion".[13]

In der Realität der politisch natural gesteuerten sozialistischen Zentralplanwirtschaften hat es nie eine Proportionalität, ein Gleichgewicht zwischen der vorrangigen Produktion von Produktionsmitteln und Konsumwaren gegeben, sondern permanente Ungleichgewichte (Disproportionen).[14] Für eine gleichgewichtige Abstimmung zwischen den Abteilungen I und II existierten keine politischen Kriterien. Es ist von den sozialistischen Politökonomen nie erklärt worden, wie der Ausbau der Abteilung I (Produktionsmittel, Rüstungsindustrie) die Versorgung mit Konsumwaren verbessern sollte. Im Gegenteil, der vorrangige Ausbau der Abteilung I drosselte die Versorgung mit Konsumwaren. Die beiden Weltkriege (1914/18, 1939/45) haben diese Zusammenhänge eindrucksvoll bestätigt.

Nach der Konfiskation der Banken von Grund und Boden sowie der Großindustrie konnte der erste „Fünfjahresplan" des sozialistischen Aufbaus der UdSSR

---

9 Briefs, Goetz: Kriegswirtschaftslehre und Kriegswirtschaftspolitik, in: Handwörterbuch der Staatswissenschaften, 4. Aufl., 5. Bd., Jena 1923, S. 986, 1020.

10 Brandt, Karl: Gleichgewicht, ökonomisches, in: HdSW, 4. Bd., 1965, S. 599-606.

11 Boelcke, Willi A.: Rüstungswirtschaft I: Kriegswirtschaft, in HdWW, 6. Bd., 1989, S. 508, 510.

12 Stalin, J.: Ökonomische Probleme des Sozialismus in der UdSSR, Berlin (Ost) 1952, S. 22.

13 Proportionen, volkswirtschaftliche, in: Ökonomisches Lexikon H-P, 3. Aufl., Berlin (-Ost) 1979, S. 824.

14 Disproportionalität, in: Ökonomisches Lexikon, A-G, 3. Aufl., Berlin (Ost) 1978, S. 467.

(1928-1932/33) von Stalin realisiert werden. Diese Wirtschaft war eine Kriegswirtschaft, sie war deformiert und gleichgewichtslos bis zum Zusammenbruch.

„Das Hauptziel des Fünfjahresplans nannte Stalin aber in seiner bekannten Arbeit ‚Die kommende Katastrophe und wie man sie bekämpfen kann‘: ‚Der Krieg ist unerbittlich, er stellt mit schonungsloser Schärfe die Frage: entweder untergehen oder die fortgeschrittenen Länder *auch ökonomisch* einholen und überholen. [...] Untergehen oder mit Volldampf vorwärtsstürmen. So wird die Frage von der Geschichte gestellt‘.[15] Eine einfache Umschreibung dieser Leninworte war Stalins oft zitierter Ausspruch, Rußland sei immer schon wegen seiner Rückständigkeit geprügelt worden, daher müsse diese ‚kriegswirtschaftliche‘ Rückständigkeit umgehend liquidiert werden, ‚oder wir werden zermalmt‘.[16]

Das ist der von beiden Vätern der Nomenklaturaklasse (Lenin, Stalin) verkündete Sinn der Industrialisierung. Die Schaffung einer Militärmacht – das war von allem Anfang an dieser einfache Sinn, den die Nomenklaturaklasse jetzt zu verschleiern trachtet.

Stalin erfand die Formel: ‚die bevorzugte Entwicklung der Produktion von Produktionsmitteln‘. Das hieß nichts anderes, als das Primat der Schwerindustrie mit dem wichtigsten Ziel, die Kriegs- und Polizeimaschinerie des Nomenklaturastaates aufzurüsten. In der sowjetischen Statistik wurden Begriffe eingeführt: ‚Gruppe A‘ und ‚Gruppe B‘. Produktion von Produktionsgütern und Produktion von Konsumgütern. Man darf diese Begriffe nicht mit den von Marx eingeführten Kategorien Erste und Zweite Unterabteilung, also Schwer- und Leichtindustrie, verwechseln: In die Erste Unterabteilung fallen auch einige Konsumgüter, z. B. Kühlschränke und Fernsehapparate, in die Zweite einige Produktionsgüter, z. B. Transmissionsriemen für Maschinen. Die Stalinsche Formel wurde so ausgelegt: Um die Erzeugung von Waren für das Volk sicherzustellen, müsse man zuerst die Gruppe A (wie in der Sowjetunion die Produktion von Produktionsmitteln bezeichnet wird) voll ausbauen“.[17]

Die bevorzugte Entwicklung der Schwerindustrie (vor allem der Rüstungsindustrie) auf Kosten der Konsumgütererzeugung war das Hauptmerkmal aller Fünfjahrpläne in der Sowjetunion von 1928 bis zum Zusammenbruch 1989/91.[18]

Im Gefolge der Großen Sozialistischen Oktoberrevolution von 1917 unternahmen Lenin und Stalin auf der Basis von Karl Marx ein gigantisches utopisch-holistisches Experiment, das 1945 auf die von der Sowjetunion eroberten Länder übertragen wurde.

Das Modell von Stalins erstem „Fünfjahresplan“ des sozialistischen Aufbaus der UdSSR (1928-1932/33) ist von 1945 bis 1948 auf die Sowjetisch besetzte Zone Deutschlands übertragen worden. Das Kriegswirtschaftsmodell von Stalin war

---

15 Lenin: Werke, Bd. 25, S. 375.

16 Stalin: Werke, Bd. 13, S. 36.

17 Voslensky, Michael S.: Nomenklatura. Die herrschende Klasse der Sowjetunion, 3. Aufl., 1985, S. 267.

18 Berchin, J. B.: Geschichte der UdSSR 1917-70, Berlin (Ost) 1971, S. 378.

eine deformierte, gleichgewichtslose und sehr instabile Wirtschaft mit geringem technischen Fortschritt. Das sind die Hauptcharakteristika der politisch natural gesteuerten sozialistischen Zentralplanwirtschaft der SBZ / DDR von 1948 bis 1990. Die systemimmanenten Dysfunktionen endeten in einem Prozeß der Selbstzerstörung mit dem Zusammenbruch der Sowjetunion, der DDR und der anderen RGW-Länder. Der Zusammenbruch war ökonomisch determiniert. Das gigantische utopisch-holistische Experiment im Gefolge der Großen Sozialistischen Oktoberrevolution von 1917 bewährte sich nicht in der Evolution und brach deshalb zusammen.

Auf die SBZ / DDR wurde nicht nur das sowjetische Wirtschaftsmodell übertragen, sondern auch Staat, Recht und Gesellschaft sollten durch die Sowjetische Militäradministration in Deutschland nach sowjetischem Vorbild transformiert werden, wie der Rechenschaftsbericht von Oberst Sergej Tjulpanow (Oktober 1945 bis Oktober 1948) eindrucksvoll zeigt.[19]

In der Weimarer Republik sind „Wirtschaftsfragen politische Lebensfragen geworden".[20] „Deshalb sind Wirtschaftsordnungen und ihre Transformationen genau zu analysieren. Eine Wirtschaftsordnung wird ‚als der wirtschaftliche Teilbereich der Lebensordnung einer politischen Gemeinschaft' angesehen. ‚Dabei ist zu beachten, daß die Wirtschaftsordnung nur zu Zwecken der gedanklichen Durchdringung der komplexen Wirklichkeit aus der eine unauslösbare Einheit bildenden Lebensordnung einer politischen Gemeinschaft herausgelöst werden darf'. Auf die Bedeutung des Denkens in Ordnungen soll hier explizit hingewiesen werden:

> ‚Ordnung benennt eine Konfiguration von Teilen, die jedem ihrer Bestandteile seine (Ordnungs-)Stelle anweist. [...] Im Allgemeinen ausgedrückt: eine ordnungslose Wirklichkeit ist undenkbar, es sei denn unter der Form von Grenzbegriffen wie Chaos oder Tohuwabohu. Gleichermaßen kann Erkenntnis nicht ohne Ordnung sein, und zwar im doppelten Sinn: Sie ist ordnungsbezogen einmal, weil sie ordnungsmäßig verfahren, d. h. sich einer Methode bedienen muß, und ferner, weil sie dazu bestimmt ist, die Ordnung der zu erkennenden Gegenstände ans Licht zu bringen [...] Ordnung stellt eine einheitliche Beziehung unter Vielem her: sie ordnet zusammen'.[21]

Die gesamte Wirtschaftsordnung muß in Teilordnungen aufgeteilt werden, die dann mit den Teilordnungen der anderen Wirtschaftsordnung konfrontiert und verglichen werden. So ist die Geldordnung z. B. eine Teilordnung. Im Nationalso-

---

19 Wettig, Gerhard (Hrsg.): Der Tjulpanow-Bericht. Sowjetische Besatzungspolitik in Deutschland nach dem Zweiten Weltkrieg, Dresden 2012.

20 Forsthoff, Ernst: Deutsche Geschichte von 1918 bis 1938 in Dokumenten. Mit verbindenden Texten, Stuttgart ^{3}1943, S. 231. Huber, Ernst Rudolf: Das Deutsche Reich als Wirtschaftsstaat, Tübingen 1931.

21 Lampert, Heinz: Wirtschaftsordnung, in: Kunst, Hermann / Herzog, Roman / Schneemelcher, Wilhelm (Hrsg.): Evangelisches Staatslexikon, Stuttgart ^{2}1975, Sp. 2940: „Die Wirtschaftsordnung als die Gesamtheit der für den Aufbau und Ablauf des Wirtschaftslebens geltenden Normen, Organisationsprinzipien und Institutionen ist ein in die ganzheitliche Lebensordnung einer politischen Gemeinschaft integrierter Bereich".

zialismus existierte eine totale Devisenzwangswirtschaft. De facto existierte in allen sozialistischen Ländern eine totale Devisenzwangswirtschaft, die nur ein anderes Etikett erhielt, nämlich Valutamonopol.

Die Transformation der gelenkten (= marktlosen) nationalsozialistischen Zentralplanwirtschaft ab 1945/48 kann in einem Drei-Phasen-Modell wissenschaftlich erfaßt werden. Die gelenkte nationalsozialistische Wirtschaft ist das Referenz-, das Ausgangsmodell für die Transformation nach dem Modell Sowjetunion.

1. Phase: 1933/45 Totalitärer nationalsozialistischer Staat. Ab 1936 gelenkte NS-Wirtschaftsordnung, ab 1939 Kriegswirtschaftsordnung	**2. Phase**: Transformation 1945/48 nach dem Modell der Sowjetunion von Staat, Wirtschaft und Gesellschaft	**3. Phase**: 1948/49 bis 1989/90 SED-Staat mit politisch natural gesteuerter sozialistischer Zentralplanwirtschaft

Das dreiphasige Metamorphosenkonzept ist auch für die Transformation 1990 bis 1994 geeignet.

Der ökonomische Zusammenbruch der Sowjetunion, der DDR und der anderen Volksdemokratien 1989/91 überraschte die Forschung und die Zeitzeugen. François Furet, den ich um 1967 in Paris kennengelernt hatte, publizierte 1995 sein Werk über die Vergangenheit einer Illusion. Die Illusion war die kommunistische Idee und Ideologie im 20. Jahrhundert.[22] Courtois, Werth, Panné, Paczkowski, Bartosek und Margolin[23] folgten 1998 mit dem „Schwarzbuch des Kommunismus. Unterdrückung, Verbrechen und Terror". In dem Kapitel „Die Aufarbeitung des Sozialismus in der DDR" befaßte sich Ehrhart Neubert mit den politischen Verbrechen in der DDR und Joachim Gauck mit dem schwierigen Umgang mit der Wahrheit.

Die ehemaligen DDR-Ökonomen Günter Kusch, Rolf Montag, Günter Specht und Konrad Wetzker vom Ökonomischen Forschungsinstitut der Staatlichen Plankommission stellten 1991 in ihrer Studie „Schlußbilanz – DDR. Fazit einer verfehlten Wirtschafts- und Sozialpolitik" fest: „Die Krise des politischen Systems in der DDR – das in seinen Grundstrukturen immerhin 4 Jahrzehnte bestand – muß in entscheidendem Maße als ökonomisch determiniert angesehen werden".[24] Der ökonomische Zusammenbruch der DDR war somit vorherbestimmt. In der „Schlußbilanz – DDR" werden von den Wissenschaftlern des Ökonomischen Forschungsinstituts der Staatlichen Plankommission (ÖFI) die Symptome der politisch natural gesteuerten sozialistischen Zentralplanwirtschaft herausgear-

---

22 Furet, François: Le passé d'une illusion. Essai sur l'idée communiste au XXe siècle, Paris 1995.

23 Courtois, Stephane / Werth, Nicolas / Panné, Jean-Louis / Paczkowski, Andrzej / Bartošek Karel / Margolin, Jean-Louis: Das Schwarzbuch des Kommunismus. Unterdrückung, Verbrechen und Terror. Mit dem Kapitel „Die Aufarbeitung des Sozialismus in der DDR" von Joachim Gauck und Erhart Neubert, München, Zürich 1998.

24 Kusch, Günter / Montag, Rolf / Specht, Günter / Wetzker, Konrad: Schlußbilanz – DDR. Fazit einer verfehlten Wirtschafts- und Sozialpolitik, Berlin 1991, S. 11.

beitet, die zum Zusammenbruch der sozialistischen Wirtschaft führten. Die Symptome decken nur die Funktionsmängel auf.[25]

Die Berichte der „Sowjetischen Kontrollkommission in Deutschland“ (SKK) und die Stellungnahmen des „Ministeriums für Staatssicherheit“ (MfS) zeigen Symptome (Kennzeichen, Merkmale) der systemimmanenten Dysfunktionen der politisch natural gesteuerten sozialistischen Zentralplanwirtschaft, sie dringen nicht zu den Ursachen vor, die erst bei einer Konfrontation mit der Marktwirtschaft, dem Referenzmodell, deutlich werden.

Die Aufgabe des Wirtschaftshistorikers bestand jetzt darin, die Ursachen des Zusammenbruchs der sozialistischen Länder ausfindig zu machen. Bei der Bewältigung dieser Aufgabe dient die Ordnungstheorie als Instrument, als ein Mittel zum Verständnis der Wirklichkeit.[26] Nur der ordnungstheoretische Ansatz bietet die wissenschaftlichen Grundlagen für eine Interpretation der Wirtschaftsgeschichte der Sowjetunion und SBZ / DDR.

Die Wachstumstheorien unterscheiden zwischen intensivem und extensivem Wachstum, sie zeigen jedoch nicht die Ursachen, weshalb es zu dem einen oder anderen Wachstumstyp kommt.[27] Ein Durchbruch gelang mir, als ich von der volkswirtschaftlichen Ebene auf die betriebliche Ebene wechselte und zur Analyse die theoretischen Aussagen des Betriebswirtschaftslehrers Erich Gutenberg (1897-1984) heranzog. Johann Heinrich von Thünens isolierter Staat (1826) war das Vorbild für Erich Gutenberg in der ordnungstheoretischen Mikroökonomie und für Walter Eucken in der ordnungstheoretischen Makroökonomie. Gutenberg promovierte 1922 bei dem Philosophen Hans Vaihinger in Halle über „Thünens isolierter Staaat als Fiktion. „Vaihinger vergleicht die schematischen Fiktionen mit *Modellen*, welche zwar das Wesentliche des Wirklichen enthalten, aber in einer viel einfacheren und reineren Form“. Walter Eucken wies auf die Bedeutung von Thünens Methode hin: „An *einem* einzigen Landgut hat Johann Heinrich von Thünen seine Idealtypen des isolierten Staats gewonnen“.[28]

Gutenberg übernahm 1948 einen „Lehrstuhl an der Universität Frankfurt/Main. Von 1951 bis zu seiner Emeritierung 1967 lehrte er an der Universität Köln und war 1954-66 Mitglied des Wissenschaftlichen Beirats beim Bundeswirt-

---

25 Brus, Włodzimierz: Funktionsprobleme der sozialistischen Wirtschaft, Frankfurt a. M. 1971. Ders.: Wirtschaftsplanung. Für ein Konzept der politischen Ökonomie, Frankfurt a. M. 1972. Brus, Włodzimierz / Łaski, Kasimierz: Von Marx zum Markt. Die sozialistischen Länder auf der Suche nach einem neuen Wirtschaftssystem, Marburg 1990.

26 Schneider, Erich: Einführung in die Wirtschaftstheorie. IV. Teil. Ausgewählte Kapitel der Geschichte der Wirtschaftstheorie. 1. Bd., Tübingen 1962, Einleitung.

27 Paraskewopoulos, Spiridon (Hrsg.): Volkswirtschaftslehre. Grundriss für Studierende, Herne/ Berlin 2004, S. 326 ff.

28 Gutenberg, Erich: Grundlagen der Betriebswirtschaftslehre. Erster Band. Die Produktion, 1951, S. 332 ff. Gutenberg, Erich: Thünens isolierter Staat als Fiktion, München 1922, S. 125. Salin, Edgar: v. Thünen, Johann Heinrich, in: HdSW, 10. Bd., S. 386-389. Gutmann, Gernot: Eucken, Walter (1891-1950), in: DBE, Bd. 3, München 2001, S. 188. Eucken, Walter: Die Grundlagen der Nationalökonomie, 5. Aufl., Godesberg 1947, S. 114, 222, 419 f.

schaftsministerium. Zu seinen Hauptwerken zählen die vielfach aufgelegten und übersetzten *Grundlagen der Betriebswirtschaftslehre* (4 Bde., 1951-69)".[29] Von 1961 bis zu meinem Examen 1966 habe ich in Köln Wirtschaftswissenschaften studiert und setzte mich insbesondere mit Gutenbergs „Grundlagen der Betriebswirtschaftslehre" auseinander. Der zweite Lehrer, der mich als Student tief beeindruckte, war Alfred Müller-Armack (1901-1978).[30] Müller-Armack „war nicht nur ein ungewöhnlich vielseitiger Wissenschaftler, der sich mit den vielfältigsten wirtschaftswissenschaftlichen, kultur- und religionssoziologischen und historischen Fragen fruchtbar beschäftigte, er war zugleich ein politisch wirksamer Mensch, der auf der Grundlage fester liberaler und christlicher Werthaltungen an den Grundsatzentscheidungen für unsere Gesellschaft, darüber hinaus für ganz Europa mitgearbeitet und zu ihrer Realisation beigetragen hat.

Alfred Müller-Armack ist oft als der geistige Vater der Sozialen Marktwirtschaft bezeichnet worden, einer Wirtschafts- und Gesellschaftsordnung, die durch ihn und seinen Freund Ludwig Erhard vor 30 Jahren, sehr zum Vorteil unseres Volkes, politisch realisiert wurde. Es ist kaum vorstellbar, welche Folgen eingetreten wären, wenn seinerzeit eine andere Grundsatzentscheidung getroffen worden wäre. Das von Alfred Müller-Armack entwickelte Konzept der Sozialen Marktwirtschaft hat also Geschichte gemacht. Die Wirtschafts- und Sozialwissenschaftliche Fakultät der Universität zu Köln ist stolz darauf, daß eine Persönlichkeit wie Alfred Müller-Armack mit einem so starken Ausstrahlungs- und Wirkungsgrad zu ihren Mitgliedern gehört hat".[31] „In seiner Konzeption greift Müller-Armack viele Ideen der liberalen Wirtschaftspolitik wieder auf, und er wußte sich, was die Wettbewerbspolitik anging, in weiten Bereichen einig mit der Freiburger Schule, deren Zirkeln er während des Krieges aus mir unbekannten Gründen nicht angehört hatte. Aber seine Ideen unterscheiden sich in der Betonung der Rolle des Sozialen von der Konzeption der Freiburger. [...] Er forderte darüber hinaus schon 1945, daß die ‚freie Marktwirtschaft [...] mit sozialen Sicherungen, die der Marktwirtschaft konform sind, umgeben wird'. Und er fährt fort: ‚Eine solche Soziale Marktwirtschaft kann je nach dem politischen Wollen radikaler oder konservativer durchgeführt werden'.[32] Soziale Marktwirtschaft ist somit der ordnungspolitische Versuch, eine *Synthese zu finden zwischen freiheitlich-unternehmerisch-marktwirtschaftlicher Organisation auf der einen Seite und den sozialen Notwendigkeiten der industriellen Massengesellschaft von heute* auf der anderen".[33] Alfred Müller-Armack und Erich Gutenberg haben mich als Student der Wirtschaftswissenschaften in Köln am stärksten geprägt.

---

29 Gutenberg, Erich (1897-1984), in: DBE, Bd. 4, München 2001, S. 267.

30 Müller-Armack (1901-1978), in: DBE, Bd. 7, München 2001, S. 284.

31 Dekan Dieter Farny, in: Watrin, Christian: Alfred Müller-Armack. Rede anläßlich der Akademischen Gedenkfeier für Professor Dr. rer. pol. Dr. iur. h. c. Alfred Müller Armack. Staatssekretär a. D. am 25. Juni 1979, Krefeld 1980, S. 5 f.

32 Müller-Armack, Alfred: Wirtschaftslenkung und Marktwirtschaft, 2. Aufl., Hamburg 1948.

33 Watrin, Christian: Gedenkfeier, S. 16 f.

Die Wirtschaftsgeschichte der Bundesrepublik wird immer wieder als Referenzmodell benutzt, um daran die Wirtschaftsgeschichte der SBZ / DDR zu messen. Wer ohne Vergleich arbeitet, betreibt systemimmanente SBZ / DDR-Geschichte. Der Historiker spricht nicht von Referenzmodellen, sondern von historischen Vergleichen.[34]

Dies sah auch der Generalsekretär der SED Erich Honecker so: „Der Maßstab für die DDR war, ob wir es wollten oder nicht, immer die Bundesrepublik".[35]

Die Rechenschaftsberichte von handelnden Personen wie Günter Mittag[36] und Gerhard Schürer[37] bringen wenig neue Erkenntnisse, da versucht wird, für den ökonomischen Zusammenbruch der DDR das „falsche" Handeln von Akteuren verantwortlich zu machen. Da das gesamte sozialistische RGW-Lager zusammenbrach, müßten alle handelnden Akteure falsch gehandelt haben – eine absurde Vorstellung. Der Zusammenbruch war durch die Gene determiniert. Gerhard Schürer, der von 1965 bis Januar 1990 Vorsitzender der Staatlichen Plankommission war, bemerkte einmal: „Alles blieb im System". In diesem System war die Willkür die Regel, was im sozialistischen Fachjargon „Subjektivismus" bzw. „Voluntarismus" hieß.

Im Zentrum der Langzeitreihen stehen das Wachstum des Bruttosozialproduktes pro Kopf und die Wachstumsrate des Bruttosozialproduktes. Von 1820 bis 1998 wuchs das Bruttosozialprodukt pro Kopf in Lateinamerika um 1,22 v. H. und in Osteuropa und der früheren UdSSR nur 1,06 v. H.[38] Osteuropa und die frühere UdSSR fielen beim Bruttosozialprodukt pro Kopf 1973-1998 mit -1,1 v. H. hinter Lateinamerika mit 0,99 v. H. zurück. Diese Verschlechterung nennt Maddison „katastrophal".[39] Das Bruttosozialprodukt in der früheren UdSSR war 1998 ungefähr so groß wie 1966/67.[40] Dieses katastrophale Ergebnis ist einzigartig in der Weltwirtschaftsgeschichte. Damit stand auch das Ziel fest: Es sollten die Ursachen für dieses katastrophale Ergebnis und damit die Ursachen für den ökonomisch determinierten Zusammenbruch der Sowjetunion, der DDR und der anderen sozialistischen Länder herausgearbeitet werden.

Die Komplexität des Vorhabens und mein begrenztes Wissen brachten es mit sich, daß ich für bestimmte Gebiete auf fremdes Spezialwissen angewiesen war. Diese Beiträge erscheinen unter dem Namen der Verfasser als integraler Bestandteil der Gesamtkonzeption.

Der Wirtschaftsprüfer Dipl.-Kfm. Horst Hartte promovierte 2011 bei mir über die Ludwig Mises-These, daß eine Wirtschaftsrechnung in einer marktlosen poli-

---

34 Kaeble, Hartmut: Vergleich, historischer, in: Jordan, Stefan (Hrsg.): Lexikon Geschichtswissenschaft. Hundert Grundbegriffe, Stuttgart 2002, S. 303-306.

35 Honecker, Erich: Moabiter Notizen, Berlin 1994.

36 Mittag, Günter: Um jeden Preis. Im Spannungsfeld zweier Systeme, Berlin 1991.

37 Schürer, Gerhard: Gewagt und verloren. Eine deutsche Biographie, Frankfurt / O. 1996.

38 Maddison, Angus: The World Economy. A Millennial Perspective, OECD 2001, S. 46.

39 Ebd., S. 129.

40 Ebd., S. 274.

tisch natural gesteuerten sozialistischen Zentralplanwirtschaft nicht möglich ist. Dazu analysierte er Schlußbilanzen der Volkseigenen Betriebe in Mark der DDR zum 31.6.1990 und Eröffnungsbilanzen in DM zum 1.7.1990. Eine Überleitung („Brückentheorie") war nicht möglich, da die Werte von Kosten und Preisen in der DDR ohne ökonomische Aussagekraft waren, d. h., es existierte ein sozialistisches Kosten- und Preischaos. In den Volkseigenen Betrieben mußte für die Eröffnungsbilanzen in DM zum 1.7.1990 eine Inventur, d. h. eine *körperliche Bestandsaufnahme* des Vermögens und der Schulden (Messen, Wiegen, Zählen) vorgenommen werden, um durch die Neubewertung zu einer realen Kostenrechnung zu gelangen. Teile der Dissertation von Horst Hartte fanden Eingang in vorliegende Studie. Horst Hartte wurde durch die lange Zusammenarbeit ein lieber Freund von mir.

Kollege Udo Ludwig studierte an der Universität Leningrad Wirtschaftskybernetik, war dann an der Akademie der Wissenschaften der DDR und zeitweilig in der Staatlichen Zentralverwaltung für Statistik (SZS). Ab 1992 arbeitete er u. a. über die Vergleichbarkeit des volkswirtschaftlichen Rechnungswesens in Zentralplanwirtschaften und Marktwirtschaften am Institut für Wirtschaftsforschung, Abteilung Makroökonomik, in Halle.

Die mit Horst Hartte und Udo Ludwig geführten Dialoge und Diskussionen dienten der Optimierung des Werkes.

Horst Hartte deckte dabei den betriebswirtschaftlichen Bereich und Udo Ludwig die Makroökonomik ab. Beiden danke ich für die engagierte, ertragreiche und problemlose lange Zusammenarbeit.

Großer Dank gilt den Kollegen Egon Görgens (Bayreuth), Helmut Leipold (Marburg) und Alfred Schüller (Marburg), für die mit ihnen geführten Dialoge, die zur Klärung von schwierigen Problemen beitrugen. Eberhard Kuhrt (Berlin) danke ich für Rat und Tat im Bereich der Politik.

Mein Bruder Dr. Roman Schneider und die Freunde Horst Ellenberger und Eberhard Brugger unterstützten mich bei der Finanzierung.

Paul Lissner und Sophie Lindner halfen bei der Übertragung der handschriftlichen Manuskripte in Druckvorlagen und Frank Braungart las Korrektur.

Michael Wobring (Augsburg) gestaltete die Grafiken. Dafür danke ich besonders.

Seit Karin Klaußner 1978 als Sekretärin im Zentralinstitut 06 der Friedrich-Alexander-Universität Erlangen-Nürnberg begann, hat sie auch für mich handschriftliche Manuskripte mit viel Akribie und Mitdenken übertragen. Für das lange Durchhalten danke ich Karin Klaußner sehr.

Die *Erich und Erna Kronauer-Stiftung, Schweinfurt* hat die Drucklegung dieses Werkes dankenswerterweise finanziell unterstützt.

Jürgen Schneider, Altdorf bei Nürnberg, im Frühjahr 2017

ERSTER TEIL

I. Zur Genealogie der Ordnungstheorie: Wirtschaftsordnungen werden durch die Planungs- und Lenkungssysteme in Verbindung mit den Eigentumsverhältnissen an den Produktionsmitteln abgegrenzt

1. Die Theorielosigkeit der politisch natural gesteuerten sozialistischen Zentralplanwirtschaft

„Der entscheidende Konstruktionsfehler des real existierenden Sozialismus war ökonomischer Natur. Alle Erfahrungen laufen in dem Kernpunkt zusammen, den Karl Korsch 1912 hervorgehoben hat, als er feststellte, daß der Sozialismus ‚eine ausreichende Konstruktionsformel für die Organisation der Volkswirtschaft noch nicht gefunden hat'. Logischerweise müsse nach einer bestimmten Zeit eine Zerfallskrise des Sozialismus eintreten. Ohne Selbstkorrektur bleibe er ‚eine Entwicklungsstufe zu einem dann nur noch mit Gewalt zu verhindernden Kapitalismus'. Die demokratische Revolution in der DDR verlief mit dieser Logik. Der ökonomische Konstruktionsfehler im ‚real existierenden Sozialismus' hatte zugleich einen irreparablen Demokratieverlust zur Folge, weil die assoziierte Arbeit in dieser Dimension eben nicht ohne den autoritären Zugriff auf den Menschen auskam".[1]

Der Sozialismus besaß nie eine ordnungspolitische Konzeption. „Als Lenin im Jahre 1917 ‚Staat und Revolution' schrieb, hatte er keine Vorstellung von dem Problem der Wirtschaftsrechnung und von den Schwierigkeiten, den Wirtschaftsprozeß einer modernen Volkswirtschaft zentral zu lenken. Sein Ziel war es, ‚die ganze Volkswirtschaft nach dem Vorbilde der Post zu organisieren'. – Sobald aber die Revolution Wirklichkeit geworden war, wurde er durch die Tatsachen selbst auf die Zentralfrage der Wirtschaft gestoßen und nun rief er – in den ‚Nächsten Aufgaben der Sowjetmacht' von 1919 – nach ‚gesellschaftlicher Buchhaltung' und nannte die ‚Buchung und Kontrolle' die ‚Kernfrage der sozialistischen Revolution'. Aber nun war nichts gedanklich vorbereitet. [...] Aus einem Glauben heraus begann man ohne Bauplan ein Haus zu bauen. Die *Idee* der zwangsläufigen Entwicklung war also die Ursache für die *Tatsache*, daß man unvorbereitet ein zentralverwaltungswirtschaftliches Experiment unternahm".[2]

Die Mitarbeiter der sogenannten Frankfurter Schule Friedrich Pollock (1894-1970), Kurt Mandelbaum (1904-1995) und Gerhard Meyer (1903-1973) forderten 1933/34 die Ausarbeitung einer „Theorie der Planwirtschaft".[3] Max Horkheimer

---

1 Zwahr, Helmut: Ende einer Selbstzerstörung. Leipzig und die Revolutionen in der DDR, Göttingen 1993, S. 12.

2 Eucken, Walter: Grundsätze der Wirtschaftspolitik, 6. Aufl., Tübingen 1990, S. 211.

3 Gangl, Manfred: Politische Ökonomie und Kritische Theorie. Ein Beitrag zur theoretischen Entwicklung der Frankfurter Schule, Frankfurt / New York 1987, S. 188. Das „Institut für Sozialforschung" war 1933 von Frankfurt nach Genf verlegt worden.

(1895-1973) und Herbert Marcuse (1898-1979) beschäftigten sich nach der Rückkehr aus der Emigration nach Frankfurt am Main mit der neomarxistischen „Kritischen Theorie“ über die spätkapitalistische Gesellschaft.

Heinz-Dietrich Ortlieb und Dieter Lösch analysierten den „Sozialismus als Leitbild der Wirtschaftsordnung“ und schlussfolgerten: „Der Sozialismus ist als Wirtschaftsordnungsleitbild nicht definierbar. [...] Ein spezifisch sozialistisches Kriterium der Wirtschaftsrechnung, also der Technik der Ermittlung von Knappheitsreaktionen des Faktor- und Rohstoffinputs hinsichtlich der zu befriedigenden Bedürfnisse gibt es ebenso wenig wie ein sozialistisches Einmaleins. [...] In keinem der drei Subsysteme des Wirtschaftssystems war es möglich aus dem Effizienz-, Gerechtigkeits- und Selbstbestimmungsziel bzw. den daraus zu deduzierenden Subzielen eindeutig determinierte sozialistische Organisationsformen abzuleiten“.[4]

Der Politökonom Fritz Behrens (1909-1980) konstatierte in der Zeitschrift „Wirtschaftswissenschaft“ (1956): „Die historische Analyse zeigt, daß der subjektive Faktor in der sozialistischen Planwirtschaft noch eine große Rolle spielt, und es gibt noch keine Theorie, die den objektiven Mechanismus der Planwirtschaft darstellt“.[5]

2. Das Erkennungsobjekt der Politischen Ökonomie des Sozialismus

Die Fassade der heilen Scheinwelt des realen Sozialismus in der SBZ / DDR (1945-1989/90) entstand dadurch, daß das Erkenntnisobjekt der politischen Ökonomie des Sozialismus nicht die politisch natural gesteuerte sozialistische Zentralplanwirtschaft war, sondern die Werke von Marx, Engels, Lenin und Stalin sowie die grundlegenden Dokumente der Sozialistischen Einheitspartei Deutschlands und der Kommunistischen Partei der Sowjetunion, insbesondere die Programme beider Parteien.

Die SED verfügte über eine größere Anzahl von sogenannten „wissenschaftlichen“ Einrichtungen. „Für die Erforschung ökonomischer und sozialer Probleme der weiteren Gestaltung der entwickelten sozialistischen Gesellschaft in der DDR ist der 1972 gebildete Wissenschaftliche Rat für die wirtschaftswissenschaftliche Forschung bei der Akademie der Wissenschaften der DDR in enger Zusammenarbeit mit den anderen Wissenschaftlichen Räten von besonderer Bedeutung. Er hat die Realisierung folgender der wirtschaftswissenschaftlichen Forschung gestellten Grundaufgaben zu sichern: Die ökonomischen Gesetze des Sozialismus und ihrer Wirkungsweise tiefgründiger aufzudecken und dabei die Bedingungen zu ihrer bewußten und planmäßigen Ausnutzung konkreter auszuarbeiten (dabei sind die wissenschaftlichen Grundlagen der sozialistischen ökonomischen Integration weiter zu

---

4 Ortlieb, Heinz-Dietrich / Lösch, Dieter: Sozialismus. II: Sozialismus als Leitbild der Wirtschaftsordnung, in: HdWW, Bd. 7, 1988, S. 29, 39 f.

5 Behrens, Fritz: Fragen der Ökonomie und Technik, in: Wirtschaftswissenschaft, Sonderheft Ökonomie und Technik, Berlin (Ost) 1956, S. 2.

vertiefen); die Ausarbeitung der ökonomischen Probleme konsequenter vom Standpunkt der Einheit von Politik und Ökonomie vorzunehmen".[6]

In der DDR gab es um 1980 21 Wissenschaftliche Räte für die gesellschaftswissenschaftliche Forschung, davon für die wirtschaftswissenschaftliche Forschung:[7]

Wissenschaftlicher Rat	**Sitz des Rates (wissenschaftliche Einrichtung)**
10. Wissenschaftlicher Rat für die wirtschaftswissenschaftliche Forschung	Akademie der Wissenschaften der DDR
Diesem Rat sind zugeordnet:	
Wissenschaftlicher Rat für Politische Ökonomie des Sozialismus	Akademie für Gesellschaftswissenschaften beim ZK der SED
Wissenschaftlicher Rat für Fragen der Leitung in der Wirtschaft	Zentralinstitut für Sozialistische Wirtschaftsführung beim ZK der SED
Wissenschaftlicher Rat für Fragen der sozialistischen ökonomischen Integration	Zentralinstitut für Sozialistische Wirtschaftsführung beim ZK der SED
Wissenschaftlicher Rat für Fragen der Vervollkommnung der Planung und wirtschaftlichen Rechnungsführung	Ökonomisches Forschungsinstitut der Staatlichen Plankommission
Wissenschaftlicher Rat für Fragen der Ökonomie und der Organisation der Arbeit	Zentrales Forschungsinstitut für Arbeit beim Staatssekretariat für Arbeit und Löhne, Dresden
Wissenschaftlicher Rat für Fragen der sozialistischen Betriebswirtschaft	Technische Hochschule „Carl Schorlemmer" Leuna-Merseburg
Wissenschaftlicher Rat für Sozialpolitik und Demografie	Institut für Soziologie und Sozialpolitik der Akademie der Wissenschaften der DDR
Wissenschaftlicher Rat für ökonomische Fragen des wissenschaftlich-technischen Fortschritts	Forschungsstelle beim Ministerium für Wissenschaft und Technik
Wissenschaftlicher Rat für gesellschaftliche und ökonomische Fragen des volkswirtschaftlichen Agrar-Industrie-Komplexes	Parteihochschule „Karl Marx" beim ZK der SED

Die Akademie für Gesellschaftswissenschaften beim ZK der SED (AfG) war die „zentrale Einrichtung der Sozialistischen Einheitspartei Deutschlands für die gesellschafts-wissenschaftliche Forschung sowie für die Aus- und Weiterbildung von Leitungskadern für die ideologisch-theoretische Arbeit".

6 Ökonomisches Lexikon Q-Z, 3. Aufl., Berlin (Ost) 1980, S. 676/678.

7 Ebd., S. 677.

Die Forschung konzentrierte sich u. a. auf die sozialistischen Gesetzmäßigkeiten, „die Vervollkommnung der sozialistischen Produktionsverhältnisse und der planmäßigen Ausnutzung der ökonomischen Gesetze des Sozialismus. Das *Institut für Politische Ökonomie des Sozialismus* hat die Aufgabe, das System und die Wirkungsbedingungen der ökonomischen Gesetze des Sozialismus, ihre qualitative Charakteristik und quantitative Bestimmtheit sowie die effektivsten Formen und Methoden ihrer Ausnutzung zu erforschen und die theoretischen Grundlagen für die Sicherung der Einheit von Ziel und Mitteln bei der Verwirklichung der Hauptaufgabe zu schaffen“.[8]

Das Erkenntnisobjekt der Wissenschaftlichen Räte der DDR wird so definiert: „Die Wissenschaftlichen Räte arbeiten auf der Grundlage der Beschlüsse des Zentralkomitees der SED und des Ministerrates der DDR sowie des Zentralen Forschungsplanes der marxistisch-leninistischen Gesellschaftswissenschaften der DDR“.[9]

Als Beispiel für die Scheinwelt, für die Fassade der Politischen Ökonomie des Sozialismus soll kurz auf die Monatszeitschrift „Wirtschaftswissenschaft“, die von 1953 bis 1990 im Verlag *Die Wirtschaft* in Ost-Berlin erschien, eingegangen werden. Die „Wirtschaftswissenschaft“ war die führende Monatszeitschrift der DDR zu theoretischen und praktischen Problemen der marxistischen Wirtschaftswissenschaft, insbesondere der politischen Ökonomie des Sozialismus und der Zweigökonomiken. Sie ist Forum der wissenschaftlichen Diskussion über neue Forschungsergebnisse. Die Wirtschaftswissenschaft behandelt ferner Hauptfragen der politischen Ökonomie des Kapitalismus.[10]

Die Wirtschaftswissenschaften sind „Wissenschaften, die sich mit der Untersuchung ökonomischer Verhältnisse, Prozesse und Erscheinungen beschäftigen und die ökonomischen Gesetze der jeweiligen Produktionsweisen erforschen. Die Wirtschaftswissenschaften tragen Klassencharakter und gehören zu den Gesellschaftswissenschaften. Neben ihrer ideologischen Funktion haben sie im Sozialismus und zunehmend auch im gegenwärtigen Kapitalismus eine wirtschaftspolitische Funktion zu erfüllen“.[11]

In der DDR-Zeitschrift finden sich so gut wie keine wissenschaftlichen Abhandlungen zur politisch natural gesteuerten sozialistischen Zentralplanwirtschaft. Die Beiträge in der Zeitschrift hatten nichts mit Wirtschaft und nichts mit Wissenschaft zu tun. Die Propagandazeitschrift wurde mit viel Frust, sehr wenig Exzerpten und keinem Forschungsertrag für den gesamten Zeitraum der Existenz (1953-1990) durchgearbeitet.

Die sogenannte „systemimmanente Forschung“ präsentierte die heile Scheinwelt, die Fassade als Ergebnis der Forschung, was zu einem falschen Bild der DDR

---

8 Ökonomisches Lexikon A-G, 3. Aufl., Berlin (-Ost) 1978, S. 57 f.

9 Ökonomisches Lexikon Q-Z, 3. Aufl., Berlin (-Ost) 1980, S. 676.

10 Meyers Neues Lexikon, 2. Aufl., Bd. 15, Leipzig 1977, S. 263. Ähnliche Definition in: Ökonomisches Lexikon Q-Z, 3. Aufl., Berlin (Ost) 1980. S. 672.

11 Meyers Lexikon, S. 263.

führte.[12] „Das von orthodoxen Marxisten vornehmlich aus dem Umfeld der sogenannten Marburger Schule gezeichnete Bild des SED-Staates deckte sich weitgehend mit dessen Selbstbeschreibung".[13]

Diese orthodoxen Marxisten haben mit der sog. „systemimmanenten Forschung" das getan, was Julien Benda 1927 den „Verrat der Intellektuellen" nannte. „Die Werte des Intellektuellen (des clerc), deren wichtigste Gerechtigkeit, Wahrheit und Vernunft sind, zeichnen sich durch drei Merkmale aus:

> Sie sind *statisch.*
> Sie sind *interessefrei (vorurteilslos zweckfrei).*
> Sie sind *rational*".[14]

Benda gibt Beispiele für die Zustimmung gewisser Intellektueller zur Unterdrückung der Person. Zu diesen Haltungen zählt „die *Verherrlichung* dessen, was man den ‚monolithischen' Staat genannt hat, das heißt den Staat, der als ungeteilte Realität verstanden wird: den ‚totalitären' Staat, in dem definitionsgemäß der Begriff der Person und *a fortiori* der ihrer Rechte verschwindet; den Staat, dessen Seele jene Maxime ausdrückt, die man auf allen nationalsozialistischen Ämtern lesen konnte: *Du bist nichts, dein Volk ist alles.* Dazu die Verachtung für einen Staat, der sich als Gesamtheit freier und *unterschiedener* Personen versteht, die als Personen den Status der Unantastbarkeit genießen. Diese Haltung, die zahlreiche französische Intellektuelle in den letzten zwanzig Jahren bezogen haben, als sie ihren Beifall für die Faschisten Mussolinis und Hitlers bekundeten, (denen der größte Teil von ihnen nach wie vor zugetan bleibt), ist besonders merkwürdig in einem Land, in dem sie früher nicht einmal zu Zeiten der Monarchie von Gottes Gnaden vorkam. [...] Der *‚totalitäre'* Staat: als ‚totalitär' kann man ihn auch in dem Sinne bezeichnen (das Wort ist keineswegs eindeutig), daß er die *Totalität* des Menschen für sich beansprucht, wohingegen der demokratische Staat seinen Bürger nach Ableistung der Steuer- und Wehrpflichten die freie Verfügung über weite Bereiche seiner selbst – die Erziehung seiner Kinder, Ausübung der Religion, Zugehörigkeit zu philosophisch orientierten und sogar nonkonformistisch politischen Gruppen – zugesteht, solange er diese Freiheit nicht zur Zerstörung des Staates mißbraucht. Dieser Freiheitsspielraum des Individuums birgt zudem ein erhebliches Schwächemoment für den demokratischen Staat in sich; aber dessen Ideal, das soll noch einmal betont werden, besteht nicht darin, stark zu sein. Totalitäre Systeme sind im übrigen nichts Neues. ‚In Sparta', schreibt Plutarch, ‚war niemand frei, sein Leben nach eigenem Willen zu gestalten; die Stadt glich einem Heerlager, in dem man die gesetzlich vorgeschriebene Lebensweise führen mußte.' (*Leben des Lykurg*) – ganz natürlich in einem Staat, dessen Bürger, Aristoteles (*Politik,* II, 7) zufolge, ‚wie ein stehendes

---

12 Schroeder, Klaus: Der SED Staat. Geschichte und Strukturen der DDR, München 1998, S 621 ff.

13 Ebd.

14 Benda, Julien: Der Verrat der Intellektuellen. Mit einem Vorwort von Jean Améry, Frankfurt a. M. / Berlin / Wien 1983, S. 75.

Besatzungsheer‘ lebten. Am Beispiel Sparta erweist sich einmal mehr, wie eng die Begriffe von Ordnung und Krieg verknüpft sind“.[15]

Jede Kursänderung der SED konnte mit den mehrdeutigen Andeutungen von Marx, Engels, Lenin und Stalin von den Politökonomen „schöpferisch“ ausgelegt und damit sanktioniert werden.

Aus dem Destillat der sozialistischen „Klassiker“ und den grundlegenden Programmen der KPdSU und der SED entstand eine heile Scheinwelt der Politökonomie. Die Fassade, die heile Scheinwelt, hatte keinen Realitätsbezug zu dem, was sich hinter der Fassade, hinter dem Vorhang auf der Bühne abspielte.

Auch das westdeutsche Fernsehen vermittelte vor 1989 eine Scheinwelt der DDR, wie Klaus Bresser, Chefredakteur des ZDF, selbstkritisch feststellte: „Wir schwammen zu lange im ‚mainstream‘ mit. Wir waren zu stark ausgerichtet auf die Sichtweisen der Politik und die Lehrmeinungen der Wissenschaft. Wir vertrauten den Autoritäten, aber den eigenen Augen nicht“.[16]

3. Wirtschaftsgeschichte ist ohne Wirtschaftstheorie nicht möglich

Diese Feststellung von Norbert Kloten und Helmut Kuhn[17] gilt insbesondere für die wissenschaftliche Aufarbeitung der Wirtschaftsgeschichte der SBZ / DDR. Gravierend kommt hinzu, daß es eine Theorie der politisch natural gesteuerten sozialistischen Zentralplanwirtschaft nie gegeben hat.

Horst Hartte hatte in seiner Dissertation festgestellt,[18] daß die Schlußbilanzen der volkseigenen Betriebe zum 30.6.1990 in Mark der DDR ohne ökonomische Aussagekraft sind. *Alle Angaben in Geld,* z. B. bei Löhnen, Kosten und Preisen, waren in der Wirtschaft des realen Sozialismus vollkommen verzerrt und besaßen *keine ökonomische Aussagekraft*. Diese Feststellung soll anhand eines Beispiels näher erläutert werden. In der politischen Ökonomie des Sozialismus wird der *Preis* so definiert: „In Geld ausgedrückter Wert einer Ware, der durch die in den Waren enthaltene gesellschaftlich notwendige Arbeit bestimmt ist. Marx begründet, daß der Wert ein Verhältnis zwischen Personen (Warenproduzenten) in dinglicher Hülle ist, also ein gesellschaftliches Verhältnis. Die Erkenntnis vom Wert als gesellschaftliches Verhältnis ist deshalb wesentlich, weil ausgehend davon die Rolle des Preises im Reproduktionsprozeß und die Möglichkeiten und Methoden zur Ermittlung der Wertgröße zu bestimmen sind.

---

15 Ebd., S. 29, 72. Speziell „Die Intellektuellen und die kommunistische Ideologie“, S. 53.

16 Bresser, Klaus: Was nun? – Über Fernsehen, Moral und Journalisten, 1992. Zitiert nach: Rüthers, Bernd: Ideologie und Recht im Systemwechsel. Ein Beitrag zur Ideologieanfälligkeit geistiger Berufe, München 1992, S. 41.

17 Kloten, Norbert / Kuhn, Helmut: Wirtschaftswissenschaft: Methodenlehre, in: HdSW, 12. Bd., 1965, S. 323.

18 Hartte, Horst: Die empirische Bestätigung der Ludwig von Mises-These der Unmöglichkeit einer Wirtschaftsrechnung in den Betrieben der güterwirtschaftlich gelenkten sozialistischen Zentralplanwirtschaft der SBZ / DDR (1945-1990), Bamberg 2013.

Auf der Grundlage dieser Marx'schen Feststellung beruht die Gestaltung der Preise im Sozialismus auf drei entscheidenden Merkmalen: a) Der Wert ist das Gesetz der Preise. Er bringt die Einheit von Wertprodukten und Wertrealisierung zum Ausdruck. Die Bedingungen der Wertproduktion und Wertrealisierung ergeben sich aus dem Entwicklungsstand von Produktivkräften und Produktionsverhältnissen. b) Der Preis im Sozialismus ist ein planmäßiger Preis. Seine Bildung und Entwicklung wird vom sozialistischen Staat geplant, analysiert und kontrolliert. c) Im Preis kreuzen sich alle grundlegenden politischen und ökonomischen Probleme des sozialistischen Staates".[19]

Daraus ergaben sich folgende Fragen:

Kann mit Hilfe der Marx'schen Arbeitswertlehre (= gesellschaftlich notwendige Arbeit) der Preis einer Ware festgestellt werden?

Die Bildung und Entwicklung des Preises wird vom sozialistischen Staat geplant, analysiert und kontrolliert, d. h., der Preis wird administrativ festgelegt. Nach welchen Kriterien wurden die Preise vom sozialistischen Staat festgelegt?

„Im Preis kreuzen sich alle grundlegenden ökonomischen und folglich auch politischen Probleme des sozialistischen Staates". Das Zitat stammt aus den Beschlüssen und Resolutionen der KPdSU.

Grundsätzlich soll der Inhalt von Fachausdrücken wie Kosten, Löhne, Investitionen, Innovationen etc. auf der Basis der Wirtschaftswissenschaften (marktwirtschaftliche Ordnung) beschrieben werden, um so kontrastiv Unterschiede herausarbeiten zu können. Die Basis für dieses Vorgehen bilden die Lexika der Politischen Ökonomie des Sozialismus[20] und für die Marktwirtschaft Lexika der Volks-[21] und Betriebswirtschaftslehre[22]. Dadurch kann aufgezeigt werden, daß die gleichen Fachwörter in der politisch natural gesteuerten sozialistischen Zentralplanwirtschaft und in der Volks- und Betriebswirtschaftslehre auf der Basis einer marktwirtschaftlichen Ordnung vollkommen verschiedene Inhalte haben. Nur wenn die Unterschiede in den Bedeutungen von Fachausdrücken explizit gemacht werden, wird die Gefahr einer systemimmanenten Darstellung vermieden.

Zum methodischen Vorgehen gehört auch, daß Begriffe wie „Währungsreform", „Geldumtausch", „Bank" und „Geld" definiert werden. K. Paul Hensel weist

---

19 Ökonomisches Lexikon H – P, 3. Aufl., Berlin (Ost) 1979, S. 733.

20 Ökonomisches Lexikon, 3.Aufl., Bd.1: A-G, Bd.2: H-P, Bd. 3: Q-Z, Berlin (Ost) 1978-1980. Dazu kommen Speziallexika wie z. B. Ambrée, Kurt et al. (Hrsg.): Lexikon der Wirtschaft. Preise, Berlin (Ost) 1972.

21 Handwörterbuch der Sozialwissenschaften (HdSW), 12 Bde., 1956-1956, Handwörterbuch der Wirtschaftswissenschaft (HdWW), 9 Bde., 1988. Palyi, M. / Quittner, P. (Hrsg.): Enzyklopädisches Lexikon für das Geld-, Bank- und Börsenwesen, 2. Bde., Frankfurt a. M. 1957. Sellien, R. / Sellien, H. (Hrsg.): Dr. Gablers Wirtschafts-Lexikon, 4. Aufl., 2 Bde., Wiesbaden 1961. Grüske, Karl-Dieter / Recktenwald, Horst Claus: Wörterbuch der Wirtschaft, 12. Aufl., Stuttgart 1995.

22 Grochla, Erwin / Wittmann, Waldemar (Hrsg.): Handwörterbuch der Betriebswirtschaft, 4. Aufl., 2 Bde., Stuttgart 1984. Die von Erich Gutenberg herausgegebene Reihe „Die Wirtschaftswissenschaften", Wiesbaden 1958 ff. Gutenberg, Erich: Grundlagen der Betriebswirtschaftslehre, 1. Bd.: Die Produktion, 3. Aufl. 1957, Bd. 2: Der Absatz, 2. Aufl. 1956.

darauf hin, daß das Wort „Planwirtschaft" irreführend und wissenschaftlich nicht haltbar ist. Zur Ungenauigkeit des Begriffs „Planwirtschaft" führt Hensel aus: „Das Wort Planwirtschaft ist in Deutschland während des ersten Weltkrieges und der anschließenden Sozialisierungsdebatte aufgekommen. Es wird seitdem oft verwendet, meist freilich für polemische Zwecke. Genau betrachtet, ist dieses Wort, ohne Adjektiv verwendet, eine Tautologie. Planung wirtschaftlichen Geschehens ist wegen der Knappheit wirtschaftlicher Güter seinsnotwendig; alles Wirtschaften ist seinem Wesen nach disponiertes, kalkuliertes, zweckbestimmtes und somit geplantes Geschehen. Das Moment der Planung ist bereits mit dem Begriff des Wirtschaftens untrennbar verbunden. Wenn also Planwirtschaft gewöhnlich als staatliche Planung der Wirtschaft verstanden wird, so widerspricht diese Begriffsbildung der wirtschaftlichen Wirklichkeit; sie ist irreführend und wirtschaftlich nicht haltbar. Von den möglichen Wirtschaftsordnungen eine als Planwirtschaft, andere dagegen etwa als ‚anarchisch' im Sinne von ungeplantem Geschehen bezeichnen zu wollen, ist widersinnig. Das Wort Planwirtschaft sollte deshalb nur zusammen mit einem Adjektiv verwendet werden, mit dem die gemeinte Art von Planwirtschaft zu bezeichnen ist".[23]

Pikanterweise ist der Beitrag von Erwin Grochla: „Planung, betriebliche", dem von Hensel vorangestellt.[24]

4. Zur Genealogie der Ordnungstheorie: Um die Wirtschaftssysteme vergleichen zu können, sind die Instrumente der Ordnungstheorie unentbehrlich

4.1. Die Erkenntnisobjekte der Volks- und der Betriebswirtschaftslehre

„Zentraler Ausgangspunkt der Wirtschaftswissenschaften ist die Frage, wie die Menschen die im Hinblick auf ihre Ziele alternativ verwendbaren, knappen Mittel gewinnen und nutzen. Die Wirtschaftswissenschaften sind als Teil der Sozialwissenschaften an der gesellschaftlichen Realität orientiert und versuchen, diese unter den aus ihrer Grundfrage sich ergebenden relevanten Aspekten zu ordnen, zu beschreiben und zu erklären. [...] Erkenntnisziel der Wirtschaftswissenschaften ist die Erklärung des menschlichen Wirtschaftens und seiner Zusammenhänge".[25]

Nach dem Kölner Betriebswirt Erich Gutenberg (1897-1984) bilden den „Gegenstand der Betriebswirtschaftslehre die wirtschaftlichen Tatbestände des betrieblichen Geschehens in solchen Betrieben, die dem gewerblichen Bereich der privaten und öffentlichen Wirtschaft angehören [...] Nach heute (1958) herrschender Auffassung ist die Betriebswirtschaftslehre eine selbstständige Disziplin im Rahmen der Wirtschaftswissenschaften. Sie trägt also grundsätzlich wirtschaftswissen-

23 Hensel, K. Paul: Planwirtschaft, in: HdSW, 8. Bd., 1964, S. 325.

24 Grochla, Erwin: Planung, betriebliche, in: HdSW, 8. Bd., 1964, S. 314-325.

25 Müller, J. Heinz: Wirtschaftswissenschaften, in: Görres-Gesellschaft (Hrsg.), Staatslexikon, 7. Aufl., 5. Bd., Sp. 1081.

schaftlichen Charakter, betrachtet jedoch die Probleme ihres Gegenstandes bevorzugt unter einzelwirtschaftlichen Gesichtspunkten. Dagegen sieht die Volkswirtschaftslehre, die andere selbstständige Disziplin der Wirtschaftswissenschaften, ihre Probleme bevorzugt in gesamtwirtschaftlichen Zusammenhängen. Beide Disziplinen ergänzen einander. Man kann deshalb weder sagen, daß eine lediglich einzelwirtschaftliche, noch auch, daß eine lediglich gesamtwirtschaftliche Betrachtung für die vollständige Analyse und Beurteilung wirtschaftlichen Geschehens ausreiche. Dabei läßt sich nicht verkennen, daß es gewisse Tatbestände gibt, auf die sich das Interesse beider Disziplinen unmittelbar und vollständig erstreckt. Vor allem handelt es sich hierbei um Fragen der Produktions-, Kosten-, Preis-, Investitions- und Kredittheorie. Dagegen gibt es betriebswirtschaftliche Gebiete, die nur in begrenztem Maße unmittelbar volkswirtschaftliches Interesse finden. Diese Tatsache schließt nicht aus, daß grundsätzlich alle Fragen der Betriebs- und Volkswirtschaftslehre zum Problembestand der Wirtschaftswissenschaften gehören".[26]

Die Volkswirtschaft erklärt „primär, wie der Preismechanismus funktioniert und wie er den Prozeß der Produktion (Einkommensentstehung), Einkommensverteilung in einer Markt- und Wettbewerbswirtschaft steuert und wie die Einkommensverwendung (einschließlich Verbrauch) auf den Wirtschaftsablauf einwirkt. Arbeitsteilung und technischer Fortschritt sowie der Nutzen als Maß des Wohlstandes werden dabei neben den Wirtschaftsgrundlagen als Hilfen zur Erklärung des Wachstums analysiert. Die Theorien der Markt- und der Staatswirtschaft werden in eine umfassende Entwicklungslehre eingebettet.

Als *normative* Wissenschaft fragt die Volkswirtschaft, wie die private und öffentliche Wirtschaft sein *sollte*, als *positive* will sie erkennen, beschreiben und erklären, was die gesamte Wirtschaft tatsächlich *ist*, warum sie *so* ist und nicht anders, und als *Entscheidungslehre* fragt sie nach den Mitteln und Erfahrungen, mit deren Hilfe man die Wirklichkeit, zielgerichtet, im Sinne eines Seinsollens (Optimum, Maximum) am besten oder am zweitbesten bei unsicheren Erwartungen *gestalten* kann".[27]

4.2. Die Wirtschaftsordnungen werden durch die Planungs- und Lenkungssysteme in Verbindung mit den Eigentumsverhältnissen an den Produktionsmitteln abgegrenzt

In seiner „Ökonomischen Erklärung menschlichen Verhaltens" bemerkt Gary S. Becker: „Die Definition der Ökonomie durch den Bezug auf knappe Mittel und konkurrierende Ziele ist von allen am allgemeinsten. Sie definiert Ökonomie durch die Art des Problems, das sie lösen soll und umfasst weitaus mehr als den Markt-

---

26 Gutenberg, Erich: Einführung in die Betriebswirtschaftslehre, Wiesbaden 1958, S. 13.

27 Recktenwald, Horst Claus: Wörterbuch der Wirtschaft, 9. Aufl., Stuttgart 1981, S. 611.

bereich oder das, ‚was Ökonomen tun'. Knappheit und Wahlzwang charakterisieren alle Ressourcen und deren Allokation".[28]

Die Aufgabe der Wirtschaftsordnung besteht darin, die Diskrepanz zwischen den menschlichen Bedürfnissen und der Güterknappheit möglichst optimal zu überwinden.

Helmut Leipold von der „Forschungsstelle zum Vergleich wirtschaftlicher Lenkungssysteme" der Universität Marburg hat im ersten Teil seiner Studie „Wirtschafts- und Gesellschaftssysteme im Vergleich. Grundzüge einer Theorie der Wirtschaftssysteme" einen „begrifflich-theoretischen Bezugsrahmen entwickelt, der einerseits die Abgrenzung der Wirtschaftssysteme und die Bestimmung der Ordnungsalternativen begründen soll; zum anderen dient er der Fundierung systemindifferenter Sachverhalte, die in jedem wie auch immer gearteten Wirtschaftssystem zu beobachten sind. Als Kriterien der Abgrenzung fungieren die Planungs- und Lenkungssysteme (dezentrale und zentrale Planung) in Verbindung mit den Eigentumsverhältnissen an den Produktionsmitteln (Privat-, Staats- und Gesellschaftseigentum)".[29]

---

28 Becker, Gary S.: Ökonomische Erklärung menschlichen Verhaltens, 2. Aufl., Tübingen 1993, S. 2. Luckenbach, Helga: Nachfrage des Haushalts, in: HdWW, 5. Bd., 1988, S. 300-314.

29 Leipold, Helmut: Wirtschafts- und Gesellschaftssysteme im Vergleich. Grundzüge einer Theorie der Wirtschaftssysteme, 5. Aufl., Stuttgart 1988, S. VII.

Wirtschaftssysteme[30]

Planungs- und Steuerungssysteme

Marktwirtschaft	Politisch natural gesteuerte sozialistische Zentralplanwirtschaft

Planung und Steuerung

Autonomieprinzip	Organprinzip
Dezentral von Haushalten und Unternehmen Steuerung durch Preismechanismus, der die millionenfachen Entscheidungen der Verbraucher laufend anzeigt und weitergibt, so daß in einem simultan-sukzessiven Prozess die 3 Grundfragen jeder Wirtschaftsordnung beantwortet werden: Was, wie und für wen produziert wird. *Unternehmer* kombiniert die drei elementaren Faktoren (1) Arbeitsleistung, (2) Betriebsmittel (Arbeitsmittel) und (3) Werkstoffe (= Leistungserstellung, Produktion). Für die Herstellung eines bestimmten Produktes sucht der Unternehmer die kostengünstigste Kombination der drei Elementarfaktoren aus.	Naturale Steuerung durch die Staatliche Planungskommission (SPK). Volkseigener Betrieb ist Organ der SPK. *Naturale* Zuweisung der drei elementaren Faktoren (1) Arbeitsleistung, (2) Betriebsmittel (Arbeitsmittel) und (3) Werkstoffe an den volkseigenen Betrieb (= Bilanzanteile). Die Relation der drei elementaren Faktoren untereinander ist starr. Der volkseigene Betrieb hat keine Wahl bei der kostengünstigsten Kombination der drei elementaren Faktoren.

Systembezogene Tatbestände

Erwerbswirtschaftliches Prinzip: Die Betriebe sind bestrebt, auf die Dauer eine möglichst günstige Rentabilität, also einen möglichst hohen Gewinn auf das in ihnen investierte Kapital zu erzielen.	*Organprinzip*: Zentralplandeterminierte Sollerstellung. Der volkseigene Betrieb besitzt keine Autonomie und ist ausschließlich Organ der Staatlichen Plankommission.

Eigentum

Privateigentum an den Produktionsmitteln	Volkseigentum an Produktionsmitteln

30 Zusammengestellt nach: Gutenberg, Erich: Grundlagen der Betriebswirtschaftslehre. Bd. I: Die Produktion, Berlin / Göttingen / Heidelberg 1951, S. 332-297. Leipold, Helmut: Wirtschafts- und Gesellschaftssysteme im Vergleich. Grundzüge einer Theorie der Wirtschaftssysteme, 5. Aufl., Stuttgart 1988, S. VII.
Entwurf: Jürgen Schneider, Altdorf bei Nürnberg 14.2.2014.

Der Bezugsrahmen von Leipold beruht auf der Ordo-Theorie von Walter Eucken, die von seinem Assistenten K. Paul Hensel insbesondere nach dessen Berufung nach Marburg im Jahre 1957 ausgebaut wurde.

Die Unterscheidung der Wirtschaftssysteme war schon früh von K. P. Hensel herausgearbeitet worden. „Zentrale und dezentrale Planung, Zentralverwaltungswirtschaft und Marktwirtschaft. Unterscheidendes Kriterium von Wirtschaftsordnungen ist hiernach nicht Geplantheit oder Ungeplantheit der Wirtschaft, sondern wer die Subjekte der Planung und Lenkung sind".[31]

Die Abgrenzung der Wirtschaftssysteme durch die Art der Koordination der Entscheidungen über Produktion und Konsumtion in einer Volkswirtschaft nennen die Ökonomen Allokation der Ressourcen. Das Lenkungs- bzw. das Allokationsproblem gehört zu den Grundproblemen des Wirtschaftens. „Aufgrund der Knappheit von Konsum- und Investitionsgütern und infolge der Arbeitsteilung ist es aus ökonomischen Vernunftgründen erforderlich, daß eine möglichst sachlich optimale *Allokation*, d. h. eine zeitlich und regional optimale Verteilung der Güter bzw. der volkswirtschaftlichen Produktionsfaktoren innerhalb eines Wirtschaftsraumes erreicht wird. Dies ist notwendig, um den Menschen in diesem Wirtschaftsraum in der betrachteten Periode eine relativ hohe materielle Versorgung zu garantieren. Angestrebt wird eine optimale Lösung des *Lenkungs- bzw. des Allokationsproblems*".[32] Zwischen den Planungs- und Lenkungssystemen und den Eigentumsformen besteht eine enge Interdependenz. „Im Sinne der Wirtschaftsordnungstheorie wird der Begriff des ‚Eigentums' immer als ‚Eigentum an Produktionsmitteln' verwendet. Das Eigentum an Produktionsmitteln wird in der Regel als konstituierendes Element von Wirtschaftsmacht angesehen. Dies gilt sowohl für alle Formen des Privat- als auch des Staatseigentums an Produktionsmitteln.

Die Form des Eigentums ist maßgebend für die wirtschaftliche Effizienz des Wirtschaftssystems. Daher muss der Träger der Ordnungspolitik die geeignete Form für seine Volkswirtschaft finden. Gewöhnlich wird Eigentum als Verfügungsgewalt über wirtschaftliche Güter definiert.

Fallen tatsächliche und juristische Verfügungsgewalt zusammen, dann ist Verfügung über wirtschaftliche Güter gleichbedeutend mit Leitung des Wirtschaftsprozesses. Insofern fallen auch Planungs- und Eigentumsform in diesem Fall zusammen.

Herrscht in einer Volkswirtschaft ausschließlich die Form des Staatseigentums oder die Form des Privateigentums in Verbindung mit Monopolmärkten, ist das nicht nur Ausdruck von wirtschaftlicher Macht, sondern Ausdruck von willkürlicher Machtausübung und wirtschaftlicher Ineffizienz.

Privateigentum dagegen in Verbindung mit Wettbewerb relativiert erheblich die wirtschaftliche Macht und erhöht die Leistungsfähigkeit der Eigentümer. Die Regelung der Eigentumsformen ist daher Aufgabe der Wirtschaftsordnungspolitik.

---

31 Hensel, K. Paul: Planwirtschaft, in: HdSW, 8. Bd., 1964, S. 326.

32 Paraskewopoulos, Spiridon: Volkswirtschaftslehre. Grundriß für Studierende, Berlin 2004, S. 28 f.

Vor allem müssen Widersprüche bei der Kombination der Planungs- und Eigentumsformen vermieden werden. Zentrale Planung des Wirtschaftsprozesses und Privateigentum an den Produktionsmitteln vertragen sich nicht.

Eine rationale Ordnungspolitik ist deshalb für die Konstruktion eines entsprechenden Ordnungsrahmens erforderlich".[33]

Da die sozialistische Zentralplanwirtschaft der SBZ / DDR aus ordnungstheoretischer Perspektive analysiert wird, muss auf die Entstehung der Ordnungstheorie zurückgegriffen werden. Eine Theorie der politisch natural gesteuerten sozialistischen Zentralplanwirtschaft hat es nie gegeben.

4.3. Die Stellung des Konsumenten in der Marktwirtschaft und in der politisch natural gesteuerten sozialistischen Zentralplanwirtschaft

Die überragende zentrale Stellung des Konsumenten in der Klassischen Nationalökonomie war eindeutig und unzweifelhaft. Diese Stellung des Konsumenten wurde von der neuen Forschungsrichtung der Nationalökonomie, der Grenznutzenschule, die im letzten Drittel des 19. Jahrhunderts entstand, wissenschaftlich nachgewiesen. Die Grenznutzenschule will, „wie im Zusammenhang mit dem Methodenstreit schon ausgeführt wurde, den Historismus überwinden. Ihr individualistischer Ausgangspunkt bietet auch für sozialistische Gesellschaftsmodelle keinen Platz. Trotz der methodologischen Übereinstimmung mit den Klassikern, was die isolierende Abstraktion und den Gesetzesbegriff anbelangt, sucht man vom klassischen Paradigma loszukommen. Es gibt für die Anhänger der Grenznutzenschule keine über die Produktionskosten zu ermittelnden objektiven Werte. Alle Markterscheinungen sind auf subjektive Werte zurückzuführen, auf Wahrnehmungen, Empfindungen und Einschätzungen handelnder Personen. Deshalb genügt es nicht, die Nachfrage mit einem die Tauglichkeit charakterisierenden Gebrauchswert in Verbindung zu bringen. Anbieter und Nachfrager nehmen Schätzungen vor, bei denen stets die Nützlichkeit von Gebrauchseigenschaften und die Seltenheit der Güter berücksichtigt werden. So löst sich das klassische Werteparadox von allein auf. Freie Güter sind brauchbar und nützlich, aber weil sie nicht knapp sind, haben sie keinen Wert. Das Fehlen knapper Güter wird dagegen als Mangel empfunden, den es zu beseitigen gilt. Bestrebungen zur Situationsverbesserung sind mit Nutzenschätzungen verbunden, die Subjekt-Objekt-Beziehungen sind, von denen alles ökonomische Geschehen seinen Ausgang nimmt.

Die Grenznutzenschule oder ‚psychologisch-subjektive Richtung', wie P. Mombert sie nennt, arbeitet mit dem Nutzen als Wertgröße, mit Nutzenänderungen und Nutzenvergleichen".[34] Mit der Grenznutzenlehre war ein neuer Ansatz gefunden worden: Nicht mehr die Arbeitskosten waren für den Preis entscheidend, sondern der Nutzen, den die Ware für den Konsumenten besaß. Die Politökonomie des realen Sozialismus verharrte auf der seit dem letzten Drittel des 19. Jahrhunderts

---

33 Ebd., S. 36.

34 Brandt, Karl: Geschichte der deutschen Volkswirtschaftslehre. Bd. 2: Vom Historismus bis zur Neoklassik, Freiburg i. Br. 1993, S. 277.

wissenschaftlich widerlegten Lehre der Arbeitswerttheorie der Klassiker, der „fundamentalen Lehre der marxistisch-leninistischen politischen Ökonomie“.[35]

Adam Smith stellte im „Wohlstand der Nationen“ (1776) fest: „Der Verbrauch allein ist Ziel und Zweck einer jeden Produktion, daher sollte man die Interessen des Produzenten eigentlich nur soweit beachten, wie es erforderlich sein mag, um das Wohl des Konsumenten zu fördern. Diese Maxime leuchtet ohne weiteres ein, so daß es töricht wäre, sie noch beweisen zu wollen. In der *merkantilistischen Wirtschaftsordnung* aber wird das Wohl des Verbrauchers beinahe ständig dem Interesse des Produzenten geopfert, und man betrachtet offenbar die Produktion und nicht den Konsum als letztes Ziel oder Objekt allen Wirtschaftens und Handelns.

Augenscheinlich wird aber das Interesse des einheimischen Konsumenten dem des Produzenten geopfert, wenn die Einfuhr aller ausländischen Erzeugnisse eingeschränkt wird, die in Konkurrenz mit den eigenen treten könnten. Nur zum Nutzen des Produzenten wird dadurch der Verbraucher gezwungen, den überhöhten Preis zu zahlen, der durchweg auf dieses Monopol zurückzuführen ist“.[36]

Wenn man hier die merkantilistische Wirtschaftsordnung durch die sozialistische Wirtschaftsordnung ersetzt, werden erstaunliche Parallelen sichtbar.

Ähnlich wie Smith sieht es auch Carl Menger (1840-1921) in seinen „Grundsätzen der Volkswirthschaftslehre“ (1871): „Die Bedürfnisse entspringen unseren Trieben, diese aber wurzeln in unserer Natur; die Nichtbefriedigung der Bedürfnisse hat die Vernichtung, die mangelhafte Befriedigung die Verkümmerung unserer Natur zur Folge; seine Bedürfnisse befriedigen heißt aber leben und gedeihen. Die Sorge für die Befriedigung unserer Bedürfnisse ist demnach gleichbedeutend mit der Sorge für unser Leben und unsere Wohlfahrt; sie ist die wichtigste aller menschlichen Bestrebungen, denn sie ist die Voraussetzung und die Grundlage aller übrigen. [...] Die Quantität von Gütern, welche ein Mensch zur Befriedigung seiner Bedürfnisse benötigt, nennen wir seinen Bedarf. Die Sorge des Menschen für die Aufrechterhaltung ihres Lebens und ihrer Wohlfahrt wird demnach zur Sorge für die Deckung ihres Bedarfs“.[37]

Ludwig von Mises, der in der Tradition von Adam Smith und Carl Menger steht, zeigt die Zusammenhänge in der arbeitsteiligen Tauschwirtschaft auf: „In diesem Sinne ist in der arbeitsteiligen Gesellschaft das natürliche Eigentum an allen Produktionsgütern zwischen dem Erzeuger und denen, für deren Bedarf er produziert, geteilt. Der selbstgenügsame außerhalb des Verbandes der Tauschgesellschaft lebende Landwirt kann seinen Acker, seinen Pflug, sein Zugtier in dem Sinne sein nennen, als sie nur ihm dienen. Der Landwirt, dessen Unternehmen in den Verkehr einbezogen ist, der für den Markt erzeugt und auf dem Markt einkauft, ist in einem ganz anderen Sinne Eigentümer der Produktionsmittel, mit denen er produziert. Er ist nicht Herr der Produktion wie der autarke Bauer. Er bestimmt nicht ihre Richtung; darüber entscheiden die, für die er arbeitet, die Verbraucher. Sie, nicht die

35 Ökonomisches Lexikon A-G, 3. Aufl., Berlin (Ost) 1978, S. 181.

36 Smith, Adam: Der Wohlstand der Nationen. Eine Untersuchung seiner Natur und seiner Ursachen, München 1974, S. 558.

37 Menger, Carl: Grundsätze der Volkswirthschaftslehre, Wien 1871, S. 32.

Erzeuger setzten der Wirtschaft das Ziel. Die Erzeuger führen die Wirtschaft nur den Zielen zu, die die Verbraucher gewählt haben.

Die Eigentümer der Produktionsmittel sind aber auch nicht imstande, ihr physisches Haben der Produktionsmittel unmittelbar in den Dienst der Produktion zu stellen. Da alle Produktion in der Zusammenfassung verschiedener Produktionsmittel besteht, muß ein Teil der Eigentümer der Produktionsmittel ihr natürliches Eigentum an andere übertragen, damit diese die Kombinationen, aus denen die Produktion besteht, ins Werk setzen. Kapitalisten, Bodenbesitzer und Eigner der Arbeitskraft übertragen die Verfügung an den Unternehmer, der damit die unmittelbare Leitung im Produktionsprozeß übernimmt. Die Unternehmer führen nun die Wirtschaft nach den Weisungen der Verbraucher, die wieder keine anderen sind als die Eigner der Produktionsmittel: Kapitalbesitzer, Grundbesitzer, Arbeiter. Von dem Produkte aber fällt jedem Faktor jener Teil zu, der seiner produktiven Mitwirkung am Erfolge ökonomisch zugerechnet wird.

Das Wesen des natürlichen Eigentums an den Produktivgütern ist somit ein ganz anderes als das des natürlichen Eigentums an den Genussgütern. Um ein Produktivgut im wirtschaftlichen Sinne zu haben, d. h., es seinen eigenen wirtschaftlichen Zwecken dienstbar zu machen, muß man es nicht in der Weise physisch haben, in der man Konsumgüter haben muß, um sie zu verbrauchen oder zu gebrauchen. Um Kaffee zu trinken, muß ich nicht Eigentümer einer Kaffeepflanzung in Brasilien, eines Ozeandampfers und einer Kaffeerösterei sein, wenn auch alle diese Produktionsmittel verwendet werden müssen, damit eine Schale Kaffee auf meinen Tisch kommt. Es genügt, daß andere diese Produktionsmittel besitzen und für mich verwenden. In der arbeitteilenden Gesellschaft ist niemand ausschließlicher Eigentümer der Produktionsmittel, Produktionsmittel stehen im Dienste der Gesamtheit der am Marktverkehr teilnehmenden Menschen“.[38]

Diese Argumentation greift Mises wieder unter dem Titel „Das Argument der wirtschaftlichen Demokratie“ auf: „Unter den Argumenten, die zugunsten des Sozialismus geltend gemacht werden, kommt demjenigen, das durch das Schlagwort ‚self-government in industry‘ gekennzeichnet wird, eine immer größere Bedeutung zu. In der auf dem Sondereigentum an Produktionsmitteln beruhenden Wirtschaftsverfassung bedarf es nicht erst der besonderen Einrichtungen, wie sie sich die politische Demokratie geschaffen hat, um den entsprechenden Erfolg zu erzielen. Dafür sorgt schon der freie Wettbewerb. Alle Produktion muß sich nach den Wünschen der Verbraucher richten. Entspricht sie nicht den Anforderungen, die der Konsument stellt, dann wird sie unrentabel. Es ist also dafür gesorgt, daß die Erzeuger sich nach dem Willen der Verbraucher richten, und daß die Produktionsmittel aus der Hand jener, die nicht gewillt oder befähigt sind, das zu leisten, was die Verbraucher von ihnen fordern, in die Hände jener übergehen, die besser imstande sind, die Erzeugung zu leiten. Der Herr der Produktion ist der Konsument. Die Volkswirtschaft ist, unter diesem Gesichtswinkel betrachtet, eine Demokratie, in der jeder

---

38 Mises, Ludwig: Die Gemeinwirtschaft. Untersuchungen über den Sozialismus, 2. Aufl., Jena 1932, S. 15 f.

Pfennig einen Stimmzettel darstellt. Sie ist eine Demokratie mit jederzeit widerruflichem imperativem Mandat der Beauftragten.

Sie ist eine Verbraucherdemokratie. Die Produzenten als solche haben selbst keine Möglichkeit, der Produktion die Richtung zu weisen. Das gilt in gleicher Weise vom Unternehmer wie vom Arbeiter; beide müssen in letzter Linie die Wünsche der Konsumenten befolgen. Das könnte auch gar nicht anders sein. In der Produktion können nur entweder die Konsumenten oder die Produzenten den Ton angeben. Daß es jene tun, ist nur selbstverständlich. Denn nicht um der Produktion willen wird produziert, sondern für den Konsum. Als Produzent ist der Volksgenosse in der arbeitteilenden Wirtschaft selbst Beauftragter der Gesamtheit und hat als solcher zu gehorchen. Anzuschaffen hat er nur als Konsument.

Dem Unternehmer kommt dabei keine andere Stellung zu als die eines Leiters der Produktion. Daß er dem Arbeiter gegenüber Macht ausübt ist klar. Aber diese Macht kann er nicht nach Willkür ausüben. Er muß sie so gebrauchen, wie es die Erfordernisse einer den Wünschen der Konsumenten entsprechenden Produktion verlangen. Dem einzelnen Lohnempfänger, dessen Blick nicht über den engen Horizont seiner täglichen Arbeit hinausgeht, mag es als Willkür und Laune erscheinen, was der Unternehmer in seinem Betrieb verfügt. Aus der Froschperspektive lassen sich die großen Umrisse und der Plan des ganzen Werkes nicht erkennen. Besonders dann, wenn die Verfügungen des Unternehmers die nächsten Interessen des Arbeiters verletzten, mögen sie ihm als unbegründet und willkürlich erscheinen. Daß der Unternehmer unter der Herrschaft eines strengen Gesetzes arbeitet, vermag er nicht zu erkennen. Wohl steht es dem Unternehmer jederzeit frei, seiner Laune die Zügel schießen zu lassen. Er kann willkürlich Arbeiter entlassen, hartnäckig veraltete Arbeitsprozesse beibehalten, bewußt unzweckmäßige Arbeitsmethoden wählen und sich in den Geschäften von Beweggründen leiten lassen, die nicht den Wünschen der Verbraucher entsprechen. Aber wenn er dies tut und soweit er dies tut, muß er büßen, und wenn er nicht rechtzeitig Einkehr hält, wird er durch den Verlust seines Besitzes in eine Stellung im Wirtschaftsleben gedrängt, in der er nicht mehr in der Lage ist, zu schaden. Eine besondere Kontrolle seines Verhaltens einzuführen, ist nicht erst notwendig. Der Markt übt sie schärfer und genauer, als es irgendeine Überwachung durch die Regierung oder andere Organe der Gesellschaft machen könnte.

Jeder Versuch, diese Herrschaft der Konsumenten durch die der Produzenten zu ersetzen, ist an sich widersinnig. Es würde dem Zweck der Produktion zuwiderlaufen. Wir haben einen – den für die modernen Verhältnisse wichtigsten – Fall dieser Art schon näher behandelt: den der syndikalistischen Wirtschaftsverfassung. Was von ihr gilt, gilt von jeder Produzentenpolitik. Alle Wirtschaft muß Konsumentenwirtschaft sein. Man erkennt den Widersinn aller Bestrebungen, durch die Schaffung syndikatischer Einrichtungen ‚wirtschaftliche Demokratie' zu schaffen am besten, wenn man sie sich auf das politische Gebiet zurückübertragen denkt. Wäre es Demokratie, wenn etwa der Richter darüber zu entscheiden hätte, welche Gesetze gelten sollen und in welcher Weise Recht gesprochen werden soll? Oder wenn die Soldaten darüber zu entscheiden hätten, wem sie ihre Waffen zur Verfügung zu stellen und wie sie die Macht, die ihnen übertragen ist, zu gebrauchen haben? Nein, Richter und Soldaten haben in dieser ihrer Eigenschaft zu gehorchen, wenn der Staat nicht zu einer Richter- oder Soldatendespotie werden soll. Man kann das Wesen der Demokratie nicht ärger verkennen als es das Schlagwort von der ‚industriellen Selbstverwaltung' tut".[39]

F. A. von Hayek führt unter dem Titel „Die Herrschaft über die Produktion verschafft die Herrschaft über die Konsumtion" aus: „Die Macht des Leiters der Planwirtschaft über unser Privatleben würde nicht weniger unumschränkt sein, wenn er sie nicht durch die direkte Lenkung unserer Konsumtion ausübte. Wenn eine kollektivistische Gesellschaft auch wohl in gewissem Umfange zur Rationierung und ähnlichen Maßnahmen greifen würde, so hängt die Macht der Planwirtschaftsbehörde über unser Privatleben doch nicht davon ab. Sie würde kaum weniger wirksam sein, wenn es dem Konsumenten dem Namen nach freistünde, sein Einkommen nach seinem Belieben auszugeben. Die Herrschaft, die die Regierung in einer kollektivistischen Gesellschaft über die ganze Konsumtion ausüben würde, würde auf der Herrschaft über die Produktion beruhen.

Unsere Bewegungsfreiheit in einer auf dem Wettbewerb beruhenden Gesellschaft steht und fällt damit, daß, wenn eine Person die Befriedigung unserer Wünsche ablehnt, wir uns an eine andere wenden können. Haben wir es aber mit dem Besitzer eines Monopols zu tun, so sind wir ihm auf Gnade und Ungnade ausgeliefert, und eine Planwirtschaftsbehörde, die die gesamte Volkswirtschaft lenkt, würde der mächtigste Monopolist sein, den man sich vorstellen kann. Wir brauchen zwar wahrscheinlich nicht zu befürchten, daß eine solche Planwirtschaftsbehörde diese Macht in derselben Weise ausbeuten würde wie der Inhaber eines privaten Monopols, und sie würde vermutlich zwar nicht auf die Herauswirtschaftung eines möglichst großen finanziellen Profits ausgehen, aber sie hätte die unumschränkte Entscheidung darüber, was wir erhalten wollen, und zu welchen Bedingungen. Sie würde nicht nur bestimmen, welche Güter und Leistungen produziert werden sollen und in welchen Mengen, sondern sie wäre in der Lage, die Güterverteilung auf die verschiedenen Regionen und Gruppen vorzunehmen und, wenn es ihr paßte, eine beliebige unterschiedliche Behandlung der Personen durchzuführen. Wenn man sich vergegenwärtigt, aus welchem Grunde die meisten Menschen für die Planwirtschaft eintreten, kann man noch im geringsten daran zweifeln, daß diese Macht zur Förderung derjenigen Ziele verwandt würde, die der Staat billigt, und zur Vereitelung derjenigen Ziele verwandt würde, die er mißbilligt?

Die mit der Überwachung der Produktion und der Preise verbundene Macht ist fast unbegrenzt. In einer auf dem Wettbewerb beruhenden Gesellschaftsordnung sind die Preise, die wir für Gut zahlen müssen, d. h. das Austauschverhältnis der Güter, abhängig von der Menge der übrigen Güter, von denen wir keins in Anspruch nehmen können, ohne es den anderen Mitgliedern der Gesellschaft zu entziehen. Dieser Preis wird nicht durch den Willen irgendeines Menschen bestimmt, und wenn der eine Weg zur Erreichung unserer Ziele sich als zu kostspielig erweist, steht es uns frei, andere zu versuchen. Die Hindernisse stellen sich uns nicht deshalb

---

39 Ebd., S. 412 f.

entgegen, weil jemand unsere Ziele ablehnt, sondern deshalb, weil dieselben Güter auch an anderer Stelle benötigt werden. Es ist sicher, daß in einer gelenkten Wirtschaft die oberste Instanz, die die Ziele der Wirtschaftstätigkeit überwacht, ihre Machtbefugnisse dazu benutzen würde, um die Erreichung einiger Ziele zu erleichtern und die anderer zu verhindern. Nicht unsere Ansicht über unsere Neigungen und Abneigungen wäre maßgebend für das, was wir erhalten würden, sondern die Privatansicht eines anderen. Da die Obrigkeit mächtig genug wäre, um jeden Versuch, sich ihrer Führung zu entziehen, zu vereiteln, würde sie unsern Konsum beinahe ebenso wirksam überwachen wie durch direkte Vorschriften über die Verwendung unseres Einkommens".[40]

Der scharfsinnige und ökonomisch argumentierende Soziologe und Volkswirt Albert Schäffle (1831-1903) sah im Sozialismus zu Recht den selbstbestimmten Bedarf bedroht. „Die Freiheit der Bedarfsbestimmung ist sicherlich die unterste Grundlage der Freiheit überhaupt. Würden die Lebens- und Bildungsmittel etwa von außen her und einem jeden nach einem Bedarfsschema zugemessen, so könnte niemand nach seiner Individualität leben und sich ausbilden; es wäre ‚der Brotkorb der Freiheit' beseitigt. Es fragt sich deshalb, ob der Sozialismus die individuelle Freiheit und Bedarfsbestimmung aufhebt oder nicht. Hebt er sie auf, so ist er freiheitsfeindlich, aller Individualisation, daher aller Gesittung entgegen und ohne alle Aussicht, mit den unvertilgbaren Trieben des Menschen jemals fertig zu werden.

Man muß nun in Beantwortung obiger Frage sagen, daß der Sozialismus selbst das möglichste getan hat, um von sich abzuschrecken.

Seine *phantasievollen Vertreter* haben zwar die Abwechslung des Genießens vertreten, aber nicht die individuelle Freiheit des Haushaltes, d. h. der Sphäre, in welcher der einzelne als solcher physisch und geistig auf sich selbst und seine Nächsten sich zurückzieht, um aus der öffentlichen sozialen Welt des Geschäfts, der Fabrik, des Verkehrs zu entfliehen und als Individuum sich zu erholen, zu fühlen, zu bilden und sich frei zu bewegen. Manche Sozialisten haben dem Proletariat einen halb königlichen Kollektivluxus an öffentlichen Festen, Kunstgenüssen usw. versprochen, aber dem privaten Haushalt und der individuellen Freiheit des Bedarfs kaum einen Quadratschuh Freiheit, keine Freiheit der Art- und Maßbestimmung des Bedarfs übriggelassen, wenigstens nicht gezeigt, wie sie noch möglich wäre".[41]

Zu den „phantasievollen Vertretern" des Sozialismus gehört Karl Ballod, der nachzuweisen versucht, daß nach „Konfiskation des Privateigentums oder Ablösung gegen Entgelt" die „Dürftigkeit des Einkommens im Sozialismus"[42] keine unabwendbare Notwendigkeit ist. „Aber liegt es denn im Inbegriff des Sozialismus bzw. des Marxismus, alle Besitzverhältnisse ohne Unterschied zu zertrümmern? Nein. Marx selbst hat sich an einer Stelle dafür ausgesprochen, daß es am billigsten

---

40 Hayek, F. A. von: Der Weg zur Knechtschaft. Herausgegeben und eingeleitet von Professor Dr. Wilhelm Röpke. Übersetzt von Eva Röpke, 3. Aufl., Erlenbach-Zürich 1952, S. 124-126.

41 Schäffle, Albert: Die Quintessenz des Sozialismus (zuerst Gotha 1875), 24. Aufl., Gotha 1920, S. 22.

42 Ballod, Karl (Atlantikus): Der Zukunftsstaat. Produktion und Konsum im Sozialstaat, 2. Aufl., Stuttgart 1919, S. 235.

wäre, die Großgrundbesitzer auszukaufen".[43] Kautsky und Schäffle halten dafür, daß eine zinslose Ablösung im Sinne des *demokratischen Sozialismus* gelegen sei, also ein Zustand, bei dem die früheren Besitzenden, da sie keine Rente mehr beziehen könnten, gezwungen sein würden, ihr Vermögen allmählich aufzubrauchen, soweit sie nicht selbst durch produktive Arbeit ihren Unterhalt erwerben".[44] Auf die zentrale Problematik der Abstimmung von Bedarf und Produktion geht Ballod nicht ein. Die Utopie eines „demokratischen Sozialismus" gehört zum Gemeingut der phantasievollen Vertreter.

Nach der Konfiskation der privaten Unternehmen müßte der „ungefähre *Bedarf der Gesamtheit* feststehen. Denn dieser ist Zweck und Maß der ganzen Produktion".[45]

Der Unternehmer sucht Käufer und weiß, daß nur diejenigen Waren kaufen, die sie brauchen. „Er muß darauf schauen, den Wünschen und dem Geschmack der Käufer entgegen zu kommen. Sollen im sozialistischen Zukunftsstaat solche Wünsche nicht mehr berücksichtigt werden"?[46] Cathrein fährt fort: „Ebensowenig läßt sich annehmen, daß die oberste Zentralbehörde im sozialistischen Staat einfachhin den Bedarf nach Art und Masse der Produktion durch einen Machtspruch festsetze und danach die Produktion regle. Denkbar ist ein solches Verfahren. Aber um davon zu schweigen, daß dasselbe mit der demokratischen Organisation im Sinne der Sozialisten im Widerspruch steht, wäre es die vollendetste Knechtschaft. Die Freiheit beruht vor allem darauf, daß man selbst nach Gutdünken bestimmen kann, wie man sein Leben in Bezug auf Kost, Kleidung, Wohnung, Unterhaltung, Bildungsmittel usw. einrichten will. Wer das nicht mehr kann und sich alles von einer Behörde vorschreiben lassen muß, ist ein Sklave, mag man ihn auch ‚freien Genossen' nennen. Die Freiheit der Bedarfsbestimmung ist auch die Grundlage jedes Kulturfortschritts. [...] Wir wollen also annehmen, es sei grundsätzlich jedem freigestellt, sich seinen Bedarf zu bestimmen. [...] Es wird also offen zugestanden, daß jeder nur die Bedarfsgüter erhält, welche die Gesamtheit hervorzubringen für gut findet. Die Produktion hängt ja in ihrer Ausgestaltung von den Bedarfsgütern ab. Neue Bedarfsgüter erfordern auch neue Produktionsvorrichtungen. Soll es nun jedem überlassen bleiben, Gebrauchsgegenstände zu bestellen, welche neuen Einrichtungen und mithin eine Vermehrung der Gesamtarbeit erheischen? Wenn aber die Gesamtheit oder ihre Vertreter erst entscheiden sollen, ob man den Wünschen der Gesellschaftsmitglieder nachkommen wolle oder nicht, so ist tatsächlich die Freiheit der Bedarfsbestimmung zum guten Teil beseitigt.

Schlimmer vielleicht als diese Freiheitsbeschränkung ist die jeder Familie – deren Dasein im Sozialistenstaat wir inzwischen voraussetzen wollen – auferlegte Pflicht, alle ihre Bedürfnisse zum voraus bei den hierfür angesetzten Beamten zur

---

43 Engels, Friedrich: Neue Zeit 1894/95, S. 305.

44 Ballod, Karl: Der Zukunftsstaat, S. 14 f.

45 Cathrein S. J., Viktor: Der Sozialismus. Eine Untersuchung seiner Grundlagen und seiner Durchführbarkeit, 14.-16. Aufl., Freiburg i. Br. 1932, S. 259.

46 Ebd., S. 261.

Anzeige zu bringen und einregistrieren zu lassen. Damit man den Plan der Nationalproduktion entwerfen könne, muß feststehen, was jeder braucht oder haben will. Mann oder Frau oder alle beide müssen also bei dem Bedarfsbureau ihre großen und kleinen Anliegen zur Kenntnis der Beamten bringen, um dann zur bestimmten Zeit das Bestellte in den öffentlichen Vorratskammern gegen Arbeitsscheine einzulösen.

Es bleibt also dabei: jede Familie wird genötigt sein, alle ihre großen und kleinen Bedarfsgegenstände – wenn wir allenfalls von den ganz allgemeinen und alltäglichen absehen – vor den Bedarfsbeamten zu Protokoll zu geben.

Im Jahre 1907 gab es 5.736.082 landwirtschaftliche und 3.448.378 gewerbliche Betriebe im Deutschen Reich. Für alle diese unzähligen Betriebe muß festgestellt werden, was und wieviel sie zu produzieren haben, wieviel und welches Material sie benötigen, welche Maschinen, Gebäude u. dgl. hergestellt oder ausgebessert werden müssen.

Die Bedarfsbestimmung der Produktion hängt aber wieder ab von dem Bedarf der einzelnen Personen und Familien. Am 1. Dezember 1910 zählte man im Deutschen Reich 14.346.692 Haushaltungen. Es muß nun bis auf den letzten Knopf festgestellt werden, was jede Haushaltung nötig hat an Kleidern für Sonn- und Werktag, für Sommer und Winter, für Tag und Nacht; was sie nötig hat an Wäsche, Toilettengegenständen, Gerätschaften, Reiseausstattung, Schreibmaterialien, Unterhaltungs- und Luxusgegenständen. Man denke nur an die tausend Sachen und Sächelchen, deren eine gewöhnliche Bürgersfrau zu ihrer Garderobe bedarf.

Hinzu kommen die zahlreichen Nahrungsmittel, deren selbst die einfachste Bürgersfamilie benötigt, ferner die Ausstattung der Küche mit Brennmaterial und allen Gerätschaften, die der Wohn- und Schlafzimmer mit allen Möbeln und Schmuckgegenständen, mit Licht und Heizung, die der Vorratskammer usw. Dazu rechne man die nötigen Reparaturen für Kleider, Gerätschaften, Wohnung usw. Denn es gibt keine Privatunternehmungen. Die gesamte Produktion bis zur Herstellung des Strumpfbandes, ist ausschließlich Sache der Gesamtheit. Von Obrigkeits wegen ist für Nadel und Faden zu sorgen. Es muß also dies alles in die Bedarfsbestimmung aufgenommen werden, welche die Grundlage des großen Produktionsplanes bildet, und zwar nicht bloß für eine Familie, sondern für all die Millionen von Familien, welche unsre Großstaaten umfassen“.[47]

Die Ausführungen des Jesuiten Viktor Cathrein beruhten auf den Forschungen von Eugen von Böhm-Bawerk (1851-1914), einer der Begründer und Hauptvertreter der österreichischen Grenznutzentheorie.

Schäffle und Cathrein hatten einen zentralen Konstruktionsfehler des marktlosen Sozialismus erkannt, der auch im realen Sozialismus der DDR nicht behoben werden konnte: In der zentral gesteuerten sozialistischen Zentralplanwirtschaft der DDR wurde der Bedarf der Bevölkerung *politisch* auf 7 und 5 Jahre festgelegt. Ökonomisch waren die in den Jahreszentralplänen festgelegten Konsumziele nicht zu begründen. Die politischen Ziele und die individuellen Ziele der Konsumenten

---

47 Ebd., S. 266.

klafften immer auseinander. Eine Lösung innerhalb des Systems war ausgeschlossen.

4.4. Die Ordnungstheorie entsteht in Auseinandersetzung mit der Historischen Schule, dem Sozialismus und der politisch natural gelenkten nationalsozialistischen Wirtschaft

Die Ordnungstheorie entstand aus der Abkehr vom Historismus[48] und der Auseinandersetzung mit dem Sozialismus, der Zentralplanwirtschaft sowjetischen Typs[49] und der nationalsozialistischen Wirtschaftslenkung[50]. Alfred Müller-Armack (1901-1978) skizziert das so: „Unsere Generation der jüngeren Nationalökonomen empfand es als schmerzliches Versagen ihrer Wissenschaft, daß diese unter dem Einfluß der historischen Schule so wenig Fähigkeiten bewiesen hatte, die Phänomene der galoppierenden Inflationierung seit 1918 zutreffend ökonomisch zu diagnostizieren. Sie drängte dazu, eine Wirtschaftspolitik zu entwickeln, deren theoretisches Fundament sie, von wenigen Ansätzen abgesehen, erst selbst aufbauen mußte, da auch die ökonomische Theorie der Grenznutzenlehre[51] und die dominierende Geldtheorie Knapps[52] keinen Zugang zu einer wissenschaftlich inspirierten Wirtschaftspolitik ermöglichten.

Eines einschneidenden Ereignisses muß noch gedacht werden: 1917 ergriff die Kommunistische Revolution das Zarenreich und etablierte im Osten eine sich seither stetig festigende Ordnung, deren Kern bis heute der orthodoxe Glaube an die wirtschaftliche Ideologie eines in fast allen seinen Thesen widerlegten deutschen Nationalökonomen des 19. Jahrhunderts wurde. Der dialektische Materialismus,

---

48 Brandt, Karl: Historische Schule der Nationalökonomie, in: Görres-Gesellschaft (Hrsg.), Staatslexikon, 7. Aufl., 2. Bd., 1995, Sp. 1283-1286. Aus marxistisch-leninistischer Sicht ist der Historismus die philosophische Auffassung von der Geschichtlichkeit der gesellschaftlichen Erscheinungen. „Der marxistische Historismus faßt die Geschichte in ihrem inneren gesetzmäßigen Zusammenhang, als Fortschreiten vom Niederen zum Höheren, die gesellschaftlichen Erscheinungen in ihrem wesentlichen, in ihrem gesetzmäßigen Zusammenhang, in ihrer historischen Entstehung, Entwicklung und Vergänglichkeit, im Zusammenhang mit den anderen gesellschaftlichen Erscheinungen und den Bedingungen der jeweiligen ökonomischen Gesellschaftsformen." In: Klaus, Georg / Buhr, Manfred (Hrsg.): Philosophisches Wörterbuch, Leipzig 1965, S. 234.

49 Brandt, Karl: Geschichte der deutschen Volkswirtschaftslehre. Bd. 2: Vom Historismus bis zur Neoklassik. Fünftes Kapitel: Die deutsche Nationalökonomie zwischen den beiden Weltkriegen. 1. Von der Kapitalismusdebatte zur Ordnungstheorie, Freiburg i. Br. 1993, S. 397 ff.

50 Diehl, Markus Albert: Von der Marktwirtschaft zur nationalsozialistischen Kriegswirtschaft. Die Transformation der deutschen Wirtschaftsordnung 1933-1945, Stuttgart 2005.

51 Brandt, Karl: Geschichte der deutschen Volkswirtschaftslehre, Bd. 2, S. 275 ff.

52 Knapp, G. F.: Staatliche Theorie des Geldes, Leipzig 1905. „Geld hat nach Knapp ‚Geltung', es ist keine Ware, hat darum auch keinen Eigenwert. Knapps Nominalismus sieht im Geld ein ‚Geschöpf der Rechtsordnung', weil beim Übergang von einem Geldsystem zum anderen der Staat eingreift, um eine ordnungsgemäße Abwicklung der Zahlungsvorgänge zu gewährleisten." In: Brandt, a. a. O., S. 223 f.

die Mehrwerttheorie, die wissenschaftlich gemeinte Prognose von ökonomischen Entwicklungsgesetzen, die den Kapitalismus des Westens zum Einsturz bringen sollten, eine die geistigen und politischen Vorstellungen entwertende Idiologienlehre wurde so zentral in den Mittelpunkt des politischen Selbstverständnisses des Ostens gerückt, daß seither von Jahrzehnt zu Jahrzehnt die große Weltpolitik in die Spannung der letzten ökonomischen Alternative, freiheitliche Wirtschaftsorganisation oder Kollektivismus geriet.

Meine ersten Arbeiten entstanden vor diesem Hintergrund".[53]

„Seit den 1930er Jahren setzten sich mit der Abkehr vom Historismus[54] die Bestrebungen durch, sich vom Kapitalismusbegriff zu lösen und einen a-historischen Ordnungsbegriff zu verwenden. Zu erkennen sind diese Bemühungen bereits bei Hans Gestrich (1895-1943)"[55] und Hans Großmann-Doerth (1894-1944).[56]

Mit der Ordnungstheorie kommt es zugleich zum Dialog über den Wettbewerb als Ordnungselement und Koordinationsinstrument.[57] Eingeleitet wird die Diskussion mit der Frage nach der Funktionsfähigkeit des Wettbewerbs durch Franz Böhm.[58]

---

53 Müller-Armack, Alfred: Auf dem Weg nach Europa. Erinnerungen und Ausblicke, Stuttgart 1971, S. 12.

54 Der erste Angriff auf Gustav Schmoller (1838-1917), dem Begründer und der zentralen Figur der sogenannten jüngeren historischen Schule, erfolgte von Karl Menger, „Untersuchungen über die Methode der Sozialwissenschaften und der politischen Oekonomie", Leipzig 1883. Zum Methodenstreit Schneider, Erich: Einführung in die Wirtschaftstheorie, IV. Teil. Ausgewählte Kapitel der Geschichte der Wirtschaftstheorie. 1. Bd., Tübingen 1962, S. 301-331.

55 Gestrich, Hans: Liberalismus als Wirtschaftsmethode, Berlin 1930.

56 Großmann-Doerth, Hans: Selbstgeschaffenes Recht der Wirtschaft und staatliches Recht, Freiburg 1933.

57 Brandt, Karl: Geschichte der deutschen Volkswirtschaftslehre, Bd. 2, S. 408.

58 Böhm, Franz: Wettbewerb und Monopolkampf, Berlin 1933. Ders.: Die Ordnung der Wirtschaft als geschichtliche Aufgabe und rechtsschöpferische Leistung, Stuttgart 1937.

„**Böhm**, Franz, Jurist, Politiker, * 16.2.1895 Konstanz, † 26.9.1977 Rockenberg (Wetteraukreis). Nach dem Ersten Weltkrieg, in dem B. im Verband des ‚Deutschen Asienkorps' 1918 am Palästina-Feldzug teilnahm, schloß der Sohn des gleichnamigen badischen Kultusministers sein Jurastudium ab. Seit 1924 war er Staatsanwalt in Freiburg / Breisgau, 1925-33 Sachbearbeiter im Referat Kartelle im Reichswirtschaftsministerium in Berlin. 1933 habilitierte er sich in Freiburg und erhielt 1938 einen Lehrauftrag für Bürgerliches Recht und Arbeitsrecht in Jena, der ihm 1940 wegen seiner Kritik an der nationalsozialistischen Rassepolitik entzogen wurde. Schon 1936 erschien seine grundlegende Schrift *Die Ordnung der Wirtschaft als geschichtliche Aufgabe und rechtsschöpferische Leistung*, die ihn zu einem der Väter der sozialen Marktwirtschaft machte. Er gehörte dem sogenannten ‚Freiburger Kreis' um Walter Eucken an, der sich während des Zweiten Weltkriegs um Grundsätze für eine Wirtschaftsordnung der Nachkriegszeit bemühte. Seit 1945 war B. Mitglied der CDU und Prof. in Freiburg, 1945/46 hessischer Kultusminister in der Regierung Geiler und folgte 1947 einem Ruf an die Univ. Frankfurt / Main. 1952 leitete er die deutsche Delegation bei den Wiedergutmachungsverhandlungen mit Israel in Den Haag. 1953-65 vertrat er seine Partei im Deutschen Bundestag, wo er gegen starken Widerstand auch in seiner eigenen Partei das Gesetz gegen Wettbewerbsbeschränkungen vom 27.7.1957 durchsetzte. B. war Mitherausgeber der ‚Zeitschrift für die gesamte Staatswirtschaft' und des Jahresbuchs ‚ORDO'. Seine wichtigsten Schriften sind zusammengefaßt in

Auf Böhm folgen Leonhard Miksch (1901-1950)[59] und Friedrich A. Lutz (1901-1975).[60] „Es blieb einem engeren Kreise von Wissenschaftlern vorbehalten, den Gedanken einer neu zu setzenden Marktordnung zu konzipieren. An ihr ist die sogenannte Freiburger Schule von *Walter Eucken* und *Franz Böhm* besonders beteiligt. Die Wettbewerbsordnung wurde als Mittel, große Massengesellschaften zu organisieren, neu entworfen".[61]

Das Grundproblem ist nach Böhm die politische Meisterung des sozialen Alltags in einer industriellen Massengesellschaft.

Böhm nennt vier Prinzipien, die für die Marktwirtschaft konstitutiv waren:[62]

1. Im *Prinzip des Tausches* erkannte man eine organisierende Kraft ersten Ranges.
2. Jeder Gewerbetreibende muß dem *freien Wettbewerb* aller übrigen Gemeinschaftsgenossen ausgesetzt werden.
   So stieß man also auf ein zweites ordnendes Prinzip, auf das Prinzip des Wettbewerbs zwischen frei wirtschaftenden Gewerbegenossen. Im Zusammenhang mit dem Tauschprinzip vermag dann das Wettbewerbsprinzip die Organisation selbst einer hochentwickelten und komplizierten Volkswirtschaft sehr weitgehend ohne weitere obrigkeitliche Einwirkung zu leisten.
3. Der Wettbewerb bewirkt, daß die Wirtschaft auf jede Veränderung der Außenweltsfaktoren, die das einmal eingespielte Marktgleichgewicht stört, unverzüglich und mit höchster Empfindlichkeit reagiert, indem er einen Anpassungsprozeß in Lauf setzt, der nicht eher zur Ruhe kommt, bis der neue, von der veränderten Lage erforderte Gleichgewichtszustand erreicht ist.
4. Der Wettbewerb bewirkt endlich, daß auf der Angebotsseite dauernd das Bestreben lebendig bleibt, die eigene produktive Leistungsfähigkeit zu verbessern. Diese Funktion des Wettbewerbs ist von großer Wichtigkeit und weist zudem eine besondere Eigentümlichkeit auf. Jede entscheidende Verbesserung der Produktions- und Verteilungsmethoden stellt nämlich ihrem Wesen nach eine Außenweltsveränderung, d. h. aber, eine Störung des eingespielten Gleichgewichts dar.

Franz Böhm, Reden und Schriften (hrsg. von Ernst-Joachim S. Mestmäcker, 1960)", in: DBE, Bd. 1, 2001, S. 616.

59 Miksch, Leonhard: Wettbewerb als Aufgabe, Stuttgart 1937. Miksch, Leonhard (1901-1950): Nationalökonom, Journalist. 1927 bei Walter Eucken promoviert, trat er 1928 als Wirtschaftsredakteur in die Berliner Redaktion der „Frankfurter Zeitung" ein. Nach dem Verbot der „Frankfurter Zeitung" durch die Nationalsozialisten 1943 übernahm er die Handelsschriftleitung der „Berliner Börsenzeitung". 1938 mit der Arbeit Wettbewerb als Aufgabe (1937, ^{2}1947) habilitiert, wurde er nach praktischer Tätigkeit im Zentralamt für Wirtschaft als Mitarbeiter Ludwig Erhards 1948 Professor der Volkswirtschaftslehre an der Wirtschaftshochschule in Mannheim und 1949 auf den Lehrstuhl für Volkswirtschaftslehre und Finanzwissenschaft an der Universität Freiburg berufen. In: DBE, Bd. 7, 2001, S. 137.

60 Lutz, Friedrich A.: Das Grundproblem der Geldverfassung, Stuttgart 1936.

61 Müller-Armack, Alfred: Der humane Gehalt der Sozialen Marktwirtschaft, in: Ders.: Genealogie der Sozialen Marktwirtschaft, S. 167.

62 Böhm, Franz: Die Ordnung der Wirtschaft als geschichtliche Aufgabe und rechtschöpferische Leistung, Stuttgart 1937, S. 30-32.

Böhm geht auch auf den Typus der zentralgelenkten Volkswirtschaft, der in Sowjetrußland praktisch eingeführt wurde, ein.[63] „Seit der Einführung der freien Verkehrswirtschaft ist nun allerdings noch ein weiterer Typus von Wirtschaftsverfassung ersonnen und in der Zwischenzeit von Sowjetrußland auch praktisch eingeführt worden, nämlich der Typus der zentral gesteuerten Volkswirtschaft in monumentalem, den Wirtschaftsraum großer Staaten umfassenden Ausmaß. Auch dieser Typus gehört der Gattung der dynamischen Ordnungen an. Im Gegensatz zur freien Verkehrswirtschaft verzichtet indessen das zentral gesteuerte Wirtschaftssystem bewußt darauf, sich der Initiative des einzelnen Beteiligten zum Behuf der Aufspürung und Verwirklichung von Anpassungs- und Fortschrittsmöglichkeiten zu bedienen. Sie entzieht ihm nicht nur den Auftrag, sondern auch die Mittel dazu (Eigentum und Vertragsfreiheit), entbindet ihn dafür aber auf der anderen Seite auch vom Erfolgsrisiko. Für die Anpassung und den Fortschritt der Wirtschaft hat vielmehr ausschließlich *ein politisches Zentralgehirn* zu sorgen; alle Leiter einzelner Wirtschaftszweige, Konzerne und Einzelbetriebe bis zum letzten Arbeiter hinunter sind nur abhängige Funktionäre, die die Weisungen der Zentralinstanz in die Praxis umzusetzen haben.

Ein solches System setzt voraus, daß nach einem im voraus entworfenen Feldzugsplan, auf Grund von zentralen Zukunftsschätzungen gehandelt wird. Da sich nun aber die zukünftige Entwicklung nie mit Sicherheit voraussehen läßt, *so lastet auf jeder Einzelentscheidung ein gewaltiges spekulatives Risiko, und zwar lastet es auf der gesamten Volkswirtschaft im ganzen. D. h. jeder Fehlschlag hat zur Folge, daß sich die über das ganze Reichsgebiet hin angeordnete Investition in ihrem ganzen Umfang als Fehlinvestition erweist.* Diese Fehlinvestition muß dann durch neue Gesamtordnungen liquidiert werden, die vielleicht abermals Fehlinvestitionen zur Folge haben.

Die freie Verkehrswirtschaft sieht demgegenüber eine grundsätzliche *Dezentralisation* des *Investitionsrisikos* vor. D. h. es gibt keinen zentralen Feldzugsplan, sondern *jeder einzelne Unternehmer tastet sich auf eigene Rechnung und Gefahr in die Zukunft vor.* Hat er richtig geschätzt, so erzielt er Gewinn, hat er sich aber verrechnet, so verliert er Vermögen und unter Umständen die wirtschaftliche Existenz. Natürlich bedeuten auch die privatwirtschaftlichen Fehlinvestitionen der Einzelunternehmer eine Vergeudung von Volksvermögen und einen gesamtwirtschaftlichen Schaden. Aber es ist doch immer nur ein Teil von Gewerbetreibenden, der sich auf falschem Wege befindet, während andere eine für die Gesamtentwicklung nützliche Richtung einschlagen und so wichtigste Pionierarbeit leisten. Dazu kommt, daß jeder einzelne Unternehmer zu jeder Zeit durch eigenen Erfolg in dem Festhalten der günstigen Richtung bestärkt, durch eigenen Mißerfolg aber zur Abkehr vom falschen Wege veranlaßt wird. Und nicht nur dies: *der Erfolg des einen lockt zugleich viele andere auf die richtige Bahn, und der Mißerfolg des zweiten schreckt viele anderen ab, den gleichen Irrtum zu begehen.* Der so vielfach beanstandete *Unternehmergewinn*, auch in Form gesellschaftlicher Gewinnbeteiligung (z. B. Divi-

63 Die Hervorhebungen in Kursivschrift stammen von dem Verf.

dende), hat also eine volkswirtschaftlich ungemein wichtige Funktion zu verrichten: *Diese Gewinne (und ebenso natürlich auch die Verluste) sind Wegweiser für die Einsatzrichtung von Arbeit, Phantasie und Sachgütern.*

In einer freien Verkehrswirtschaft wird also das Gesamtrisiko vermittels der Methode der Risikoverteilung auf unzählige Einzelschultern verteilt. Dadurch wird das Risiko, das die Volkswirtschaft im ganzen, d. h. die Gemeinschaft, zu tragen hat, ganz erheblich abgeschwächt, und außerdem wird erreicht, daß das Vorfeld des allgemeinen Feldzuges in die Zukunft von zahllosen auf eigene Faust vorfühlenden Wirtschaftspatrouillen ganz anders auf seine latenten Möglichkeiten und Chancen hin abgetastet wird, als dies einer zentralen wirtschaftspolitischen Führungsinstanz jemals möglich sein wird, und mögen auch die Erfahrungen von Jahrhunderten in ihren Aktenschränken aufgestapelt sein.

Der Ablauf einer freien Verkehrswirtschaft bietet also zu jeder Zeit das Bild einer improvisierten Theateraufführung, bei der Millionen Schauspieler, gute und schlechte, tätig sind. Nur das Ziel der Handlung, das happy end, steht fest; Sache der einzelnen ist es, den dramatischen Verlauf durch geistesgegenwärtige Einfälle in seinen Einzelheiten zu konkretisieren. – Diejenigen, die mit ihren Improvisationen dem Ziel des Schauspiels am nächsten kommen, werden vom Erfolg automatisch in den Vordergrund der Bühne gezogen, die Mitläufer fristen im Hintergrund ein bescheidenes Dasein, das niemanden stört, während endlich diejenigen, die dem Plan der Handlung entgegendeklamieren, früher oder später in der Versenkung verschwinden, vorausgesetzt, daß eine unerbittliche Vertragsmoral, eine schnell und gut arbeitende Ziviljustiz und ein strenges Konkursrecht dafür sorgen, daß dieser Versenkungsmechanismus tatsächlich funktioniert.

In einer Planwirtschaft dagegen muß nicht nur der dramatische Handlungsverlauf zuvor von der Zentralinstanz bis in die letzten Einzelheiten entworfen und festgelegt werden, sondern es muß auch jedem einzelnen der zahllosen Ausführenden seine Rolle wörtlich vorgeschrieben sein. Hier ist dann natürlich auch nur der Erfolg oder der Mißerfolg der ganzen Aufführung möglich, wobei freilich ein geradezu beängstigender Wahrscheinlichkeitsgrad für den Durchfall aber doch für den teilweisen Mißerfolg spricht.

Es ist also ein großer, allerdings ungemein verbreiteter Irrtum, wenn man annimmt, eine Planwirtschaft verbürge einen ruhigeren Ablauf der Wirtschaft und weise einen höheren Grad von Ordnungsgehalt auf als eine freie Verkehrswirtschaft, die man in diesem Zusammenhang mit Vorliebe als eine ‚anarchische' Form des Wirtschaftens bezeichnet. Das gerade Gegenteil ist richtig. *Die Planwirtschaft ist die riskanteste und spekulativste Wirtschaftsverfassung, die jemals erdacht worden ist. Schon die Entstehungsgeschichte dieses Gedankens ist aufschlußreich. Keine der planwirtschaftsfreundlichen Richtungen hat es nämlich bisher für nötig gefunden*, sich das wissenschaftliche Vorgehen der Klassiker zum Beispiel zu nehmen und von der Beobachtung der tatsächlichen wirtschaftlichen Zusammenhänge auszugehen. An die Stelle der unvoreingenommenen Aufgeschlossenheit eines praktisch gerichteten Geistes, der eine Aufgabe vor sich sieht und nun mit Ernst und Sachkunde die Natur und Beschaffenheit der möglicherweise in Betracht kommenden Mittel und der vermutlich zu überwindenden Mißstände prüft, tritt die *Spekulation des Doktrinärs und das Analogieverfahren des oberflächlichen Arbeiters.* So übertrug man etwa einfach das Befehlsprinzip der militärischen Verfassung samt allen Grundsätzen der Strategie und Taktik auf das Gebiet der Volkswirtschaft, während andere eine nur in den Maßstäben vergrößerte und in der Technik modernisierte Kopie der mittelalterlichen Stadtwirtschaft als geeignete Verfassungsform für die Wirtschaft der Zukunft empfahlen. ‚Es ist leicht, mit dem populären Winde in die Kriegstrompete zu stoßen und es dem Musketier, der auf dem Schlachtfeld verblutet zu überlassen, ob sein System Ruhm erficht oder nicht', so pflegte Bismarck über Projekte von ähnlicher Beschaffenheit zu denken. […] Denn das Verdienst der klassischen Schule bestand ja gerade darin, daß sie den Ordnungscharakter dieser nur scheinbar ordnungslosen Wirtschaftsabläufe erkannte und in ihren Einzelzusammenhängen nachwies".[64]

„Mit der Schriftenreihe ‚Ordnung der Wirtschaft' dem seit 1948 erscheinenden ‚Ordo, Jahrbuch für die Ordnung von Wirtschaft und Gesellschaft'(Hrsg. W. Eucken und F. Böhm) verbindet sich der Name ‚Freiburger Schule', die mit ihrem Ziel, einer freien und menschenwürdigen Wirtschafts- und Sozialordnung, eine der wesentlichen Stützen des Neoliberalismus geworden ist.

Der Freiburger Schule nahe stehen die Reformbemühungen von Walter Lippmann, Wilhelm Röpke, F. A. von Hayek und Alexander Rüstow".[65]

Eucken erklärt sein Anliegen so: „Der rasche Wechsel des geschichtlichen Lebens während der neuesten Zeit hat die Nationalökonomie in eine schwierige Lage gebracht. Wenn sich die Wirtschaftsordnungen so rasch ändern, wie es in vielen Ländern während der letzten Jahrzehnte geschah, scheint sie verurteilt zu sein, rasch zu veralten. […] Indessen: Das durch pointierend-hervorhebende Abstraktion geschaffene morphologische und theoretische System überdauert die Wandlungen des geschichtlichen Werdens. […] Diese Idealtypen sind aus der konkreten Wirklichkeit gewonnen, und sie dienen der Erkenntnis konkreter Wirklichkeit. […] Wissenschaft und damit auch Nationalökonomie entsteht nicht aus der Feststellung eines Gegenstandes der zunächst mit Hilfe von Definitionen abgegrenzt und dann näher beschrieben wird, sondern aus der Aufwerfung und Entfaltung von Forschungsmethoden, um sie zu bewältigen und um zu Ergebnissen zu gelangen".[66]

1947 beschreibt Eucken seinen ordnungstheoretischen Ansatz: „Zu allen Zeiten und überall vollzieht sich das menschliche Wirtschaften in Aufstellung und Durchführung von Wirtschaftsplänen. Auf Plänen beruht also alles wirtschaftliche Handeln. Genauigkeit und zeitliche Reichweite der Pläne sind bei den verschiedenen Menschen sehr verschieden. […] Der Leiter eines jeden Wirtschaftsgebildes handelt jeweils auf Grund eines Wirtschaftsplanes. […] Das Wirtschaftssystem ‚Zentralgeleiteter Wirtschaft' ist dadurch gekennzeichnet, daß die Lenkung des gesamten

---

64 Böhm, Franz: Die Ordnung der Wirtschaft, S. 35-39.

65 Brandt, Karl: Geschichte der deutschen Volkswirtschaftslehre, Bd. 2, S. 409.

66 Eucken, Walter: Die Grundlagen der Nationalökonomie, 5. Aufl., Godesberg 1947, S. 58, 361 f., 194, 357 f.

wirtschaftlichen Alltags eines Gemeinwesens auf Grund der Pläne einer Zentralstelle erfolgt. Setzt sich jedoch die gesellschaftliche Wirtschaft aus zwei oder vielen Einzelwirtschaften zusammen, von denen jede Wirtschaftspläne aufstellt und durchführt, so ist das Wirtschaftssystem der Verkehrswirtschaft gegeben. [...] Wie aber steht es mit der zentralgeleiteten Wirtschaft, die infolge ihrer Größe eines besonderen Verwaltungsapparates bedarf, – der ‚Zentralverwaltungswirtschaft' also? Hier ist angesichts der Größe des Gemeinwesens und der Menge der zu bewertenden Güter eine Quantifizierung der Güter undurchführbar. Während in der Verkehrswirtschaft die Knappheit der einzelnen Güter in den Preisen und Tauschwerten zum Ausdruck kommt, verfügt die Zentralplanwirtschaft über keine zureichende Methode, um die Knappheit der einzelnen Produktionsmittel und Produkte exakt festzustellen. Die Leitung vermag infolgedessen die vorhandenen Arbeitskräfte und sachlichen Produktionsmittel nicht entsprechend der faktisch vorhandenen Knappheit zu lenken.

In der neueren Nationalökonomie ist die Frage aufgeworfen worden, ob die rein zentrale Lenkung eines großen wirtschaftlichen Gemeinwesens überhaupt durchführbar sei. Hiergegen sind sehr ernste Zweifel geltend gemacht worden. *Vor allem wurde bestritten, daß in einem solchen Gemeinwesen, in dem sich nicht Preise aus dem Wirtschaftsprozeß herausbilden, eine exakte und sinnvolle Wirtschaftsrechnung möglich sei, so daß die Zentralleitung bei Aufstellung ihrer Wirtschaftspläne im Dunkeln tappe.* An die Leitung eines großen zentralgeleiteten Wirtschaftskörpers würden deshalb Ansprüche gestellt, die schlechthin nicht erfüllt werden könnten. – Mit diesen Einwänden, die in der wirtschaftspolitischen Diskussion der Gegenwart eine bedeutsame Rolle spielen, wird ein Problem ersten Ranges berührt. In der Tat würde die Steuerung einer großen, Zehntausende oder Millionen von Menschen umfassenden zentralgeleiteten Wirtschaft völlig reiner Ausprägung auf die Dauer auf größte *Schwierigkeiten stoßen, weil eine genaue Wirtschaftsrechnung in ihr unmöglich ist*".[67]

1946 publizierte Alfred Müller-Armack unter dem Titel „Wirtschaftslenkung und Marktwirtschaft" eine Abhandlung, die für die mit der Währungsreform vom Juni 1948 eingeführte Marktwirtschaft die wissenschaftliche Basis sein sollte.[68] „Noch während des Krieges verfaßte ich damals eine Reihe von Denkschriften und die Hauptpartien meines 1946 erschienenen kleinen Buches ‚Wirtschaftslenkung und Marktwirtschaft', in dessen zweitem Teil der Versuch unternommen wurde, der Wettbewerbswirtschaft eine neue Legitimation zu geben, indem man den Akzent auf ihre allen Schichten zugute kommende Produktivitätsüberlegenheit und auf die Möglichkeit legte, sozialen Fortschritt besser und wirksamer als in einem versagenden Dirigismus zu erreichen".[69]

In der „Wirtschaftslenkung" berief sich Müller-Armack auf die Ökonomen, die seit den 1920er Jahren Beiträge zur Ordnungstheorie herausgearbeitet hatten: Adolf

67 Ebd., S. 126-129.

68 Müller-Armack, Alfred: Wirtschaftslenkung und Marktwirtschaft, 2. Aufl., Hamburg 1948.

69 Ders.: Auf dem Weg nach Europa. Erinnerungen und Ausblicke, 1971, S. 50.

Weber, Alexander Rüstow, Ludwig von Mises, Joseph Alois Schumpeter, Walter Eucken, Franz Böhm, Wilhelm Röpke und Friedrich August von Hayek.

Methodisch ging Müller-Armack in der „Wirtschaftslenkung" ähnlich vor wie bereits Adam Smith in seinem „Wohlstand der Nationen" 1776. Die erste Abhandlung von Müller-Armack umfaßt den analytischen Teil, die „Bewährungsprobe der Wirtschaftslenkung" und der zweite Teil, die „Soziale Marktwirtschaft", den wirtschaftspolitischen Teil. „Die Gestaltung einer neuen Wirtschaftsordnung muß das Ziel der künftigen deutschen Wirtschaftspolitik sein".[70]

Müller-Armack: „Die erste Abhandlung über ‚Die Bewährungsprobe der Wirtschaftslenkung' versucht, gegenüber der üblichen idealisierenden und Vorschußlorbeeren austeilenden Betrachtung der Lenkung deren wesenhafte Realität klarzumachen. Sie entstand auf Grund einer eingehenden Analyse der nationalsozialistischen Wirtschaftspolitik in der Kriegsphase und sucht, über den individuellen Fall hinaus, das typische Schicksal aller Wirtschaftslenkung aufzudecken. Die Lethargie, die wir gegenwärtig so erschreckend hervortreten sehen, erscheint in diesem Licht als offener Ausbruch einer Krise, die sich in der Wirtschaftslenkung des vergangenen Jahrzehnts bereits vor dem Kriege, insbesondere aber im Ablauf der Kriegswirtschaft, offenbarte. Das Festhalten an den wesentlichen Bestandstücken dieser Lenkungspolitik, wie Preisstabilität, Ausschaltung der Wirtschaftsrechnung, Kaufkraftüberhang, zentrale Güterzuweisung und Arbeitseinsatz, belastet unsere Gegenwart mit der ganzen Problematik eines bereits im Kriege zum Verfall verurteilten Wirtschaftssystems. Die völlige Ausschaltung der Marktwirtschaft muß als die tiefste Ursache unserer gegenwärtigen Schwierigkeiten gelten. Bevor nicht die Einsicht in die Notwendigkeit einer marktwirtschaftlichen Organisation und in die Fragwürdigkeit aller nichtmarktwirtschaftlichen Lenkung durchdrungen ist, werden auch Zonenzusammenlegung, Außenhandel und Rohstoffzufuhren den gefährlichen Verfall und das Auslaufen der Produktion weiterhin nicht verhindern können. Dies gilt insbesondere für Deutschland, dessen Wirtschaftspolitik seit 1933 dahin kam, ein schlechthin vollständiges Bild einer zentralen Wirtschaftsplanung zu entwerfen und alle marktwirtschaftlichen Regulatoren auszuschalten. Die Forderungen der Zeit wie die Forderungen wissenschaftlicher Wahrhaftigkeit verlangen, daß wir im Interesse unserer wirtschaftlichen Zukunft die große Auseinandersetzung zwischen der Wirtschaftsordnung der Marktwirtschaft und der der Wirtschaftslenkung erneut überprüfen, um aus einer heute möglich gewordenen klareren Beurteilung der Wahl einer zweckmäßigen Wirtschaftsordnung, die über das Wohlergehen der Zukunft entscheidet, besser vollziehen zu können.

Soziale Marktwirtschaft: „Die Wiederaufnahme der Grundsätze vernünftigen Wirtschaftens schließt keineswegs den Verzicht auf eine aktive und unseren sozialen und ethischen Überzeugungen entsprechende Wirtschaftspolitik ein. Im zweiten Teil, der die Prinzipien einer ‚Sozialen Marktwirtschaft' behandelt, soll gezeigt werden, daß sich sehr wohl im Rahmen einer Marktwirtschaft eine aktive und konstruktive Wirtschaftspolitik führen läßt. Dieser zweite Teil soll den kritischen ersten

---

[70] Ders.: Wirtschaftslenkung, S. 5.

Abschnitt positiv ergänzen und mit der Aufgabe Ernst machen, vor der der wirtschaftspolitische Gedanke heute unausweichlich steht. Es gilt, die wesenlos gewordenen wirtschaftspolitischen Vorstellungen des 19. Jahrhunderts zu überwinden und sie durch eine wirtschaftspolitische Position zu ersetzen, die kritisch und unvoreingenommen die Erfahrungen der Vergangenheit prüft und damit den Mut gewinnt, den aus der Situation unserer Zeit gewiesenen neuen Weg zu beschreiten."[71]

Der Sinn der Marktwirtschaft: „Die Marktwirtschaft hingegen kennzeichnet eine höchst realistische Aufteilung der wirtschaftlichen Machtposition, um im Wirtschaftlichen das Entstehen politischer Macht zu verhindern. [...] *Entscheidend für die Marktwirtschaft ist die strenge Hinordnung aller Wirtschaftsvorgänge auf den Konsum, der über seine in Preisen ausgedrückten Wertschätzungen der Produktionsbewegungen die bestimmenden Signale erteilt.* [...] Die Wirtschaftslenkung erwies sich bisher als unfähig, ein die Wirtschaftlichkeit ihres Vorgehens richtig wiedergebendes Maßsystem zu entwickeln, und war gezwungen, sich mit den überkommenen Preis- und Wertgrößen der Marktwirtschaft zu begnügen, ohne in der Lage zu sein, mit dem Veralten dieser Preisgrößen auch nur deren entsprechende Korrektur durchzuführen. [...] Die Marktwirtschaft hingegen verfügt in ihrem variablen Preis- und Wertesystem über einen Signalapparat, der jede Veränderung in der Seltenheit der Produktionsfaktoren anzeigt und zu entsprechender Umdisposition im Sinne der Nachfrageeinschränkung beziehungsweise Produktionserhöhung führt. [...] Die Marktwirtschaft ist so identisch mit der Bereitschaft, die wechselnden Nachfrage- und Knappheitsintensitäten in der Preisbildung zur Geltung zu bringen. Sie ist also Wirtschaften im eminenten Sinne, das heißt, ein rationales Verteilen knapper Güter nach der Intensität der Verwendungsbegehren. [...] Begreifen wir die Marktwirtschaft als variablen Rechnungs- und Signalapparat, so ist in dieser formalen Bestimmung ihres Wesens gleichzeitig gesagt, daß dieser Apparat das Ziel des Wirtschaftens nicht von sich aus bestimmt, sondern als ein Datum hinnimmt!

Wettbewerbspolitik: Der augenblickliche Kaufkraftüberhang schaltet nicht nur den Wettbewerb zwischen den Betrieben aus, sondern führt, wie wir heute erleben müssen, auch zu einer erheblichen Uninteressiertheit der Arbeitskräfte am Arbeitsertrag. Nur auf der Grundlage eines wertstabilen und kaufkräftigen Geldes läßt sich Wettbewerb organisieren.

Abschließendes: Die Marktwirtschaft [...] ist keine bereits im Liberalismus endgültig festgelegte Form, sondern ein Organisationsprinzip, welches vielfältiger Abwandlung zugänglich ist. [...] Die Wiederherstellung der Marktwirtschaft ist nur durch einen höchst radikalen Akt zu erzwingen, zu dem insbesondere bei den Regierungsstellen die Entschlossenheit fehlt, obwohl über die währungspolitischen Voraussetzungen eines solchen Schritts ziemliche Einheitlichkeit erzielt wurde. [...] Gerade weil wir von der Lenkungswirtschaft nur immer neue Schwierigkeiten erwarten, erscheint uns ein entschlossenes Übergehen zur Marktwirtschaft als un-

---

71 Ebd., S. 5 f.

umgängliche Voraussetzung des Wiederaufbaues. Der Zerfall der volkswirtschaftlichen Beziehungen in einer ungeregelten Tauschwirtschaft führt notwendig dazu, daß die Möglichkeiten einer Marktwirtschaft systematisch unterschätzt werden".

Die Wirtschaftsordnung sozial gesehen: „In einer Synthese der marktwirtschaftlichen Kräfte und einer sozialen Ordnung liegt viel für das Schicksal unserer Zivilisation beschlossen. In der Wahl des Wirtschaftssystems sind wir in einem bestimmten Sinne ja gar nicht frei. Die marktwirtschaftliche Ordnung hat durch ihre Produktivitätserfolge im letzten Jahrhundert das ungeheure Wachstum der Weltbevölkerung unter gleichzeitiger Steigerung des Lebensstandards aller einzelnen erst zugelassen. [...] So sollte uns nichts hindern, den Wiederaufbau *der* Ordnung anzuvertrauen, auf deren Boden allein die Ideale der Freiheit und die der sozialen Gerechtigkeit zu vereinigen sind".[72]

In seiner Konzeption der Sozialen Marktwirtschaft griff Müller-Armack viele Ideen der Ordnungstheoretiker, insbesondere die Wettbewerbspolitik auf.[73] „Aber seine Ideen unterscheiden sich in der Betonung der Rolle des Sozialen von der Konzeption der Freiburger. [...] Er forderte darüber hinaus schon 1945, daß die freie Marktwirtschaft [...] mit sozialen Sicherungen, die der Marktwirtschaft konform sind, umgeben wird".[74]

Es gibt gegenwärtig keine andere reale Wirtschaftsordnung, die den christlichen Vorstellungen von einer menschengerechten Wirtschaftsorganisation mehr entspricht als das Konzept der Sozialen Marktwirtschaft.[75] „Der Gedanke der Sozialen Marktwirtschaft war der Versuch, eine Synthese zwischen freiheitlich-unternehmerisch-marktwirtschaftlicher Organisation auf der einen Seite und den sozialen Notwendigkeiten der industriellen Massengesellschaft von heute zu finden".[76]

Mit seiner Analyse der nationalsozialistischen Wirtschaftslenkung hatte Müller-Armack schon 1945 wissenschaftlich die Funktionsmängel einer marktlosen Wirtschaft herausgearbeitet, die für die politisch natural gesteuerte sozialistische Zentralplanwirtschaft der SBZ / DDR (1945/90) charakteristisch waren.

---

72 Ebd., S. 69-72, 95 ff., 106 ff., 141 f.

73 ORDO, Jahrbuch für die Ordnung von Wirtschaft und Gesellschaft, hrsg. v. Eucken, Walter et al., Bd. 1, Godesberg 1948.

74 Watrin, Christian: Alfred Müller-Armack: Rede anläßlich der Akademischen Gedenkfeier für Professor Dr. rer. pol. Dr. iur. h. c. Alfred Müller-Armack Staatssekretär a. D. am 25. Juni 1979, mit einer Einführung von Dieter Farny, Kölner Universitätsreden 56, Krefeld 1980, S. 17.

75 Schneider, Jürgen: Aspekte der ethischen Grundlegung der Sozialen Marktwirtschaft, in: Blessing, Werner K. et al. (Hrsg.), Region – Nation – Vision. Festschrift für Karl Möckl zum 65. Geburtstag, Bamberg 2005, S. 343-367. Honecker, Martin: Evangelische Soziallehre, in: Herzog, Roman et al. (Hrsg.): Evangelisches Staatslexikon, 3. Aufl., Stuttgart 1987, Sp. 503 ff.

76 Müller-Armack, Alfred: Auf dem Weg nach Europa, S. 51.

4.5. K. Paul Hensel und die Forschungsstelle der Universität Marburg zum Vergleich wirtschaftlicher Lenkungssysteme

In seinen „Grundlagen der Nationalökonomie" (1939) hatte sich Walter Eucken insbesondere mit der Verkehrswirtschaft wissenschaftlich auseinander gesetzt. Die „zentralgeleitete Wirtschaft" wurde von Eucken mehr als Gegenpol behandelt, so daß hier noch nach Euckens Ableben (1950) Forschungsbedarf vorlag. Die „Theorie der Zentralverwaltungswirtschaft" wurde K. Paul Hensels (1907-1975) Lebensaufgabe.

Hensel begann das Studium der Nationalökonomie 1931 in Berlin und setzte es 1933 in Freiburg fort. „Die ‚Freiburger Schule' mit Walter Eucken als führendem Kopf wurde Hensels geistige Heimat. ‚Mit dem Eindringen in *Euckens* Ordnungsgedanken erhielt *Hensel,* seit 1. August 1938 Assistent bei *Eucken,* eine erhellende Vorstellung vom Aufbau, von der Funktionsweise und den Ergebnissen alternativer Wirtschaftssysteme. Als Frucht des analytisch nüchternen, vorurteilsfreien Umgangs mit dem neuen Systemwissen dürfte *Hensel* dann auch für *Euckens* wirtschafts- und gesellschaftspolitische Hauptfrage sensibilisiert worden sein: ‚Wie muß die Wirtschafts- und Sozialordnung beschaffen sein, damit sich in Freiheit ein menschenwürdiges, wirtschaftlich erfolgreiches Leben entwickeln kann'?

Von *Eucken* wusste er: Die Begriffsgebilde ‚Kapitalismus' und ‚Sozialismus' sind für befriedigende Antworten völlig ungeeignet. Damit können die geschichtlich gewachsenen mannigfaltigen Ordnungsformen des Wirtschaftens nicht hinreichend genau bestimmt und in einen Zusammenhang von Gesamtordnungen gebracht werden, der einen systematischen Vergleich ermöglicht. [...] Hensel stellte fest: Es gibt eine vergleichsweise leistungsfähige Logik der marktwirtschaftlichen Systementfaltung, die im Rahmen eines dezentralen Allokationsmechanismus mit Hilfe der preisgesteuerten Geld- und Wirtschaftsrechnung in der Lage ist, die – wie wir heute sagen würden – vier gesamtwirtschaftlichen Aufgaben einer knappheitsgerechten Information, Motivation, Koordination und Kontrolle wirtschaftlichen Handelns der Menschen zu lösen".[77]

1954 erschien Hensels Habilitationsschrift „Einführung in die Theorie der Zentralverwaltungswirtschaft. Eine vergleichende Untersuchung idealtypischer Lenkungssysteme an Hand des Problems der Wirtschaftsrechnung". Im selben Jahr gründete Hensel in Freiburg i. Br. die „Forschungsstelle zum Vergleich wirtschaftlicher Lenkungssysteme", die 1957 mit Hensels Berufung nach Marburg dort fortgeführt wurde. Nach Hensels Ableben (1975) wurde die „Forschungsstelle" von Alfred Schüller weitergeführt. Hannelore Hamel und Gernot Gutmann waren mit Hensel nach Marburg gekommen. „Und haben hier – wie später auch *Dieter Peschel, Ulrich Wagner, H. Jörg Thieme, Dieter Cassel, Reinhard Peterhoff, Helmut Leipold* und andere – mit *Hensel* und dann auch mit Alfred Schüller, dem Nachfolger von Hensel, eng zusammengearbeitet".[78]

---

77 Schüller, Alfred: 50 Jahre Forschungsstelle – Rückblick und Ausblick, in: Schüller, Alfred / Voigt, Stefan (Hrsg.): Von der Ordnungstheorie zur Institutionsökonomik, Stuttgart 2008, S. 5.

78 Schüller, Alfred: 50 Jahre Forschungsstelle, S. 12.

Gernot Gutmann folgte einem Ruf an die Universität von Köln.
Die Forschungsstelle diente vor allem:

- der wechselseitigen Befruchtung von Theorie und Praxis,
- der Nachwuchsförderung,
- der Pflege von Auslandskontakten und
- einer kontinuierlichen Publikationstätigkeit.

„Der Kontakt zur Praxis erwuchs zunächst aus der politischen Teilung Deutschlands und der Möglichkeit, die Konsequenzen der gegensätzlichen Logik und Praxis der Systementfaltung für die materiellen Grundlagen der menschlichen Lebensgestaltung zu erforschen.

Es war aus dieser Sicht folgerichtig, dass *Ludwig Erhard* dafür sorgte, dass *Hensel* 1954 neben *Erich Welter* nachträglich in den 1952 geschaffenen Forschungsbeirat für Fragen der Wiedervereinigung Deutschlands berufen wurde".[79]

Im Forschungsbeirat[80] waren bis zu dessen Auflösung 1975 Hensel und Erich Welter „die herausragenden kantigen Forscherpersönlichkeiten".[81]

Von Hensel und seinen Schülern wurden kontrastiv Grundzüge einer Theorie der Wirtschaftssysteme herausgearbeitet, die dem Wirtschaftshistoriker die ordnungstheoretischen Methoden zur Verfügung stellen, um die politisch natural gesteuerte sozialistische Zentralplanwirtschaft der SBZ / DDR wissenschaftlich zu analysieren.

Die Publikationstätigkeit der Marburger „Forschungsstelle" ist beeindruckend. „*Euckens* Idee der Interdependenz der verschiedenen Lebensordnungen, der wirtschaftlichen, rechtlichen und politischen Ordnungen, lässt eine Weite des Denkens in ordnungsökonomischen Zusammenhängen erkennen, die sich von Beginn an auch in den Marburger Schriften zur systemvergleichenden Forschung widerspiegelt. So konnte *Hensel* 1965 den Marburger, später Kölner *Juristen Klemens Pleyer* als Mitherausgeber der Reihe ‚Schriften zum Vergleich von Wirtschaftsordnungen' gewinnen.

Bis zu *Hensels* Tod im Jahre 1975 waren 26 Bände über wirtschafts- und rechtswissenschaftliche Ordnungsfragen erschienen. Nach *Hensels* Tod wurde die Reihe von *Klemens Pleyer, Gernot Gutmann*[82], *Hannelore Hamel* und *Alfred Schüller*[83]

---

79 Ebd., S. 9.

80 Wöller, Roland: Der Forschungsbeirat für Fragen der Wiedervereinigung Deutschlands 1952-1975. Zur politischen und wissenschaftlichen Diskussion der wirtschaftlichen Wiedervereinigung, Bonn 2004.

81 Schüller, Alfred: 50 Jahre Forschungsstelle, S. 9.

82 Gutmann, Gernot: Theorie und Praxis der monetären Planung in der Zentralverwaltungswirtschaft, Stuttgart 1965. Ders., Artikel „Marktwirtschaft", in: HdWW, 5. Bd., 1980, S. 140-153. Ders., Artikel „Wirtschaft der DDR", in: HdWW, 8. Bd., 1980, S. 735-762. Ders., Artikel „Zentralgeleitete Wirtschaft", in: HdWW, 9. Bd., 1982, S. 599-616. Ders. (Hrsg.): Basisberichte der Wirtschaftspolitik in der DDR, 1983. Ders. (Hrsg.): Das Wirtschaftssystem der DDR. Wirtschaftspolitische Gestaltungsprobleme, 1983. Ders.: Volkswirtschaftslehre. Eine ordnungstheoretische Einführung, 2. Aufl., 1981.

83 Schüller, Alfred (Hrsg.): Property Rights und ökonomische Theorie, München 1983.

fortgeführt. 1995 bzw. 2000 wurde der Herausgeberkreis durch *H. Jörg Thieme*[84] und *Helmut Leipold*[85] erweitert, 2006 durch *Stefan Voigt*. Inzwischen sind 90 Bände erschienen".[86]

4.6. Die Bedeutung von Karl C. Thalheim für die wirtschaftliche Erforschung der SBZ / DDR

Karl C. Thalheim[87] gab im Auftrag des „Osteuropa-Instituts an der Freien Universität Berlin" wirtschaftswissenschaftliche Veröffentlichungen und Berichte heraus[88], die die sowjetische Zentralverwaltungswirtschaft analysierten und die Analyse dann mit der Entwicklung in der SBZ verglichen. So untersuchte z. B. Siegfried Friebe den „Kredit in der Zentralverwaltungswirtschaft sowjetischen Typs unter besonderer Berücksichtigung der Kreditpolitik in der sowjetischen Besatzungszone Deutschlands" (1957). Im Vorwort schrieb C. Thalheim: „In der vorliegenden Arbeit wird der Kredit – als besonderes marktwirtschaftliches Element – in einem für sein Wesen und seine Wirkungsweise fremden Ordnungssystem, der Zentralverwaltungswirtschaft sowjetischen Typs, untersucht.

Im I. Teil wird der Kredit als Ordnungselement in der Sowjetwirtschaft betrachtet. Das Wesen und die Funktion des Kredits stehen dabei im Mittelpunkt.

---

84 Thieme, Hans Jörg (Hrsg.): Gesamtwirtschaftliche Instabilitäten im Systemvergleich, Stuttgart 1979.

85 Helmut Leipold hat sich 1982 als Mitarbeiter der Forschungsstelle mit dem Thema „Staatseigentum und Innovation: Ein Beitrag zur ökonomischen Theorie sozialistischer Eigentumsrechte" habilitiert.

86 Schüller, Alfred: 50 Jahre Forschungsstelle, S. 15.

87 Thalheim, Karl C(hristian), Nationalökonom, * 26.5.1900 Reval, † 1.6.1993 Berlin. Thalheim studierte 1919-25 Geschichte und Germanistik, dann Wirtschaftswissenschaft an der Univ. Leipzig, arbeitete 1920-28 am Institut für Auslandskunde, Grenz- und Auslandsdeutschtum und an der diesem Institut angeschlossenen „Mitteldeutschen Auswandererberatungsstelle", war seit 1924 Referent für Wirtschafts- und Sozialwissenschaften am „Literarischen Zentralblatt" und wurde 1925 promoviert. 1928 habilitierte er sich für Volkswirtschaftslehre an der Handelshochschule in Leipzig, war 1930-33 Mitarbeiter an der „Fichte-Hochschule" (nationale Volkshochschule) in Leipzig, erhielt 1931 einen Lehrauftrag für Wirtschaftssoziologie und Sozialpolitik und wurde 1932 apl. a. o. Prof., 1938 Leiter des Weltwirtschafts-Institut und 1942 o. Professor. Nach dem Krieg war er stellvertretender Leiter der volkswirtschaftlichen Abteilung der Berliner Zentralbank, 1951-68 o. Prof. an der Freien Univ. Berlin und Leiter der wirtschaftswissenschaftlichen Abteilung des Osteuropa-Instituts. 1975-87 leitete er die Forschungsstelle für gesamtdeutsche wirtschaftliche und soziale Fragen. Thalheim schrieb u. a. *Grundzüge des sowjetischen Wirtschaftssystems* (1962), *Die Wirtschaft der Sowjetzone in Krise und Umbau* (1964), *Die wirtschaftliche Entwicklung der beiden deutschen Staaten in Deutschland* (1978, *Die Wirtschaftspolitik der DDR im Schatten Moskaus* (1979) und *Anspruch und Wirklichkeit des sowjetischen Wirtschaftssystems* (1980). In: DBE, Bd. 9, 2001, S. 688.

88 Förster, Wolfgang: Betriebspolitische Finanzwirtschaft. Methoden und Wege der sowjetischen Finanzkontrolle, Berlin 1952. Pfuhl, Eberhard: Rechtsformen, Organisation und Technik des sowjetischen Außenhandels, Berlin 1954. Förster, Wolfgang / Menz-Goller, Gertraud: Die Rolle der Finanzwirtschaft im sowjetischen Wirtschaftssystem, Berlin 1955.

Im II. Teil wird die Kreditpolitik in der sowjetischen Besatzungszone Deutschlands dargestellt. Hier werden besonders die Widersprüche und Schwierigkeiten im Finanzierungssystem auf Grund von Beispielen behandelt. Die Sonderkontenverschuldung ‚überfälliger Kredit' und die Auswirkungen auf den Geldumlauf werden dabei besonders berücksichtigt.

Auf die spezielle Entwicklung des Kreditwesens in allen Ostblockstaaten kann nicht eingegangen werden, da keine entwicklungsgeschichtliche Darstellung gegeben werden soll; im übrigen sind die Unterschiede auch nicht von grundsätzlicher Art. *Die Grundlage für die Analyse bildet das Kreditsystem der SBZ.* Die Entwicklung des Kreditwesens in Sowjetrußland und die sowjetische Lehre vom Kredit, die für die Umgestaltung der Kreditwirtschaft in der SBZ maßgeblich waren, werden in ihrem theoretischen Kern berücksichtigt. Heute unterscheiden sich die Formen der Kreditpolitik, die Kreditwirtschaft und die Funktionen des Kredits in Sowjetrußland und in der SBZ kaum voneinander".[89]

Für die wissenschaftliche Aufarbeitung der Wirtschaftsgeschichte der SBZ / DDR sind diese Publikationen unerläßlich.

Karl C. Thalheim (1900-1993) hatte u. a. von 1975-87 die Forschungsstelle für gesamtdeutsche wirtschaftliche und soziale Fragen geführt: Noch in hohem Alter leitete er die von der Bundesregierung eingesetzte Kommission, die 1987 letztmalig die „Materialien zum Bericht zur Lage der Nation im geteilten Deutschland" vorlegte. Der „Teil A: Wirtschaftssysteme" (S.1-240) wurde im Kern von Forschern bestritten, die aus der Marburger „Forschungsstelle zum Vergleich wirtschaftlicher Lenkungssysteme" stammten.

4.7. Der Beitrag des Betriebswirtschaftslehrers Erich Gutenberg zur Erforschung der politisch natural gesteuerten sozialistischen Zentralplanwirtschaft

Die Wirtschaftswissenschaftler, die die Wirtschaftsordnungstheorie erforschten, waren alle Volkswirtschaftler, d. h., ihr Erkenntnisobjekt waren die gesamtwirtschaftlichen Zusammenhänge. Bei der wissenschaftlichen Analyse der politisch natural gesteuerten sozialistischen Zentralplanwirtschaft stellte sich heraus, daß auch die volkseigenen Betriebe im real existierenden Sozialismus analysiert werden mussten, um die Forschungsergebnisse auf eine breitere Basis zu stellen und abzusichern, d. h., es musste die Betriebswirtschaftslehre herangezogen werden. Die Betriebswirtschaftslehre „zählt zu den Wirtschafts- und Sozialwissenschaften, die sich mit dem menschlichen Handeln befassen. Sie unterscheidet sich von den benachbarten Disziplinen wie Volkswirtschaftslehre, Soziologie, Psychologie, Sozialpsychologie und Politikwissenschaft durch den von ihr betrachteten Wirklichkeitsausschnitt. Die Betriebswirtschaftslehre ist die *Lehre von den Entscheidungen des wirtschaftenden Menschen in der Einzelwirtschaft* (Betriebswirtschaft). Gegenstand be-

89 Friebe, Siegfried: Der Kredit in der Zentralverwaltungswirtschaft sowjetischen Typs unter besonderer Berücksichtigung der Kreditpolitik in der sowjetischen Besatzungszone Deutschlands, Berlin 1957, S. VII.

triebswirtschaftlicher Forschung und Lehre sind die Grundlagen, Abläufe und Auswirkungen der Entscheidungsprozesse in einer Betriebswirtschaft. Entscheidungen werden in allen Funktionsbereichen und auf allen hierarchischen Ebenen der Betriebswirtschaft gefällt.

Die Betriebswirtschaftslehre ist eine *angewandte Wissenschaft*; ihre Aufgabe ist es, den Menschen in der Einzelwirtschaft, den Betrieben bei der Lösung ökonomischer Problemstellungen zu helfen. Betriebswirtschaftliche Aussagen sollen als Sachaussagen das wirkliche Geschehen beschreiben, erklären und in Form von Empfehlungen gestalten helfen. Als anwendungsorientierte Wissenschaft sucht die Betriebswirtschaftslehre menschliches Wissen zu mehren und die Handlungen des Menschen zu unterstützen. Auf diese Weise soll der Mensch seine Entscheidungen rational treffen können. [...] Die auf die Gewinnerzielung ausgerichteten Privatunternehmen in marktwirtschaftlichen Systemen zählen ebenso zum Kreis der Betriebswirtschaften wie die Kolchosen und Volkseigenen Betriebe in planwirtschaftlichen Systemen. [...] Im Vordergrund stehen Betriebswirtschaften, die ihr Handeln am erwerbswirtschaftlichen Prinzip ausrichten, d. h. die Einkommen für jene Haushalte erwirtschaften, die das erforderliche Eigenkapital zur Verfügung stellen. Das Erwerbsstreben findet hier im *Streben nach größtmöglichem Gewinn* oder Rentabilität seinen Ausdruck. Dem Gewinnstreben kommt wegen seiner einzel- wie gesamtwirtschaftlichen Steuerungsaufgabe große Bedeutung zu".[90]

„Die moderne Betriebswirtschaftslehre beginnt doch erst in der Zeit nach dem Ersten Weltkrieg. An den vielen nach betriebswirtschaftlicher Behandlung verlangenden Fragen, wie sie die damalige Zeit in unerschöpflicher Fülle stellt, hat die Betriebswirtschaftslehre zu sich selbst als Wissenschaft gefunden. Nun erst erhielten ihre Probleme Weite und Rang. Eugen Schmalenbach (1873-1955), Fritz Schmidt (1882-1950) und Heinrich Nicklisch (1876-1946) sind es vor allem gewesen, die der neu sich entfaltenden Disziplin ihr Gepräge gaben. Schmalenbach, indem er die Frage der damaligen ‚Handelswissenschaft' durchbrach und die großen und drängenden Probleme der modernen Industriewirtschaft in die Betriebswirtschaftslehre hereinholte und mit Scharfsinn und wachem Bewußtsein für das praktische und theoretische Gewicht der Dinge – kasuistisch mehr als systematisierend – der Disziplin einen neuen Boden bereitete. Schmidt, indem er dem Problem der Geldwertschwankungen in Kalkulation, Bilanz- und Preispolitik bis in seine feinsten Verästelungen nachging und es in einer den einzelwirtschaftlichen Rahmen sprengenden Form zur Darstellung brachte. Nicklisch entwickelte die Disziplin weiter, indem er den Betrieb als einheitliches Gebilde zu begreifen und seine Struktur unter das ‚Gesetz der Gestaltung und Erhaltung' zu stellen versuchte. Dabei war er bemüht, Vorstellungen aus der deutschen idealistischen Philosophie in seine betriebswirtschaftliche Konzeption einzufügen. Man bezeichnet diese Richtung der Betriebswirtschaftslehre auch als ‚normative' Betriebswirtschaftslehre".

90 Heinen, Edmund: Betriebswirtschaftslehre, in: Görres-Gesellschaft (Hrsg.), Staatslexikon, 7. Aufl., Bd. 1, Freiburg / Basel / Wien 1995, Sp. 745.

Aus den Arbeiten von Schmalenbach, Schmidt und Nicklisch empfing die Betriebswirtschaftslehre „gestaltende Impulse“. [91]

„Gutenberg[92] knüpfte an die Produktivitätsbeziehung zwischen Faktoreinsatz und Faktorertrag an. Der *‚faktorielle' Ansatz* Gutenbergs wurde zur tragenden Leitidee der Betriebswirtschaft in den 60er und in der ersten Hälfte der 70er Jahre. Unter den neueren Entwicklungen der Betriebswirtschaft ist die *entscheidungsorientierte Konzeption* von Bedeutung (E. Heinen, H. Koch, H. Ulrich, E. Rühli, E. Witte, W. Kirch und G. Schanz)“.[93]

Für die wissenschaftliche Analyse der volkseigenen Betriebe war das Gutenberg'sche System am besten geeignet. Gutenberg analysierte auch die Beziehungen zwischen Betrieb und Wirtschaftsordnung und unterschied dabei zwischen systemindifferenten und systembezogenen Tatbeständen.[94] Diese Unterscheidung erwies sich als sehr ertragreich für die wissenschaftliche Analyse der sozialistischen Betriebe.

---

91 Gutenberg, Erich: Einführung in die Betriebswirtschaftslehre, Wiesbaden 1958, S. 17 f.

92 Gutenberg, Erich, Wirtschaftswissenschaftler (1897-1984): Nach der Teilnahme am Ersten Weltkrieg studierte Gutenberg zunächst Physik an der Universität Hannover, wandte sich dann aber an der Universität Halle dem Studium der Nationalökonomie zu und absolvierte eine dreijährige praktische Tätigkeit in der Industrie, um sich auf die Übernahme des väterlichen Unternehmens vorzubereiten, das jedoch veräußert werden musste. Er setzte sein Studium in Frankfurt fort, habilitierte sich 1928 an der Universität Münster, arbeitete dann in der Unternehmenspraxis und wurde 1938 a. o. Prof. der Betriebswirtschaftslehre an der Bergakademie Clausthal. Seit 1940 o. Prof. in Jena, war Gutenberg Offizier im Zweiten Weltkrieg und übernahm 1948 einen Lehrstuhl an der Universität Frankfurt / Main. Von 1951 bis zu seiner Emeritierung 1967 lehrte er an der Universität Köln und war 1954-66 Mitglied des wissenschaftlichen Beirats beim Bundeswirtschaftsministerium. Zu seinen Hauptwerken zählen die vielfach aufgelegten und übersetzten *Grundlagen der Betriebswirtschaftslehre* (4 Bde., 1951-69). In: Deutsche Biographische Enzyklopädie, Bd. 4, 2001, S. 267.

93 Heinen, Edmund: Betriebswirtschaftslehre, in: Görres-Gesellschaft (Hrsg.), Staatslexikon, 7. Aufl., 1. Bd., 1995, Sp. 745-747.

94 Gutenberg, Erich: Einführung in die Betriebswirtschaftslehre, Wiesbaden 1958, S. 189 ff.

II. Ideologische Grundlagen: Marxistisch-leninistisch-stalinistische Weltanschauung, Religion und der „Neue Mensch“

1. Marx’ Weltanschauung ersetzt Religion durch Aberglauben

Im Januar 1848 schrieben Karl Marx und Friedrich Engels das „Manifest der kommunistischen Partei“, im Auftrag der Zentralbehörde des Bundes der Kommunisten, einer geheimen Propagandagesellschaft, der Marx und Engels im Frühjahr 1847 beigetreten waren.

In dem „Kommunistischen Manifest“ ist im ersten Paragraphen des Statutes das kurze kommunistische Glaubensbekenntnis festgehalten: „Die kommunistische Revolution ist das radikalste Brechen mit den überlieferten Eigentumsverhältnissen [...]. Der erste Schritt in der Arbeiterrevolution ist die Erhebung des Proletariats zur herrschenden Klasse, die Erkämpfung der Demokratie. Das Proletariat wird seine politische Herrschaft dazu benutzen, der Bourgeoisie nach und nach alles Kapital zu entreißen, alle Produktionsinstrumente in den Händen des Staates, d. h. des als herrschende Klasse organisierten Proletariats zu zentralisieren. [...] Es kann dies natürlich zunächst nur geschehen vermittels despotischer Eingriffe“.[1]

Das Manifest enthielt keinen neuen Gedanken, „der nicht schon da gewesen wäre, hatte seine Wirkung durch die innere Geschlossenheit und das Pathos seiner Gedankenführung“.[2]

Dabei ist hervorzuheben, daß der Marxismus keine Theorie des Sozialismus ist, „sondern eine Entwicklungstheorie des Kapitalismus, die das unausweichliche Kommen von Sozialismus und Kommunismus voraussagt. Über das Wesen der zukünftigen Wirtschaft finden sich bei Marx nur wenige Bemerkungen“.[3]

Karl Marx hatte seine Theorie der Wirtschaft ohne Markt, Wettbewerb und Unternehmer „im wesentlichen vor 1848 (im Kommunistischen Manifest) konzipiert“.[4] Die Zeit vor 1850/60 gehört einer ausklingenden Epoche der abendländischen Geschichte an.[5] Die Wirtschaftshistoriker sprechen vom langen 18. Jahrhundert, das bis zur Mitte des 19. Jahrhunderts reichte. Der Pauperismus, den Marx und Engels in England und Deutschland erblickten, kam aus der vorindustriellen Zeit, die öfter von „Massenarmut und Hungerkrisen“ geprägt war. Seit etwa 1750 wuchs die Bevölkerung, da die repressiven Faktoren wie Pest und Kriege

---

1 Drahn, Ernst: Sozialdemokratie, in: Handwörterbuch der Staatswissenschaften, 4. Aufl., 7. Bd., Jena 1926, S. 524.

2 Meßner, Johannes: Karl Marx (1818-1883), in: Sacher, Hermann (Hrsg.): Staatslexikon, 5. Aufl., 3. Bd., 1929, Sp. 1173.

3 Halm, Georg: Wirtschaftssysteme. Eine vergleichende Darstellung, Berlin 1960, S. 1.

4 Seidel, Bruno: Sozialismus (IV), Neuere Richtungen (1) Revisionismus, in: HdSW, 9. Bd., 1956, S. 501.

5 Conze, Werner: Vom „Pöbel“ zum „Proletariat“. Sozialgeschichtliche Voraussetzungen für den Sozialismus in Deutschland, in: VSWG, 41. Bd., 1954, S. 333-364.

die Bevölkerungszunahme immer wieder verhindert hatten. Nach Malthus (1766-1834) hatte die Bevölkerung die Neigung, „sich in geometrischer Reihe zu vermehren, während die Nahrungsmittel nur in arithmetischer Reihe wuchsen“.[6]

Mit der Baumwollindustrie breiteten sich in England die Spinn- und Webmaschinen aus, deren Anfänge Friedrich Engels[7] und Karl Marx in England sahen. „Doch die Not, die sie in diesen Fabriken fanden, darf nicht dem ‚Kapitalismus‘“ aufgebürdet werden. Blickt man über die Werkstätten der Industrien hinaus auf das Land und über das 19. Jahrhundert hinweg in die Zeiten, die ihm vorgelagert waren, so wird offenbar, daß das Elend des Pauperismus aus vorindustriellen Umständen stammte und durch sie im Kern – natürlich nicht in allen Formen seiner Erscheinung – auch begründet war. Nach Ursprung und Entwicklung gehört die Armut des frühen 19. Jahrhunderts dem ausklingenden agrarischen Zeitalter der abendländischen Geschichte an“.[8] Der Agrarhistoriker Wilhelm Abel hat wissenschaftlich nachgewiesen, was zur Überwindung der vorindustriellen Not nach 1850 führte: „Im Zeitalter der Industrien verlor die Landwirtschaft die ihr von den Klassikern der Nationalökonomie zugewiesene Funktion eines Lohnweisers und Preisregulators in der Volkswirtschaft. Die Gewerbe übernehmen die Führung. Sie lösten die Arbeitsentgelte aus der Fessel des „abnehmenden Bodenertragszuwachses“ und ermöglichten die wachsende Produktivität der Arbeit, die dann auch – mit einigen Hilfen aus dem politischen Raum – den breiten Massen der Bevölkerung zugute kam“.[9]

Wenn man die Marx’sche Weltanschauung beurteilen will, muß versucht werden, diese in lange Kontinuitäten und Brüche im 19. Jahrhundert hineinzustellen. Aus der Sicht der Religionssoziologie war das 19. Jahrhundert das „Jahrhundert ohne Gott“.[10] In den durch den Glaubensabfall entstandenen Leerraum drangen die Pseudoreligionen, die Ideologien des Sozialismus und später des Nationalsozialismus ein.[11]

Das Jahrhundert ohne Gott: „So neigte das Aufklärungszeitalter dazu, sich die Zeit als vernünftiges Wesen vorzustellen, das wie der Mensch von bestimmten Zielen beseelt ist, seine Laufbahn auf eine immer größere Annäherung an die Vernunft und später den Fortschritt anlegte. Das ökonomisch gerichtete 19. Jahrhundert zeitigte in der Kapitalismustheorie eine Interpretation, der die Einheit der

---

6 Wiese, Leopold von: Malthus und Malthusianismus, in: HdSW, 7. Bd., 1961, S. 103.

7 Engels, Friedrich: Die Lage der arbeitenden Klasse in England, Leipzig 1845, später abgedruckt in Marx / Engels: Werke, Bd. 2, Berlin (Ost) 1972.

8 Abel, Wilhelm: Massenarmut und Hungerkrisen im vorindustriellen Deutschland, Göttingen 1972, S. 69. Zu den gewerblichen Betriebssystemen, den Niedergang des Handwerks, der Arbeitsteilung und der sozialen Klassenbildung. Bücher, Karl: Die Entstehung der Volkswirtschaft. Vorträge und Versuche, 4. Aufl. Tübingen 1904.

9 Ebd., S. 76.

10 Müller-Armack, Alfred: Religion und Wirtschaft, Geistesgeschichtliche Hintergründe unserer europäischen Lebensform, hier: Das Jahrhundert ohne Gott, S. 371-512.

11 Ebd., S. 462, 468 f.

Zeit als die eines Mechanismus erschien, der über die Köpfe der Menschen hinweg eine bestimmte Richtung geschichtlicher Entwicklung durchsetzt, gleichgültig, ob dieses Ziel nun in einer liberalen Fortschrittsorganisation, einer immer weiter werdenden Weltwirtschaft lag oder, wie bei Marx, die automatische Überführung in eine sozialistische Zukunftsgesellschaft war. Die Reduzierung des Sinns der Geschichte auf ein Teilphänomen, wie es etwa der Auffassung zugrunde liegt, die Geschichte sei nichts anderes als die Geschichte der Herrschaft der nordischen Rasse, gehört gleichfalls in diesen Bereich falscher Verfestigungen des Geschichtsbildes. Auch Spenglers Geschichtsmetaphysik, die der Geschichte eine Lebenseinheit nach Art der Lebensalter des organischen Lebens zuspricht, gehört hierher".[12]

Der Religionswissenschaftler Walther Bienert setzte sich seit 1930 mit der Weltanschauung von Karl Marx auseinander: „Die Marxsche Weltanschauung ist ein Denksystem, das sich an die Stelle der von ihr beiseite geschobenen Religion setzte, aber deren zeitbedingte Fehler in gesteigertem Maße übernahm, ohne eine wissenschaftliche oder eine offenbarungsbegründete Legitimation vorweisen zu können. Sie stellt einen Aberglauben in moderner Welt dar, der sich seine Gottheit, das Entwicklungsgesetz, und weitere selber konstruierte irdische Größen zu Herren der Welt- und Menschheitsgeschichte emporsteigerte. [...] Marx war nicht der fünfte Evangelist, als welcher er eine kurze Zeit lang verehrt wurde. Sein Denkgebäude war ein mythisches System aus Baumaterial des 18. und 19. Jahrhunderts. Nur wer kritiklos auf die Autorität von Marx hin auch seine Weltanschauung übernimmt, mag an die Stelle einer ihm verlorengegangenen Religion eine menschengemachte Religion setzen, die ihre Anhänger in eine vorchristliche Verehrung erdachter Götter zurückversetzt.

Ehe die Menschheit in das dritte Jahrtausend ihrer Geschichte seit Christi Geburt geht, wird es Zeit, die Marxsche Weltanschauung trotz einiger Teilwahrheiten als wissenschaftlich unhaltbar und als einen aus dem Geistesgut der ersten Hälfte des 19. Jahrhunderts zusammengebauten Aberglauben hinter sich zu lassen".[13]

Bienert entwarf zwei Schemata, die die wesentlichen Züge von Marx enthalten.[14]

---

12 Ebd., S. 376.

13 Bienert, Walther: Der überholte Marx. Seine Religionskritik und Weltanschauung kritisch untersucht, Stuttgart 1974, S. 303 f.

14 Ebd., S. 149, 168.

Schema I:
Das *Basis-Überbau-Schema* der materialistischen Geschichtsauffassung von Karl Marx

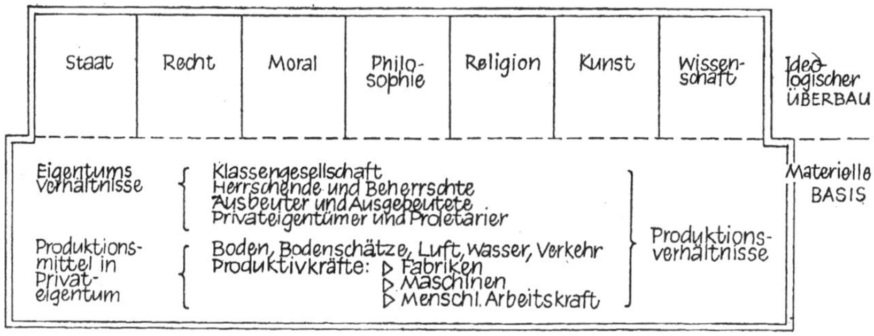

Schema II:
Geschichte der Menschheit

Oben: Christliche Heilsgeschichte als historisches Geschehen verstanden. Unten: Geschichtsablauf nach Karl Marx.

(Urstand meint die persönliche Gemeinschaft von Menschen untereinander und gegebenenfalls auch mit Gott. Urzustand meint die Beschaffenheit des Menschen und sein Verhältnis zu seiner Umwelt).

Das Entwicklungsgesetz als Gegenstand eines Aberglaubens: „Das Entwicklungsgesetz als geschichtelenkende Allmacht ist die heimliche Gottheit in Marx' materialistischer Geschichtsauffassung. Indem Marx die nichtbewiesene Größe Entwicklungsgesetz als ursprungslos und allmächtig an die Stelle des von Christen geglaubten Gottes setzte, wurde sie für ihn zu einem Götzen, d. h. zum Gegenstand eines Aberglaubens. […] Der christliche – und schon der alttestamentliche – Herr der Geschichte ist bei Marx abgelöst worden durch das Entwicklungsgesetz, das jetzt an Gottes Statt die Geschichte und die Geschicke der Menschen lenkt. Gott als Herr der Geschichte ist ersetzt durch ein ‚Gesetz', von dem Marx nur sagen kann, daß es unwiderstehlich ist und nach der Methode des Dreitaktes (d. i. der Dialektik) arbeitet. Dieses ‚Gesetz' bei Marx ist aber nach theologischem Verständnis kein Gott. Es ist allenfalls eine Macht. Es ist keine Person, sondern eine Kraft. Der Herr der Geschichte ist nach Marx kein Ich, das etwas will, und kein Du, das angesprochen werden kann, sondern ein Es, das geschieht bzw. funktioniert: das Entwicklungsgesetz. [...] Die Marxsche Ideologie ist nicht einfach atheistisch; sie ist gewiß nicht theistisch im Sinne einer Verehrung eines persönlichen Gottes. Aber sie ist letztlich Verehrung einer Sache. Sie stellt ein Es – das Entwicklungsgesetz – über den Menschen und die Menschheit. Der Mensch wird aus dem Herrschaftsbereich Gottes ‚befreit' und in den unwiderstehlichen Herrschaftsbereich des Entwicklungsgesetzes eingegliedert.

Ein ‚Es', eine Sache, mit Allmacht auszustatten, bedeutet, dieses Es zu einem Götzen zu erheben bzw. einem Aberglauben zu erliegen. Marx hat hier eine Sache – und sogar ein Gedankengebilde – über den Menschen als dessen Herrn gestellt, während nach christlicher Auffassung alle Sachen dem Menschen gegenüber geringerwertig und untergeordnet sind".[15]

Marx' Weltanschauung ersetzt Religion durch Aberglauben: „Im Ergebnis stellt sich Marx' Weltanschauung als ein Aberglaube heraus, der aus dem Geist des 19. Jahrhunderts geboren wurde. Der autonom sein wollende Mensch des deutschen Idealismus und Rationalismus schob in deren Spätphase Gott beiseite. In diesem Moment stellte sich ein *horror vacui* heraus, der danach drängte, den frei gewordenen Platz mit einer anderen Größe auszufüllen. Im Geist des 19. Jahrhunderts mit der Vernunftherrschaft und der Wissenschaftsgläubigkeit konnte die oberste Stelle nur einer nach naturwissenschaftlichem Vorbild funktionierenden Größe eingeräumt werden, d. h. einem Gesetz. Weil aber in einer Weltanschauung der Mensch und nicht die Natur der Gegenstand der Fragestellung ist, mußte dies Gesetz ein Gesetz zur Erklärung des Menschen, im umfassenden Sinne zur Erklärung der Geschichte des Menschen sein, die seine ganze bisherige Geschichte, einschließlich Kultur, Politik, Religion zu deuten und seine zukünftige Geschichte – bis zu einem vollkommenen Menschenreich hin – vorauszuberechnen erlaubte. So ergab sich das Entwicklungsgesetz als oberste Macht. Eine so deduzierte, aus Bedürfnissen des 19. Jahrhunderts konstruierte Allmacht ist ein Gegenstand von Aberglauben. Sie ist nicht wissenschaftlich erwiesen, auch nicht aufgrund einer Offenbarung bekannt geworden, sie ist erdacht und als menschenerdachte Größe mit dem höchsten Attribut ausgestattet worden, der Allmacht zum Lenken der Geschichte.

Das Entwicklungsgesetz als ein ökonomisches (‚materialistisch' genannt) stellt insofern eine dem Geist des 19. Jahrhunderts entstammende Größe dar, als es den Endpunkt einer Entwicklung bedeutet, die, mit der Renaissance einsetzend, über den Humanismus fortschreitend und im Rationalismus ausklingend, die Orientierung des Menschen auf ein Jenseits immer stärker in eine Diesseitsorientierung umbog und in der Wirtschaft die unterste Schicht diesseitiger Existenz, gewissermaßen die ‚Basis', erreichte und von ihr gebannt alles Geschehen durch sie inhaltlich bestimmt sein läßt".[16]

---

15 Ebd., S. 288-290.

16 Ebd., S. 299.

Aberglaube ist „ein in falschen Vorstellungen wurzelnder Glaube, Irrglaube, trügerische Vorstellung, Einbildung, Vorurteil".[17]

„Vom wissenschaftlichen Standpunkt ist *jeder Glaube an übernatürliche Kräfte und ihr Wirken Aberglaube*".[18] Die „Entwicklungsgesetze" und die ökonomischen Gesetze des Sozialismus waren Fiktionen und können deshalb vom wissenschaftlichen Standpunkt aus als Aberglaube bezeichnet werden.

In allen Publikationen zur sozialistischen Wirtschaft wurden das „Marxsche Entwicklungsgesetz" und die „ökonomischen Gesetze des Sozialismus" bis 1989/90 sehr häufig zitiert. Die „Gesetze" bildeten das tragende Gerüst der politischen Ökonomie des Sozialismus. Beispielhaft sei nur der von W. Schließer herausgegebene Sammelband zitiert, der auf sehr vielen Seiten Bezug auf die 16 verschiedenen ökonomischen Gesetze des Sozialismus nimmt.[19]

Karl Marx hat Religion durch Aberglauben substituiert. Das tragende Gerüst der „sozialistischen Gesetze" war eine Fiktion und es war nicht möglich, nach dieser Fiktion zu handeln. Als Fazit kann festgehalten werden, daß das Handeln im ökonomischen Bereich des realen Sozialismus der DDR insgesamt nur von Voluntarismus und Subjektivismus, d. h. von Willkür geprägt war.

2. Sozialdemokratie und Revisionismus bis 1917 und die Abspaltung der Kommunistischen Partei Deutschlands (KPD) von der SPD 1918/19

Auf dem Eisenacher Kongreß 1869 wurde die „Sozialdemokratische Partei" gegründet. Im Eisenacher Programm taucht erstmalig die Utopie des sozialisti-

---

17 Pfeifer, Wolfgang: Etymologisches Wörterbuch des Deutschen, 3. Aufl., München 1995, S. 3.

18 Buhr, Manfred / Kosing, Alfred (Hrsg.): Kleines Wörterbuch der Marxistisch-Leninistischen Philosophie, Berlin (Ost) 1974, S. 12 f.: „Die wissenschaftliche Weltanschauung des Marxismus-Leninismus ist unvereinbar mit allen Formen des Aberglaubens und führt einen entschiedenen Kampf gegen alle seine Überreste".

19 Schließer, Waldfried (Hrsg.): Wertgesetz und Wertkategorien in der sozialistischen Planwirtschaft. Eine politökonomische Studie, Berlin (Ost) 1979. Ökonomische Gesetze des Sozialismus: S. 5-7, 15-21, 26-73, 79 f., 101 f., 104, 106, 115, 123, 128, 141, 143, 157 f., 167-171, 175, 182, 185, 226, 228 f., 232, 235, 237, 245, 256, 266, 269, 275, 336-338. Die Mitarbeiter dieses Bandes kamen aus der Hochschule für Ökonomie „Bruno Leuschner" und waren Schließer, Ahrends, Brendel, Dubrowski, Hunstock, Langner und Pelzer. Dazu kamen aus der Sowjetunion Prof. Dr. L. I. Abalkin, Akademie für Gesellschaftswissenschaften beim ZK der KPdSU, Moskau. Kusch, Günter et al. (Hrsg.): Schlußbilanz – DDR, S. 153: „Der führende Kopf in der UdSSR, nicht nur als Wissenschaftler und Direktor des Ökonomischen Instituts der Akademie der Wissenschaften, sondern auch als Leiter der Staatlichen Kommission des Ministerrates der UdSSR für die Wirtschaftsreform und Stellvertreter des Vorsitzenden des Ministerrates, Abalkin, vertrat noch 1986 die Ansicht, daß die Lösung der Probleme in der Verbindung der zentralen Planung mit der vollen wirtschaftlichen Rechnungsführung der Betriebe liegt". Dr. N. P. Figurnowa, Institut für Volkswirtschaft „G. W. Plechanow", Moskau. Prof. Dr. I. I. Konnik, Institut für Volkswirtschaft „G. W. Plechanow", Moskau. Prof. Dr. A. N. Malafejew, Leningrader Ingenieurökonomisches Institut „Palmiro Togliatti".

schen Zukunftsstaates auf, der das Steckenpferd August Bebels (1840-1913) blieb. Bebel glaubte fest an den sozialistischen Zukunftsstaat. In der Reichstagssitzung vom 6. Februar 1893 erklärte Bebel, die Grundzüge des sozialistischen Zukunftsstaates seien in großen Zügen in der sozialistischen Literatur enthalten. Bebel selbst hat sich in seinen Schriften eingehend mit dem Zukunftsparadies der Sozialdemokraten beschäftigt.[20]

Dasselbe haben Wilhelm Liebknecht,[21] Jacob Stern,[22] Oskar Köhler,[23] Atlantikus[24] und Karl Kautsky[25] getan.

Seit dem Kongreß in Gotha 1875 bekannte sich die Sozialdemokratie zu einem Programm, das auf marxistischen Grundsätzen basierte. „Nach Marx beinhaltet die sozialistische Wirtschaftsordnung die Beseitigung des kapitalistischen Ausbeutungsverhältnisses durch Aufhebung des Sondereigentums (Privateigentums) an Produktionsmitteln, Ersetzung des freien Spiels der Kräfte auf dem Markt durch zentrale Bedarfsermittlung und Produktionsleitung und Verteilung des Produktionsertrags nach dem Bedarf der am Produktionsprozeß Beteiligten. Die Entwicklung des Kapitalismus zu dieser Wirtschaftsordnung vollzieht sich mit Notwendigkeit in zwei Stadien, der politischen Revolution (dem Niederbruch der bestehenden Produktionsweise) und in der sozialen Revolution (dem Aufbau der sozialistischen Wirtschaftsform)“.[26]

Alfred Müller-Armack (1901-1978) weist auf die spezielle Situation hin, auf die der Marxismus stieß: „Auch das 19. Jahrhundert kann als ein großer Säkularisationsprozeß verstanden werden, bei dem mit dem Verblassen der zentralen Glaubensvorstellungen irdische Werte, wie die Kunst, der Staat, die Wirtschaft, Klassen und Massen, zum Ersatz des ursprünglichen Glaubens werden. Diese Entstehung von Ersatzreligionen dürfte ein wichtiger Schlüssel zur Erklärung vieler Massenbewegungen der Neuzeit sein. Auch im sowjetischen Kommunismus stecken, wie inzwischen aus zahlreichen Studien, so z. B. denen von Jules Monnerot, hervorgegangen ist, pseudoreligiöse Elemente“.[27]

---

20 Bebel, August: Die Frau und der Sozialismus, 1883 und spätere Jahrgänge. Bebels Buch „Die Frau“ wurde mit gerechtem Spott der „grüne Baedeker für das Land Utopien“ genannt; Bebel, August: Unsere Ziele, 1870.

21 Liebknecht, Wilhelm: Was die Sozialdemokraten sind und was sie wollen, 1891.

22 Stern, Jacob: Thesen über den Sozialismus, 1891.

23 Köhler, Oskar: Der Sozialdemokratische Staat, Nürnberg 1891.

24 Atlantikus: Ein Blick in den Zukunftsstaat, 1898. Atlantikus ist Pseudonym für Karl Ballod. Ballod hat sein Buch unter seinem wahren Namen neu herausgegeben unter dem Titel „Der Zukunftsstaat“. Obwohl er es in der neuen Auflage umgearbeitet hat, wiederholt er doch im wesentlichen dieselben utopistischen Zukunftspläne. Er scheint zu meinen, man könne mit den lebendigen Menschen umgehen wie mit den Figuren eines Schachbretts.

25 Kautsky, Karl: Am Tage nach der sozialen Revolution, 1903.

26 Dobretsberger, Josef: Sozialisierung, in: Sacher, Hermann (Hrsg.): Staatslexikon, 5. Aufl., 4. Bd., 1931, Sp. 1682; Drahn, Ernst: Sozialdemokratie, in: Handwörterbuch der Staatswissenschaften, 4. Aufl., 7. Bd., Jena 1926, S. 529.

27 Müller-Armack, Alfred: Religionssoziologie, in: HdSW, 8. Bd., 1964, S. 795.

Die pseudoreligiösen Elemente finden sich auch bei August Bebel, dem Mitbegründer und unumstrittenen Führer der Sozialdemokraten. „Meine Herren“, sagte Bebel im Reichstag am 23. Februar 1890, „Sie wissen so gut wie wir, daß, je mehr der Glaube an das jenseitige Leben bei den Massen schwindet, die Massen um so nachdrücklicher verlangen, daß sie ihren Himmel auf Erden finden“.[28]

Der Erste Weltkrieg (1914-18) hat alle ethischen, moralischen und religiösen Verbindlichkeiten aufgelöst, und nun boten der Sozialismus und andere Ideologien die Möglichkeiten, Ersatzreligionen in einer nachreligiösen Zeit zu begründen.

Der Glaube an das Jenseits wurde zunehmend ersetzt durch den Glauben an den sozialistischen Zukunftsstaat, „der zwar in den Parteiprogrammen (wie auch bei Marx) sehr vorsichtig umschrieben, jedoch in der Agitation um so glühender und farbenprächtiger ausgemalt wurde“.[29]

Seit dem Parteitag zu Halle (1890) nannte sich die Partei „Sozialdemokratische Partei Deutschlands“ (SPD). Auf dem Parteitag in Erfurt (1891) triumphierte der Marxismus, der von Karl Kautsky interpretiert wurde. „Über den Zukunftsstaat sprach sich das Erfurter Programm sehr unklar aus, man half sich mit allgemeinen Phrasen, wie allseitige harmonische Vervollkommnung, höchste Wohlfahrt, Befreiung des gesamten Menschengeschlechts“.[30]

Die reale Entwicklung im letzten Drittel des 19. Jahrhunderts verlief anders, als es Marx und Engels vorausgesagt hatten. Der Widerspruch zwischen der wirtschaftlichen Realität und den marxistischen Voraussagen war so eklatant, daß es zum Revisionismus kam, der das Ziel verfolgte, die „empirisch angreifbaren Teile der Marxschen Lehre auszusondern oder neu zu schreiben“.[31] Damit zeichneten sich schon die zwei Richtungen ab, die zur Spaltung der Sozialdemokratie führten:

1. Karl Kautsky (1854-1938)[32] und Rosa Luxemburg (1871-1919)[33] waren die Hauptvertreter der orthodoxen Richtung, die das Marxsche Erbe verteidigten.

---

28 Cathrein, Viktor: Der Sozialismus. Eine Untersuchung seiner Grundlagen und seiner Durchführbarkeit, 14.-16. Aufl., Freiburg i. Breisgau 1923, S. 215: „Der Gedanke ist nicht neu. Schon vor mehr als achtzig Jahren hat ihn H. Heine (1797-1856) ausgesprochen. Nachdem er bemerkt, die deutsche Philosophie habe den Gottesglauben und die Gottesfurcht untergraben“, fährt er fort: „Mit dem Umsturz der alten Glaubensdoktrinen ist auch die alte Moral entwurzelt. [...] Die Vernichtung des Glaubens an den Himmel hat nicht nur eine moralische, sondern auch eine politische Wichtigkeit. Die Massen tragen nicht mehr mit Geduld ihr irdisches Elend und lechzen nach Glückseligkeit auf Erden. Der Kommunismus ist eine natürliche Folge dieser veränderten Weltanschauung, und er verbreitet sich über ganz Deutschland“.

29 Nobel, Alfons: Sozialdemokratie, in: Sacher, Hermann (Hrsg.): Staatslexikon, 5. Aufl., 4. Bd., 1931, Sp. 1648 f.

30 Ebd., Sp. 1650.

31 Brandt, Karl: Geschichte der deutschen Volkswirtschaftslehre. Band 2: Vom Historismus bis zur Neoklassik, Freiburg i. Breisgau 1993, S. 175.

32 Zwoch, Gerhard: Karl Kautsky (1854-1938), in: HdSW, 5. Bd., 1956, S. 603 f.

33 Maus, Heinz: Rosa Luxemburg (1870-1919), in: HdSW, 7. Bd., 1961, S. 69-71.

Das „größte und bleibende Verdienst des marxistischen Theoretikers, sozialistischen Gesellschaftsphilosophen und Historikers Kautsky liegt darin, mit seinen geschichtlichen Untersuchungen den Boden für die Auffassung bereitet zu haben, daß alle politischen und ökonomischen Begriffe, Vorstellungen und Erkenntnisse im Marxismus nur als historische Kategorien gesehen werden dürfen, die jeweils auf ihre soziologische Bedingtheit zurückgeführt und aus ihr heraus verstanden werden müssen“.[34]

2. Der Führer der revisionistischen Richtung war Eduard Bernstein (1850-1932). Sein Werk „Die Voraussetzungen des Sozialismus und die Aufgaben der Sozialdemokratie“ (1899) war eine zusammenfassende Darstellung der von den Revisionisten auf ökonomischem, philosophischem und politischem Gebiet gegen den Marxismus erhobenen Vorwürfe.[35]

Bernstein geht von folgenden Überlegungen aus:[36] Die von den Vertretern der inzwischen entwickelten subjektiven Wertlehre (Grenznutzenschule) vorgebrachte Kritik an der klassischen Arbeitswertlehre ist berechtigt. Nutzenschätzungen und Nachfrage müssen zur Beurteilung von Markt und Verteilung herangezogen werden.[37] Die wirtschaftliche Unhaltbarkeit der Marxschen Arbeitswertlehre wurde auch von Vilfredo Pareto (1848-1923) nachgewiesen: „Ensuite, parmi ces circonstances, il ne faut pas oublier qu'il y a principalement les goûts des hommes qui établissent les rapports entre les marchandises. Quand les goûts des hommes changent, ces rapports changent aussi. Pour des hommes, par exemple, qui boivent du vin, un litre de vin = cinq grammes d'argent; pour des abstinents, un litre de vin = zéro. Il ne faut pas objecter qu'il n'y a pas deux prix sur le marché: un pour les personnes qui boivent du vin, un autre pour les abstinents. Le prix commun qui s'établit sur le marché tient compte des évaluations des uns et des autres. Le rapport que Marx considère comme seulement objectif est donc aussi subjectif. C'est un des principaux défauts des recherches de Marx. Il a une tendance à

---

34 Zwoch, Gerhard: Karl Kautsky, in: HdSW, 5. Bd., 1956, S. 603.

35 Schon 1896 hatte sich Eugen von Böhm-Bawerk (1851-1914) sehr kritisch über Marx geäußert: „Dass Böhm-Bawerk trotz seiner eminent analysierenden und kritischen Denkweise auf die Beobachtung der Tatsachen einen besonderen Wert gelegt hat, beweist auch seine berühmte Abhandlung ‚Zum Abschluß des Marxschen Systems‘, worin er schreibt, dass sich der Menschengeist nicht dauernd von einer geschickten Rhetorik imponieren lasse. Auf die Dauer kommen doch immer die Tatsachen, die solide Verkettung nicht von Worten und Phrasen, sondern von Ursachen und Wirkungen zur Geltung“. Weinberger, Otto: Eugen von Böhm-Bawerk, in: HdSW, 2. Bd., 1959, S. 358. Böhm-Bawerk, Eugen von: Zum Abschluß des Marxschen Systems, in: Staatswissenschaftliche Arbeiten, Festgabe für Karl Knies, Hrsg. Otto von Boenigk, Berlin 1896.

36 Brandt, Karl: Geschichte der deutschen Volkswirtschaftslehre, S. 175.

37 Nach der modernen Nutzen- und Werttheorie haben Güter keinen eigenen oder inneren Wert (wie die marxistische Arbeitswerttheorie behauptet), sie werden nur nach ihrem Nutzen bewertet. Weber, Wilhelm / Streissler, Erich: Nutzen, in: HdSW, 8. Bd., 1964, S. 1-19. Rosenstein-Rodan, Paul N.: Grenznutzen, in: Handwörterbuch der Staatswissenschaften, 4. Aufl., 4. Bd., 1927, S. 1190-1233.

rendre purement objectifs des rapports qui sont aussi subjectifs. Ce défaut se trouve aussi, bien qu'à un moindre degré, chez beaucoup d'économistes".[38]

Adam Smith vertrat die Arbeitswerttheorie[39], die jedoch nur für die Zeit vor der Erfindung des hellenischen Münzgeldes im 7. Jahrhundert vor Christus[40] eine gewisse Geltung beanspruchen kann: „Auf der *untersten Entwicklungsstufe eines Landes*, noch bevor es zur Kapitalbildung kommt und der Boden in Besitz genommen ist, ist das Verhältnis zwischen den Mengen Arbeit, die man einsetzen muß, um einzelne Gegenstände zu erlangen, offenbar der einzige Anhaltspunkt, um eine Regel für deren gegenseitigen Austausch ableiten zu können. Bedarf es beispielsweise in einem Jägervolk gewöhnlich doppelt so vieler Arbeit, einen Biber zu töten, als einen Hirsch zu erlegen, sollte natürlich im Tausch ein Biber zwei Hirsche wert sein. Es ist dann nur selbstverständlich, daß der übliche Ertrag der Arbeit von zwei Tagen oder zwei Stunden doppelt soviel wert sein sollte als der übliche eines Tages oder einer Stunde".[41] Die Arbeitswertlehre von Sir William Petty (1662) und Galiani (1751) kann bis auf den griechischen Schriftsteller Xenophon (um 430-354 v. Chr.) zurückverfolgt werden.[42]

Auch die auf Marx zurückgehende Mehrwertlehre und These der „Verelendung des Proletariats" ist historisch widerlegt und wurde von Georg Halm kritisiert:

1. Die Mehrwertlehre ist kein unumstößliches Dogma, sondern eine an der Realität zu prüfende Hypothese. Muß sie verworfen werden, fällt auch die Ausbeutungstheorie.
2. Die Lehre vom Produktionspreis und der Durchschnittsprofitrate ist mit der Arbeitswert- und Mehrwertlehre nicht vereinbar.
3. Die von Marx behauptete Konzentration ist nicht eingetreten. In der Landwirtschaft hat es überhaupt keine Konzentration gegeben, in der Industrie ist

---

38 Pareto, Vilfredo: Les systèmes socialistes, t. II, Paris 1926, S. 363. Zuerst Paris 1902 und 1903.

39 Mann, Fritz Karl: Adam Smith (1723-1790), in: HdSW, 9. Bd., 1956, S. 290: „Werttheorie".

40 Heichelheim, Fritz Moritz: Geld- und Münzgeschichte: I Anfänge und Antike, in: HdSW, 4. Bd., Tübingen 1965, S. 276.

41 Smith, Adam: Der Wohlstand der Nationen. Eine Untersuchung seiner Natur und seiner Ursachen, München 1974, S. 42. Dos Santos, António Ramos: What pays what? Cashless Payment in Ancient Mesopotamia (626-331 BC), in: Chaudhuri, Sushil / Denzel, Markus A. (Ed.): Cashless Payments and Transactions from the Antiquity to 1914, Stuttgart 2008, S. 15-32.

42 Eisler, Robert: Das Geld. Seine geschichtliche Entstehung und gesellschaftliche Bedeutung, München 1924, S. 343: „Die *Arbeitswertlehre* geht aber in Wirklichkeit noch hinter Adam Smith (Natur und Ursachen des Volkswohlstands, deutsch von Löwenthal, Berlin 1879, S. 31: ‚Arbeit ist also der wahre Maßstab für den Tauschwert aller Güter') auf die Abhandlung des Abbate Galiani (1751) ‚über das Geld' und Sir William Pettys Untersuchung über Steuer und Abgaben (1662) zurück und kommt selbst im Altertum schon vor (Epicharm bei Xenophon mem. II, 1, 20: 'Die Götter verkaufen dem Menschen alle Güter um den *Preis der Arbeit*')".

der erreichte Konzentrationsgrad hinter der Marxschen Prognose zurückgeblieben. Klein- und Mittelbetriebe sind nicht verdrängt worden, sie haben sich am Markt behaupten können.[43]

4. Die kapitalistische Reife kommt in Kartellen und Konzernen zum Ausdruck. Diese haben die Fähigkeit, die Produktion umfassend zu regulieren. Sie beseitigen dadurch Auswüchse anarchischer Produktion und mildern die Folgewirkungen von Krisen.
5. Historisch ist die Verelendung nicht nachzuweisen. Es gibt sozialen Fortschritt, durch den die Lebensbedingungen der Arbeiter verbessert werden.[44]

Nach Bernstein war der Kapitalismus nicht zusammenbruchsreif. Daraus schlußfolgert er: „Das Ziel des Sozialismus ist nichts, die Bewegung der auf Reformen gerichtete Tageskampf alles“.[45]

Karl Marx und Friedrich Engels interpretierten die gesellschaftliche Entwicklung als „naturgeschichtlichen Prozeß“.[46] Mit dem Manifest der Kommunistischen Partei wurden die „grundlegenden Entwicklungsgesetze der menschlichen Gesellschaft aufgedeckt“.[47] Die marxistische Lehre unterschied verschiedene Gesellschaftsformationen, die gesetzmäßig aufeinander folgen: (1) Urgemeinschaft, (2) Sklaverei, (3) Feudalismus, (4) Kapitalismus, (5) Sozialismus, (6) Kommunismus. Die „gesellschaftlichen Gesetze“ hatten nach marxistischer Ansicht „objektiven Charakter“ und wurden den „Natur-Gesetzen“ gleichgestellt.[48]

---

43 Halm, Georg: Groß- und Kleinbetrieb, in: Handwörterbuch der Staatswissenschaften, 4. Aufl., Ergänzungsband 1929, S. 384-401. Cathrein, Viktor: Der Sozialismus. Eine Untersuchung seiner Grundlagen und seiner Durchführbarkeit, 14.-16. Aufl., Freiburg i. Breisgau 1923, S. 150 ff.

44 Gömmel, Rainer: Realeinkommen in Deutschland. Ein internationaler Vergleich (1810-1914), Nürnberg 1979. Seidel, Bruno: Sozialpolitik (Geschichte), in: HdSW, 9. Bd., 1956, S. 532-539; Cathrein, Viktor: Der Sozialismus, S. 168 ff.

45 Eduard Bernstein (1850-1932), in: Ökonomisches Lexikon A-G, 3. neu bearbeitete Aufl., Berlin (Ost) 1978, S. 304; Kautsky, Benedikt: Eduard Bernstein, in: HdSW, 2. Bd., 1959, S. 5-7.

46 Ökonomisches Lexikon A-G, 3. neu bearbeitete Aufl., Berlin (Ost) 1978, S. 754.

47 Ebd., S. 757.

48 Ebd., S. 758. Die Ideologie des Marxismus-Leninismus-Stalinismus war ein Glaubensakt. Der Untergang der DDR nahm Erich Honecker (1912-1994), wie er selbst schrieb, „nicht den Glauben an den Sozialismus“. Honecker, Erich: Moabiter Notizen. Letztes schriftliches Zeugnis und Gesprächsprotokolle vom BRD-Besuch 1987 aus dem persönlichen Besitz Erich Honeckers, Berlin 1994, S. 10. Nach Honecker sind die „Entwicklungsgesetze der menschlichen Gesellschaft objektiv“. (S. 11) Das subjektiv illusionäre, unbedingte Fürwahrhalten des Marxismus-Leninismus-Stalinismus zeigt die Denkschablonen Honeckers auf. Der „Vollblutdogmatiker Erich Honecker“ lebte in einer Welt, die mit der Realität nichts gemein hatte; Przybylski, Peter: Tatort Politbüro. Bd. 2: Honecker, Mittag und Schalck-Golodkowski, Berlin 1992, S. 56. „Für Honecker war es unvorstellbar, daß sich das berühmte Rad der Geschichte je würde zurückdrehen lassen. [...] Die Geschichtsspirale, auf der er die DDR weit fortgeschrittener als den Kapitalismus wähnte, konnte sich in seiner schablonenhaften Weltsicht nur weiter ‚aufwärts‘, niemals ‚abwärts‘, zum bürgerlichen System hin, bewegen. Ho-

Bis zum Ersten Weltkrieg und auch noch danach, wie z. B. auf dem Heidelberger Parteitag 1925, beschränkte sich das Programm der SPD auf die Schilderung der „wirtschaftlichen, sozialen und politischen Auswirkungen des kapitalistischen Systems, dessen Überwindung nur durch die Verwandlung des kapitalistischen Privateigentums an den Produktionsmitteln in gesellschaftliches Eigentum erreicht werden könne".[49]

Arbeitervereine, Gewerkschaften und Sozialdemokratie bewegten sich bis 1914 zwischen orthodoxem Marxismus und Revisionismus.[50]

Die SPD-Fraktion stimmte nach Ausbruch des Ersten Weltkrieges den Kriegskrediten am 4.8.1914 geschlossen zu. „Sie bekannte sich mit diesem Votum zur Vaterlandsverteidigung und hoffte, durch eine patriotische Haltung das Odium der ‚vaterlandslosen Gesellen' abstreifen und Barrieren auf dem Weg zu politischem Einfluß überwinden zu können. Das schloß die Zustimmung zur Politik des ‚Burgfriedens' ein. Im Streit über ‚Kriegskreditbewilligung' und ‚Burgfriedenspolitik' hat sich die Fraktion schließlich gespalten".[51]

Unter Hugo Haase (1863-1919) konstituierte sich eine Minorität als „Sozialdemokratische Arbeitsgemeinschaft", die den Kern für die „Unabhängige Sozialdemokratische Partei Deutschlands" (USPD) bildete, die im April 1917 in Gotha gegründet wurde. Der USPD schloß sich auch die Spartakusgruppe an.[52] Durch die Oktoberrevolution 1917 kamen die von Lenin geführten Bolschewisten in Rußland an die Macht. Danach entstanden 1918-1920 in den meisten europäischen Ländern ebenfalls kommunistische Parteien durch Abspaltung von der Sozialdemokratie. Die Kommunistische Partei Deutschlands (KPD) entstand durch die Vereinigung des radikalen Flügels (Spartakusbund) der Sozialdemokratischen

---

necker hatte, wie die meisten, die sich in der DDR für Marxisten hielten (der Autor eingeschlossen), ein Scheitern des Realsozialismus dank zwingender historischer Gesetzmäßigkeit absolut ausgeschlossen. Diese Überzeugung hatte er kurze Zeit vor dem Fall der Mauer noch auf den simplen Reim gebracht: ‚Den Sozialismus in seinem Lauf, hält weder Ochs noch Esel auf.' – Honeckers blinder Glaube an den Realsozialismus machte ihm auch die Wahl der Mittel leicht. In seiner Vorstellung heiligten sie allemal den Zweck, der für ihn eben in einer guten und sozial gerechten Sache bestand. Die Simplizität seines Sozialismusmodells, für jedermann Arbeit, Brot und ein Dach über den Kopf zu schaffen, ist ihm nie aufgegangen. Subjektiv wollte Honecker etwas Positives für die Menschen schaffen, in Wahrheit hat er damit einen sozialen Trümmerhaufen hinterlassen". (S. 85 f.)

49 Nobel, Alfons: Sozialdemokratie, in: Sacher, Hermann (Hrsg.): Staatslexikon, 5. Aufl., 4. Bd., 1931, Sp. 1654.

50 Brandt, Karl: Geschichte der deutschen Volkswirtschaftslehre, Band 2: Vom Historismus bis zur Neoklassik, S. 169 ff.: 6. Arbeitervereine und Sozialdemokratie zwischen orthodoxem Marxismus und Revisionismus.

51 Potthoff, Heinrich: Sozialdemokratische Partei Deutschlands, in: Görres-Gesellschaft (Hrsg.): Staatslexikon, 7. Aufl., 4. Bd., Freiburg 1995, Sp. 1223.

52 Cathrein, Viktor: Der Sozialismus. Eine Untersuchung seiner Grundlagen und seiner Durchführbarkeit, S. 74 f. Im Programm des Spartakusbundes vom 14. Dezember 1918 wurden sehr umfangreiche Vermögenskonfiskationen gefordert.

Partei Deutschlands mit Bremer Linksradikalen auf dem Berliner Parteitag 30.12.1918-1.1.1919.

Die seit 1919 der Kommunistischen Internationale (KI) angehörende KPD (führende Zeitung: „Die Rote Fahne", Berlin) wurde von einer moskauhörigen, zentralistisch organisierten Führungsspitze (Mitglieder u. a. Wilhelm Pieck[53] und Walter Ulbricht[54]) geleitet.[55] „Die Verschmelzung der ‚Parteibeamten' mit der Komintern-treuen Parteilinken um Ernst Thälmann, die Ende der 20er Jahre zur Stalinisierung der KPD führte, brachte Pieck in größere Nähe zu Stalin".[56]

Die KPD übernahm Lenins Ansicht, daß der Sozialismus auf Grund der revolutionären Diktatur des Proletariats als „die erste Stufe der kommunistischen Gesellschaft anzusehen ist".[57]

3. Die wissenschaftliche Kritik am sozialistischen Zukunftsstaat

Der Ökonom Karl Diehl (1864-1943)[58] zeigte 1926 auf, wie wissenschaftliche Auseinandersetzung mit der sozialistischen Wirtschaftsordnung geführt werden muß: „Die Kritiker des Sozialismus können daher weder durch Deduktionen noch durch ausreichende Erfahrungsbeweise die Unmöglichkeit einer sozialistischen Wirtschaftsordnung behaupten. Was die Kritik nur leisten kann, ist, daß sie die

---

53 Weber, Hermann: Wilhelm Pieck (1876-1960), in: Görres-Gesellschaft (Hrsg.), Staatslexikon, 7. Aufl., 4. Bd., 1995, Sp. 394. Der Opportunist Pieck paßte sich den jeweils herrschenden „linken" oder „rechten" Parteiführungen an und hatte sich in den 20er Jahren „völlig der Politik Stalins unterworfen".

54 Weber, Hermann: Walter Ulbricht (1893-1973), in: Görres-Gesellschaft (Hrsg.): Staatslexikon, 7. Aufl., 5. Bd., 1995, Sp. 512 f. Ulbricht war bis zu Stalins Tod (5.3.1953) „dessen eifrigster Anhänger". Ulbricht wirkte unermüdlich für die Einheit und Geschlossenheit der kommunistischen Weltbewegung und erhielt dafür höchste Auszeichnungen der Sowjetunion und der DDR.

55 Morsey, Rudolf / Weber, Hermann: Kommunistische Partei Deutschlands, in: Görres-Gesellschaft (Hrsg.): Staatslexikon, 7. Aufl., 3. Bd., 1995, Sp. 604; Hedeler, Wladislaw / Vatlin, Alexander: Die Weltpartei aus Moskau. Der Gründungskongress der Kommunistischen Internationale 1919. Protokoll und neue Dokumente, Berlin 2008. Die Gründung der III. Kommunistischen Internationale am 3.3.1919 in Moskau zeigt, daß die Eroberung der Macht in Rußland von vornherein nur als der erste Schritt zur bolschewistischen Weltrevolution, die Sowjetunion nur als Basis („Mutterland des Proletariats") zur Entfaltung des Weltbolschewismus angesehen wurde. Lenin erklärte: „Die Gründung der III. Kommunistischen Internationale ist nichts weiter als der Erste Grad der internationalen Sowjetrepublik und des Sieges des Kommunismus in der ganzen Welt". An der Spitze der Kommunistischen Internationale (Komintern) steht das völlig unbeschränkt herrschende Exekutiv-Komitee (EKKI). Die kommunistischen Parteien der einzelnen Länder sind nichts anderes als Sektionen dieser Internationale, die sie finanziert und deren Weisungen sie streng zu befolgen haben.

56 Badstübner, Rolf / Loth, Wilfried (Hrsg.): Wilhelm Pieck – Aufzeichnungen zur Deutschlandpolitik 1945-1953, Berlin 1994.

57 Lenin, Wladimir I.: Staat und Revolution, Berlin 1918, S. 85 ff.

58 Hesse, Albert: Karl Diehl (1864-1943), in: HdSW, 2. Bd., 1959, S. 590 f.

wahrscheinlichen wirtschaftlichen Folgen, die aus der Struktur der sozialistischen Wirtschaftsordnung sich ergeben, kontrastiert mit den tatsächlichen Verhältnissen der kapitalistischen Wirtschaft, und ferner, daß sie die wichtigsten ökonomischen Theorien des wissenschaftlichen Sozialismus einer kritischen Prüfung unterzieht".[59]

Einer der ersten, der sich mit der von den Kommunisten geplanten zentralen Wirtschaftsbehörde auseinandersetzte, war Hermann Heinrich Gossen (1810-1858),[60] „einer der ersten und vielleicht der konsequenteste Vertreter der ‚subjektiven Wertlehre'".[61] Gossen: „Dazu folgt aber außerdem aus den im vorstehenden gefundenen Sätzen über das Genießen, und infolgedessen über das Steigen und Sinken des Werthes jeder Sache mit Verminderung und Vermehrung der Masse und der Art, *daß nur durch Feststellung des Privateigenthums der Maßstab gefunden wird zur Bestimmung der Quantität, welche den Verhältnissen angemessen am zweckmäßigsten von jenem Gegenstand zu produzieren ist.* Darum würde denn die von Communisten projectierte Centralbehörde zur Verteilung der verschiedenen Arbeiten sehr bald die Erfahrung machen, daß sie sich eine Aufgabe gestellt habe, deren Lösung die Kräfte einzelner Menschen weit übersteigt".[62]

Eberhard Friedrich Schäffle (1831-1903)[63] war von der Unhaltbarkeit des sozialistischen Zukunftsstaates überzeugt. Für Schäffle war die Freiheit der Bedarfsbestimmung die Grundlage jedes Kulturfortschritts.[64]

Das meistgelesene Werk des Jesuiten Viktor Cathrein[65], „Der Sozialismus. Eine Untersuchung seiner Grundlagen und seiner Durchführbarkeit", das erstmals 1890 bei der Aufhebung des Sozialistengesetzes erschien, wurde 1923 in 16. Auf-

---

59 Diehl, Karl: Sozialismus und Kommunismus, in: Handwörterbuch der Staatswissenschaften, 4. Aufl., 7. Bd., 1926, S. 609 f. Diehl, Karl: Über Sozialismus, Kommunismus und Anarchismus, Jena 1906, 5. Aufl., 1923; Diehl, Karl: Von der sterbenden Wertlehre, in: Schmollers Jahrbuch, Jg. 49, 1925, S. 27 ff. Diehl, Karl: Über das Verhältnis von Wert und Preis im ökonomischen System von Karl Marx, Jena 1898.

60 Bousquet, Georges Henri: Hermann Heinrich Gossen (1810-1858), in: HdSW, 4. Bd., 1965, S. 618-620.

61 Liefmann, Robert: Hermann Heinrich Gossen (1810-1858), in: Handwörterbuch der Staatswissenschaften, 4. Aufl., 4. Bd. , 1927, S. 1185.

62 Gossen, Hermann Heinrich: Entwicklung der Gesetze des menschlichen Verkehrs und der daraus fließenden Regeln für menschliches Handeln, Braunschweig, 1854, Berlin 1889, S. 231. Hayek, Friedrich A. von: Individualismus und wirtschaftliche Ordnung, Erlenbach-Zürich 1952, S. 179.

63 Meitzel, Albert: Eberhard Friedrich Schäffle (1831-1903), in: Handwörterbuch der Staatswissenschaften, 4. Aufl., 7. Bd., 1926, S. 166 f.

64 Schäffle, Eberhard Friedrich: Die Quintessenz des Sozialismus, Gotha 1875, 13. Aufl. 1891. Zitiert nach: Cathrein, Viktor: Der Sozialismus. Eine Untersuchung seiner Grundlagen und seiner Durchführbarkeit, 14.-16. Aufl., Freiburg i. B. 1923, S. 261 f. Schäffle war einer der ersten Volkswirte, die sich wissenschaftlich mit dem Sozialismus auseinandersetzten.

65 Rauch, Wendelin: Viktor Cathrein S. J. (1845-1931), in: Sacher, Hermann (Hrsg.): Staatslexikon, 5. Aufl., 1. Bd., 1926, Sp. 1197-1199.

lage, 35-Tausendmal, publiziert und in elf Fremdsprachen übersetzt. Cathrein fragte, ob im sozialistischen Zukunftsstaat die heutige Freizügigkeit der Arbeitsplatzwahl bestehen oder nicht bestehen bleibt. „Eine interessante Illustration zu der Freiheit im Sozialistenstaat liefert *folgender Beschluß*, den der 2. Kongreß der Kommunistischen Partei Rußlands im April 1920 in Moskau gefaßt hat. ‚In Anbetracht dessen, daß ein erheblicher Teil der Arbeiter, auf der Suche nach *besseren Verpflegungsbedingungen*, nicht selten aber auch zu Zwecken der Spekulation, eigenmächtig die Unternehmen verläßt und von einem Ort an den andern übersiedelt, wodurch der Produktion weitere Schäden zugefügt werden und die allgemeine Lage der Arbeiterklasse verschlechtert wird, sieht der Kongreß eine der dringendsten Aufgaben der Sowjetmacht und der Gewerkschaftsorganisationen im planmäßigen, systematischen, beharrlichen, strengen Kampfe mit der *Arbeitsdesertion*, im besondern durch *Veröffentlichung von Straflisten der Deserteure, durch Schaffung von Strafarbeitskommandos aus Deserteuren und endlich durch Einsperren der Deserteure in ein Konzentrationslager.*‘ – Dazu bemerkt der ‚Vorwärts‘ (1920, Nr. 495): ‚Der Arbeiter, der sich eine bessere Arbeitsstelle zu suchen wagt, wandert hinter Stacheldraht. Dieser Beschluß genügt eigentlich, um die Frage zu erklären, ob die aus Rußland heimgekehrten bei der Schilderung des bolschewistischen ‚Paradieses‘ übertrieben haben.‘ Er übersieht, daß im Zukunftsstaat der Sozialisten ganz ähnliche Zustände zu erwarten wären“.[66]

Cathrein befaßte sich auch mit der Freizügigkeit der Auswanderung, d. h. dem Verlassen eines Staatsgebietes, um sich in einem anderen niederzulassen. *„Dürfen im Zukunftsstaat die ‚Genossen‘* beliebig in ein anderes Land, etwa aus Deutschland nach Frankreich, England, Nordamerika, *auswandern oder nicht?* Das ist eine Lebensfrage für den Sozialismus. Ohne Zweifel werden die Sozialisten mit Ja antworten. Das schulden sie schon ihrem Gerede von der Freiheit, mit der sie die Menschheit beglücken wollen im Gegensatz zur heutigen ‚Sklaverei‘. Heute steht es doch jedem frei, sein Glück in einem andern Himmelsstrich zu versuchen. – In der Tat würde sich auch die Auswanderung gar nicht hindern lassen; wenigstens stünde es den Genossen frei, zu desertieren. Man kann doch nicht die Grenzen ringsum mit Soldaten besetzen, und die Soldaten könnten schließlich auch die Lust an ihrem Handwerk verlieren.

Es steht also jedem frei, nach Belieben auszuwandern. Was wird nun geschehen? Wenn man nicht voraussetzt, daß in allen Kulturstaaten der Sozialismus gleichzeitig zur Herrschaft gelangt, so wird eine massenhafte Auswanderung nach jenen Staaten Platz greifen, in denen der Sozialismus nicht herrscht; und zwar werden vorzugsweise die jüngeren arbeitsfähigen Männer zum Wanderstab greifen. Daran wird der Sozialismus nichts ändern: Die Freiheit der Selbstbestimmung und die Aussicht, durch Fleiß und Geschick emporzukommen, hat für das menschliche Herz mehr Anziehungskraft als die Ehre, Mitglied ‚eines einzigen ungeheuren Staatsbetriebes‘ zu sein, in welchem prinzipiell keine Ungleichheit

---

66 Cathrein, Viktor: Der Sozialismus. Eine Untersuchung seiner Grundlagen und seiner Durchführbarkeit, Freiburg 1923, S. 271.

geduldet und jeder über das Durchschnittsmaß hinausragende Genosse mit Scheelsucht betrachtet wird.

Ist es nun wahrscheinlich, daß jemals in allen Kulturländern der Sozialismus gleichzeitig durchgeführt werde? Diese Hoffnung oder Befürchtung wird wohl niemand ernstlich hegen". [67]

Mit diesen Worten erwies sich Cathrein als Prophet für die totalitären sozialistischen Staaten, die nach 1945 als Satelliten der Sowjetunion geschaffen wurden.

4. Aberglaube, religiöser Glaube, Religion, Atheismus, Anthropologie, Bewußtheit und Ideologie auf der Grundlage der marxistisch-leninistischen Philosophie

Das von Georg Klaus und Manfred Buhr herausgegebene „Philosophische Wörterbuch" (1965) „war das erste seiner Art, das auf einer marxistisch-leninistischen Grundlage aufgebaut ist. Ausgangspunkt der Darstellung sind die Werke von Marx, Engels und Lenin sowie die grundlegenden Dokumente der *Sozialistischen Einheitspartei Deutschlands und der Kommunistischen Partei der Sowjetunion*, insbesondere die Programme beider Parteien. Das Philosophische Wörterbuch soll eine schnelle, zuverlässige und gediegene Orientierung über die verschiedenen Bereiche der marxistisch-leninistischen Philosophie, der Logik sowie der allgemeinen philosophischen Terminologie ermöglichen. Es soll ein wesentliches Hilfsmittel zum Studium der marxistisch-leninistischen Philosophie sowie zur Durchdringung der Werke von Marx, Engels und Lenin sein und zu deren tieferem Verständnis beitragen. Es soll darüber hinaus die Auseinandersetzung mit der bürgerlichen Philosophie und der imperialistischen Ideologie überhaupt befördern helfen".[68]

Aberglaube: „In der *marxistisch-leninistischen Philosophie* wird Aberglaube vornehmlich synonym mit Religion als dem der wissenschaftlichen Erkenntnis entgegengesetzten *Glauben an Übernatürliches* überhaupt gebraucht. Der Kampf gegen alle Formen des Aberglaubens ist ein wichtiger Bestandteil der ideologischen massenpolitischen Arbeit der *marxistisch-leninistischen* Parteien im Interesse der Sicherung der bewußten, schöpferischen und aktiv umgestaltenden Tätigkeit der Volksmassen".[69]

Religiöser Glaube: „Eine falsche, die Welt verkehrt und verzerrt widerspiegelnde und unbeweisbare Überzeugung von der Existenz übernatürlicher, immaterieller Kräfte (Götter, Geister, Vorsehung usw.). Der religiöse Glaube ist ein gefühlsmäßiges Verhalten zu verabsolutierten und fetischisierten Mächten, die ih-

---

67 Ebd., S. 273 f.

68 Klaus, Georg / Buhr, Manfred (Hrsg.): Philosophisches Wörterbuch, Leipzig 1965, S. V.

69 Ebd., S. 3 f.

rem Wesen nach eine phantastische Widerspiegelung bestimmter gesellschaftlicher Verhältnisse sind.

Der religiöse Glaube ist mit an der Praxis überprüftem Wissen, mit Wissenschaft und objektiver Wahrheit unvereinbar. Ihm liegt die Auffassung zugrunde, daß die Aussagen der Religion (also Offenbarungen der Gottheit) unbezweifelbares, absolutes Wissen darstellen, selbst wenn sie augenscheinlich widersinnig sind. Er betäubt die menschliche Erkenntnis und hält insbesondere die Werktätigen vom Kampf gegen Ausbeutung und Unterdrückung ab. Die Geschichte ist angefüllt vom Kampf zwischen Glauben und Wissen, Religion und Wissenschaft, der in den verschiedensten Formen, mehr oder weniger konsequent ausgefochten wurde. Dabei erwies sich die *materialistische Philosophie* ihrem Wesen nach stets als Verteidiger des Wissens gegenüber dem Glauben".[70]

Religion: „Form des gesellschaftlichen Bewußtseins mit Weltanschauungscharakter, in der die Erscheinungen der Natur und der *Gesellschaft phantastisch reflektiert* sind, indem ihnen *übernatürliche Ursachen und Zwecke* unterlegt werden, denen gegenüber sich die Menschen zu ihrem Wohle in ein bestimmtes Verhalten gefordert fühlen. Die Religion ist insofern immer mit einer auf irgendwelche ‚objektiven Mächte' bezogenen *illusionären Praxis* (wie Gebet, Opfer, Kult, Ritus usw.) verbunden.

Die Religion ist verursacht durch die gedankliche Überschreitung jener Erkenntnisschranken, besonders der Klassenschranken der Erkenntnis, die die jeweiligen Produktions- und Lebensbedingungen dem objektiven Erfassen der tatsächlichen Zusammenhänge der Natur und besonders der Gesellschaft entgegensetzen, sowie durch die von Emotionen (Furcht-, Ohnmachts-, Abhängigkeits-, Dankbarkeitsgefühle usw.) in Aktion gesetzte Phantasie. Sie ist der Wissenschaft (wissenschaftlichen Erkenntnis) *entgegengesetzt* und speist sich aus den selben Quellen wie der *Aberglaube*, dem sie wesensverwandt ist.

In der sozialistischen Gesellschaft gewinnt der Mensch dank der Beseitigung des Jochs der Ausbeutung seine Freiheit und Würde, findet der Kampf des Menschen gegen den Menschen durch den Menschen ein Ende, vermögen die Menschen ihre besten menschlichen Qualitäten zu entwickeln, werden die gesamten Lebensverhältnisse wahrhaft menschlich und so durchsichtig, daß die Religion objektiv ihre gesellschaftlichen Grundlagen verliert. [...] Mit der Entwicklung der kommunistischen Gesellschaftsordnung und der umfassenden Verbreitung der wissenschaftlichen Weltanschauung der Arbeiterklasse, des dialektischen und historischen Materialismus, wird die Religion aus dem Leben der Gesellschaft schwinden".[71]

Atheismus: „Gottlosigkeit, Leugnung der Existenz Gottes, eines göttlichen Prinzips.

Der *proletarische Atheismus* beruht auf dem gesicherten *wissenschaftlichen Fundament* der marxistisch-leninistischen Philosophie, dem *dialektischen und his-*

---

70 Ebd., S. 224 f.

71 Ebd., S. 475, 481.

torischen Materialismus, dessen Konsequenz und untrennbarer Bestandteil er ist. Der proletarische, wissenschaftliche Atheismus deckt zum ersten Male in der Geschichte der Auseinandersetzung mit der Religion konsequent deren *sozialökonomische* und *erkenntnistheoretische* Wurzeln auf. Er sieht die Religion als Folge des primitiven Entwicklungsstandes der Produktivkräfte in der Urgesellschaft und der widerspruchsvollen Entwicklung in den Klassengesellschaften und widerlegte durch historische und erkenntnistheoretische Untersuchungen (in die die positiven Resultate des bürgerlichen Atheismus und der bürgerlichen Religionskritik Aufnahme fanden) die theologischen Behauptungen vom göttlichen Ursprung, von der Ewigkeit und dem allgemeinmenschlichen Charakter der Religion.

Die Charakterisierung der Religion als des ‚illusorischen Glücks' (Marx) entschleiert sowohl in der sozialen Unterdrückung, Niederhaltung der Mehrheit der Gesellschaft die Hauptursache der Religion, wie sie zugleich eine konsequent revolutionäre Orientierung auf die Beseitigung aller gesellschaftlichen Verhältnisse gibt, ‚in denen der Mensch ein erniedrigtes, ein geknechtetes, ein verlassenes, ein verächtliches Wesen' ist (Marx)".[72]

Anthropologie: Lehre vom Menschen. „Es ist zu unterscheiden die *naturwissenschaftlich-medizinische* von der sog. *philosophischen* Anthropologie.

Die *philosophische Anthropologie* ist allgemein eine Disziplin der *imperialistischen Philosophie*. Die meisten Vertreter sind theologisch orientiert.

Als *unmittelbare Vorläufer* der philosophischen Anthropologie werden in erster Linie Kierkegaard und Nietzsche angesehen. Die *Vorstufe* ihrer Entwicklung erreicht sie in der *Lebensphilosophie* vor dem ersten Weltkrieg, aus deren Problemkreisen sie als selbstständige philosophische Disziplin zwischen den beiden Weltkriegen hervorwächst, um nach dem zweiten Weltkrieg allgemeinen Eingang in die imperialistische Philosophie zu finden. Der *eigentliche Ersatz* der philosophischen Anthropologie wird auf M. Scheler zurückgeführt: *Zur Idee des Menschen* (1915), *Vom Ewigen im Menschen* (1923), *Die Stellung des Menschen im Kosmos* (1928).

Das wahre Wesen des Menschen ist seine *geistige Personalität*, geistige Person zu sein, die darin gründet, daß der Mensch ‚transzendiert', ja selbst eine Gestalt der Transzendenz ist. Als geistige Person ist der Mensch nicht ‚Teil der Welt', der objektiven Realität, sondern einer idealen Wirklichkeit. Um sich als geistige Person zu konstituieren, muß er die Wirklichkeit ‚entwirklichen', von dem, was ‚ist', abstrahieren, es als nichtexistierend denken.

Der Mensch ist ein Wesen, ‚das Gott sucht', ein ‚Gottsucher' und als solcher ‚das lebendige x'. Insofern ist Gott, so dekretiert Scheler gegen die wissenschaftliche, auf Feuerbach zurückgehende Religionskritik, keine anthropomorphe Erfindung, sondern umgekehrt: der Mensch ist *theomorph*.

---

72 Ebd., S. 47-51.

Der Mensch als ‚das lebendige x, das Gott sucht', der Mensch als ‚Gottsucher' – in dieser armseligen Auslassung besteht die Antwort Schelers auf die Frage nach dem Wesen des Menschen.

Das von Scheler entwickelte Menschenbild wird zum Menschenbild der philosophischen Anthropologie. Mögen die Unterschiede zwischen den einzelnen Ausgestaltungen noch so groß sein, in ihren wesentlichen Thesen gehen sie mit ihm konform. So bestimmt Gehlen den Menschen als ‚Mängelwesen' und Jaspers gesteht, daß die Existenzphilosophie verloren wäre, ‚wenn sie wieder zu wissen glaubte, was der Mensch ist'. Die Schlußfolgerungen der anderen Vertreter der philosophischen Anthropologie sind kaum andere. Zu nennen sind u. a.: Binswanger, O. F. Bollnow, Groethuysen, Guardini, Hengstenberg, Landmann, Marcel, Plessner, Rothacker, auch Heidegger und Sartre.

[Es] widerspricht zutiefst dem Geist des Marxismus-Leninismus, die wissenschaftliche Philosophie der Arbeiterklasse durch eine besondere Anthropologie ergänzen zu wollen. Menschenwürdige gesellschaftliche Zustände werden nicht dadurch hergestellt, daß man sich an Modeströmungen der imperialistischen Philosophie, wie der philosophischen Anthropologie, orientiert und über das Wesen des Menschen spekuliert, sondern dadurch, daß man in Übereinstimmung mit dem historischen Prozeß für die Herstellung menschenwürdiger gesellschaftlicher Zustände, in denen der Mensch seine Möglichkeiten voll entfalten kann, kämpft und arbeitet, für den *Sozialismus und Kommunismus*. Denn ‚erst Sozialismus und Kommunismus vermögen die uralte Sehnsucht des Menschen nach Freiheit, Gleichheit und Brüderlichkeit, nach Frieden, Menschlichkeit und Gerechtigkeit, nach einem kulturvollen Leben in sozialer Sicherheit, erfüllt von sinnvoller Arbeit und Lebensfreude, zu befriedigen' (Programm der SED, Einl.)".[73]

Bewußtheit: „In der *Klassengesellschaft* bilden das private Eigentum an Produktionsmitteln und die daraus resultierenden Klassengegensätze die entscheidende Schranke. Die sozialistische Gesellschaft und der aus ihr erwachsende Kommunismus beruhen auf Bedingungen und Gesetzmäßigkeiten, deren spezifische Erscheinungsform nicht mehr die Spontaneität, sondern *die Bewußtheit ist*. Die grundlegenden Ursachen der Spontaneität des Geschichtsverlaufs werden aus dem Leben der Gesellschaft mehr und mehr beseitigt. Noch verbleibende spontane Erscheinungen und Prozesse sind sekundärer Art und werden immer mehr eingeschränkt. Die Bewußtheit durchdringt alle Bereiche des gesellschaftlichen Lebens. Die gesellschaftliche Entwicklung nimmt im Sozialismus und Kommunismus einen qualitativ neuen Charakter an.

Im Verlauf der Übergangsperiode vom Kapitalismus zum Sozialismus wird das die Gesellschaft spaltende Privateigentum an Produktionsmitteln in gesellschaftliches Eigentum verwandelt und damit eine einheitliche ökonomische Basis der Gesellschaft geschaffen. Daraus ergibt sich die Möglichkeit und Notwendigkeit der einheitlichen, planmäßigen, bewußten Entwicklung der gesamten Gesellschaft auf der Grundlage der Erkenntnis und Anwendung ihrer Entwicklungsge-

---

73 Ebd., S. 22-26.

setze. Die Bewußtheit der gesellschaftlichen Entwicklung im Sozialismus und Kommunismus äußert sich darin, daß die Arbeiterklasse und ihre marxistisch-leninistische Partei einen Gesamtplan der gesellschaftlichen Entwicklung zum Sozialismus und Kommunismus besitzt und die Gesellschaft mit Hilfe der organisatorischen und erzieherischen Tätigkeit des sozialistischen Staates zu einem einheitlichen sozialistischen Gesamtwillen, zur ideologischen Einheit führt, die zur Triebkraft der Entwicklung und Tätigkeit der neuen Gesellschaft wird. In der sozialistischen Gesellschaft und beim Übergang zum Kommunismus tritt die Gesellschaft in jene Periode ihrer Entwicklung ein, in der sich alle Menschen bewußt und mit Initiative an der Regelung, Planung und Leitung aller gesellschaftlichen Angelegenheiten beteiligen. Gesellschaftliche und individuelle Bewußtheit entwickeln sich zu einer untrennbaren Einheit. Die gesellschaftlichen Verhältnisse, die den Menschen früher beherrschten, werden zu vom Menschen beherrschten Verhältnissen. Der Mensch wird zu freien und bewußten Herrn seines eigenen Schicksals".[74]

Gesellschaftliches Bewußtsein: „Das *religiöse Bewußtsein* ist eine phantastische Widerspiegelung der objektiven Realität. In ihm nehmen die Mächte, die das Leben der Menschen in der Ur- und Klassengesellschaft beherrschen, d. h. die vom Menschen noch nicht erkannten und deshalb nicht beherrschten Gesetze der Natur und Gesellschaft, die Form von überirdischen Mächten an. Die Religion bleibt auch im Kapitalismus trotz des erreichten hohen Grades der Naturbeherrschung erhalten, weil im Kapitalismus die Menschen durch die von ihnen selbst geschaffenen Produktionsmittel und Produktionsverhältnisse wie von einer fremden Macht beherrscht werden. Zum anderen bedarf die Bourgeoisie der Religion zur geistigen Unterdrückung der werktätigen Massen.

Erst im Sozialismus werden die sozialen Wurzeln der Religion aufgehoben, und in dem Maße, wie die Menschen ihre eigenen gesellschaftlichen Kräfte zu beherrschen lernen, verschwindet die Religion überhaupt".[75]

Ideologienlehre: „Auffassung der modernen bürgerlichen Philosophie und Soziologie von der Ideologie, deren Begriff dem Marxismus-Leninismus entnommen und zugleich verfälscht wird. Sie berührt sich eng mit der Wissenssoziologie, in der eine spezifische Theorie der Ideologie entwickelt wird. Hauptvertreter der Ideologienlehre sind Scheler, Mannheim, Geiger, Adorno, Plessner.

Unter Verdrehung des historischen Materialismus und der materialistischen Erkenntnistheorie wird Ideologie in der Regel als ein durch subjektive Faktoren und Ursachen determiniertes, falsches Bewußtsein bestimmt. Bei Geiger z. B. ist Ideologie eine ‚Objektivierung von Gefühlsverhältnissen'. Diese das Denken verfälschenden Verhältnisse sind nicht ‚notwendig gesellschaftliche Sachverhalte'."[76]

---

74 Ebd., S. 86 f.

75 Ebd., S. 93.

76 Ebd., S. 253.

Ideologie: „Die sozialistische Ideologie (Marxismus-Leninismus) ist ihrem wissenschaftlichen Inhalt nach die Zusammenfassung der wichtigsten Ergebnisse der philosophischen, historischen und ökonomischen Wissenschaften. Die sozialistische Ideologie konnte daher nicht spontan aus der Arbeiterklasse entstehen, sondern wurde von Marx, Engels und Lenin als Ergebnis einer jahrzehntelangen wissenschaftlichen Arbeit sowie der praktischen Erfahrung im Klassenkampf geschaffen. Sie muß deshalb auch in die Volksmassen hineingetragen werden, denn nur dann wird sie materielle Gewalt. Erst durch die Vereinigung mit dem wissenschaftlichen Sozialismus, mit der sozialistischen Ideologie, ist die Arbeiterklasse in der Lage, die sozialistische Revolution durchzuführen und den Sozialismus und Kommunismus zu errichten. Diese Vereinigung erfolgt durch die marxistisch-leninistische Partei. [...] Mit der Überwindung aller kapitalistischen Überreste beim Aufbau des Sozialismus wird der ideologische Faktor immer bedeutender“.[77]

Zur Begriffsbildung und zum Wortgebrauch von „Ideologie“ resümiert Arno Baruzzi: „Als 1796 Aufklärer *A. Destutt de Tracy* das Wort prägte, war er sich nicht bewußt, wie mehrdeutig seither Ideologie alles philosophische, wissenschaftliche, aber vor allem politische Reden beflügeln wie belasten würde. Der Gebrauch bewegt sich von einem augenscheinlich eindeutigen Begriff bis hin zum diffusen, ja konfusen Wort. [...] Ideologie ist ein später Begriff der Philosophie, für Destutt Höhepunkt und Vollendung der Philosophie; für Marx das Ende der Philosophie, der nun gesagt werden kann, daß sie ideologisch beschränkt ist. Man sollte aber die populäre Wortverwendung nicht unterschätzen. Im Gegenteil könnte die mehr verraten als jeder Gebrauch innerhalb eines wissenschaftlichen Werkes von Marx bis heute. Philosophisch wird gern der Unterschied zwischen Wissenschaft und Ideologie, bzw. Wahrheit und Ideologie anvisiert, aber umgekehrt auch mit dem Zusammenhang und Ineinander von Wissenschaft und Ideologie, bzw. Wahrheit und Ideologie gerechnet. Aber dies ist nicht nur ein Problem der Erkenntnistheorie und Wissenssoziologie, vielmehr gerade eines jeden Menschen, wann immer er das Wort Ideologie gebraucht. Man spricht von der östlichen Ideologie, und falls man vor ihr keine Angst hat, ängstigt man sich auch darüber, daß man keine westliche Ideologie habe. Ideologie wird verdammt, Ideologie wird gepriesen. Auch wenn nichts ausgesagt wird, spricht das Wort immer alles jeweils aus. Das Wort trifft und sitzt. Um es in seiner wirklichen Bedeutung zu erfassen, müssen wir es immer aus dem Entstehungszusammenhang bei Destutt, Napoleon und Marx sehen und dabei folgendes bedenken: (1) Es handelt sich um ein Kunstwort, einen *terminus technicus*, der für einen bestimmten Zweck gebildet wurde. (2) In diesem Kunstwort stecken zwei Grundworte der Philosophie: *idea* und *logos*. Man kann zwar sagen, daß Ideologie gebildet wurde wie z. B. Biologie. Es handelt sich aber um mehr, indem Destutt hier die Wissenschaft schlechthin formulieren will. Ein Philosoph der Aufklärung ist sich wohl im klaren, was er tut, wenn er jene zwei Grundbegriffe zusammenfügt. (3) Das neue Wort Ideologie

---

77 Ebd., S. 251 f.

hat nichts mit *idea* und *logos* gemeinsam. Bei Destutt ist es eine Wissenschaft der Ideen, welche im Grunde keine sind. Die erste Diskrepanz zwischen der alten und dieser neuen Idee ist offenkundig, aber auch die zweite bei Destutt selbst, der Ideen zwar an die Sinnlichkeit und Materialität bindet, um aber dann doch eine frei sich lenkende Zeichen-Welt zu konstruieren. Die Diskrepanz dieses Materialismus, der zu einem Idealismus umschwenkt, ist erkannt worden (*Th. W. Adorno*). (4) Denkwürdig dabei ist, daß aus zwei Grundbegriffen nicht ein neuer Supergrundbegriff für eine neue Grundwissenschaft wird, wie zunächst angenommen, sondern eher eine Karikatur philosophischer Grundbegriffe. Dies wird man natürlich leugnen wollen, weil inzwischen das Wort landläufig wie wissenschaftlich rezipiert wurde. Man braucht aber nur Marx zu zitieren. Philosophen sind seit Marx zu Ideologen geworden und damit als Philosophen am Ende nicht vollendet, sondern vernichtet. (5) Denkwürdig bleibt auch, daß der junge Marx auf die falsche Lesart einer Epikurstelle stieß, wo *idiologia* stand, was Sondermeinung, privates Gespräch heißt und wortverwandt ist mit *idiotes*, privater, gewöhnlicher Mensch, das Gegenteil vom *polites*, dem Bürger und öffentlichen Menschen. Marx übersetzte flugs mit Ideologie. Die Fundstelle heißt richtig gar *ädä alogias* (Unvernunft). Wenn Ideologie aber ‚ideologia' ist, dann dürfte Marx unbewußt getroffen haben, was Ideologie wirklich ist, nämlich eine unverbindliche, von Interessen bestimmte Meinung".[78]

5. Der Neue Mensch: Die Utopie des sozialistischen Menschenbildes[79]

Raymond A. Bauer vom Russian Research Center der Harvard Universität Cambridge (Mass.) analysierte anhand von amtlichen sowjetischen Quellen die Konzeption des Menschen in der Sowjetischen Psychologie in den 1930er Jahren, die von K. N. Kornilow (1879-1957) geprägt war. Kornilow war einer der ersten sowjetischen Psychologen, der seine Lehre auf der marxistisch-leninistischen Weltanschauung aufbaute. In der DDR wurde seine „Einführung in die Psychologie" 1950 publiziert. Die Lehre vom „neuen Menschen" war bis zum Untergang

---

78 Baruzzi, Arno: Ideologie, in: Görres-Gesellschaft (Hrsg.): Staatslexikon, 7. Aufl., 3. Bd., 1995, Sp. 28, 32.

79 Pieper, Annemarie: Utopie, in: Görres-Gesellschaft (Hrsg.): Staatslexikon, 7. Aufl., 5. Bd. 1995, Sp. 577-580. Spieker, Manfred: Mensch und Gesellschaft im Sozialismus, in: Politische Studien, 26, 1975, S. 259 ff.. Spieker, Manfred: Kollektivismus, in: Görres-Gesellschaft (Hrsg.): 7. Aufl., 3. Bd., 1995, Sp. 570: „Das Kollektiv, dem der Einzelmensch als ein Moment zugeordnet wird, kann die Klasse, der Staat oder die Rasse sein. Die Definition des Kollektivs entscheidet über die Form des Kollektivismus: Kommunismus, Faschismus oder Nationalsozialismus. Gemeinsam sind allen Formen des Kollektivismus die ontologischen Prämissen: nicht der Einzelmensch ist die primäre Realität, sondern das Kollektiv bzw. die Gesamtheit der Relationen zwischen den Menschen. Diese Relationen sind keine akzidentielle, sondern eine konstituierende Wirklichkeit, d. h., dem Individuum kommt unabhängig von diesen Relationen keine Wirklichkeit zu".

der DDR 1989/90 fester Bestandteil der offiziellen SED-Doktrin in der Erziehung zur sozialistischen Persönlichkeit.

Raymond A. Bauer weist nach, daß die Praxis des kommunistischen Systems „seit 1930 eindeutig und einseitig die der Anpassung des Menschen an das System ist, nicht umgekehrt".[80] „Von besonderer Bedeutung ist, wie die neuere Motivationslehre, zusammen mit der entsprechenden vom menschlichen Bewußtsein, zu einem Grund für die Unterordnung der Interessen des Individuums unter diejenigen des Staates und für seine persönliche Verantwortlichkeit für ein staatsgerechtes Verhalten gemacht wird. Die sowjetische Doktrin sagt nämlich, nur unter dem Sozialismus sei es möglich, daß das Individuum seine Anlagen voll entfalten und seine Bedürfnisse und Interessen befriedigen kann. Ein Widerstreit zwischen den Bedürfnissen des Individuums und denen der Gesellschaft sei bloß der Ausdruck eines Widerstreits in der Gesellschaft selbst; in der sozialistischen Gesellschaft aber gebe es die inneren Widersprüche des kapitalistischen Systems nicht mehr, und daher auch keinen Konflikt mehr zwischen Individuum und Gesellschaft. Gordon schreibt:

‚Auf gewissen Entwicklungsstufen der Produktivkräfte und der durch diese Kräfte bedingten gesellschaftlichen Beziehungen treten Konflikte zwischen persönlichen und gesellschaftlichen Interessen auf. Aber dieser Konflikt ist ein Kennzeichen der Klassengesellschaft, und es kann nicht gefolgert werden, daß er notwendig dem Verhältnis von persönlichen und allgemeinen Interessen anhafte. Mit der Zerstörung der kapitalistischen Gesellschaft und ihrer Ersetzung – durch den Sozialismus – verschwindet dieser Konflikt‘.

Die Theoretiker des sowjetischen Systems sagen also, daß es nur in der sozialistischen Gesellschaft eine Lösung des Gegensatzes zwischen den Interessen des Individuums und denen der Allgemeinheit gibt. Um aber zu erkennen, was diese Behauptung tatsächlich zu bedeuten hat, muß man wissen, auf welche Weise dabei der Konflikt zwischen dem individuellen und dem allgemeinen Interesse behoben werden soll – ob, wie es die Klassiker der marxistischen Lehre gewollt hatten, durch die Herstellung einer den natürlichen Bedürfnissen des Menschen gerecht werdenden Gesellschaftsform oder durch eine der bestehenden Gesellschaftsordnung gemäße Präformierung der Bedürfnisse. Gegenüber dieser Frage könnte sich die Parteipropaganda zwar darauf zurückziehen, daß Entgegensetzung individueller und gesellschaftlicher Interessen undialektisch sei. Trotzdem bleibt es dabei, daß die Praxis des Systems seit 1930 eindeutig und einseitig die der Anpassung der Menschen an das System ist, nicht umgekehrt. Man hat eine klare Vorstellung davon, wie das Individuum und seine Motivationen sein müssen, damit es ins System passt, und modelliert es nach diesem Bilde.

Darum besagt in der neueren sowjetischen Psychologie auch die Formbarkeit des menschlichen Charakters, daß es möglich sein muß, planmäßig die Menschen hervorzubringen, die das System braucht. Wenn jemand die verordneten Bedürf-

---

80 Bauer, Raymond A.: Der neue Mensch in der sowjetischen Psychologie, Bad Nauheim 1955, S. 117.

nisse, Interessen und Ideale erworben hat und sein Verhalten danach bewußt kontrolliert, so hat er das ‚disziplinierte Verhalten', das Kornilow wie folgt definiert: „Mit dem Wort ‚diszipliniert' meinen wir die Fähigkeit, das eigene Verhalten mit dem Kollektiv in Einklang zu bringen und ihm, wenn nötig, unterzuordnen, oder, wie Lenin sagte, ‚seine Arbeit, seine Kräfte dem allgemeinen Anliegen zu widmen', ‚der Welt zu dienen', wie Marx gerne sagte" (K. N. Kornilow, 1942).[81]

„Die Formung der menschlichen Natur: Die sowjetischen Theoretiker und Propagandisten verstehen sich ausgezeichnet auf sophistische Wortmanipulationen. So wurde auch im stalinistischen System das Schlagwort von der Aufhebung des Konflikts zwischen individuellen und gesellschaftlichen Interessen weitergebraucht, aber dem Sinn nach in sein Gegenteil verdreht. Diese Methode, am Bestand der geltenden Schlagworte nichts zu ändern, wohl aber ihren Sinn, gehört zu den üblichen Techniken der Propaganda in der UdSSR. Ebenso das Verfahren, erst den geltenden Begriff einer Sache in bestimmter Weise umzudefinieren und dann die Sache entsprechend zu behandeln. Und eine dritte Taktik ist es, bestimmte programmatische Sätze aufzustellen, die ihrem Sinn nach unempirisch sind, sodaß es keinen sinnvollen Weg gibt, sie als wahr oder falsch zu erweisen. Es sind im Grunde Imperative, sinngemäß so zu ergänzen, als ob sie anfingen: Du sollst so handeln, als ob [...] Die beiden letztgenannten Techniken sind besonders deutlich bei der neueren Doktrin von der Formung des menschlichen Charakters.

Diese Doktrin ist bestimmt von drei Absichten: Erstens sollen die Möglichkeiten einer planmäßigen Formung der menschlichen Natur voll erkannt und ausgenutzt werden, ohne daß darum die Tatsache einer erblichen Bestimmung bestritten würde. Zweitens soll eine bestimmte Anzahl gesellschaftlicher Instanzen, darunter auch das Individuum selber, die Verantwortung für das Werden des neuen Sowjetmenschen erhalten. Und drittens soll für auftretende Schwierigkeiten nicht das System verantwortlich sein, dem aber wohl das Verdienst an erzielten Fortschritten zukommen soll.

Auch in den 1920er Jahren hatte die Lehre von der Formbarkeit des Menschen als eine notwendige optimistische Voraussetzung gegolten, weil die dem kapitalistischen Wirtschaftssystem entsprechenden menschlichen Eigenschaften zum Verschwinden gebracht werden mußten".[82]

Die Utopie des „neuen Menschen" war bei Kurt Hager (1912-1998) tief verankert, wie eine Rede vor Wissenschaftlern der Humboldt-Universität in Berlin (Ost) im Januar 1960 zeigt:

„Der einzelne und die Gemeinschaft: Im Sozialismus bekommt die Stellung des einzelnen zur Gesellschaft einen neuen Inhalt. In der Produktion herrschen neue kameradschaftliche Beziehungen, die Menschen des Sozialismus haben das Bedürfnis, nach den Grundsätzen der sozialistischen Moral zu leben und zu handeln. Das muß so sein, weil die Interessen des einzelnen und der Gesellschaft übereinstimmen.

---

81 Ebd., S. 116 f.

82 Ebd., S. 118.

Die Fähigkeiten der Gemeinschaft wachsen im Sozialismus zu einer Kraft zusammen, die größer ist als die arithmetische Summe an Erfahrungen und Kenntnissen des einzelnen".[83]

Die Bitterfelder Konferenz von 1964 „orientierte die Schriftsteller und Künstler auf der Grundlage der vom VI. Parteitag der SED (1963) beschlossenen Programme des Sozialismus auf die Herausbildung der sozialistischen Persönlichkeit. Die Kultur und insbesondere die Kunst erhielten insgesamt die Aufgabe, aktiv zur Entwicklung des sozialistischen Bewußtseins beizutragen. Die Künstler sollen sich den Marxismus-Leninismus tiefer aneignen, die durch den wissenschaftlich-technischen Fortschrift bedingten Veränderungen im Leben der sozialistischen Gesellschaft studieren und Bewußtsein von der Perspektive der Entwicklung erlangen. In tiefgreifenden Werken, die die sozialistische Nationalkultur als unabdingbaren Bestandteil der sozialistischen Gesellschaft weiterentwickeln, soll die Kunst zeigen, wie der sozialistische Mensch, indem er Konflikte löst, sich zur sozialistischen Persönlichkeit entwickelt".[84]

Eduard Claudius (1911-1976) schuf mit seinem Roman „Menschen an unserer Seite" (1951) den Prototyp des sogenannten Aktivisten-Romans.

Die Utopie des sozialistischen neuen Menschen geht auf die Saint-Simonisten[85] zurück. „Die ‚Doctrine de Saint-Simon' hat man nicht zu Unrecht als das bedeutendste Dokument sozialistischen Geistes vor dem Erscheinen des ‚Kommunistischen Manifestes' und des ‚Kapitals' angesehen".[86]

Ein von Eckermann überliefertes Gespräch Goethes mit Soret[87] vom 2. Oktober 1830 zeigt eine Auseinandersetzung Goethes mit den Ideen der Saint-Simonisten: „Unsere Unterhaltung wendete sich bald auf andere Dinge und Goethe bat Soret, ihm seine Meinung über die Saint-Simonisten zu sagen. Die Hauptrichtung ihrer Lehre, erwiderte Soret, scheint dahin zu gehen, daß Jeder für das Glück des Ganzen arbeiten solle, als unerläßliche Bedingung seines eigenen Glückes. ‚Ich dächte', erwiderte Goethe, ‚jeder müsse bei sich selber anfangen und zunächst sein eigenes Glück machen, woraus denn zuletzt das Glück des Ganzen unfehlbar entstehen wird. Übrigens erscheint jene Lehre mir durchaus unpraktisch und unausführbar. Sie widerspricht aller Natur, aller Erfahrung und allem Gang der Din-

---

83 Böhm, Karl / Dörge, Rolf: Unsere Welt von morgen, 4. Aufl., Berlin (Ost) 1959, S. 245.

84 In: Meyers Neues Lexikon, 2. Aufl., Bd. 2, Leipzig 1972, S. 356.

85 Hayek, F. A. von: Mißbrauch und Verfall der Vernunft. Ein Fragment, Frankfurt a. M. 1959, S. 221 f.: „Die Begeisterungswelle für die Saint-Simonistische Bewegung erreichte sogar den alten Goethe, der den Globe abonniert hatte (wahrscheinlich seit dessen liberalen Tagen) und, nachdem er Carlyle im Oktober 1830 gewarnt hatte, ‚sich von der Société St. Simonienne fernzuhalten', nach einigen aufgezeichneten Gesprächen über den Gegenstand sich im Mai 1831 noch bemüßigt fühlte, einen Lesetag dafür aufzuwenden, um der Saint-Simonistischen Lehre auf den Grund zu kommen". Adler, Georg / Mayer, Gustav / Diehl, Karl: Saint Simon und Saint Simonismus, in: Elster, Ludwig et al. (Hrsg.): Handwörterbuch der Staatswissenschaften, 7. Bd., Jena 1926, S. 134-137.

86 Stavenhagen, Gerhard: Saint-Simon und die Saint-Simonisten, in: HdSW, 9. Bd., 1956, S. 82.

87 Eckermann, J. P.: Gespräche mit Goethe, 17. Aufl., Leipzig 1918.

ge seit Jahrtausenden. Wenn jeder nur als Einzelner seine Pflicht thut und jeder nur in dem Kreise seines nächsten Berufes brav und tüchtig ist, so wird es um das Wohl des Ganzen gut stehen".[88]

Der amerikanische Ökonom Gary S. Becker entwickelte die neoklassische Theorie mit seiner „ökonomischen Erklärung menschlichen Verhaltens" bis zum Extrem weiter und erhielt dafür 1992 den Nobelpreis für Ökonomie. Nach Becker ist der Mensch im wesentlichen ein homo oeconomicus, der alle Entscheidungen rational trifft und dabei stets bestrebt ist, seinen Nutzen zu maximieren. Becker versteht menschliches Handeln als fortwährende Abwägung zwischen verschiedenen Preisen. Dabei gilt als Preis einer bestimmten Handlung jede Option, auf die man ihretwegen verzichten muß, beziehungsweise der Nutzen, der daraus zu ziehen wäre.

„Der Kern meines Argumentes ist, daß menschliches Verhalten nicht schizophren ist: einmal auf Maximierung ausgerichtet, einmal nicht; manchmal durch stabile Präferenzen motiviert, manchmal durch unbeständige; manchmal zu einer optimalen Akkumulation von Informationen führend, manchmal nicht. Alles menschliche Verhalten kann vielmehr so betrachtet werden, als habe man es mit Akteuren zu tun, die ihren Nutzen, bezogen auf ein stabiles Präferenzsystem, maximieren und sich in verschiedenen Märkten eine optimale Ausstattung an Information und anderen Faktoren schaffen.

Trifft dieses Argument zu, dann bietet der ökonomische Ansatz einen einheitlichen Bezugsrahmen für die Analyse menschlichen Handelns, wie ihn Bentham,[89] Comte,[90] Marx und andere seit langem gesucht, aber verfehlt haben. Der Leser der folgenden Aufsätze wird sich selbst ein Urteil über die Erklärungskraft des ökonomischen Ansatzes bilden. [...] Die Marxisten haben sich, ähnlich wie die Benthamianer, auf das ‚Sollen' konzentriert, und sie haben ihrem Ansatz häufig – im Bemühen, ihn mit allen Ereignissen in Übereinstimmung zu bringen – seine Voraussagekraft weitgehend genommen".[91]

---

88 Kellner, Wolfgang: Die Wirtschaftsführung als menschliche Leistung, Hamburg 1949, S. X.

89 Bentham, Jeremy, englischer Rechtsgelehrter, Staatsphilosoph und Ethiker, * 15.2.1748 London, † daselbst 6.6.1832, Begründer des modernen Utilitarismus (des „größtmöglichen Glückes der größtmöglichen Zahl") verdient um die Reform des Gefängniswesens, ausgeprägtester Vertreter des bürgerlichen Wohlfahrts- und Nützlichkeitsstandpunkts, des Parlamentarismus, des Freihandels und des Kapitalismus, Gegner der Wucherbekämpfungsgesetze. Sämtliche Werke 1838-43, 11 Bde.

90 Comte, Auguste, französischer Denker, * Montpellier 19.1.1798, † Paris 5.9.1857. Comte suchte alle Erscheinungen als notwendige Folgen unabänderlicher Naturgesetze zu begreifen. Alle Metaphysik wird abgelehnt, und nur das Gegebene soll naturgesetzlich beschrieben werden (Positivismus). Comte gab der Soziologie als der Wissenschaft von den Tatsachen und Gesetzen der menschlichen Gesellschaft den Namen und schuf ihr erstes System. Hauptwerk: „Cours de philosophie positive" (6 Bde., 1830-42).

91 Becker, Gary S.: Der ökonomische Ansatz zur Erklärung menschlichen Verhaltens, 2. Aufl., Tübingen 1993, S. 8, 15.

Das Menschenbild des *homo oeconomicus* bestimmt weiterhin einen großen Teil der Wirtschaftswissenschaft und würde, wenn es nach Becker ginge, auch andere Sozialwissenschaften dominieren.

Die Bundesrepublik Deutschland hat sich 1949 eine neue staatliche, politische und gesellschaftliche Ordnung im Grundgesetz gegeben und in dessen Artikel 1 feierlich erklärt: „Die Würde des Menschen ist unantastbar".

„Die den Prozess menschlichen Handelns entscheidend beeinflussenden Faktoren sind die Rechtsordnung, die politische Ordnung und die Wirtschafts- und Gesellschaftsordnung (*Soziale Marktwirtschaft*), die damit zugleich das Menschenbild gestalten und schützen. Gleichzeitig wird sichtbar, wie wichtig es ist, dass diese Teilordnungen der Gesellschaft einander entsprechen und ergänzen (Interdependenz der Ordnungen)".[92]

6. Die Erziehung des „Neuen Menschen"

Der intime Kenner der DDR – Einheitsschule Gerhard Neuner[93] hat die von Lenin herkommende radikal-kommunistische Ideologie, die hinter der DDR-Einheitsschule stand, sehr gut geschildert. Er analysierte auch die zunehmende Diskrepanz zwischen offizieller DDR-Ideologie-Norm und -Praxis und der Mentalität der DDR Jugend.

1948/49 wurde die SED nach dem Muster der KPdSU „zu einer ‚Partei neuen Typus' umgeformt und der ‚Sozialdemokratismus' politisch und ideologisch bekämpft und verfolgt [und] im Hinblick auf das Verständnis von Einheitsschule [wurden] sozialdemokratische Vorstellungen rigoros durch radikal-kommunistische ersetzt. Jegliche Differenzierung der Schule wurde als Zugeständnis an bürgerliche Vorstellungen und an den ‚Sozialdemokratismus' ideologisch gebrandmarkt und (ohne Änderung des Gesetzestextes) untersagt. [...] Anhand des Ein-

92 Weigelt, Klaus: Soziale Marktwirtschaft: Menschenbild, in: Hasse / Rolf H., Schneider, Hermann / Weigelt, Klaus (Hrsg.): Lexikon Soziale Marktwirtschaft. Wirtschaftspolitik von A-Z. 2. Aufl., 2005, S. 396 f.

93 Geißler, Gerd: Neuner, Gerhart, * 18.6.1929; Präsident der Akademie der Pädagogischen Wissenschaften; geb. in Pschoblik (Sudetenland) als Sohn eines Zimmermanns; 1935 zweiklassige Volksschule, ab 1940 Hauptschule; 1943 Lehrerbildungsanstalt in Lobositz; 1946 Aussiedl. der Familie in den Krs. Salzwedel; kurzz. Landarb.; Aug. 1947 Abschl. eines Neulehrerkurses in Wittenberg; anschl. Lehrer in Rheinsberg u. Beetzendorf (Altmark); Ltr. für Kultur u. Erziehung in einer FDJ-Gruppe; Jan. 1949 SED; März 1949 1. Lehrerprüfung; ab Okt. 1949 Studium der Chemie u. Biol. an der Pädagog. Fak. der Univ. Halle; ab Juni 1952 wiss. Hilfsassistent am Inst. für prakt. Pädagogik; Sept. 1952 Oberref. für Kinder- u. Jugendorg. am Dt. Pädagog. Zentralinstitut (DPZI). 1953-56 Aspirantur am Pädagog. Inst. Leningrad, dort 1956 Prom.; danach Mitarb. am DPZI; 1957-63 Chefred. der Ztschr. ‚Pädagogik'; 1961 Dir. des DPZI. 1963 Kand., 1976-89 Mitgl. des Zentralkomitees der SED; 1970 Habil. in Leningrad; mit Gründung der APW 1970 deren Ord. Mitgl. u. Präs.; 1972 Ord. Mitgl. der Akademie der Wissenschaften. Dez. 1989 Rücktritt als Präs. der AdW. *Publ.* zur Bildungspol. u. Bildungstheorie, u. a.: Allgemeinbildung. Berlin 1989. In: Müller-Enbergs, Helmut et. al. (Hrsg.): Wer war wer in der DDR? Ein biographisches Lexikon, Berlin 2001, S. 621.

heitsschul-Themas lassen sich wie in einem Brennspiegel Verengungen und Verkrustungen der SED-Politik insgesamt verdeutlichen. Sie haben, neben anderen und weltpolitischen Faktoren, das Ende der DDR wesentlich mit herbeigeführt. [...] Die Schule in der DDR wie das Bildungswesen überhaupt hatten nicht schlechthin die Aufgabe, Wissen und Bildung zu vermitteln. [...] Der marxistische Sozialismus, wie andere geistige Bewegungen von Humanismus und Aufklärung inspiriert, lebte in der Überzeugung, man könne die Menschen bessern, wenn man die Gesellschaft verändert und die Gesellschaft bessern, wenn man die Menschen verändert. Dieses ‚Zusammenfallen des Ändern(s) der Umstände und der menschlichen Tätigkeit oder Selbstverwirklichung' wollte Karl Marx, seiner dialektisch-materialistischen Überzeugung gemäß, ‚als revolutionäre Praxis gefaßt und rationell verstanden' wissen. Außerdem haben Marx und Engels Ideologie vor allen Dingen ideologiekritisch verstanden, als den Menschen zu vermittelnde Fähigkeit, hinter die Dinge zu schauen, sich der interessengeleiteten Verdrehung und Verneblung durch beamtete Ideologen bewußt zu werden. Der neue Mensch sollte lernen, Ideologie als ‚falsches Bewußtsein' mittels Aufklärung und Wissenschaft zu durchschauen.

Es war Lenin, der, anknüpfend an Kautsky und Bernstein, einen positiven Ideologiebegriff in den sozialistischen Gebrauch einführte. Die Geschichte hat sich so gefügt, daß sich Chancen für eine soziale Revolution im zwanzigsten Jahrhundert zuerst an der Peripherie ergaben, und nicht, wie Marx und Engels erhofft hatten, in den Metropolen. In den Debatten um die politische Strategie der revolutionären Parteien in Rußland, im Grunde einem halbkolonialen Land mit wenig Industrie und demzufolge schwach entwickeltem Proletariat, setzte Lenin weniger auf Entfaltung und Zuspitzung der kapitalistischen Widersprüche als auf ideologische Mobilisierung der Massen für die Revolution und ihre Führung durch eine revolutionäre Avantgarde, die nahezu militärisch organisierte und geführte Partei. In diesem Kontext griff er gleichfalls den von Kautsky geäußerten Gedanken auf, die bürgerliche Intelligenz als Träger der Wissenschaft des modernen Sozialismus müsse diesen in den Klassenkampf des Proletariats, der sich auf dem Boden der kapitalistischen Verhältnisse spontan entwickelt, ‚hineintragen'. Ideologie, Aufklärung und Erziehung sind so im Vergleich zu revolutionärer Aktivität und Erfahrung neu gewichtet worden.

Besonders nach der Oktoberrevolution ist Lenin, der große Hoffnungen in die bewußtseinsverändernde Wirkung des neuen Rätesystems und in Selbstregierung und Selbstverwaltung des Proletariats gesetzt hatte, infolge der Niederlage der Revolutionen im Westen, des heftigen Widerstandes breiter Kreise der Bevölkerung und basisdemokratischen Auswüchse weiter desillusioniert worden. Er begann, neben dem Terror, verstärkt auf Ideologie und Ideologisierung zu setzen, und da spontane Aktionen des Proletariats nicht selten zu chaotischen Zuständen führten, kam er zu dem Schluß, Partei und Staat müßten für das Proletariat denken und handeln und dieses permanent ideologisch aufklären, also ‚von oben' her Ideologie ‚hineintragen'. So ist Ideologie schließlich in Sowjetrußland zur offiziellen Partei- und Staatsideologie geworden, die von den Führungen verwaltet und dem Volk sozusagen in geeigneten Portionen verabreicht wurde.

Diese vormundschaftliche Denkweise und Haltung und die entsprechende ideologische Praxis haben die späteren realsozialistischen Länder übernommen. Lenin sprach freilich noch von wissenschaftlicher Ideologie, von Ideologie, die eins sein müsse mit moderner Wissenschaft. Erst unter Stalin ist Ideologie zu einer Art Ersatzreligion mutiert, die, durch eine Liturgie gestützt, gewissermaßen von sozialistischen Kanzleien gepredigt wurde. Über Wahrheit und Falschheit hat das stalinsche Politbüro, später nur noch Stalin allein, entschieden, gleichsam als ‚Hohepriester sozialistischer Ideologie' und als oberste Autorität in allen Wissenschaften. Obgleich mit der Entstalinisierung in den 50er Jahren manchen menschenverachtenden Auswüchsen einer solchen Praxis, vor allem den Massenverbrechen, ein Ende gesetzt wurde, ist dieses Ideologieverständnis und die damit verbundene autoritäre und vormundschaftliche ideologische Praxis niemals entschlossen kritisiert worden. Die SED-Führung ist dem, ihrer ‚kommunistischen Prinzipienfestigkeit' gemäß, bis zum Herbst 1989 treu geblieben.

Daß Schulen die im jeweiligen Staat dominierende Ideologie vermitteln, ist freilich keine DDR-Besonderheit. Spezifisch für den Realsozialismus und damit für die DDR war die Tatsache, daß es sich um eine monolithische Partei- und Staatsideologie handelte, die sozusagen von Staats wegen und mit entsprechender Autorität ‚hineingetragen' werden sollte und obendrein einen hohen Grad von gesellschaftlicher Verbindlichkeit hatte. Der ‚neue Mensch' sollte mittels Ideologie geformt werden, die für sich in Anspruch nahm, die allgemeinsten Gesetzmäßigkeiten in Natur, Gesellschaft und im menschlichen Denken zu kennen und die Zukunft zuverlässig voraussagen zu können. Dementsprechend nahm Ideologie in der DDR-Konzeption von Schule und Erziehung eine Schlüsselstellung ein. Lehrpläne und Lehrbücher sind stets auf ihren ideologischen Gehalt hin geprüft und staatlich genehmigt worden; jene zu Geschichte, Staatsbürgerkunde und teilweise Literatur durchliefen einen Genehmigungsgang bis ins ZK-Sekretariat. Schulen und Lehrer wurden so weithin zu ‚ideologischen Instanzen', die Ideologie zu ‚vermitteln' hatten. [...]

Zwischen offizieller DDR-Norm und -Praxis und der sich verändernden Mentalität der Jugend tat sich eine Schere auf. Es bildeten sich oppositionelle und neuartige Gruppen, solchen unter dem Dach der Kirche und andere wie Punks, Skinheads, Grufties. Die erstarkende oppositionelle Bewegung ist häufig von jungen Menschen, darunter viele gebildete, getragen worden. Persönlichkeiten an der DDR-Spitze weigerten sich beharrlich, derartige Tatsachen zur Kenntnis zu nehmen. Sie, die mehrheitlich aus der Jugendbewegung der Weimarer Zeit oder aus der Nachkriegs-FDJ hervorgegangen waren, ließen auf ihr Bild von ‚unserer herrlichen Jugend' keinen Schatten fallen. Sie klammerten sich an die FDJ-Rituale, an Aufmärsche und Paraden, an die Hoch-hoch-Rufe und übersahen dabei, daß die Verhältnisse sich verändert hatten. Den oppositionellen Bewegungen meinten sie mit ‚bewährten' Gegenmitteln beikommen zu können, mit noch schärferer ideologischer Abschottung, mit Überwachung und Geheimpolizei, mit Repressionen, mit der Forderung an Ideologen und Pädagogen, verstärkt sozialistische Tugenden, Grundüberzeugungen und Werte zu propagieren. Vieles in dieser Endphase der Honecker-Ära erinnert an die Handelnden in der griechischen Tragödie: Das

Unheil, das sie mit aller Kraft abzuwenden suchten, führten sie um so unausweichlicher herbei. Die Widersprüche, die sich hier auftaten, so sehe ich das heute, waren ein Systemwiderspruch des praktizierten Sozialismus-Modells. Man kann nicht die Menschen sozial und geistig freisetzen, sie aufklären und bilden, sie emanzipieren wollen, wie es die erklärte Intention des Sozialismus war, und zugleich meinen, man könne sie mittels einer Ideologie, die unbestreitbare wissenschaftliche Wahrheit für sich reklamiert, indoktrinieren, ihnen vorschreiben, was sie denken, wie sie fühlen und wie sie sich verhalten sollen. Diese Sozialismus-Vorstellung und -Praxis ist in der DDR nicht nur an den äußeren Umständen, sondern auch an sich selbst gescheitert".[94]

94 Neuner, Gerhart: Erziehung des „neuen Menschen" – Licht und Schatten, in: Modrow, Hans (Hrsg.): Das große Haus von außen. Erfahrungen im Umgang mit der Machtzentrale in der DDR, Berlin 1996, S. 204, 206, 210 ff., 216.

III. Die Rückwirkungen der Kriegswirtschaft des ErstenWeltkrieges (1914-1918), die wirtschaftsordnungspolitischen Experimente in Rußland, Ungarn, Deutschland und Österreich und die Ludwig von Mises-These, daß eine Wirtschaftsrechnung im marktlosen Sozialismus unmöglich ist

1. Die Folgen der Kriegswirtschaft des Ersten Weltkrieges (1914-1918). Die erste Periode oder die Vorstufe der sowjetischen Expansion nach außen 1918-1923: Wirtschaftsordnungspolitische Experimente in Rußland, Ungarn, Deutschland und Österreich

Etappen sowjetischer Hegemonialpolitik. „Im kommunistischen Sendungsbewußtsein war Mittel- und Osteuropa ein besonderer Platz eingeräumt. Die Länder dieser Region, besonders Deutschland, hatten in den Vorstellungen der Nachfolger von Marx eine entscheidende Bedeutung für den Sieg des Kommunismus in Europa. Später wurden diese Vorstellungen von der bolschewistischen Partei unter Lenin und Stalin revidiert: zur Wiege der kommunistischen ‚Weltrevolution' wurde das ‚revolutionsträchtige' Rußland erklärt.

Die Zeitspanne von der Errichtung der Sowjetmacht in Rußland bis zum Anfang des Zweiten Weltkrieges war durch das Streben der sowjetischen Führung gekennzeichnet, den Einfluß des ‚ersten sozialistischen Staates' als das ‚Bollwerk des Weltkommunismus' in Europa überall, wo es möglich war, zur Geltung zu bringen, die revolutionäre kommunistische Bewegung und kommunistische Parteien zu gründen und zu stärken, sie als Wegbereiter der sowjetischen Politik in Europa – darunter auch durch subversive Tätigkeit – zu nutzen und die bürgerliche demokratische Ordnung des Westens zu schwächen und zu unterminieren. Die aus Moskau geleitete Dritte Kommunistische Internationale hat den Charakter einer linksextremistischen verschwörerischen Organisation angenommen.

In den Nachkriegsjahren 1918-1923, die durch soziale Erschütterungen in vielen europäischen Ländern charakterisiert waren, versuchte die kommunistische Führung Moskaus vergebens, die instabile turbulente Lage in Europa zu nutzen, um seine messianischen Ideen mit Hilfe einheimischer Kommunisten gewaltsam durchzusetzen. Das kam zum Beispiel in ihrem Streben zum Ausdruck, in den Jahren 1917-1919 die Sowjetmacht in den baltischen Republiken – Estland, Lettland und Litauen sowie in Ungarn – aufzurichten.

Der mißglückte Versuch, Polen durch den Krieg in den Jahren 1919-1920 das sowjetische System aufzuzwingen, brachte der sowjetischen Führung die erste Enttäuschung: sie konnte sich davon überzeugen, daß die Bevölkerung Polens und, was aus der Sicht der marxistischen Theorie besonders deprimierend war, die polnischen Arbeiter die Rote Armee nicht unterstützen wollten und gegen sie hartnäckig kämpften. Die nationalen Gefühle erwiesen sich stärker als das ‚Klassenbewußtsein'. Später soll Stalin gesagt haben: Die Polen sind zum Sozialismus nicht geeignet. Das erklärt, warum die stalinistischen Säuberungen und Verfolgungen der Polen, darunter auch der polnischen Kommunisten, in den 30er Jahren und während des Krieges (Katyn) besonders brutal waren.

Viel wichtiger für Moskau war damals die Förderung der revolutionären Bewegung in Deutschland. Aber die Niederlage der Novemberrevolution 1918 und das Scheitern der Räterepublik in Bayern 1923 bewegten Moskau, die Aufgaben der kommunistischen Weltbewegung neu zu definieren.

Im Grunde genommen könnte man die Jahre 1918-1923 als die *erste Periode oder die Vorstufe der sowjetischen Expansion* nach außen bezeichnen. Die sowjetische Führung in Moskau betrat schon damals einen gefährlichen Entwicklungsweg. Es begann die perverse Unterwerfung der Innenpolitik unter illusionäre Aufgaben des ‚Klassenkampfes in der internationalen Arena' und der Ausweitung der Herrschaftssphäre des Sozialismus.

Dem namhaften britischen Politiker Lloyd-Georges, dem Lenin lobende Worte in seinem Werk ‚Linke Kinderkrankheit des Kommunismus' widmete, gehören weise Worte, die lauten: ‚Die Frage, ob die russische Revolution denselben Einfluß wie die französische Revolution auf das Schicksal der Menschheit haben oder ihr Einfluß noch größer sein wird, hängt von einem ab. Das hängt davon ab, ob die Führer der russischen Revolution es verstehen, die Entwicklung auf friedlichem Wege fortzusetzen. Andernfalls wird die Energie der Revolution umsonst verbraucht und sie von ihrem Ziel abgelenkt. Wenn es Rußland gelingt, in den Krieg nicht hineingezogen zu werden, so wird die Revolution zu einem der größten Faktoren, die das Schicksal der Massen in allen Ländern jemals in der Geschichte der Menschheit entscheiden konnten'.

Das waren prophetische Worte. Die damalige sowjetische Führung wählte jedoch den falschen Weg der Gewalt nach außen. Die messianische Expansion wurde zum ureigenen Bestandteil des Stalinismus. Hier muß man unter anderem die Wurzeln des späteren Zusammenbruchs des ‚realen Sozialismus' suchen.

Das Scheitern der verschwörerischen Tätigkeit und der Umsturzpläne Moskaus in den europäischen Ländern in der Zeitspanne 1918-1923 und der Anbruch der Ära einer ‚relativen' Stabilisierung des Kapitalismus in Europa veranlaßten die sowjetischen Strategen des Klassenkampfes, ihre Schwerpunkte von politischer Strategie und Taktik auf die Ausspielung der ‚imperialistischen Gegensätze' durch die sowjetische Außenpolitik zu verlegen. Sie nutzten die Atempause zur Stärkung der wirtschaftlichen und militärischen Großmacht Sowjetunion, um unter günstigeren Bedingungen, wenn sie entstehen, gewaltsam die Herrschaftssphäre des sowjetischen Sozialismus, vor allem in Europa, ausweiten zu können.

Vor dem Krieg erreichte diese Politik ihren Höhepunkt in der Schließung des Nichtangriffspakts mit Hitler am 23. August 1939. Mit diesem Pakt glaubte Stalin, zwei für die damalige Zeit wichtige Ziele seiner Politik verwirklichen zu können: a) grünes Licht für die Aggression der deutschen Wehrmacht im Westen zu geben und so die ‚imperialistischen Mächte' – Frankreich, England und Deutschland – an der Westfront ausbluten zu lassen und b) als Entgelt für die sowjetische Nichteinmischung in den Krieg die Billigung der Erweiterung der sowjetischen Herrschaft auf Moldawien (Bessarabien), Ostpolen, Litauen, Lettland, Estland und Finnland von Hitler zu erhalten. 1940 konnte Stalin diese Länder einverleiben.

Nur die Eroberung von Finnland erlitt ein schmachvolles Fiasko. Das kleine finnische Volk wies die sowjetische Aggression heroisch zurück.

Der Hitler-Stalin-Pakt markierte *den Übergang der sowjetischen Politik zu der zweiten, diesmal großangelegten sowjetischen Expansion in Osteuropa*. Somit wurden Keime in den künftigen Zusammenbruch des sowjetischen Systems und des militanten Sozialismus gelegt. Die Zeitbombe begann für die Sowjetunion zu ticken.

Dieser Pakt verdeutlichte auch eine enge Verflechtung der messianischen kommunistischen Ziele der sowjetischen Außenpolitik mit den hegemonialen Großmachtambitionen der führenden Elite der Sowjetunion. Man konnte kaum unterscheiden, wo die ‚klassenmäßigen' Ziele Moskaus endeten und wo seine nationalen Interessen begannen. Die Parole lautete: was der Sowjetunion zugute kommt, ist auch für die kommunistische Weltbewegung vorteilhaft. Moskau verwandelte sich zum Hüter und Förderer der kommunistischen Parteien in westlichen Ländern und betrachtete sich als die Basis für die Ausweitung des kommunistischen Systems".[1]

Die Rückwirkungen der Kriegswirtschaft des Ersten Weltkrieges: Als grundlegende Elemente der liberalen marktwirtschaftlichen Wirtschaftsordnung ab der Mitte des 19. Jahrhunderts bezeichnet Goetz Briefs[2] Privateigentum und Erbrecht, persönliche Verfügungsfreiheit in der Verwertung von Kapital und Arbeit durch das Mittel freier Verträge, Ausrichtung des wirtschaftlichen Handelns nach Privatinteressen und Rationalisierung auf höchste Erträge mit der Folge der maschinellen Massenproduktion im Großbetrieb.[3]

---

1 Daschitschew, Wjatscheslaw: Moskaus Griff nach der Weltmacht. Die bitteren Früchte hegemonialer Politik, Hamburg 2002, S. 41 f.

2 Brintzinger, Klaus-Rainer: Briefs, Gottfried Anton, gen. Goetz (1899-1974), in: Hagemann, Harald und Krohn, Claus-Dieter (Hrsg.): Biographisches Handbuch der deutschsprachigen Wirtschaftswissenschaftlichen Emigration nach 1933, Bd. 1, München 1999, S. 78-82.

3 Briefs, Goetz: Kriegswirtschaftslehre und Kriegswirtschaftspolitik, in: Handwörterbuch der Staatswissenschaften, 4. Aufl., 5. Bd., Jena 1923, S. 988. Briefs, Goetz: Klassische Nationalökonomie, in: HdSW, 6. Bd., 1959, S. 5 f.: „Die individualistische Verfassung der liberalen Wirtschaft läßt sich in vier Grundsätzen zusammenfassen: (1) Träger der wirtschaftlichen Handlungen ist das Individuum (nicht der Staat, nicht irgendein Kollektivum). Das Individuum entscheidet in freier *Selbstbestimmung* über seine wirtschaftlichen Handlungen und Unterlassungen. Zu dieser Selbstbestimmung gehören folgende *Rechte* (in denen sich das Naturrecht der Aufklärung niederschlägt): (1.1) das Recht, Eigentum in ungestörtem Besitz zu haben, zu verwerten und zu genießen; (1.2) das Recht, über die eigene Arbeitskraft und Arbeitseignung frei zu verfügen; (1.3) das Recht, das Was und Wie und Wo der Verfügung über Eigentum (Kapital) und Arbeit frei zu bestimmen; (1.4) das Recht auf Freiheit des Vertragsschlusses. (2) Mit dieser Freiheit und Selbstbestimmung notwendig verknüpft ist die *wirtschaftliche Selbstverantwortung* der Individuen. Sie haben einzustehen für die Folgen ihres Tuns und Unterlassens. Keine sozialen Schutznormen und Schutzgehäuse entlasten sie von Verantwortung. (3) Gestellt auf Selbstverantwortung handeln die Individuen nach der *Leitnorm des Selbstinteresses.* […] Sie tun es nach aller Erfahrung, gewissermaßen mit psychologischer Notwendigkeit. Der wirtschaftliche Individualismus sah im Selbstinteresse das einzig systemkongruente Handeln; ein Handeln aus anderen als selbstinteressierten Motiven störe

Briefs griff bei der wissenschaftlichen Behandlung der Rückwirkungen des Ersten Weltkrieges (1914-18) auf die sich im Gleichgewicht befindliche Friedenswirtschaft von 1913 als Bezugsgröße zurück und gewann damit die Möglichkeit, „die in der Kriegswirtschaft auftretenden Wirtschaftsprozesse als *Störungen des Gleichgewichts der Friedenswirtschaft* theoretisch zu erklären".[4] In der Friedenswirtschaft vor 1914 existierte ein Gleichgewicht von Produktion und Konsum: „Nachfrage nach Kriegsmaterial umschließt die stärkste Störung in der Gleichgewichtslage; ihre Dringlichkeit führt zur Umstellung der Produktion und damit zur Verengung der bürgerlichen Bedarfsbefriedigung".[5]

Walter Eucken charakterisierte die Wirtschaftspolitik seit 1914 bei seinem 1. Vortrag, den er auf Einladung der Universität London im März 1950 hielt. „Seit 1914 experimentierte man mit neuen Währungsformen, mit Marktregelungen, Selbstverwaltung der Wirtschaft, zentraler Planung usw. – ohne zu wissen, was dabei herauskommen werde. [...] Seit dem Kriege 1914/18 ist die Wirtschaftspolitik in eine neue Ära getreten. Es ist die Wirtschaftspolitik der Experimente, die nunmehr beginnt und in deren Zeitalter wir noch heute stehen (1950)".[6]

Als einer der ersten hatte sich Otto Neurath (1882-1945)[7] schon vor dem Ersten Weltkrieg mit der Kriegswirtschaft beschäftigt. Nach dem Ersten Weltkrieg (ab 1918) galt das Interesse Neuraths vor allem der Sozialisierung und Planwirtschaft, „wobei er die These vertrat, ein Wirtschaftsplan ließe sich nur verwirklichen, wenn man bei seiner Aufstellung statt der Geld- die Naturalrechnung zugrunde lege".[8]

Zur *Naturalwirtschaft* schreibt Ludwig Elster im Handwörterbuch der Staatswissenschaft 1925: „Unter Naturalwirtschaft verstehen wir:

---

den naturgemäßen Preisbildungs- und Verteilungsvorgang und beeinträchtige dadurch die Wohlfahrt der Gesamtheit. (In dieser Lehre vom Selbstinteresse schlägt sich die natürliche Ethik der Aufklärung nieder). (4) Wenn Individuen in einer so bestimmten Weise handeln, ergibt sich notwendig *freie Konkurrenz.* Sie ist mehr als eine Zwangsfolge der anderen Prinzipien; sie ist die Voraussetzung für das Funktionieren des Gesamtsystems".

4 Gebauer, Werner: Kriegswirtschaft, in: HdSW, 6. Bd., 1959, S. 394.

5 Briefs, Goetz: Kriegswirtschaftslehre, S. 990.

6 Eucken, Walter: 1. Vortrag. Das Problem der wirtschaftlichen Macht, in: Eucken, Walter: Unser Zeitalter der Mißerfolge. Fünf Vorträge zur Wirtschaftspolitik, Tübingen 1951, Vorwort: „Fünf Vorträge zur Wirtschaftspolitik waren vorgesehen. Drei von ihnen hat er halten können. Eine Grippeerkrankung zwang ihn, den vierten vorlesen zu lassen. Unmittelbar vor dem fünften, als er bereits genesen schien, ereilte ihn der Tod".

7 Mauch, Gerhard J.: Neurath, Otto (*10.12.1882 in Wien, † 22.12.1945 in Oxford) in: Hagemann, Harald und Krohn, Claus-Dieter (Hrsg.), Biographisches Handbuch der deutschsprachigen wirtschaftswissenschaftlichen Emigration nach 1933, Bd. 2, München 1999, S. 508 f.

8 Gruner, Rolf: Otto Neurath (1882-1945), in: HdSW, 7. Bd., 1961, S. 559; Neurath, Otto: Die Sozialisierung Sachsens, Chemnitz 1919. Neurath, Otto: Durch die Kriegswirtschaft zur Naturalwirtschaft, München 1919. Neurath, Otto: Wirtschaftsplan und Naturalrechnung, Berlin 1925.

1. eine sich selbst genügende, ihre Bedürfnisse ausschließlich durch eigene Produktion deckende Wirtschaft. Das Wesentliche dieser Naturalwirtschaft besteht darin, daß eine Familie oder irgendeine andere Gruppe von Menschen innerhalb des Rahmens eines einheitlichen Haushalts alle wirtschaftlichen Güter, deren sie bedarf – aber auch nicht mehr –, selbst gewinnt. Hier fehlt also die auf dem Güteraustausche beruhende volkswirtschaftliche Arbeitsteilung, während die technische Arbeitsteilung innerhalb der Einzelwirtschaft immerhin schon zu einiger Ausbildung gelangt sein kann.[9]

2. Spricht man von Naturalwirtschaft vor allem auch dann, wenn sich schon ein gewisser *Güteraustausch* zwischen den Einzelwirtschaften der Gesellschaft herausgebildet hat. Die Wirtschaften stehen miteinander mehr oder minder in Verkehr, weil sie nicht mehr imstande sind, ihre sämtlichen Bedürfnisse unmittelbar durch eigene Produktion zu befriedigen; aber dieser Verkehr ist *ein naturaler Tauschverkehr*, Güter werden gegen Güter umgesetzt, ohne daß das Geld als Vermittlungsgut herangezogen wird. Die Naturalwirtschaft in dieser Auffassung[10] [...] bildet also den Gegensatz zur Geldwirtschaft. Aber das Fehlen des durch Geld vermittelten Güteraustausches ist doch nur ein untergeordnetes Merkmal der Naturalwirtschaft [...].

Das deutlichste Bild einer Naturalwirtschaft mit nur nebensächlichem Tauschverkehr auf einer primitiven, aber doch nicht geringen anzuschlagenden Kulturstufe erhalten wir aus der Odyssee, in der sich ohne Zweifel die Zustände abspiegeln, die zur Zeit der Entstehung dieser Dichtung in den von den asiatischen Kultureinflüssen noch wenig berührten Teilen Griechenlands vorherrschten. [...] Als Wertmaß werden nur Rinder angeführt; Gold, Silber, Eisen und Kupfer oder Bronze kommen als gewöhnliche Waren, auch als Schatzgüter, aber nicht als geldartige Tauschmittel vor.[11] [...] Die alte Naturalwirtschaft stellte in ihrer sicheren Selbstgenügung, in ihrer Unabhängigkeit von den unberechenbaren Störungen und Erschütterungen, denen die arbeitsteiligen, wesentlich nur für den Verkauf produzierenden Einzelwirtschaften als untergeordnete Glieder eines volks- und weltwirtschaftlichen Systems unterliegen, einen in gewisser Weise befriedigenden Zustand dar. Für die Naturalwirtschaft bildete der Gebrauchswert der Güter, der nach dem Grade der Nützlichkeit und dem Grade der Schwierigkeit der Beschaf-

---

9 Bücher, Karl: Die Entstehung der Volkswirtschaft. Vorträge und Versuche, 4. Aufl. Tübingen 1904.

10 Hildebrand, Bruno: Natural-, Geld- und Creditwirtschaft, in: Jahrbücher für Nationalökonomie und Statistik, Zweiter Band, Jena 1864, S. 1-24.

11 „In den asiatischen Großstädten mußten jedoch andere Verhältnisse bestehen als in den in der Odyssee geschilderten einfachen Zuständen. Dort konnte der Verkehr ohne eine einigermaßen ausgebildete Geldwirtschaft gar nicht auskommen, was dann auch durch die neueren Forschungen, insbesondere auch über das babylonische Bankwesen und durch Stellen in dem Gesetzbuch Hammurabis bestätigt wird. Auch in Athen gab es zur Zeit Solons schon Anfänge der Geldwirtschaft". Elster, Ludwig: Naturalwirtschaft, in: Handwörterbuch der Staatswissenschaften, hrsg. von Elster, Ludwig / Weber, Adolf / Wieser, Friedrich, 4. umgearbeitete Auflage, 6. Band, Jena 1925, S. 738-741 (S. 739).

fung derselben beurteilt wird, die leitende Norm. Der Tauschwert kommt nur nebensächlich in Betracht. Wenn der Produzent nur einen verhältnismäßig kleinen Teil seiner Erzeugnisse gegen andere Waren oder Geld austauscht, so bleibt die Existenz seines Haushaltes und seiner Wirtschaft von der gesamtwirtschaftlichen Preisbildung unabhängig [...]".[12]

Bruno Hildebrand unterscheidet zwischen Natural-, Geld- und Creditwirtschaft.[13] Zur Naturalwirtschaft schreibt er: „Die Naturalwirthschaft setzt einen ökonomischen Zustand voraus, in welchem das Capital noch eine selbstständige nationale Productivkraft ist, denn alles Capital entspringt wie das Geld aus dem Ueberschuss der Producte über den Bedarf, und wo dieser Ueberschuss vorhanden ist, beginnt auch der allmählige Gebrauch des Geldes. [...] Das Geld (in der Geldwirthschaft) dient als Sparkasse, in der die Ueberschüsse der Arbeitsproducte über den augenblicklichen Bedarf angelegt und für eine zukünftige Verwendung aufgesammelt werden können. Es wird dadurch Grundlage und Hebel zur Entwicklung eines Nationalcapitals, und fügt somit zu den beiden nationalen Productivkräften, welche in der Naturalwirthschaft fast ausschliesslich herrschen, der *Naturkraft* und der menschlichen *Arbeitskraft*, als dritte die *Capitalkraft* hinzu, welche mit der fortschreitenden Ausdehnung der Geldwirthschaft im grossen Productionsprocesse der Völker immer einflussreicher und mächtiger wird".[14]

Zusammenfassend stellt Hildebrand fest: „Die *Naturalwirthschaft* hatte die Menschen durch äusserliche, sinnliche Bande aneinander gefesselt, aber dadurch die Entwicklung einer frischen, freien Saftströmung in dem Organismus der Völker gehemmt; die *Geldwirthschaft* hatte jene Fesseln gesprengt und die Menschen zu neuer Kraft und neuem Leben erweckt, aber eine selbstsüchtige Interessen-Oekonomie geschaffen und die ganze Gesellschaft in lauter Atome aufgelöst. Die *Creditwirtschaft* verbindet die Menschen wieder durch geistige und sittliche Bande; sie vereinigt die grösste Beweglichkeit mit der inneren Festigkeit, sie verallgemeinert die *Capitalkraft* der Nation [...] und ruft so eine ökonomische Lebensordnung hervor, welche die Vortheile der beiden früheren wirtschafthlichen Entwicklungsepochen miteinander verbindet".[15]

Interessant ist, daß Hildebrand bereits 1864 davon sprach, dass der Kredit „eine geistige und sittliche Macht" sei, der auf der Ehrlichkeit und Gewissenhaftigkeit, auf der öffentlichen Moral des Volkes beruhe. Wo diese nicht vorhanden sei, da helfen weder Banken noch Kreditpapiere. Börsenspiel, Differenzgeschäfte und ähnliche Spekulationen seien „Auswüchse der Geldwirthschaft und vernichten gerade den Credit".[16]

---

12 Elster, Ludwig: Naturalwirtschaft, in: Handwörterbuch der Staatswissenschaften, S. 738 ff.

13 Hildebrand, Bruno: Natural-, Geld- und Creditwirtschaft, S. 4 f.

14 Ebd., S. 8 ff.

15 Ebd., S. 22.

16 Ebd., S. 22 f.

Max Weber[17] analysierte die Neurathsche Naturalwirtschaft und zeigte auf, daß die Naturalrechnung in keinster Weise das zu leisten imstande sei, was die Geldrechnung ermögliche.[18]

Nach dem Ende des Ersten Weltkrieges (1918) hat sich das Fehlen einer direkt anwendbaren sozialistischen Wirtschaftstheorie resp. Wirtschaftspolitik, insbesondere auch einer Geldtheorie, besonders schmerzlich ausgewirkt: „Seit Jahrzehnten war die sozialistische Gesellschaft die Sehnsucht von Millionen Menschen gewesen, und als die Stunde gekommen war, die ihren Traum verwirklichen sollte, da wurden Traumdeuter und Weise berufen und eine Kommission gebildet, um darüber nachzusinnen, was unter Sozialismus und unter Sozialisierung zu verstehen sei".[19]

Die Idee der „Planwirtschaft"[20] ist eng mit den Namen Walther Rathenau,[21] Wichard v. Moellendorff[22] und Rudolf Wissell[23] verknüpft. „Ihnen allen ist ge-

---

17 Honigsheim, Paul: Max Weber (1864-1920), in: HdSW, 11. Bd., 1961, S. 556-562.

18 Weber, Max: Wirtschaft und Gesellschaft. Grundriß der verstehenden Soziologie, 5. Auflage, Tübingen 1972, S. 58: „Es ist auf das bereitwilligste zuzugestehen: 1. dass auch die Geldrechnung zu willkürlichen Annahmen genötigt ist, bei solchen Beschaffungsmitteln, welche keinen Marktpreis haben (was besonders in der landwirtschaftlichen Buchführung in Betracht kommt), – 2. dass in abgemindertem Maß etwas Aehnliches für die Auf*teil*ung der ‚Generalunkosten' bei der Kalkulation insbesondere von vielseitigen Betrieben gilt, – 3. dass jede, auch noch so rationale, d. h. an Marktchancen orientierte, Kartellierung sofort den Anreiz zur exakten Kalkulation schon auf dem Boden der Kapitalrechnung herabsetzt, weil nur da und soweit genau kalkuliert wird, wo und als eine *Nötigung* dafür vorhanden ist. Bei der Naturalrechnung würde aber der Zustand zu 1 universell bestehen, zu 2 *jede* exakte *Berechnung* der ‚Generalunkosten', welche immerhin von der Kapitalrechnung geleistet wird, unmöglich und zu 3 *jeder* Antrieb zu exakter Kalkulation ausgeschaltet und durch Mittel von fraglicher Wirkung (s. o.) künstlich neu geschaffen werden müssen. Der Gedanke einer Verwandlung des umfangreichen, mit Kalkulation befassten Stabes ‚kaufmännischer Angestellter' in ein Personal einer Universal*statistik*, von der geglaubt wird, dass sie die Kalkulation bei Naturalrechnung *ersetzen* könne, verkennt nicht nur die grundverschiedenen Antriebe, sondern auch die grundverschiedene Funktion von ‚Statistik' und ‚Kalkulation'. Sie unterscheiden sich wie Bureaukrat und Organisator. [...] Träger des Rechnens war überall das Geld, und dies erklärt es, dass in der Tat die Naturalrechnung technisch noch unterentwickelter geblieben ist, als ihre immanente Natur dies erzwingt (insoweit dürfte O. Neurath Recht zu geben sein)".

19 Block, Herbert: Die Marxsche Geldtheorie, Diss. Jena 1926, S. 119. Brintzinger, Klaus-Rainer: Herbert Block (1903-1988), in: Hagemann, Harald und Krohn, Claus-Dieter (Hrsg.), Biographisches Handbuch der deutschsprachigen Wirtschaftswissenschaftlichen Emigration nach 1933, München 1999, S. 54.

20 „Planwirtschaft" ist ein aus der Zeit der Sozialisierungsversuche nach dem Ersten Weltkrieg stammender Ausdruck. Auch in einer Marktwirtschaft planen Unternehmen und Haushalte dezentral.

21 Brauer, Thomas: Walther Rathenau (1867-1922), in: Sacher, Hermann (Hrsg.), Staatslexikon, 5. Aufl., 4. Bd., 1931, Sp. 536: „Auf Rathenau führen die *planwirtschaftlichen Versuche* unter dem Wirtschaftsminister Wissell zurück". Pehle, Walter H.: Walther Rathenau (1867-1922), in: Benz, Wolfgang und Graml, Hermann (Hrsg.), Biographisches Lexikon zur Weimarer Republik, München 1988, S. 263.

22 Vasold, Manfred: Moellendorff, Wichard von (1881-1937), in: Benz/Graml, S. 229.

meinsam die Forderung einer Ueberwindung der nach ihrer Ansicht irrationalen, anarchischen und wegen ihrer Planlosigkeit Menschen und Güter verschwenden, ungezügelten Konkurrenzwirtschaft durch eine nach einem einheitlichen Plane geführte „Gemeinwirtschaft“, und zwar – zum Unterschiede von weitgehenden Sozialisierungsplänen – so, dass bei einstweilen grundsätzlicher Belassung des Eigentums an den Produktionsmitteln in den Händen ihrer derzeitigen Besitzer, die Ausführung des Wirtschaftsplans im einzelnen paritätisch zusammengesetzten und nach einem mehr oder weniger komplizierten Schema miteinander verbundenen Selbstverwaltungskörpern der Wirtschaftszweige übertragen wird“.[24] Nach Röpke ist für die Planwirtschaft wesentlich, „dass sie den Willen zum Staatssozialismus kompromissartig mit der resignierten Einsicht verbindet, dass reine Verstaatlichung die Gefahr bureaukratischer Versumpfung in sich schließt“.[25]

Der Industrielle und Schriftsteller Walther Rathenau (1867-1922)[26] machte zu Beginn des Ersten Weltkrieges auf die unzureichende wirtschaftliche Vorbereitung des Reiches aufmerksam. Bis März 1915 leitete er die Kriegsrohstoffabteilung im preußischen Kriegsministerium und sah dabei auch Ansätze für eine neue gemeinwirtschaftliche Form. „Rathenaus ‚Planwirtschaft‘ arbeitete mit Zwangssyndikaten, ‚Berufsverbänden‘, in deren Leitung außer den Unternehmern auch Arbeiter und Staatsbeamte vertreten sein sollen, um das unternehmerische Profitinteresse in der Preisstellung zu korrigieren“. [27]

Wichard von Moellendorff (1881-1937) war 1919 Unterstaatssekretär bei Reichswirtschaftsminister Rudolf Wissell (Februar 1919 – Juli 1919 Minister) und veröffentlichte mit ihm die Schrift „Wirtschaftliche Selbstverwaltung (1919) Gedanken einer Planwirtschaft mit Selbstverwaltung unter staatlicher Aufsicht“. Moellendorff trat nach der Ablehnung der praktischen Durchführung der Denkschrift durch das Reichskabinett zurück.[28]

---

23 Vasold, Manfred: Rudolf Wissell (1869-1962), in: Benz/Graml, S. 369 f.

24 Röpke, Wilhelm: Planwirtschaft, in: Handwörterbuch der Staatswissenschaften, 4. Aufl., 6. Bd., Jena 1925, S. 876.

25 Ebd., S. 877.

26 Schulin, Ernst: Walther Rathenau (1867-1922), in: Walther Killy u. a. (Hrsg.), Deutsche Biographische Enzyklopädie, Bd. 8, 2001, S. 150 f.

27 Heimann, Eduard: Walther Rathenau (1867-1922), in: Handwörterbuch der Staatswissenschaften, 4. Aufl., Ergänzungsband, 1929, S. 701: „Bei all diesen sozialistischen Motiven und Gedanken stand Rathenau der gegebenen sozialistischen Bewegung mit Abneigung gegenüber und kritisierte sie und ihren Begründer (K. Marx) mit Schärfe“

28 Wissell, Rudolf / von Moellendorff, Wichard: Wirtschaftliche Selbstverwaltung (Schriftenreihe „Deutsche Gemeinwirtschaft“, herausg. von Schairer, Ernst, Heft 10), Jena 1919. Wissell, Rudolf: Praktische Wirtschaftspolitik, Berlin 1919. Ders: Kritik und Aufbau, Berlin 1921. Denkschrift des Reichswirtschaftsministeriums vom 7./V. 1919 (abgedruckt bei Wissell, Rudolf: Praktische Wirtschaftspolitik, S. 97 ff.). Kritisches zur Planwirtschaft, hrsg. vom Präsidium des Hansabundes für Handel, Industrie und Gewerbe, Berlin 1919.

2. Die wirtschaftsordnungspolitischen Experimente in der Sowjetunion 1917-1927: Die Konfiskationen des Privateigentums in der Sowjetunion nach 1917 als Modell für das Vorgehen in der Sowjetisch besetzten Zone Deutschlands ab 1945

In „Herrn Eugen Dührings Umwälzung der Wissenschaft“ formulierte Friedrich Engels (1820-1895)[29] 1878 das Endziel, um dessentwillen die bolschewistische Partei Rußlands im November 1917 die politische Macht an sich riß: „Aufbau des Sozialismus“, d. h. einer klassenlosen Gesellschaft mit marktloser, „gesellschaftlich-planmäßiger Regelung der Produktion nach den Bedürfnissen der Gesamtheit wie jedes Einzelnen“, mit fortgeschrittenster Technik und Gemeineigentum an den Produktionsmitteln.[30] Nach der bolschewistischen Interpretation des Marxismus „steht es fest, daß nur das Proletariat und nur unter Zuhilfenahme der Gewalt eine dem Kapitalismus überlegene Wirtschafts- und Gesellschaftsordnung herbeiführen kann“.[31]

Bei der Analyse der „Planwirtschaftlichen Versuche in der Sowjetunion 1917-1927“ (1929) unterteilt Friedrich Pollock die wirtschaftspolitischen Experimente in Entwicklungsphasen vom sog. Kriegskommunismus bis zur Neuen Ökonomischen Politik (NEP).[32] Diese führte zur Bildung des GOSPLAN[33], dem Staatlichen Plankomitee, das ein Modell für die Gestaltung der staatlichen Planung in der DDR bildete.

2.1. Die konfiszierten Banken werden zu einem zentralen Kassen- und Abrechnungsapparat transformiert

Walter Hahn analysierte die Verstaatlichung des Kredits in Russland und resümierte: „Notwendigerweise ergab sich aus den dargelegten Sozialisierungsmaßnahmen ein Absterben des Privatkredits, und die materielle Zentralisation des

29 Stavenhagen, Gerhard: Friedrich Engels (1820-1895), in: HdSW, 3. Bd., 1961, S. 223-227.

30 Engels, Friedrich: Herrn Eugen Dührings Umwälzung der Wissenschaft. Berlin 1921, S. 301.

31 Pollock, Friedrich: Die planwirtschaftlichen Versuche in der Sowjetunion 1917-1927, Leipzig 1929, S. 1. Zu Pollock: Kalmbach, Peter: Friedrich Pollock (1894-1970), in: Harald Hagemann und Claus-Dieter Krohn (Hrsg.), Biographisches Handbuch der deutschsprachigen Emigration nach 1933, Bd. 2, München 1999, S. 537-541.

32 Pollock, Friedrich: Planwirtschaftliche Versuche, S. IX-XII..

33 Opitz, Petra: Stanislaw Gustawowitsch Strumilin (1877-1974), in: Werner Krause u. a. (Hrsg.), Ökonomenlexikon, Berlin (-Ost) 1989, S. 55 f.: „Mit der Gründung der Staatlichen Plankommission (Gosplan) 1921 wurde Strumilin auf persönliche Anweisung Lenins in deren Tätigkeit einbezogen und hatte dort von 1921 bis 1937 und von 1943 bis 1951 verschiedene verantwortungsvolle Funktionen inne. [...] Er war maßgeblich an der Herausbildung des sozialistischen Planungssystems und an der Aufstellung des ersten Fünfjahrplans der UdSSR beteiligt“. Strumilin Stanislav G.: Ökonomische Schriften 1. Band: Sozialismus und Planung, hrsg. in deutscher Sprache von Ottomar Kratsch, Berlin (-Ost) 1977. Rezension von Gertraud Wittenburg, in: Wirtschaftswissenschaft, 1981, S. 108-112.

Kredits, oder besser seines kommunistischen Ersatzes, in den Händen des Staates führte notwendig zu einer Unifizierung des *Banksystems* und zu seiner *Umgestaltung zu einem zentralen Kassen- und Abrechnungsapparat (Hervorhebung J. S.).* Durch die Verstaatlichung der Produktionsmittel wurde der Arbeitsteilung innerhalb des Banksystems die elementarste Grundlage entzogen. [...] Das Bankwesen ging im staatlichen Kassensystem auf. Der Inhalt der Kreditpolitik floß also mit den materiellen Problemen der Leitung der Produktion zusammen".[34]

Ähnlich argumentiert Alexander Schick in seiner Berliner Dissertation von 1932: „In den seit 1919, das heißt seit der Zeit, als das Banksystem unter den Sowjets wieder zum Leben gerufen wurde, verflossenen zehn Jahren hat das Bankwesen im Sowjetstaate eine gewaltige Evolution durchgemacht. Aus den rudimentären Kommerzbanken sind mächtige Finanzinstitute mit Millionen-Bilanzen geworden, die zur Zeit ein ihnen vom Sowjetstaat auferlegtes Verrechnungs-, Kassen- und Finanzkontrollgeschäft ausüben".[35]

2.2. Konfiskation des Eigentums an Grund und Boden

„Die durch den Charakter der Staatsordnung bestimmte sozialistische Gesetzgebung ist nahezu von rücksichtsloser Konsequenz. An erster Stelle und gleich beim Beginn ihrer Herrschaft hat die Bolschewikiregierung die Aufhebung des Privateigentums am Grund und Boden sich zur Aufgabe gestellt. Das Dekret betreffend den Landbesitz vom 26. Oktober 1917 trifft die Bestimmung, nach der das gutsbesitzerliche Eigentum am Grund und Boden sofort ohne jedes Entgelt aufgehoben wird".[36]

Den Konfiskationen des Eigentums an Grund und Boden folgte die Kollektivierung.

„Gleichgelagerte Proletarisierungstendenzen gelten auch für die Umformung des agraren Sektors mit Hilfe der Kollektivierung des Klein- und Mittelbauerntums. Die zunächst formalrechtliche (Bodendekret vom 7.11.1917), sodann im Zuge der kriegskommunistischen Wirtschaftspolitik 1919-21 und der Zwangskollektivierung seit Ende der 20er Jahre auch tatsächlich durchgeführte Beseitigung der bäuerlichen Dispositionsbefugnisse bezüglich der Ertragsgestaltung und Ertragsverwendung, d. h. die Überführung der Produktionsfaktoren Boden und Sachkapital (totes und lebendes Inventar) in die kollektive Wirtschaftseinheit des Artel, der zentrale Arbeitseinsatz nach einheitlichem Plan, die durch Kollektivstatut geregelte Arbeitsvergütung, die zu Festpreisen erfolgende Ablieferungspflicht der Ertragsüberschüsse und nicht zuletzt die Abhängigkeit der Kollektive von den

---

[34] Hahn, Walter: Die Verstaatlichung des Kredits in Rußland, in: Weltwirtschaftliches Archiv 26, S. 345 ff. Klibanski, Hermann: Die Gesetzgebung der Bolschewiki, Leipzig, Berlin 1920, S. 31.

[35] Schick, Alexander: Das Sowjetbankwesen und die Rolle der Banken in der Sowjetwirtschaft, Diss. Berlin 1932, Einleitung.

[36] Klibanski, Hermann: Die Gesetzgebung der Bolschewiki, Leipzig, Berlin 1920, S. 8.

Maschinen- und Traktorenstationen (MTS), die Umfang, Art und Zeitpunkt des Maschineneinsatzes zentral vornehmen, haben die ehemals klein-mittelbäuerliche Struktur der Landwirtschaft beseitigt und hier den Typ zentralisierter, weitgehend mechanisierter und im Rahmen des Möglichen spezialisierter Großbetriebe geschaffen. Dadurch ist eine dem industriellen Fabrikbetrieb angenäherte Form landwirtschaftlicher Betriebsgestaltung entwickelt worden, die im Hinblick auf die uns in diesem Zusammenhang interessierenden Proletarisierungstendenzen das notwendige Klima schaffen soll".[37]

Bei der Errichtung kollektiver landwirtschaftlicher Betriebe hatte sich Stalin gegen Bucharin, Tomsky und Rykow durchgesetzt. „Bis Ende 1929 wurden 50 % der Betriebe kollektiviert (Kolchosen), jedoch kaum die Hälfte der geplanten Produktionsziffern erreicht, so daß wiederum zum System der Lebensmittelkarten (Pajok) gegriffen werden mußte. Auf dem Parteikongreß im April 1930 gab Stalin die Weisung, den schädlichen Übereifer der Kollektivierung zu hemmen und es vorläufig bei der bisherigen Umgestaltung zu belassen".[38]

2.3. Konfiskation der Betriebe der Großindustrie

Mit dem Dekret vom 28. Juni 1918 wurden die Betriebe der Großindustrie konfisziert. Am 1. Februar 1920 waren 92 % der gesamten Industriearbeiter in den konfiszierten Großbetrieben tätig.

„Mit der Verstaatlichung ging eine Übernahme der Industrie auf den Staatshaushalt Hand in Hand. Das Problem der Kreditierung verschmolz in diesem Augenblick mit dem der staatlichen Belieferung. Von diesem Ersatz des Kredits ist nunmehr zu reden.

Die Verordnung betreffs Leitung nationaler Unternehmungen vom 3. März 1918 läßt folgende Grundzüge durchblicken: 1. Alle Entscheidungen trifft grundsätzlich die Zentrale. 2. Der Etat wird für höchstens drei Monate aufgestellt. 3. Der Industrieetat ist sehr weitgehend detailliert und enthält Produktions- und Finanzierungspläne für jede einzelne Unternehmung. Für unvorhergesehene Ausgaben ist ein Satz von 10 % der Gesamtausgaben vorgesehen.

Das System der Finanzierung der Industrie innerhalb des Etats ist somit durch eine ganz außergewöhnliche Starrheit gekennzeichnet. Die Monopolisierung der wirtschaftlichen Vernunft bei den Zentralbehörden ist nur aus den Gesamtverhältnissen heraus zu erklären. Die ursprünglichen Besitzer der Fabriken waren zum größten Teil vertrieben oder geflohen. Geschulte Ersatzmänner waren schwer zu finden, die Zentrale glaubte, an die peripherischen Organe nur ein Minimum wirtschaftlicher Vernunft delegieren zu dürfen. (Die damit verbundenen Mängel wur-

---

37 Seraphim, Hans-Jürgen: Theorie der allgemeinen Volkswirtschaftspolitik, Göttingen 1955, S. 208.

38 Zeck, Hans F. et al: Rußland, in: Sacher, Hofmann (Hrsg.), Staatslexikon, 4. Band, Freiburg i. Br. 1931, S. 1080-1113. Schiller, Otto: Sowjetunion (III,5) Landwirtschaft, in: HdSW, 9. Bd., 1956, S. 354 f.

den allerdings sehr bald erkannt, und bereits am 28. Dezember 1918 fordert eine auf dem Kongreß der Volkswirtschaftsräte angenommene Resolution – in Punkt sechs – für die peripherischen Organe eine größere Freiheit in der Verwendung der Kredite.) Die besten Elemente mußten in die Zentrale berufen werden, die peripherischen Organe waren weit minderwertiger und wurden durch eine Aufspaltung der Unternehmerpersönlichkeit in eine technische und eine administrative Komponente nicht gebessert. Der administrative Leiter war zudem meist nur Vorsitzender des für feinere geistige Arbeit noch ungeschulten Fabriksowjets. Dieses Kollegialsystem trug in keiner Weise zur Erziehung zum Unternehmertum bei. Im März 1920 klagt Lenin auf dem elften Kongreß der kommunistischen Partei in sehr bewegenden Worten einmal über das Versagen des Kollegialprinzips und zweitens über die Schwierigkeit des Ersatzes der bürgerlichen Spezialisten durch ungeschulte Proletarier".[39]

2.4. Der Stand der ökonomischen Theorie in Rußland 1928

Die russische sozialistische Wirtschaftstheorie (1928) wird von Iwantzoff als „Neomarxismus" bezeichnet. Im theoretischen System von Marx gibt es keinen Satz, „von dem die russischen Sozialisten nicht den Kern übernommen hätten". Nur auf zwei Gebieten wenden sich die russischen Theoretiker von der eigentlichen Marxschen Lehre ab, und zwar (1) die Lehre von der Agrarentwicklung und (2) die Lehre von den konkreten ökonomischen Voraussetzungen und grundlegenden Entwicklungsstufen des unmittelbaren sozialistischen Aufbaues.[40] Letztere zerfällt in zwei von einander streng zu trennende Teile:

1. die Lehre von der sozialistischen Umwälzung und der Übergangsperiode vom Kapitalismus zum Sozialismus. Der Übergang geschieht nicht in einem Ausreifen des Sozialismus im Schoße des Kapitalismus, sondern in einem gewaltsamen Bruch des Bestehenden. Damit haben sich zahlreiche Werke der russischen kommunistischen ökonomischen Schule beschäftigt. Die Lehre von der sozialistischen Umwälzung und der Übergangsstufe vom Kapitalismus zum Sozialismus ist unter dem „stärksten Einfluß der sozialistischen Experimente in Rußland entstanden und in ihrem Wesen nichts anderes als eine ‚stilisierte' Schilderung der russischen Gegenwart und der jüngsten Vergangenheit. Die Vertreter der russischen kommunistischen Schule selbst schreiben ihr jedoch eine allgemeine Bedeutung zu, nicht bloß darum, weil sie – wie begreiflich – geneigt sind, den theoretischen Wert ihrer Thesen zu überschätzen, sondern auch deshalb, weil sie die im heutigen Rußland vor sich gehenden sozial-ökonomischen Prozesse als typische Er-

[39] Seraphim, Hans-Jürgen: Rußland, Breslau 1927, S. 197 ff.

[40] Iwantzoff, Dymitri N.: Der gegenwärtige Stand der ökonomischen Theorie des Sozialismus in Rußland, in: Mayer, Hans (Hrsg.), Die Wirtschaftstheorie der Gegenwart, 4. Bd., Konjunkturen und Krisen. Internationaler Verkehr. Hauptprobleme der Finanzwissenschaft. Ökonomie-Theorie des Sozialismus, Wien 1928, S. 346. Iwantzoff war Professor an dem russischen Institut für das landwirtschaftliche Genossenschaftswesen Prag (vorm. Moskau).

scheinungen ansehen, die sich auch in jedem anderen Lande, das den Weg des sozialistischen Aufbaues beschreitet, wiederholen werden".[41]

2. die Lehre vom endgültigen Werden der sozialistischen Ordnung. Hierzu existieren nur „vereinzelt einander oft widersprechende Anschauungen verschiedener Autoren über die einzelnen mehr oder weniger willkürlich gewählten Teilfragen. [...] Vom formellen Standpunkt aus gesehen, bedeutet die Lehre der russischen Kommunisten vom sozialistischen Aufbau eine Rückkehr zum Utopismus".[42]

Nach Iwantzoff hat B. D. Brutzkus die Schwierigkeiten der Verwirklichung der sozialistischen Ordnung ziemlich allseitig beleuchtet.[43] Als echte sozialistische Ordnung kann nur jene angesprochen werden, die die Sowjetregierung in den Jahren 1917 bis 1921 einzuführen suchte. Diese sozialistische Ordnung ist charakterisiert durch das Fehlen des Tauschverkehrs und die totale planmäßige staatliche Regulierung des Wirtschaftslebens. Eine Wirtschaftsrechnung ist in einer solchen Ordnung unmöglich und auch die Durchführung des Arbeitsplanes stieß auf unüberwindliche Schwierigkeiten. „Alle die angeführten Momente führen nach Boris D. Brutzkus dazu, daß sich die kapitalistische Anarchie der Produktion (polypolistischer Wettbewerb) in eine sozialistische Superanarchie verwandelt, wodurch das Bestehen der sozialistischen Ordnung unmöglich wird".[44]

Nicolai J. Bucharin glaubte,[45] daß man die alte Form der geldlichen Wirtschaftsrechnung durch eine Naturalrechnung ersetzen könne.[46] A.W. Tschaja-

---

41 Iwantzoff, Dymitri N.: Der gegenwärtige Stand der ökonomischen Theorie des Sozialismus in Rußland, S. 357. Fußnote 5: „In Rußland muß die Diktatur des Proletariats unvermeidlich einige Besonderheiten aufweisen [...]. Aber die Grundkräfte und Grundformen der gesellschaftlichen Wirtschaft sind in Rußland dieselben wie in jedem beliebigen anderen kapitalistischen Staate, so daß die Abweichungen keineswegs das Wesentliche berühren". Lenin, Wladimir, I.: Ökonomik und Politik in der Zeit proletarischer Diktatur. Gesammelte Werke, Bd. XVII, S. 348. „Auch bewirkt die Eigenart der Mittellage Rußlands (zwischen den kapitalistisch-industriellen und agrar-kolonialen Ländern), daß es für einen Vergleich mit der übrigen Welt *typischer* als jedes Land ist". (Leontjew, A. und E. Chmelnitzkaja: Die Sowjetökonomik, S. 96).

42 Iwantzoff, Dymitri N.: Der gegenwärtige Stand der ökonomischen Theorie des Sozialismus in Rußland, S. 352.

43 Brutzkus, Boris D.: Die sozialistische Wirtschaft, Berlin 1923.

44 Iwantzoff, Dymitri N.: Der gegenwärtige Stand der ökonomischen Theorie des Sozialismus in Rußland, S. 359.

45 Bucharin, Nicolai J.: Ökonomik der Transformationsperiode, Hamburg 1922. Bucharin, Nicolai J.: Der Weg zum Sozialismus, Wien 1925. Bucharin, Nicolai J.: Programm der Kommunisten (Bolschewiki), Berlin 1919.

46 Jahn, Josef B.: Bolschewismus, in: Sacher, Hermann (Hrsg.), Staatslexikon, 5. Aufl., Freiburg i. Br. 1926, Sp. 988: Die bolschewistische Wirtschaft sollte in den Jahren 1917/21 eine geldlose Wirtschaft sein. „Die Entscheidungen über die Verwendung von Stoffen und Kräften sollte nicht auf der Marktpreisbildung beruhen, sondern auf Grund einer Statistik von Vorrat u. Bedarf zentral getroffen werden. Die bolschewistische Wirtschaft sollte also nicht auf der Geldrechnung, sondern auf einer *Naturalrechnung* aufgebaut sein. Naturalwirtschaftliche Zu-

now[47] entwickelte die neue Methode am Beispiel der landwirtschaftlichen Betriebe und gelangte zu folgender Art der Berechnung: für die Erzeugung von 1000 Einheiten von Kornprodukten mußten aufgewendet werden – 30 Einheiten Arbeit, 90 Einheiten Lebensmittel, 8,6 Einheiten Boden, 0,2 Einheiten Transport, 25,6 Einheiten Bauten, 0,4 Einheiten Inventar, 1,5 Einheiten Material, 0,03 Einheiten Heizung. Um zu dieser gehörig komplizierten Formel zu gelangen, mußte Tschajanow eine gemeinsame Einheit für alle Lebensmittel, eine gemeinsame Einheit für alle Bauten, eine für alle Arten von Inventar von der Egge bis zur Dampfdreschmaschine, eine für alle Materialien von dem Schmieröl bis zum Strick aufsuchen. Es versteht sich nun von selbst, daß alle diese Einheiten einen sehr bedingten Wert haben oder vielmehr ganz willkürlich sind. Soweit aber ihnen irgendeine reale Bedeutung zukommt, ist es nur sofern sie auf Grund eines gemeinsamen Wertprinzips herausgerechnet sind, das zu formulieren dem Verfasser jedoch nicht gelungen ist. Ferner, wenn der Vorsteher der Sowjetgüter die Bilanzen nur in der besagten Form erhalten werde, wird er mit ihnen nichts anfangen können. Sollen aber alle die Meßeinheiten der Bauten, der Lebensmittel, des Bodens, des Inventars auf einen Generalnenner gebracht werden, so muß doch ein solcher namhaft gemacht werden".[48]

Tschajanows Versuch mißglückte, da es ihm nicht gelang, einen Generalnenner ausfindig zu machen. S. Strumilin und E. Varga lehnten Tschajanows Methode ab und nahmen in der „Ekonomitscheskaja Zhiznj"[49] das Problem der Wirtschaftsrechnung in Angriff und gelangten beide zu dem Ergebnis, „daß ebenso wie die kapitalistische Wirtschaft in dem Rubel einen allgemeinen Wertmesser habe, so auch die sozialistische Wirtschaft eine analoge Einheit für die Wertbemessung ihrer Elemente besitzen müsse. Diese Schlußfolgerung ist allerdings unbestreitbar: *ohne Wertrechnung ist ein rationelles Wirtschaftsgebaren unter einem wie immer gearteten Wirtschaftssystem gänzlich unmöglich.* In voller Übereinstimmung mit den Grundprinzipien des Marxismus stellten nun Varga und Strumilin fest, daß die Arbeit als Wertmaßstab fungieren müsse. Ist die Arbeit nach

---

stände sind in primitiven Wirtschaftsverhältnissen etwas durchaus Gewohntes, in einer komplizierten modernen Wirtschaft sind sie ein kaum lösbares Problem. Die bolschewistische Naturale Planwirtschaft führte denn auch zu den ausgeklügeltsten Konstruktionen u. Organisationen, die aber nur auf dem Papier sich logisch darstellten, in der Wirklichkeit aber nicht funktionierten, sondern zu einer dauernden Verminderung der Produktion führten. Naturalrechnung hatte eine Verwendung von Menschen- u. Naturkräften entgegen dem wirtschaftlichen Prinzip zur Folge und dadurch eine Minderung des möglichen Nutzeffektes".

47 Tschajanow, Alexander W.: Skizzen zur Theorie der Arbeitswirtschaft, Folge I. Moskau 1911, Folge II. Moskau 1912. Versuch einer Verarbeitung der Budgetmaterialien nach dem 101. Budget des starobielskischen Kreises des Gouvernements Charkow. Moskau 1915. Das Optimum des Umfanges der landwirtschaftlichen Unternehmungen. Moskau 1921. Die Lehre von der bäuerlichen Wirtschaft. Berlin 1923.

48 Brutzkus, Boris D.: Die Lehren des Marxismus im Lichte der russischen Revolution, Berlin 1928, S. 19 f.

49 Die führende Wirtschaftszeitung im heutigen Rußland (1928). (Bemerkung zur deutschen Übersetzung)

Marx bereits in der kapitalistischen Gesellschaft die tatsächliche, wenn auch verkappte, Grundlage der sozialen Bewertung der Wirtschaftsgüter und die Grundlage ihres Tauschwerts, so müsse die Arbeit erst recht bewußtermaßen der Wertbemessung in der sozialistischen Gesellschaft zugrunde gelegt werden".[50]

Die Bemessung des Arbeitswertes sollte im Sowjetstaat obligatorisch vorgeschrieben werden, die Verordnung blieb tatsächlich nicht ausgeführt.

Auch in der sozialistischen Wirtschaftsordnung stellt die Produktion stets die Kombination der drei Faktoren Arbeit, Kapital und Boden dar. Brutzkus wies nach, daß der Arbeitskostenkalkül „keine irgendwie brauchbaren Hinweise über größere oder geringere Wirtschaftlichkeit unserer Unternehmungen liefern"[51] kann.

Bei der Widerlegung der marxistischen Arbeitswerttheorie stützt sich Brutzkus auf die „moderne Nationalökonomie, die auf den großen Errungenschaften von Menger, Walras und Jevons fußt. Den Werterscheinungen liegen subjektive Wertschätzungen zugrunde; diese summieren und objektivieren sich in dem Marktpreise, der die Intensität des gesellschaftlichen Güterbedarfs widerspiegelt. Bei der Bewilligung des Marktpreises geht nicht nur der Rentner, was auch Bucharin[52] zuzugeben gewillt ist, sondern auch der Proletarier von seinen Bedürfnissen aus".[53]

Brutzkus zeigt die grundsätzlichen Schwierigkeiten auf, die dem sozialistischen Staat bei der Feststellung des Bedarfes entstehen. „Somit ist der sozialistische Staat selbst mit dem ganzen Rüstzeug der wissenschaftlichen Theorie und eines statistischen Riesenapparates nicht imstande, den Bedarf seiner Bürger zu ermessen, nicht imstande, ihn abzuwägen, und daher auch nicht in der Lage, der Produktion die erforderlichen Direktiven zu geben. Die schwächste Seite der sozialistischen Wirtschaft besteht aber in dem Bestreben des sozialistischen Staates, in den Händen seiner Bureaukratie sämtliche Verteilungsfunktionen zu zentralisieren".[54]

Der Bedarf, der Wohlstand, ist nur auf das Individuum zu beziehen. „Ein objektiver interpersoneller oder intersubjektiver Wohlstands-Vergleich ist wissenschaftlich ausgeschlossen".[55] Der sozialistische Staat muß jedoch individuelle Nutzenschätzungen für die Zentralplanung aggregieren. Das große Verdienst von Brutzkus besteht darin, daß er wissenschaftlich nachwies, daß der sozialistische Staat dabei willkürlich vorgehen muß, z. B. durch Normierung des Bedarfs.

---

50 Brutzkus, Boris D.: Die Lehren des Marxismus im Lichte der russischen Revolution, S. 20.

51 Ebd., S. 28.

52 Der Verfasser polemisiert hier gegen die Ansichten Bucharins, die dieser in seinem Buche „Nationalökonomie des Rentiers" entwickelte, mit diesen Namen bezeichnet Bucharin nämlich die sog. österreichische Schule der Nationalökonomie. (Anmerkung zur Übersetzung).

53 Brutzkus, Boris D.: Die Lehren, S. 28.

54 Ebd., S. 43.

55 Weber, Wilhelm / Jochimsen, Reimut: Wohlstandsökonomik, in: HdSW, 12. Bd., 1965, S. 349.

3. Die erste Periode oder die Vorstufe der sowjetischen Expansion nach außen 1918-1923: Wirtschaftsordnungspolitische Experimente in Rußland, Ungarn, Deutschland und Österreich

Kommunistische und sozialistische Regime waren im Ersten Weltkrieg (1914-1918) und kurz danach an die Macht gekommen und es setzte eine Zeit der wirtschaftspolitischen Experimente ein, was für Mises der Anlaß war, um theoretisch zu analysieren, welche Folgen eintreten würden, wenn in der sozialistischen Gemeinschaft alle Produktionsmittel Eigentum des Gemeinwesens wären.

Bereits 1920 hatte Mises vor der Wiener Nationalökonomischen Gesellschaft einen viel beachteten Vortrag über „Die Wirtschaftsrechnung im sozialistischen Gemeinwesen“ gehalten, der 1920/21 publiziert wurde.

Das Erkenntnisobjekt für Mises waren die realen Wirtschaften in denen sozialistische Experimente unternommen wurden: „Seit die jüngsten Ereignisse in Rußland, Ungarn, Deutschland und Oesterreich sozialistischen Parteien zur Macht verholfen und damit die Durchführung des sozialistischen Vergesellschaftungsprogramms in unmittelbare Nähe gerückt haben, haben auch die marxistischen Schriftsteller angefangen, sich mit den Problemen der Einrichtung des sozialistischen Gemeinwesens näher zu befassen. Aber auch jetzt weichen sie den Kernfragen noch immer behutsam aus, es den verachteten ‚Utopisten‘ überlassend, sich mit ihnen zu beschäftigen. Sie selbst ziehen es vor, sich auf das zu beschränken, was zunächst zu tun ist; sie bringen immer nur Programme über den Weg zum Sozialismus, nicht über den Sozialismus selbst. Nur das eine können wir aus allen diesen Schriften ersehen, daß ihnen das große Problem der Wirtschaftsrechnung im sozialistischen Staat in keiner Weise zum Bewußtsein gekommen ist“.[56]

Rußland. Der Bolschewismus[57] war bis 1917 eine im Ausland kaum beachtete und bekannte Bewegung innerhalb der russischen Sozialdemokratie. Begründer und führender Repräsentant war Lenin. „Unter Bolschewismus ist demgegenüber die Gesamtheit praktischer Maßnahmen zu begreifen, die direkt oder indirekt ein Niederschlag des Leninismus ist. Bolschewismus ist der in die Tat umgesetzte Leninismus, ist Politik“.[58] Ziele des Bolschewismus waren u. a. die Abschaffung des Privateigentums und die Proklamierung des Klassenkampfes. „Die Bolschewiken erstreben Menschheitsbeglückung ohne Gott und verheißen Erlösung des Menschengeschlechts im Diesseits“.[59] In den Thesen vom Oktober 1915 verlangte

---

56 Mises, Ludwig von: Die Wirtschaftsrechnung im sozialistischen Gemeinwesen, in: Archiv für Sozialwissenschaft und Sozialpolitik, 47. Bd., Tübingen 1920/21, S. 114.

57 Grundsätzlich: Boettke, Peter J.: The Political Economy of Soviet Socialism. The Formative Years, 1918-1928, 1990.

58 Seraphim, Hans-Jürgen: Bolschewismus, in: Handwörterbuch der Staatswissenschaften, 4. Aufl., Ergänzungsband, 1929, S. 207, 213.

59 Ebd., S. 206. Fülöp-Miller, René: Geist und Gesicht des Bolschewismus, Zürich, Leipzig, Wien 1926: „Die Sehnsucht der Bolschewiken nach einem irdischen Reiche der Seligkeit führte sie dahin, dass sie den ökonomischen Kollektivismus selbst als die Erlösung der

Lenin „möglichste Förderung der Streiks in Rußland, Proklamierung der „demokratischen revolutionären Diktatur des Proletariats und der Bauern“ und Übertragung des Revolutionären Brandes auf ganz Europa“.[60] Der Aufstieg des Bolschewismus zur Macht erfolgte in der Revolution von 1917. Vier Dinge sind als das ureigenste Werk von Lenin anzusprechen: *Der Ausbau des Rätesystems, die Schaffung der Kommunistischen Partei, die Organisation der III. Internationale und der Aufbau der kriegskommunistischen Wirtschaft.*[61] „Am 7. (20.) IV. 1917 veröffentlicht die „Pravda“ Lenins *Thesen*, die erste Fassung der Leitsätze der bolschewikischen Partei nach dem Umsturz. Eroberung der gesamten Macht durch das Proletariat, Kampf gegen die Provisorische Regierung, alle Macht den Arbeiterräten, Nationalisierung des Grund und Bodens, Vereinheitlichung und Kontrolle des Bankwesens, der Industrie und der Lebensmittelverteilung, Gründung einer *wirklich revolutionären Internationale* – das sind die wichtigsten Forderungen, die er aufstellt“.[62]

Lenin und seine Adepten hielten sich für die einzig wahren Marxinterpreten. Auf dem Gebiet der reinen ökonomischen Theorie herrschte zwischen Leninismus und Marxismus völlige Übereinstimmung. „Lenin hat Marxens Arbeitswert-, Mehrwert- und Ausbeutungstheorie – um nur die Eckpfeiler zu nennen – einfach rezipiert. Die bolschewikische Literatur hat hier nichts Neues zutage gefördert, ja eine Auseinandersetzung mit der ‚bürgerlichen Nationalökonomie‘ findet nicht mehr statt. Die Ergebnisse der ökonomischen Theorie des Marxismus gelten als gesichert. Kein Unterschied der Anschauungen besteht ferner hinsichtlich der letzten Zielsetzung. Was erstrebt werden soll, bzw. der sich bildende Endzustand, die klassenlose kommunistische Gesellschaft, sind nicht kontrovers“.[63]

Das von Lenin entworfene Wirtschaftsprogramm stellt in „wesentlichen Punkten eine einfache Fortbildung der westeuropäischen Kriegswirtschaft dar (Zwangssyndizierung, Regulierung der Konsumtion); in anderen haben wir Sozialisierungsmaßnahmen zu erblicken (Nationalisierung der bestehenden Syndikate, Arbeiterkontrolle, Aufhebung des Geschäftsgeheimnisses). Alle Maßnahmen sollen sich nur gegen den Großunternehmer und das Finanzkapital richten“.[64]

Den Sozialisten fehlt vollkommen der Blick dafür, daß die Funktionen, die den Unternehmern „obliegen, auch im sozialistischen Gemeinwesen erfüllt werden müssen. Am besten erhellt dies aus den Schriften von Lenin. Das Um und Auf der Tätigkeit, die in der kapitalistischen Wirtschaftsordnung von jenen besorgt

---

Menschheit von allem Uebel betrachteten und zum alleinigen Inhalt des Bolschewismus machten.“

60 Schmidt, Conrad: Bolschewismus, in: Handwörterbuch der Staatswissenschaften, 4. Aufl., 2. Bd., 1924, S. 993.

61 Seraphim, Hans-Jürgen: Lenin (1870-1924), in: Handwörterbuch der Staatswissenschaften, 4. Aufl., Ergänzungsband, 1929, S. 683.

62 Ebd., S. 682.

63 Seraphim, Hans-Jürgen: Bolschewismus, S. 207.

64 Ebd., S. 210.

wird, denen er das Prädikat ,werktätig' versagt, ist seiner Meinung nach ,Produktions- und Verteilungs*kontrolle*' und ,Arbeits- und Produkten*registrierung*'. Das könne leicht ,durch bewaffnete Arbeiter, durch das gesamte bewaffnete Volk' besorgt werden".[65] Lenin trennt dabei ganz richtig diese Funktionen der „Kapitalisten und Beamten" von der Arbeit des technisch höher gebildeten Personals, nicht ohne übrigens die Gelegenheit vorübergehen zu lassen, um durch einen Seitenhieb auf das wissenschaftlich vorgebildete Personal jener Verachtung für alle qualifizierte Arbeit, die den marxistischen Proletarier-Snobismus auszeichnet, Ausdruck zu verleihen. „Diese Registrierung, die Ausübung dieser Kontrolle" meint nun Lenin „hat der Kapitalismus auf das äußerste *vereinfacht*, hat sie in außergewöhnlich einfache, jedem des Lesens und Schreibens Kundigen zugängliche Operationen der Beaufsichtigung und Notierung verwandelt, für deren Ausübung die Kenntnis der vier Rechnungsarten und die Ausstellung entsprechender Quittungen genügt".[66] Es sei also ohne weiteres möglich, es dahin zu bringen, daß alle Mitglieder der Gesellschaft fähig werden, diese Aufgaben selbst zu besorgen.[67] Das ist alles, aber auch rein alles, was Lenin über dieses Problem zu sagen wußte; und kein Sozialist weiß ein Wort mehr darüber. Sie sind in der Erkenntnis des Wesens der Wirtschaft kaum weiter gekommen als der Laufbursche, der von der Tätigkeit des Unternehmers nur das eine beobachtet hat, daß er irgendwelche Blätter Papier mit Buchstaben und Ziffern beschreibt.

„Darum war es Lenin auch ganz unmöglich, die Ursachen des Versagens seiner Politik zu erkennen. Durch sein Leben und durch seine Lektüre war er dem Wirtschaftsleben so entrückt geblieben, daß er dem Tun der ‚Bourgeoisie' so fremd gegenüberstand wie ein Zulukaffer dem Tun eines Entdeckungsreisenden, der geographische Messungen vornimmt. Da er sah, daß es so, wie er es angefangen hat, nicht weiter gehen konnte, entschloß er sich, die ‚bürgerlichen' Fachmänner nicht länger mehr nur durch den Hinweis auf die ‚bewaffneten Arbeiter' zur Mitwirkung zu zwingen; sie sollten für eine kurze Übergangszeit ‚hohe Bezüge' erhalten, damit sie die sozialistische Wirtschaft in Gang setzen und sich selbst damit überflüssig machen.[68] Er hielt es für möglich, daß dies schon nach einem Jahr der Fall sein werde".[69]

Im Jahr 1918 begann die planmäßige Nationalisierung. „Der Anfang wurde mit der Berg- und Hütten-, Zucker- und Naphtha-Industrie gemacht. ‚Die Zentralisierung der Verwaltung der Volkswirtschaft ist das sicherste Mittel in den Händen des siegreichen Proletariats zur schnellsten Entwicklung der Produktivkräfte

---

65 Lenin, Wladimir I.: Staat und Revolution, Berlin 1918, S. 94.

66 Ebd., S. 95.

67 Ebd., S. 96.

68 Lenin, Wladimir I.: Die nächsten Aufgaben der Sowjetmacht, Berlin 1918, S. 16 ff.

69 Mises, Ludwig von: Die Gemeinwirtschaft. Untersuchungen über den Sozialismus, 2. Aufl., Jena 1932, S. 190-192.

des Landes. Sie ist gleichzeitig die Vorbedingung zum sozialistischen Aufbau der Volkswirtschaft'. So das offizielle Regierungsprogramm".[70]

Bis Juni 1918 wurden 1100 industrielle Großbetriebe nationalisiert. Im April 1920 waren 72 % aller Betriebe (jeder maschinelle Betrieb mit über 5 und jeder handwerksmäßige Betrieb mit über 10 Arbeitern) unter staatlicher Bewirtschaftung. „Die Folge war ein Sinken der Gesamtproduktion um 43 %, ein Anbaustreik der Bauern, ein Rückgang der Reallöhne (Lebensmittelzuweisung) um 35 %. Die eingesetzten Kommissionen konnten Hungersnot u. Arbeitsunlust nicht eindämmen. Seit Jan. 1921 brachte Lenin das Produktivitätsproblem offen zur Sprache. Die Hungerrevolte während des Rätekongresses im März führte unmittelbar zur ‚Neuen Ökonomischen Politik' (NEP)".[71] In die Mitte der Periode der NEP (1921-1927) fiel der Tod Lenins (1924). Eine erneute Wirtschaftskrise ab 1927 führte zum „Fünfjahresplan des sozialistischen Aufbaus der UdSSR" 1928/29 bis 1932/33 unter der Führung Stalins. Die „marktwirtschaftlichen" Elemente der NEP wurden aufgehoben.

Ungarn. Besonders aufmerksam hat Ludwig von Mises von Wien aus das bolschewistische Experiment in der „Ungarischen Räterepublik" verfolgt. Am 24. November 1918 wurde unter Führung von Béla Kun[72] und anderen Revolutionären, die als ehemalige Kriegsgefangene an der Seite der Bolschewiki in der Sozialistischen Oktoberrevolution 1917 gekämpft hatten und nach Ungarn zurückgekehrt waren, die Kommunistische Partei Ungarns (KPU) gegründet. Die kommunistischen Berufsrevolutionäre stellten sich als „Avantgarde" an die Spitze der revolutionären Aktionen. Sie forderten die Enteignung des Großgrundbesitzes und Großkapitals, die Bewaffnung des Proletariats und das brüderliche Bündnis mit Sowjetrußland. *„Am 21.3.1919 wurde der Revolutionäre Regierende Rat gebildet und die Ungarische Räterepublik ausgerufen. Der Revolutionäre Regierende Rat ging unverzüglich an die Errichtung der Diktatur des Proletariats. Er zerschlug den alten Staatsapparat*, organisierte die Rote Garde zur Aufrechterhaltung der Ordnung im Innern und die Rote Armee zur Verteidigung der Heimat gegen die

---

70 Seraphim, Hans-Jürgen: Bolschewismus, S. 221.

71 Dobretsberger, Josef: Rußland, in: Hermann Sacher (Hrsg.), Staatslexikon, 5. Aufl., 4. Bd., 1931, Sp. 1083. Von Eckardt, Heinrich: Schicksal und Bedeutung der Industrie in der russischen Revolution 1917-1922, in: Archiv für Soz., LI. Bd., 1924, S. 183 ff.

72 Kun, Béla, ungarischer Revolutionär und Politiker, * 20.2.1886 Szilágycseh (Cehul Silvaniei), † 30.11.1939; Journalist; geriet 1916 in russische Kriegsgefangenschaft, wurde Mitglied der Partei der Bolschewiki und führte die internationale revolutionäre Kriegsgefangenenbewegung in Tomsk und Moskau. Im November 1918 kehrte Kun nach Ungarn zurück; er wurde Mitbegründer und Sekretär der KP Ungarns. Am 21.3.1919 rief er die Ungarische Räterepublik aus, in der er als Volkskommissar für Auswärtige Angelegenheiten führend tätig war. Nach der Niederschlagung der Räterepublik war Kun zunächst in Österreich interniert, 1920 ging er nach Sowjetrussland. 1921 richtete er in der Krim nach dem Abzug der weißrussischen Truppen ein Blutbad an, dem 50.000 Menschen zum Opfer fielen. Seitdem war er im Dienste der Komintern besonders in Mitteleuropa tätig; er war Mitglied des Exekutiv-Komitees der Komintern und Leiter der Sektion Ungarn.

imperialistische Intervention. *Die Räteregierung leitete Maßnahmen zur Beseitigung der kapitalistischen Ordnung ein: Banken, Verkehrswesen, Industriebetriebe, Schulen, Grund und Boden wurden verstaatlicht*".[73]

Die blutige Schreckensherrschaft der Räterepublik unter Kun fand nach 133 Tagen am 1.8.1919 ein Ende.

Der frühere Budapester Universitätsprofessor und Präsident des obersten Wirtschaftsrats der ungarischen Räterepublik Eugen Varga (1879-1964)[74] gibt eine Selbstdarstellung vom kommunistischen Standpunkt[75] „mit unverhülltem Eingeständnis der lehrreichen Mißerfolge" beim Versuch der Abschaffung des Geldes: „Gegenüber der ausgesprochenen Absicht jeder Proletarierregierung, den Ausbau der Güterwirtschaft und die möglichst *rasche Abschaffung des Geldes im kapitalistischen Sinn* anzustreben",[76] ist es überaus lehrreich, daß weder in dem kurzlebigen, daher aus den Übergangsschwierigkeiten gar nicht herausgekommenen ungarischen Rätestaat, noch in den nun ins siebente Jahr fortdauernden Sowjetrepubliken irgendein Erfolg in der Durchführung einer *geldlosen* Güterverrechnung erzielt werden konnte. „Im Gegenteil hat sich in Rußland eine *Geldwirtschaft* herausgebildet, die in allen einzelnen Erscheinungen – im Niederbruch und in der Wiederaufrichtung – vollkommen gleiche Züge aufwies, wie die Geldwirtschaft in den kapitalistischen Nachbarstaaten Finnland, Estland, Litauen, Polen, Deutschland, Österreich, Ungarn".[77]

Deutschland. Unter dem Einfluß der Sozialistischen Oktoberrevolution von 1917, in Zusammenhang mit der militärischen und politischen Niederlage des Deutschen Reiches im Ersten Weltkrieg und als Folge der zunehmenden Hungersnot entwickelte sich im Herbst 1918 eine revolutionäre Situation. Am 7.10.1918 beschloß die Reichskonferenz der Spartakusgruppe das Programm der Volksrevolution. Der bewaffnete Aufstand der Matrosen und Arbeiter am 3.11.1918 in Kiel wurde zum Auftakt der Novemberrevolution. Überall bildeten sich Arbeiter- und Soldatenräte. K. Liebknecht rief die „freie sozialistische Republik Deutschland" aus. Der von Liebknecht und R. Luxemburg am 11.11.1918 gegründete Spartakusbund sowie die Bremer Linksradikalen trieben die Revolution voran. Der 1. Reichsrätekongreß vom 16. bis 21.12.1918 in Berlin lehnte den

---

73 Meyers Neues Lexikon, 2. Aufl., Bd. 14, Leipzig 1976, S. 196; Sziklai, Lazlo: Das „kapitalistische" und das kommunistische Geld, in: Schmollers Jahrbücher für Sozialwissenschaft und Sozialpolitik, Bd. 44 b, 1920, S. 750 ff. Junge, Reinhard: Die Geldpolitik der ungarischen Bolschewisten, in: Schmollers Jahrbücher für Sozialwissenschaft und Sozialpolitik, 1919, Bd. 43, S. 1213-1270, Bd. 44a, 1920, S. 101-131. Huszar, Tibor: Proletarierdiktatur in Ungarn, Budapest 1930.

74 Braun, Manfred: Eugen Varga (1879-1964), in: Werner Krause, u. a., Ökonomenlexikon, Berlin 1989, S. 586-590.

75 Varga, Eugen: Die wirtschaftspolitischen Probleme der proletarischen Diktatur, Wien 1920.

76 Ebd., S. 119.

77 Eisler, Robert: Das Geld. Seine geschichtliche Entstehung und gesellschaftliche Bedeutung, München 1924, S. 353 f.

Antrag der Spartakusvertreter und anderer Linker zur Übertragung der Macht an die Arbeiter- und Soldatenräte ab und stimmte für den Antrag der SPD, am 19.1.1919 Wahlen zur Nationalversammlung durchzuführen.

Die revolutionären Bewegungen erreichten im April/Mai 1919 mit der Errichtung der Münchner Räterepublik ihren Höhepunkt. Die Herrschaft der Bayerischen Räterepublik dauerte vom 13.4.-3.5.1919. Betriebs- und Kasernenräte wählten einen Aktionsausschuß aus Mitgliedern der KPD, USPD und SPD, dessen Vollzugsrat Eugen Leviné[78] leitete. Der Vollzugsrat rief zum Generalstreik auf, eine Militärkommission stellte eine Rote Armee auf und es wurde eine Kontrolle über Fabriken und Banken eingeleitet. Lenin begrüßte die Münchner Republik. Am 1.5.1919 wurde München durch das Freikorps Epp eingenommen.

Das Zeitalter der Experimente setzte 1919 mit dem Versuch des Sozialisierungsgesetzes von 1919 ein.[79] „Der Grundgedanke dieses Gesetzes war, im Kohlen- und im Kalibergbau den vorhandenen Syndikaten Zwangscharakter zu verleihen. Die Gewerbefreiheit wurde also bei Kohle und Kali insofern aufgehoben, als alle Unternehmen gezwungen waren, sich den Syndikaten anzuschließen. Diese ‚Selbstverwaltungskörper' sollten Träger des Wirtschaftsprozesses sein und sollten geleitet werden nicht nur von Unternehmern, sondern auch von Vertretern der Arbeiterschaft, sowie der Konsumenten. Es war somit die Absicht, gerade auch die soziale Frage durch Bildung von Selbstverwaltungskörpern zu lösen. Die alten privaten Machtkörper wurden zu Zwangskorporationen, *gewannen* also an Macht – sollten aber einen sozialen Charakter erhalten. So sollten die Gegensätze zwischen Unternehmer und Arbeiter und zwischen Kohleproduzent und Kohleverbraucher dadurch überwunden werden, daß an der Lenkung der Kohlenwirtschaft alle Interessengruppen beteiligt wurden. Vor allem hoffte man das Problem der wirtschaftlichen Macht dadurch zu bewältigen, daß die Funktionäre der Arbeiterschaft in den Selbstverwaltungskörpern mitwirkten. Indem in die Leitungen der Selbstverwaltungskörper des Kohlenbergbaues Funktionäre der Kohlenarbeiter und der Angestellten delegiert waren, sollte in den monopolistischen Gemeinwirtschaftskörpern das Gesamtinteresse zur Geltung gelangen. Die Gegensätze sollten am Verhandlungstisch überbrückt, und die Machtkörper sollten durch Hereinnahme aller Beteiligten ‚gemeinwirtschaftliche' Korporationen werden.

---

78 Leviné, Eugen, Kommunist, * 9.5.1883 Petersburg (Leningrad), † 5.6.1919 München; wegen seines revolutionären Kampfes in Rußland seit 1905 mehrmals verhaftet, emigrierte er 1909 nach Deutschland und schloß sich den Linken an. Leviné nahm am Gründungskongreß der KPD teil, trug seit März 1919 als Herausgeber der „Münchner Roten Fahne" maßgeblich zur Organisierung der KPD in Bayern bei und leitete den Vollzugsrat des Aktionsausschusses der Münchner Räterepublik. Anfang Juni 1919 wurde er zum Tode verurteilt und erschossen.

79 Berichte der Sozialisierungskommission, Berlin 1919 ff. Veröffentlichungen der sächsischen Landesstelle für Gemeinwirtschaft, Dresden 1919 ff.

Der Versuch scheiterte. Und zwar aus einem Grunde, der ebenfalls von prinzipieller Bedeutung ist. Ist die Arbeiterschaft am Monopolgewinn beteiligt, so hat sie am Monopol ein ebenso starkes Interesse wie die Unternehmer".[80]

Die Sozialisierungsbestrebungen hatten in der revolutionären Atmosphäre der ersten Jahre nach Beendigung des Ersten Weltkrieges (1918) ein starkes politisches Gewicht, verschwanden aber nach 1920 fast völlig aus der öffentlichen Erörterung.[81]

Österreich. Unter dem Einfluß der Sozialistischen Oktoberrevolution 1917 kam es 1918 in Österreich zu Streiks, in denen Waffenstillstand an allen Fronten und Arbeiter- und Soldatenräte gefordert wurden. Am 2.11.1918 entstand die Kommunistische Partei Österreichs. Am 12.11.1918 wurde die erste Republik Österreich mit einer provisorischen sozialdemokratischen Regierung unter Karl Renner (seit 15.4.1919 im Amt) ausgerufen.

Otto Bauer war erster Außenminister der Republik Österreich in der Koalitionsregierung unter Karl Renner. Im Vertrag von Saint-Germain (10.9.1919) wurde ein Verbot des Anschlusses Österreichs an Deutschland ausgesprochen und deshalb trat Bauer nach kurzer Zeit aus der Regierung aus. „Den sozialdemokratischen Vorstellungen einer neuen Wirtschaft versuchte er als Vorsitzender der Sozialisierungskommission zum Durchbruch zu verhelfen, trat aber auch von dieser Funktion 1921 zurück, als das Scheitern einer revolutionären Umgestaltung der Produktionsverhältnisse offensichtlich war".[82]

Otto Bauer war der führende Theoretiker des Austromarxismus und der wichtigste sozialdemokratische Politiker Österreichs in der Zwischenkriegszeit. Als Studienkollege aus dem Seminar von Eugen von Böhm-Bawerk gelang es Mises

---

80 Eucken, Walter: Zeitalter der Mißerfolge, S. 7 f. Röpke, Wilhelm: Sozialisierung, in: Handwörterbuch der Staatswissenschaften, 4. Aufl., 7. Bd., 1926, S. 568: „Der Begriff ‚Sozialisierung' umfaßt nun aber nicht etwa alle Bestrebungen, die auf die Beseitigung oder Milderung der genannten Schäden des Kapitalismus ausgehen, sondern ist beschränkt auf die radikale, revolutionäre Methode der Beseitigung des Kapitalismus als der angenommenen Wurzel aller Uebel. Sozialisierung bedeutet also: Aufhebung des Sondereigentums an den Produktionsmitteln zugunsten der Gesamtheit, Ersatz des freien Spiels des Marktes durch eine auf direkte Ermittlung des Bedarfs und der Produktionsmöglichkeiten ausgehende zentrale Leitung, die durch Funktionäre der Gesamtheit ausgeübt wird, bewußte und nach irgendeinem Maßstab ‚gerechte' Verteilung der Nationaldividende und schließlich dies alles – in Abweichung von der dem Sozialismus durch Marx erteilten Marschroute – nicht als automatisches Ergebnis einer immanenten und eindeutig einer sozialistischen Wirtschaftsordnung zustrebenden Entwicklung, sondern als bewußte politische Tat".

81 Ortlieb, Heinz Dieter / Stavenhagen, Gerhard: Sozialisierung: II Geschichte (1) Deutschland, in: HdSW, 9. Bd., 1956, S. 465 f.

82 Rosner, Peter: Otto Bauer (1881-1938), in: Hagemann, Harald und Krohn, Claus-Dieter (Hrsg.), Biographisches Handbuch der deutschsprachigen wirtschaftswissenschaftlichen Emigration nach 1933, Bd. 1, 1999, S. 30. Bauer, Otto: Die Sozialisierungsaktion im ersten Jahr der Republik, Wien 1919. Bauer, Otto: Der Weg zum Sozialismus, Wien 1919. Leichter, Käthe: Erfahrungen des österreichischen Sozialisierungsversuche, in: Der lebendige Marxismus, Jena 1924, S. 195 ff. Ellenbogen, Wilhelm: Sozialisierung in Oesterreich, Wien 1921.

in nächtelangen Diskussionen mit Otto Bauer, Österreich ein bolschewistisches Experiment zu ersparen.[83]

Die Diskussion über Otto Neuraths Naturalrechnung[84] und die zwischen der österreichischen Schule und dem Austromarxismus ist von Günther Chaloupek aufgearbeitet worden. Die Schriftsteller Otto Leichter (1898-1973)[85] und Walter Schiff[86] bringen keine neuen Gedanken in die Debatte um die Wirtschaftsrechnung. „Leichters Auffassung der Wirtschaft ist ausgesprochen statisch".[87] Sowohl Leichter (1923) als auch Schiffs (1932) Ausführungen gehen von der Marxschen Arbeitswertlehre aus, die schon 1871 von dem Österreicher Carl Menger wissenschaftlich widerlegt worden war.

Zu den Österreichern, die sich mit der sozialistischen Rechnungslegung auseinandersetzten, gehört auch Karl Polanyi.[88] Polanyi war 1918 unter Graf Michael Károlyi in Ungarn Minister. Im März 1919 wurde die Republik Ungarn durch den Kommunisten Béla Kun gestürzt. In Wien wurde Polanyi dann Mitherausgeber des „Österreichischen Volkswirt". Nach 1933 gelangte Polanyi über England in die USA, wo er Wirtschaftsgeschichte lehrte. „Polanyi war freilich ‚ein zutiefst enttäuschter Mensch' (Drucker), denn er fand auch in der Vorgeschichte nirgends so etwas wie eine ‚menschenfreundliche' Nicht-Markt-Gesellschaft. Seine Suche nach wenigstens historischen Alternativen zu der vom Wirtschaftsliberalismus der Gegenwart unterstellten Nutzenanthropologie blieb vergeblich. Jene von Polanyi unterstellte Wechselseitigkeit von Ökonomie und Gesellschaft, die sowohl Wirtschaftswachstum und Stabilität als auch Freiheit und Gleichheit garantieren sollte, ließ sich jedenfalls empirisch nicht belegen".[89] Vor diesem Hintergrund wirken die wirtschaftsordnungspolitischen Experimente der *marktlosen* sozialistischen Zentralplanwirtschaften im 20. Jahrhundert vollkommen anachronistisch.

---

83 Hoppe, Hans-Hermann: Einführung, in: Ludwig von Mises, Liberalismus, St. Augustin 2004, S. 13.

84 Chaloupek, Günther: Otto Neurath's Concept of Socialization and Economic Calculation and his Socialist Critics, in: E. Nemeth (eds.), Otto Neurath's Economics in Context. Vienna Circli Institute Yearbook, 2007, vo. 13. Otto Neurath, Economic Writings. Selections 1904-1945, with an introduction by Thomas Uebel, Dordrecht 2004.

85 Leichter, Otto: Die Wirtschaftsrechnung in der sozialistischen Gesellschaft, Wien 1923. Otto Leichter hatte 1921 Käthe Leichter, geb. Pickl (1895-1942) geheiratet. Zu Käthe Leichter: Wobbe, Therese: Käthe Leichter, in: Hagemann, Harald und Krohn, Claus-Dieter (Hrsg.), Biographisches Handbuch, S. 367-368.

86 Schiff, Walter: Die Planwirtschaft und ihre ökonomischen Hauptprobleme, Berlin 1932.

87 Chaloupek, Günther: Die Österreichische Schule und der Austromarxismus, in: Wirtschaft und Gesellschaft, 4/87, S. 481.

88 Polanyi, Karl: Sozialistische Rechnungslegung, in: Archiv für Sozialwissenschaft und Sozialpolitik, 1922, Bd. 49/2, S. 377 ff.

89 Papcke, Sven: Karl Polanyi (* 1886 in Wien, † 1964 in Pickering/Kanada), in: Hagemann, Harald und Krohn, Claus-Dieter, Biographisches Handbuch, Bd. 2, 1999, S. 534. Beatty, Jack: Die Welt des Peter Drucker, Frankfurt/Main 1998, S. 83 f.

4. Die Mises-These über die Unmöglichkeit einer Wirtschaftsrechnung in der marktlosen sozialistischen Zentralplanwirtschaft

Ideologien und reale Erkenntnisobjekte als Grundlage für die These von Ludwig von Mise. Ludwig von Mises hat seine These über die Unmöglichkeit einer rationalen Wirtschaftsrechnung in güterwirtschaftlich gelenkten sozialistischen Zentralplanwirtschaften nicht als abstraktes Theoriegebäude im Elfenbeinturm allein auf der Grundlage gegebener Ideologien, sondern auch in Reflexion zu historischen und zeitgeschichtlichen Realitäten entwickelt. Diese Ausrichtung hat die anschließende „Sozialismusdebatte" mit Rückwirkungen auf die wirtschaftspolitischen Experimente in der Folgezeit ausgelöst. Daher sollen einige wesentliche Aspekte dieser Entwicklungen aufgezeigt werden.

Zum Marxismus und Karl Marx bemerkt Mises: „[...] daß die Ideologienlehre an dem grundlegenden Tatbestand der Wissenschaft vom menschlichen Handeln gar nicht zu rühren vermochte. Doch wie die Mehrzahl seiner Zeitgenossen hat Marx nicht begriffen, daß die Nationalökonomie keine Lehre von den Zielen ist, denen die Menschen zustreben sollen, sondern eine Lehre von den Mitteln und Wegen, die zu Zielen führen, über die die Wissenschaft keine Aussagen macht und die sie weder empfiehlt noch verwirft".[90]

„Als Nationalökonom war Marx ein durchaus unorigineller Nachfahre der klassischen Nationalökonomie, dem die Fähigkeit mangelte, das nationalökonomisch Wesentliche an den Problemen politisch unbefangen zu betrachten, und der alle Zusammenhänge durch die Brille des Agitators sah, dem die Wirkung auf die Volksmasse stets das Wichtigste bleibt. [...] Die materialistische Geschichtsauffassung ist wissenschaftlich wertlos; Marx hat sie übrigens nie geistig durchgearbeitet und sie in mehreren, schlechterdings unvereinbaren Fassungen vorgetragen".[91]

4.1. Die Wirtschaftsrechnung der Wirtschaftssubjekte. Die theoretischen Ansätze von Ludwig von Mises: Carl Mengers „Grundsätze der Volkswirthschaftslehre" (1871)

Die Wirtschaftsrechnung beinhaltet nicht – wie aus dem Wortsinn abgeleitet werden könnte – das „bloße Umgehen mit Zahlen",[92] sondern umfaßt das wirtschaftliche Handeln der Menschen – das „Wirtschaften".

Das Wirtschaften erfordert von den Wirtschaftssubjekten in Ausrichtung auf die Überwindung der bei wirtschaftlichen Gütern einschließlich der Ressourcen

---

90 Mises, Ludwig von: Nationalökonomie, S. 156.

91 Mises, Ludwig von: Die Gemeinwirtschaft, S. 449 f.

92 Rittig, Gisbert: Wirtschaftsrechnung, in: Handwörterbuch der Sozialwissenschaften (HdSW), Göttingen 1965, S. 238.

der Produktionsfaktoren gegebenen Knappheiten ökonomische Entscheidungen über deren alternativen Verbrauch bzw. Einsatz mit der Zielsetzung einer höchstmöglichen Bedürfnisbefriedigung. Dieses wirtschaftliche Handeln unterliegt wie jedes auf einen Zweck ausgerichtete menschliche Handeln dem allgemeinen Vernunftsprinzip (Rationalprinzip).

„Alles menschliche Handeln erscheint, sofern es rational ist, als ein Vertauschen eines Zustandes mit einem anderen. Die zur Verfügung stehenden Gegenstände des Handelns – die wirtschaftlichen Güter und die eigene Arbeit und Zeit – werden in die Verwendung gebracht, die den höchsten unter den gegebenen Verhältnissen erreichbaren Grad von Wohlfahrt verbürgt".[93]

Welche Voraussetzungen verleihen den Dingen die Eigenschaften eines knappen, eines „wirtschaftlichen Gutes"? Während seines Studiums an der Wiener Universität las Mises Ende 1903 die 1871 von Carl Menger erschienenen „Grundsätze der Volkswirthschaftslehre",[94] die das nationalökonomische Denken von Mises geprägt haben.[95]

Carl Menger führt im ersten Kapitel unter § 1 „Ueber das Wesen der Güter" aus: „Diejenigen Dinge, welche die Tauglichkeit haben, in Causal-Zusammenhang mit der Befriedigung menschlicher Bedürfnisse gesetzt zu werden, nennen wir *Nützlichkeiten*, wofern wir diesen Causal-Zusammenhang aber erkennen und es zugleich in unserer Macht haben, die in Rede stehenden Dinge zur Befriedigung unserer Bedürfnisse thatsächlich heranzuziehen, nennen wir sie *Güter*.

Damit ein Ding ein Gut werde, oder mit andern Worten, damit es die Güterqualität erlange, ist demnach das Zusammentreffen folgender vier Voraussetzungen erforderlich:

(1) Ein menschliches Bedürfnis.

(2) Solche Eigenschaften des Dinges, welche es tauglich machen, in ursächlichen Zusammenhang mit der Befriedigung dieses Bedürfnisses gesetzt zu werden.

(3) Die Erkenntnis dieses Causal-Zusammenhanges seitens der Menschen.

(4) Die Verfügung über dies Ding, so zwar, dass es zur Befriedigung jenes Bedürfnisses thatsächlich herangezogen werden kann.

Nur wo diese Voraussetzungen zusammentreffen, kann ein Ding zum Gute werden, wo immer aber auch nur eine derselben mangelt, kann kein Ding die Gü-

---

93 Mises, Ludwig von: Die Gemeinwirtschaft, Jena 1922, S. 100.

94 Menger, Carl: Grundsätze der Volkswirthschaftslehre. Erster Allgemeiner Theil, Wien 1871.

95 Eine persönliche Bekanntschaft zwischen Menger und Mises entstand nach 1910. Eugen von Böhm-Bawerk als herausragender Nachfolger der von Carl Menger begründeten Lehre wurde zum wichtigsten persönlichen Hochschullehrer von Mises. An dem von Mises außerhalb der Universität ab 1920 veranstalteten berühmten „Privatseminar" nahmen später bedeutende Wissenschaftler wie u. a. Friedrich von Hayek, Gottfried von Haberler, Oskar Morgenstern und Karl Menger, der Sohn Carl Mengers, teil; Hoppe, Hans-Hermann: Einführung, in: Ludwig von Mises, Liberalismus, Stuttgart 1927, 4. Aufl. Sankt Augustin 2006, S. 10 und S. 18.

terqualität erlangen; besäße es aber bereits dieselbe, so müsste sie doch sofort verloren gehen, wenn auch nur eine jener vier Voraussetzungen entfallen würde".[96]

Zur Überwindung der Knappheiten und Erreichen einer höchstmöglichen Bedürfnisbefriedigung müssen die Wirtschaftssubjekte Entscheidungen über den alternativen Einsatz der verfügbaren wirtschaftlichen Güter treffen. Dies erfordert eine Wertung der wirtschaftlichen Güter in Ausrichtung auf die durch ihren Einsatz angestrebte Bedürfnisbefriedigung.

Im Gegensatz zur klassischen Nationalökonomie führt Carl Menger den Wert der Güter nicht auf die eingesetzte Arbeit oder die Produktionskosten zurück, sondern auf deren individuell empfundene Nützlichkeit und Seltenheit.[97]

„Nützlichkeit ist die Tauglichkeit eines Dinges, der Befriedigung menschlicher Bedürfnisse zu dienen, und demnach (und zwar die *erkannte* Nützlichkeit) eine allgemeine Voraussetzung der Güterqualität".[98] Ein Gut hat für den Konsumenten einen Wert, da es der Bedürfnisbefriedigung dienen kann. „Der Güterwerth ist in der Beziehung der Güter zu unseren Bedürfnissen begründet, nicht in den Gütern selbst. Mit dem *Wechsel dieses Verhältnisses* muß auch der Werth entstehen oder vergehen".[99] Aus diesen Feststellungen heraus schlußfolgert Menger: „Der Werth ist demnach nichts den Gütern Anhaftendes, keine Eigenschaft derselben, eben so wenig aber auch ein selbständiges, für sich bestehendes Ding. Derselbe ist ein Urtheil, welches die wirthschaftenden Menschen über die Bedeutung der in ihrer Verfügung befindlichen Güter für die Aufrechthaltung ihres Lebens und ihrer Wohlfahrt fällen, und demnach ausserhalb des Bewusstseins derselben nicht vorhanden. [...] Der Werth ist demnach nicht nur seinem *Wesen*, sondern auch seinem *Masse* nach subjectiver Natur. Die Güter haben „Werth" stets für bestimmte wirthschaftende Subjecte, aber auch nur für solche einen *bestimmten* Werth".[100]

Im praktischen Leben fragt Niemand nach der Entstehung eines Gutes. Bei der Beurteilung des Wertes hat der Konsument nur die Dienste dieses Gutes im Auge. „Auch die Meinung, daß die zur ‚*Reproduction* der Güter' nöthige Quantität von Arbeit, oder von sonstigen Productionsmitteln das maßgebende Moment des Güterwerthes bilde, ist eine unhaltbare".[101]

---

96 Menger, Carl: Grundsätze der Volkswirthschaftslehre, S. 1-3.

97 Elster, Ludwig: Carl Menger (1840-1921), in: Handwörterbuch der Staatswissenschaften, 4. Aufl., 6. Bd., Jena 1926, S. 543.

98 Menger, Carl: Grundsätze der Volkswirthschaftslehre, S. 84.

99 Ebd., S. 85.

100 Ebd., S. 88, 119 ff.: Die Lehre, nach welcher die zur Erzeugung eines bestimmten Guts aufgewendete Arbeit den Wert bestimmt, ist unhaltbar, weil „im praktischen Leben niemand nach der Geschichte der Entstehung eines Gutes fragt, sondern bei der Beurteilung des Wertes desselben lediglich die Dienste im Auge hat, welche ihm dasselbe leisten *wird* und deren er entbehren mußte, wofern er über das betreffende Gut nicht verfügen könnte".

101 Ebd., S. 120 f.

Mit diesen Feststellungen widerlegte Menger die Arbeitswertlehre der Klassischen Nationalökonomie, die von Marx übernommen wurde.

„Das Wenigerbefriedigende wird hingegeben, um ein Mehrbefriedigendes zu empfangen",[102] durch das Handeln soll ein Vorteil – ein Gewinn – erzielt werden. Dieser Vorteil stellt für das handelnde Individuum – und nur diese können handeln – einen psychischen Zustand dar, dessen Empfinden nicht gemessen oder gewogen werden kann. Das im Rahmen des Handelns als Entscheidung über unzählige Austauschmöglichkeiten von dem Wirtschaftssubjekt zu treffende Werturteil [...] „drückt Rangordnung und Reihung, aber nicht Maß und Gewicht aus. Nur die Ordnungszahlen, nicht auch die Kardinalzahlen stehen uns für den Ausdruck der Werturteile zur Verfügung".[103] Rechnen läßt sich nur mit Kardinalzahlen, die jedoch für die subjektiv empfundenen Werturteile nicht ermittelt werden können. Da das ökonomische Handeln durch die subjektiven Werturteile bestimmt wird, versagt auch die Naturalrechnung, die nur auf zählbare und meßbare Mengen abstellt.[104] Sie kann dem Handelnden keine Antwort auf die Frage geben, wie er die verfügbaren Mittel bei unendlich vielen verschiedenen Kombinationsmöglichkeiten einsetzen soll, um in Ausrichtung auf seine subjektiven Zielsetzungen einen höchst möglichen Nutzen zu erreichen.

Wissenschaftlich können Bedürfnisse der Subjekte nicht zu aggregierten Größen zusammengefaßt werden. Nutzenschätzungen lassen sich wissenschaftlich nicht definieren.[105] Bei ihrem isolierten Handeln ist ein ‚Rechnen' der Wirtschaftssubjekte nicht möglich.

4.2. Die Wirtschaftsrechnung in den modernen arbeitsteiligen Volkswirtschaften

In marktwirtschaftlichen Systemen. In der arbeitsteiligen Wirtschaft tritt an die Stelle des isolierten Handelns ein gesellschaftliches Zusammenwirken der Wirtschaftssubjekte – diese Koordination erfolgt auf Märkten. Das isolierte Handeln spaltet sich in die Erzeugung und das Verkaufen eines Produkts und in das Einkaufen für den eigenen Verbrauch. Dieses Tauschen muß auf freien Märkten möglich sein, d. h. es herrschen freier Marktzugang, Vertragsfreiheit und Wettbewerb.

Die Grundlagen des ökonomischen Tausches erklärt Menger konsistent nach der allgemeinen Lehre vom Gute: „Das Prinzip, welches die Menschen zum Tau-

---

[102] Mises, Ludwig von: Nationalökonomie. Theorie des Handelns und Wirtschaftens, Genf 1940, S. 75.

[103] Ebd., S. 75.

[104] Ebd. S. 196.

[105] Weber, Max: Wirtschaft und Gesellschaft. Grundriß der verstehenden Soziologie, Tübingen 1922, 5. Aufl. Tübingen 1980, S. 48 f. Mises, Ludwig von: Bemerkungen zum Grundproblem der subjektivistischen Wertlehre, in: Archiv für Sozialwissenschaft und Sozialpolitik 59: 1, Tübingen 1928, S. 32-47.

sche führt, ist kein anderes, als dasjenige, das sie bei ihrer gesamten ökonomischen Thätigkeit überhaupt leitet, d. i. das Streben nach der möglichst vollständigen Befriedigung ihrer Bedürfnisse. Die Lust, welche die Menschen bei dem *ökonomischen* Austausche von Gütern empfinden, ist aber jenes allgemeine Gefühl der Freude, welches die Menschen empfinden, wofern durch irgend ein Ereignis für die Befriedigung ihrer Bedürfnisse besser vorgesorgt wird, als dies ohne den Eintritt desselben der Fall gewesen wäre".[106]

Um zu verhindern, daß einzelne Wirtschaftssubjekte durch Einschränkungen des freien Spiels der Kräfte Sondervorteile erringen und den Marktmechanismus aushebeln, muß der Staat die Rahmenbedingungen eines freien Marktes gewährleisten. Dies geschieht z. B. durch Gesetze gegen Wettbewerbsbeschränkungen und deren Durchsetzung durch Kartellbehörden.

Im Tauschverkehr auf den Märkten treffen die subjektiven Wertschätzungen verschiedener Wirtschaftssubjekte als Angebot und Nachfrage aufeinander – aus diesem Zusammenspiel bildet sich als intersubjektiver Ausgleich ein Tauschwert. Damit wandeln sich die subjektiven Gebrauchswerte in objektivierte Tauschwerte, die in die jeweiligen Wirtschaftsrechnungen eingehen. Für die Bestimmung der Austauschrelationen muß eine einheitliche Recheneinheit gefunden werden – hierfür wird in der modernen Geldwirtschaft das Geld gewählt. „Der gemeinsame Nenner der Wirtschaftsrechnung ist das Geld".[107] Nach Auffassung von Mises [108] ist das Geld als wirtschaftliches Gut nicht „wertstabil". Das Austauschverhältnis zwischen den Gütern und dem Gelde ist beständigen – meist nicht zu heftigen – Schwankungen unterworfen, [...] „die nicht nur von Seite der übrigen wirtschaftlichen Güter, sondern auch von Seite des Geldes herrühren [...]".[109] Die Wertrechnung wird dadurch nicht gestört. „Die Unzulänglichkeit der Geldrechnung des Wertes stammt zum Hauptteil nicht daher, daß in einem allgemein gebräuchlichen Tauschmittel, im Geld, gerechnet wird, sondern daher, daß es überhaupt der Tauschwert ist, der der Rechnung zugrunde gelegt wird und nicht der subjektive Gebrauchswert".[110] So können außerwirtschaftliche wertbestimmende Faktoren (die Schönheit der Natur, Gesundheit, Glück u. ä.), [...] „die außerhalb des Austauschverkehres stehen",[111] nicht in die Geldrechnung einfließen. Da es sich bei den ideellen Gütern um Güter erster Ordnung handelt, können diese vom Werturteil der Wirtschaftssubjekte unmittelbar erfaßt und außerhalb der Geldrechnung berücksichtigt werden. „Doch innerhalb dieser Grenzen [...] leistet die Geldrechnung all das, was wir von der Wirtschaftsrechnung verlangen müssen".[112] Auf

---

106 Menger, Carl: Grundsätze der Volkswirthschaftslehre, S. 159.

107 Mises, Ludwig von: Nationalökonomie, S. 202.

108 Mises, Ludwig von: Die Wirtschaftsrechnung im sozialistischen Gemeinwesen, in: Archiv für Sozialwissenschaft und Sozialpolitik, 47. Bd., Tübingen 1920, S. 95 f.

109 Ebd., S. 95.

110 Ebd., S. 95.

111 Ebd.

112 Ebd., S. 97.

den Märkten bilden sich aus dem Zusammentreffen von Angebot und Nachfrage – den Austauschverhältnissen – Preise, es kann gerechnet werden. Eine Wirtschaftsrechnung wird überhaupt erst möglich. „Sie gibt uns einen Wegweiser durch die erdrückende Fülle der wirtschaftlichen Möglichkeiten. [...] Hätten wir sie nicht, dann wäre alles Produzieren mit weit ausholenden Prozessen, dann wären alle längeren kapitalistischen Produktionsumwege ein Tappen im Dunkeln“.[113]

Als Voraussetzungen für die Wertrechnung in Geld führt Mises[114] an:

1. auch die von der Wertrechnung erfaßten Güter höherer Ordnung müssen im Tauschverkehr stehen,
2. ein allgemein gebräuchliches Tauschmittel, ein Geld, muß auch beim Austausch der Produktivgüter eine Vermittlerrolle spielen.

Bei den Konsumgütern schließt das natürliche Eigentum des einen das aller anderen aus. „Das Haben der Produktivgüter ist – anders als das der Genußgüter – im natürlichen Sinne teilbar“.[115]

Die Eigentümer der Produktionsmittel, also der Kapitalbesitzer, der Grundbesitzer und der Arbeiter sind in der arbeitsteiligen Wirtschaft nicht imstande, ihr physisches Haben der Produktionsmittel unmittelbar in den Dienst der Produktion zu stellen. „Da alle Produktion in der Zusammenfassung verschiedener Produktionsmittel besteht, muß ein Teil der Eigentümer der Produktionsmittel ihr natürliches Eigentum an andere übertragen, damit diese die Kombinationen, aus denen die Produktion besteht, ins Werk setzen. Kapitalisten, Bodenbesitzer und Eigner der Arbeitskraft übertragen die Verfügung an den Unternehmer, der damit die unmittelbare Leitung im Produktionsprozeß übernimmt. Die Unternehmer führen nun die Wirtschaft nach den Weisungen der Verbraucher, die wieder keine anderen sind als die Eigner der Produktionsmittel: Kapitalbesitzer, Grundbesitzer, Arbeiter. Von dem Produkte aber fällt jedem Faktor jener Teil zu, der seiner produktiven Mitwirkung am Erfolge ökonomisch zugerechnet wird“.[116] Wie viel die einzelnen Produktionsfaktoren zum Erfolg der Produktion physisch beigetragen haben, kann nicht ermittelt werden. Jeder Produktionsfaktor empfängt im Preis den Ertrag seiner Mitwirkung. Der Arbeiter erhält im Lohn den vollen Arbeitsertrag.

Das natürliche Eigentum an den Produktionsmitteln (Güter höherer Ordnung) ist ganz anders als das des natürlichen Eigentums an den Genußgütern. „Um ein Produktivgut im wirtschaftlichen Sinne zu haben, d. h. es seinen eigenen wirtschaftlichen Zwecken dienstbar zu machen, muß man es nicht in der Weise physisch haben, in der man Konsumgüter haben muß, um sie zu verbrauchen oder zu gebrauchen. Um Kaffee zu trinken, muß ich nicht Eigentümer einer Kaffeepflanzung in Brasilien, eines Ozeandampfers und einer Kaffeerösterei sein, wenn auch

---

113 Ebd., S. 97.

114 Mises, Ludwig von: Die Wirtschaftsrechnung im sozialistischen Gemeinwesen, S. 97 f.

115 Mises, Ludwig von: Die Gemeinwirtschaft, S. 17.

116 Ebd., S. 18 f.

alle diese Produktionsmittel verwendet werden müssen, damit eine Schale Kaffee auf meinen Tisch kommt. Es genügt, daß andere jene Produktionsmittel besitzen und für mich verwenden. In der arbeitteilenden Gesellschaft ist niemand mehr ausschließlicher Eigentümer der Produktionsmittel, der sachlichen sowohl als auch der persönlichen, der Arbeitskraft. Alle Produktionsmittel stehen im Dienste der Gesamtheit der am Marktverkehr teilnehmenden Menschen".[117]

In den „Grundsätzen" wird von Carl Menger unter § 2 „Ueber den Causal-Zusammenhang der Güter"[118] ausgeführt:

Es erscheint „von der höchsten Wichtigkeit" zu sein, daß man den „Causal-Zusammenhang" der Güter und die Gesetze, unter denen sie stehen, erforscht. Entscheidend ist die Stelle jedes einzelnen Gutes in dem Causalnexus der Güter.[119]

Brot z. B. dient unmittelbar der Befriedigung. Alle Güter, die unmittelbar zur Befriedigung der Bedürfnisse verwendet werden, nennt Menger „Güter erster Ordnung". Alle anderen Güter, die nicht der unmittelbaren Befriedigung dienen, sind Güter höherer Ordnung, die zur Produktion der Güter 1. Ordnung, der Konsumgüter, dienen. „Besteht kein Bedarf an Gütern dieser Art, so kann auch ein Bedarf an Gütern höherer Ordnung nicht entstehen".[120] Der ökonomische Charakter der Güter höherer Ordnung ist durch jenen der Güter niederer Ordnung bedingt, zu deren Hervorbringung sie dienen.[121]

Durch den Kauf eines Gutes 1. Ordnung, z. B. eines Roggenbrotes, werden in die Güter höherer Ordnung Signale über den Bäcker zum Müller bis zum Bauern, der Roggen anbaut, gesetzt.[122] Das Zusammenwirken der Güter verschiedener Ordnungen über die Produktionsstufen beschreibt Menger ebenfalls für das Beispiel einer Bäckerei,[123] das von Eisler dargestellt wird.

---

117 Ebd., S. 19.

118 Menger, Carl: Grundsätze der Volkswirthschaftslehre, S. 7.

119 Menger, Carl: Grundsätze der Volkswirthschaftslehre, § 2 Ueber den Causal-Zusammenhang der Güter, S. 7 ff.

120 Ebd., S. 35.

121 Ebd., S. 69, 124.

122 Zuckerkandl, Robert: Preis (Theorie), in: Johannes Conrad u. a. (Hrsg.), Handwörterbuch der Staatswissenschaften, 3. Aufl., 6. Bd., 1910, S. 1137 f.

123 Menger, Carl: Grundsätze der Volkswirthschaftslehre, S. 7 f.: Menger exempliziert seine Theorie „Ueber den Causal-Zusammenhang der Güter" am Beispiel einer Bäckerei.

Der Leistungs- und Güterumsatz „mittels“ Geld in einer Marktwirtschaft

Horizontaler und vertikaler Leistungs- und Güterumsatz mittels Geld in einer Marktwirtschaft von Gütern höherer Ordnung (Produktionsmittelgütern) zu Konsumgütern [1)]

Einkauf der drei elementaren Faktoren (1) Arbeitsleistungen (objektbezogene Arbeitsleistungen) (2) Betriebsmittel (Arbeitsmittel, produzierte Produktionsmittel) (3) Werkstoffe, Rohstoffe, Halb- und Fertigerzeugnisse und Kombination durch den Unternehmer (E. Gutenberg)

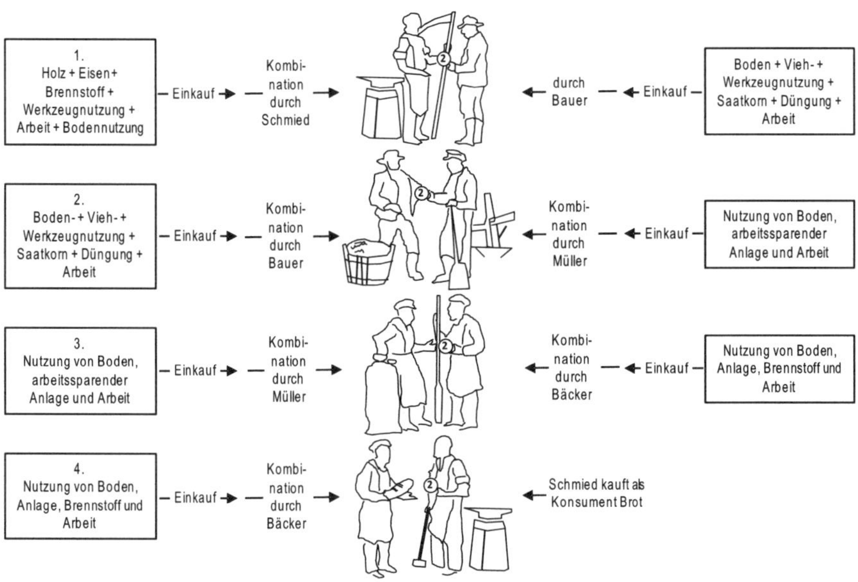

Kauf und Verkauf mittels Geld

1. Schmied	— Sense → für ← Geld —	Bauer	3. Müller	← Geld — für — Mehl →	Bäcker
2. Bauer	— Korn → für ← Geld —	Müller	4. Bäcker	← Geld — für — Brot →	Schmied

1) Eisler, Robert: Das Geld. Seine geschichtliche Entstehung und gesellschaftliche Bedeutung, München 1924, S. 22f.

Entwurf: Jürgen Schneider, Altdorf bei Nürnberg, 2015
Gestaltung: Michael Wobring, Augsburg

„Der Markt ist einheitlich und unzerlegbar. Er ist *ein* Zusammenhang von Handlungen.“[124]

Über die Verknüpfung der Märkte ist ein Wirkungsmechanismus der Preise gegeben. „[...] Von den Preisen der Güter erster Ordnung werden die Bewertungen und Handlungen bestimmt, die zur Bildung der Preise der Güter höherer Ord-

---

124 Mises, Ludwig von: Nationalökonomie, S. 291.

nung führen".[125] Voraussetzung für eine Preisbildung für die Güter höherer Ordnung ist das Privateigentum an Produktionsmitteln, da im Fall von Staatseigentum keine Marktteilnehmer und damit kein Markt gegeben ist.

Der Bedarf der Verbraucher an Konsumgütern bestimmt die Nachfrage nach Produktionsmitteln und deren Wertung. Aufgrund der Entscheidungsmacht der Verbraucher im Sinne der Konsumentensouveränität „[...] ist das kapitalistische Produktionssystem eine wirtschaftliche Demokratie, in der jeder Pfennig das Recht gibt, eine Stimme abzugeben. Die Verbraucher sind das souveräne Volk".[126]

„Der Markt lenkt, der Markt bringt in das Getriebe Sinn und Ordnung".[127] Über den Markt erfolgt die Koordination der unzähligen Einzelentscheidungen der Wirtschaftssubjekte. „Man kann aus dem Ablauf des Handelns in der Marktwirtschaft das Wirken von Unternehmern nicht ausschalten".[128]

Der Prozeß der Umgestaltung von Gütern höherer Ordnung in solch niederer Ordnung, muß von einem wirtschaftenden Subjekt vorbereitet und in ökonomischem Sinne geleitet werden. Diese Tätigkeit bezeichnet Menger als Unternehmertätigkeit. Die Unternehmertätigkeit wird nach Menger durch vier Funktionen bestimmt: „Der Journaleigenthümer ist demnach nicht selten zugleich Mitarbeiter seines Journales, der Gewerbeunternehmer zugleich Arbeiter. Unternehmer sind beide jedoch nicht durch ihre technische Mitwirkung beim Productionsprocesse, sondern dadurch, dass sie Güter höherer Ordnung durch ihr wirthschaftliches Calcül und schliesslich durch einen Willensact einem bestimmten Productionszwecke zuführen. Die Unternehmerthätigkeit umfasst a) die *Information* über die wirthschaftliche Sachlage, b) die sämmtlichen Berechnungen, welche ein Productionsprocess, soll er anders ein ökonomischer sein, zu seiner Voraussetzung hat, oder mit andern Worten das wirthschaftliche *Calcül*, c) den *Willensact*, durch welchen Güter höherer Ordnung (unter entwickelten Verkehrsverhältnissen, wo der Regel nach jedes ökonomische Gut gegen andere umgesetzt werden kann, Güter überhaupt) einer bestimmten Production gewidmet werden, und endlich d) die *Ueberwachung* der möglichst ökonomischen Durchführung des Productionsplanes. Die hier dargelegte Unternehmerthätigkeit pflegt bei geringfügigen Unternehmungen nur einen sehr unbeträchtlichen Theil der Zeit des Unternehmers in Anspruch zu nehmen, während bei grossen Unternehmungen nicht nur der Unternehmer selbst, sondern nicht selten auch noch einige Gehilfen von derselben vollauf in Anspruch genommen werden".[129]

---

[125] Ebd., S. 292.

[126] Mises, Ludwig von: Die Bürokratie. (Titel der amerikanischen Originalausgabe „Bureaucracy", New Haven 1944), hrsg. vom Liberalen Institut der Friedrich-Naumann-Stiftung, Bd. 3, 2. Aufl., Sankt Augustin 2004, S. 14.

[127] Mises, Ludwig von: Nationalökonomie, S. 251.

[128] Ebd., S. 241.

[129] Menger, Carl: Grundsätze der Volkswirthschaftslehre, S. 137: „Nicht einverstanden kann ich mich, nach dem Gesagten, mit *Mangoldt* erklären, welcher (Die Lehre vom Unternehmerge-

Die Verfahren mit längerer Produktionszeit sind mit dem Anreiz einer Mehrergiebigkeit verbunden. Zur Überbrückung der Produktionszeit muß die Befriedigung des heutigen Bedarfs aufgeschoben werden. Mit der Ansammlung von Überschüssen an Genußgütern für einen späteren Verbrauch beginnt eine Kapitalbildung.[130]

Die verfügbaren Kapitalgüter erscheinen über die Geldrechnung als Geldsumme, als Kapital. Über die Darstellung aller Veränderungen des Kapitals ermittelt die Geldrechnung Erfolg oder Mißerfolg des Unternehmens. Auf den höheren Stufen führt das „[...] Kombinieren von drei Gruppen von Produktionsfaktoren, nämlich Arbeit, naturgegebene sachliche Produktionsmittel und produzierte Produktionsmittel [...]“[131] zur Kapitalbildung.

Das Kapital erscheint als Geldkapital „[...] in der Wirtschaftsrechnung der kaufmännischen Bücher, Kalkulationen und Bilanzen“.[132]

Max Weber führt hierzu aus: „Rein technisch angesehen, ist *Geld* das ‚vollkommenste' wirtschaftliche Rechnungsmittel, das heißt: das formal rationalste Mittel der Orientierung wirtschaftlichen Handelns [...]. Dem rationalen wirtschaftlichen Erwerben ist zugehörig eine besondere Form der Geldrechnung: die *Kapitalrechnung. Kapitalrechnung* ist die Schätzung und Kontrolle von Erwerbschancen und -erfolgen durch Vergleichung des Geldschätzungsbetrages einerseits der sämtlichen Erwerbsgüter (in Natur oder Geld) bei Beginn und andererseits der (noch vorhandenen und neu beschafften) Erwerbsgüter bei Abschluß des einzelnen Erwerbsunternehmens oder, im Fall eines kontinuierlichen Erwerbsbetriebes: einer Rechnungsperiode, durch Anfangs- bzw. Abschluß-*Bilanz. Kapital* heißt die zum Zweck der Bilanzierung bei Kapitalrechnung festgestellte Geldschätzungssumme der für die Zwecke des Unternehmens verfügbaren Erwerbsmittel, *Gewinn* bzw. *Verlust* der durch die Abschlußbilanz ermittelte Mehr- bzw. Minderbetrag der Schätzungssumme gegenüber derjenigen der Anfangsbilanz, *Kapitalrisiko* die geschätzte Chance bilanzmäßigen Verlustes, wirtschaftliches *Unternehmen* ein an Kapitalrechnung autonom orientierbares Handeln“.[133]

Kapital ist „Wirtschaft zum Erwerb“, „zur Erzielung eigenen Gewinns“.[134] Die Kapitalrechnung und Kalkulation des Marktunternehmens kennt „keine Orientierung am Grenznutzen, sondern an der Rentabilität. [...] Für die ökonomische Theorie ist der *Grenzkonsument* der Lenker der Richtung der Produktion“.[135]

---

winn, 1855, S. 86 ff.) „die Uebernahme der Gefahr“ bei einer Production als das *wesentliche* an der Unternehmung bezeichnet, während die „Gefahr“ doch nur etwas accidentielles ist und der Verlust- die Gewinn-Chance gegenübersteht“.

130 Mises, Ludwig von: Nationalökonomie, S. 449 f.

131 Ebd., S. 451.

132 Ebd., S. 253.

133 Weber, Max: Grundriß der Sozialökonomik. III. Abteilung Wirtschaft und Gesellschaft, 3. Aufl. 1. Halbband, Tübingen 1947, S. 45, 48.

134 Ebd., S. 48 f.

135 Ebd., S. 49.

Die Wirtschaftsrechnung „[...] ist nicht nur Vorbedenken des künftigen Handelns, sondern auch Nachbedenken des vergangenen Handelns“.[136]

Das Nachbedenken zeigt als Kapitalrechnung die für das zukünftige Handeln verfügbaren Kapitalgüter und die auf dieser Grundlage möglichen Entscheidungen. Gleichzeitig wird für die mit deren künftigem Einsatz verbundene Unsicherheit als Entscheidungskalkül ein Risikovolumen bestimmt. Die Erfahrungen aus dem in der Vergangenheit vollzogenen Handeln bilden „[...] eine Richtschnur für unser stets auf die Zukunft gerichtetes Handeln“.[137] Bei den Unternehmen erscheint das Ergebnis des vergangenen Handelns in der Bilanz – als Vergleich des gegenwärtigen Vermögens mit dessen Stand bei Beginn des Handelns – und in der Gewinn- und Verlustrechnung – hier als Unterschied zwischen Aufwendungen und Ertrag.[138]

Die Quelle für Gewinn oder Verlust des Unternehmers ist die Ungewißheit über die künftige Entwicklung von Angebot und Nachfrage über die Zeitspanne der Produktion. „Die Notwendigkeit, Gewinne zu erzielen, zwingt den Unternehmer, sich den Wünschen der Verbraucher, die auf dem Markte geäußert werden, so schnell und so vollkommen als möglich anzupassen. Wenn er das nicht vermag, oder wenn er sich dagegen auflehnt, wird er über kurz oder lang aufhören, Unternehmer zu sein“.[139]

Über das Eigentum an den Produktionsmitteln trifft das Verlustrisiko allein den Unternehmer.

Jeder, der im wirtschaftlichen Leben handelt und zwischen der Befriedigung zweier Bedürfnisse wählen kann, von denen nur das eine befriedigt werden kann, setzt Werturteile. Die Werturteile erfassen die Konsumgüter und gehen dann auf die Güter höherer Güterordnungen zurück. „Das Werturteil mißt nicht, es stuft ab, es skaliert.“[140]

„In der Verkehrswirtschaft tritt der objektive Tauschwert der Güter als Einheit der Wirtschaftsrechnung in Erscheinung. Das bringt dreifachen Vorteil. Einmal ermöglicht es, die Rechnung auf der Wertung aller am Verkehr teilnehmenden Wirte aufzubauen. Der subjektive Gebrauchswert des einzelnen ist als rein individuelle Erscheinung mit dem subjektiven Gebrauchswert anderer Menschen unmittelbar nicht vergleichbar. Er wird es erst im Tauschwert, der aus dem Zusammenspiel der subjektiven Wertschätzungen aller am Tauschverkehr teilnehmenden Wirte entsteht. Dann aber bringt die Rechnung nach dem Tauschwert eine Kontrolle über die zweckmäßige Verwendung der Güter. Wer einen komplizierten Produktionsprozeß kalkulieren will, merkt es gleich, ob er wirtschaftlicher als die anderen arbeitet oder nicht; kann er im Hinblick auf die auf dem Markte herrschenden Austauschverhältnisse die Produktion nicht rentabel durchführen, so

---

[136] Mises, Ludwig von: Nationalökonomie, S. 198.

[137] Ebd., S. 199.

[138] Ebd., S. 199.

[139] Ebd., S. 271.

[140] Ebd., S. 75.

liegt darin der Hinweis darauf, daß andere die fraglichen Güter höherer Ordnung besser zu verwerten verstehen".[141] Über den Markt erfolgt ein Ausleseprozeß.

In Systemen der natural gesteuerten sozialistischen Zentralplanwirtschaft. Auch in der güterwirtschaftlich gelenkten sozialistischen Zentralplanwirtschaft müssen Entscheidungen über den Einsatz der Produktionsfaktoren, der knappen Ressourcen, getroffen werden.

Die von Marx ausgearbeiteten Grundlagen sind 1848 in das „Manifest der Kommunistischen Partei"[142] von Marx und Engels eingeflossen.

Die Macht soll auf die Arbeiterklasse übergehen, dafür muß das im Kapitalismus gegebene Privateigentum an den Produktionsmitteln beseitigt werden, alle Produktionsmittel werden Staatseigentum.

Die wirtschaftlichen Entscheidungen über die Kombination der Produktionsfaktoren werden auf eine Zentralinstanz übertragen. Durch das Staatseigentum gibt es keine Märkte für Produktionsmittel (nur einen Marktteilnehmer), keinen Wettbewerb, keine Unternehmer.

Wegen fehlender Märkte für Produktionsmittel können sich keine Preise als Gradmesser für Knappheiten der Ressourcen bilden. Die Preise werden von der Zentralinstanz festgesetzt. Es gibt keine Recheneinheit mit rationaler ökonomischer Qualität – es kann nicht gerechnet werden. Wegen fehlender Preisbildung auf freien Märkten mit Wettbewerb besitzt das sozialistische Geld in dem ebenfalls zentralistisch ausgerichteten Geldsystem nur eine eingeschränkte Funktion als Zahlungsmittel im Konsumgüterbereich. Von dem Konsumgüterbereich können keine Signale für die Wertungen der Produktionsmittel ausgesendet werden.

Die Planung erfolgt auf güterwirtschaftlicher Grundlage – als Naturalplanung.

Die in der freien Marktwirtschaft von einer großen Zahl von Wirtschaftssubjekten autonom über unzählige Güter zu treffenden Verwendungsentscheidungen einschließlich vielfältiger Verflechtungswirkungen gehen auf die Zentrale über. Die gewaltigen Informationsprobleme liegen auf der Hand und erscheinen bei dem Volumen und Vielschichtigkeit sowie zeitlichen Veränderungen in der Erfassung und Verarbeitung auch mit moderner Rechentechnik unlösbar.

Für die wirtschaftliche Entwicklung gelten „objektive" ökonomische Gesetze, die zwingend in den kommunistischen Zukunftsstaat führen. Hier gilt „jeder nach seinen Bedürfnissen" und es sei kein Geld erforderlich. Es fehlen Aussagen über die Funktionsweise, auch die ökonomischen Gesetze werden als eine Art Naturgesetze nicht begründet.

Nach dem Gesetz der „planmäßigen proportionalen Entwicklung der Volkswirtschaft" sei die Zentralplanwirtschaft den „spontanen" Entscheidungen in der Marktwirtschaft überlegen und führe zu deren Untergang. Diese Entwicklung sei zwangsläufig und unumkehrbar, auch nicht temporär.

Für den Wert der Güter wird die Arbeitswertlehre der klassischen Nationalökonomie übernommen. Marx unterscheidet nach einfacher und komplizierter

---

141 Mises, Ludwig von: Die Gemeinwirtschaft, S. 101 f.

142 Marx, Karl / Engels, Friedrich: Werke, Band 4, Berlin (-Ost) 1974, S. 459-493.

Arbeit. Jede Arbeit wird auf einfache Arbeit umgewertet. Ein Maßstab für die Bewertung der einfachen Arbeit ist die „Verausgabung im Durchschnitt“.[143]

Selbst von marxistischen Politökonomen wird eingeräumt, daß dieses Problem nicht gelöst sei.

Mit der Oktoberrevolution haben die Bolschewisten 1917 in Rußland die Macht und auch das kapitalistische System Geld übernommen. 1918 wurde in Moskau die Beseitigung des Geldwesens beschlossen, nach Auffassung Lenins wirke das Geld zersetzend. Nach den Fehlschlägen in der Wirtschaft wurde das Geld 1921 mit Gründung der Staatsbank wieder eingeführt. Dies änderte die grundsätzliche Einstellung gegenüber dem Geldwesen nicht. Lenin schrieb im Frühjahr 1921: „Wir [...] begingen [...] den Fehler, daß wir beschlossen, den unmittelbaren Übergang zur kommunistischen Produktion und Verteilung zu vollziehen. Eine ‚nicht sehr lange Erfahrung’ überzeugte uns ‚von der Fehlerhaftigkeit dieser Konstruktion’“.[144]

4.3. Ludwig von Mises theoretische Analyse, daß eine Wirtschaftsrechnung im marktlosen Sozialismus unmöglich ist

Das Anliegen von Mises ist es, den Sozialismus, der ein „Programm der Umgestaltung der Gesellschafts- und Wirtschaftsverfassung nach einem bestimmten Ideal“ ist, mit Hilfe der Soziologie und der Nationalökonomie wissenschaftlich zu untersuchen.[145] Für die nationalökonomischen Fragen bietet die „Katallaktik[146] der modernen subjektivistischen Wertlehre einen festen Ausgangspunkt“.[147] Für die soziologischen Fragen sind die Grundlagen weniger brauchbar.

Der Gebrauch der beiden Wörter „Kommunismus“ und „Sozialismus“ wechselte nach Mises in den Jahrzehnten von 1920 wiederholt die Bedeutung, „doch immer waren es nur Fragen der Taktik, die Sozialisten und Kommunisten schieden. Beide streben Vergesellschaftung der Produktionsmittel an. Sozialismus ist

---

143 Lexikon der Wirtschaft. Arbeit, Bildung, Soziales, Berlin (-Ost) 1982, Stichwort Arbeit einfache, S. 43 und Stichwort Arbeit komplizierte, S. 46.

144 Lenin, Wladimir I.: Die Neue Ökonomische Politik und die Aufgaben der Ausschüsse für politisch-kulturelle Aufklärung, in: Werke, Bd. 33, Berlin (-Ost) 1962, S. 42.

145 Mises, Ludwig von: Die Gemeinwirtschaft. Untersuchungen über den Sozialismus, Jena 1922, S. 10. In die Erstausgabe der „Gemeinwirtschaft“ hat Mises Teile des Aufsatzes „Die Wirtschaftsrechnung im sozialistischen Gemeinwesen, in: Archiv für Sozialwissenschaft und Sozialpolitik, 47. Bd., Tübingen 1920/21, S. 86-121, auf den Seiten 100 ff. eingearbeitet.

146 Fels, Eberhard: Katallaktik, in: HdSW, 5. Bd., 1956, S. 569 f.: Das Wort „Katallaktik“ kommt aus dem Griechischen und bedeutet austauschen, ausgleichen, versöhnen. Synonyma sind mehr oder weniger „reine Tauschtheorie, statische Mikrotheorie, reine Theorie des Konsumentenverhaltens, Preistheorie, elementare ökonomische Analyse“.

147 Mises, Ludwig von: Die Gemeinwirtschaft, S. 11.

die Überführung der Produktionsmittel aus dem Privateigentum[148] in das Eigentum der organisierten Gesellschaft des Staates. Der sozialistische Staat ist Eigentümer aller sachlichen Produktionsmittel und damit der Leiter der gesamten Produktion".[149]

Als Illusion bezeichnet es Mises, „wenn man glaubt, man könnte die Geldrechnung in der sozialistischen Wirtschaft durch die Naturalrechnung ersetzen. Die Naturalrechnung kann in der verkehrslosen Wirtschaft immer nur die Konsumgüter erfassen; sie versagt vollkommen bei allen Gütern höherer Ordnung".[150] Sobald man die freie Geldpreisbildung der Güter höherer Ordnung aufgibt, hat man rationelle Produktion überhaupt unmöglich gemacht. Wenn das Privateigentum an den Produktionsmitteln beseitigt wird, kann nicht mehr festgestellt werden, was die Produktionsmittel für die Güter höherer Ordnung kosten und dann auch nicht, wie hoch die Kosten der Konsumgüter sind. Es fehlt in der sozialistischen Wirtschaft jeder Wegweiser. „Die Versorgung wird nicht mehr anarchisch[151] vor sich gehen, das ist wahr. Über allen der Bedarfsdeckung dienlichen Handlungen wird der Befehl einer obersten Behörde walten. Doch anstelle der Wirtschaft der anarchischen Produktionsweise wird das sinnlose Gebaren eines vernunftlosen Apparates getreten sein. Die Räder werden sich drehen, doch sie werden leer laufen.

Man vergegenwärtige sich die Lage des sozialistischen Gemeinwesens. Da gibt es Hunderte und Tausende von Werkstätten, in denen gearbeitet wird. Die wenigsten von ihnen erzeugen gebrauchsfertige Waren; in der Mehrzahl werden Produktionsmittel und Halbfabrikate erzeugt. Alle diese Betriebe stehen untereinander in Verbindung. Sie durchwandert der Reihe nach jedes wirtschaftliche Gut, bis es genußreif wird. In dem rastlosen Getriebe dieses Prozesses fehlt aber der Wirtschaftsleitung jede Möglichkeit, sich zu Recht zu finden. Sie kann nicht feststellen, ob das Werkstück auf dem Wege, den es zu durchlaufen hat, nicht überflüssigerweise aufgehalten wird, ob an seine Vollendung nicht Arbeit und Material verschwendet werden. Welche Möglichkeit hätte sie, zu erfahren, ob diese oder jene Erzeugungsart die vorteilhaftere ist? Sie kann bestenfalls die Güte und Menge des genußreifen Endergebnisses der Erzeugung vergleichen, aber sie wird nur in den seltensten Fällen in der Lage sein, den bei der Erzeugung gemachten Aufwand zu vergleichen. Sie weiß genau, welchen Zielen ihre Wirtschaftsführung zustreben soll oder glaubt es zu wissen, und sie soll darnach handeln, d.h. sie soll die angestrebten Ziele mit dem geringsten Aufwand erreichen. Um den billigsten Weg zu finden, muß sie rechnen. Diese Rechnung kann natürlich nur eine Wert-

---

148 Ludwig von Mises benutzt immer das Wort „Sondereigentum", d. h. gesondertes Privateigentum im Gegensatz zum gemeinschaftlichen oder Gemeineigentum. Anstelle von „Sondereigentum" wurde der synonyme Begriff „Privateigentum" benutzt.

149 Mises, Ludwig von: Die Gemeinwirtschaft, S. 101.

150 Ebd., 106.

151 Bezeichnung der Sozialisten für die spontanen und daher planlosen Entscheidungen in der Marktwirtschaft.

rechnung sein; es ist ohne weiteres klar und braucht keiner näheren Begründung, daß sie nicht „technisch" sein, nicht auf dem objektiven Gebrauchswert (Nutzwert) der Güter und Dienstleistungen aufgebaut werden kann".[152]

Über den *Charakter der sozialistischen Produktionsweise* führt Mises aus: „In der sozialistischen Gemeinschaft sind alle Produktionsmittel Eigentum des Gemeinwesens. Das Gemeinwesen allein kann über sie verfügen und ihre Verwendung in der Produktion bestimmen. Das Gemeinwesen produziert, das Ergebnis der Produktion fällt ihm zu und von seiner Verfügung hängt es ab, wie die Produkte zu nutzen sind".[153]

Im sozialistischen Gemeinwesen kann es nur *ein Organ* geben, das alle wirtschaftlichen und sonstigen staatlichen Funktionen zusammenfaßt.

Die *Verteilung des Einkommens* in der Marktwirtschaft entspricht dem Werte, den die Produktionsfaktoren (Boden, Arbeit, Kapital) im Produktionsprozeß geleistet haben. „Jeder Dienst wird nach seinem Wert entlohnt".[154]

Im sozialistischen Gemeinwesen fehlt jede Verbindung über Marktsignale zwischen der Produktion und der Verteilung. Die Verteilung wird im Sozialismus vollkommen von der ökonomischen Zurechnung losgelöst und hat mit der Bewertung der Dienstleistungen, die der einzelne der Gesellschaft leistet, nichts mehr zu tun. Da im Sozialismus kein Produktionsmittel im Tauschverkehr umgesetzt wird, gibt es keine Geldpreise der Produktivgüter. „Die Produktivgüter sind res extra commercium".[155]

Die Arbeitswertlehre von Marx ist vollkommen ungeeignet, um hier weiterzuhelfen. Marx unterscheidet einfache und komplizierte Arbeit. Einfache Arbeit ist die „[...] Verausgabung einfacher Arbeitskraft, die im Durchschnitt jeder gewöhnliche Mensch, ohne besondere Entwicklung in seinem leiblichen Organismus besitzt" und komplizierte Arbeit ist „potenzierte und vielmehr multiplizierte Arbeit".[156] Im „Ökonomischen Lexikon" des Sozialismus wird jede „Verausgabung von Arbeitskraft auf einfache Arbeit zurückgeführt",[157] jedoch sei die Reduktion komplizierter auf einfache Arbeit ein „bislang nicht voll gelöstes Problem der politischen Ökonomie des Sozialismus".[158] Von den Politökonomen ist nie ein Faktor gefunden worden, um komplizierte in einfache Arbeit zu reduzieren. In dem Beitrag „Arbeit, komplizierte" findet sich am Ende ein Hinweis auf „Arbeitsklassifizierung".[159] Letzterer Beitrag hat jedoch mit der „Arbeitswertlehre", die eigentlich die Grundlage für die „Arbeitsklassifizierung" bildet, nichts zu tun.

---

152 Mises, Ludwig von: Die Gemeinwirtschaft, S. 107 f.

153 Ebd., S. 116.

154 Ebd., S. 143.

155 Ebd., S. 146.

156 Marx, Karl: Das Kapital. Erster Band, in: Marx/Engels: Werke, Bd. 23, Berlin (-Ost) 1975, S. 59.

157 Ökonomisches Lexikon A-G, 2. Aufl., Berlin (-Ost) 1977, S. 113.

158 Ebd., S. 116.

159 Ebd., S. 140-142.

Die Arbeitswertlehre ist eine Leerformel, d. h. sie ist ohne Bezug zur Realität. Als Beweis genügte in der Politischen Ökonomie des Sozialismus immer ein Zitat von Marx oder Lenin. Die Arbeitswertlehre ist ein Teil des sozialistischen Etikettenschwindels.

Von besonderer Bedeutung bei Mises ist das Kapitel „Die Gemeinwirtschaft im Beharrungszustand". „Die Annahme eines wirtschaftlichen Beharrungszustandes ist ein Hilfsmittel unseres Denkens, kein Versuch, die gegebene Wirklichkeit zu beschreiben. Wir können ohne diese Denkform nicht auskommen, wenn wir zur Erkenntnis der Gesetze der wirtschaftlichen Veränderungen gelangen wollen. Um die Bewegung zu studieren, müssen wir uns zunächst einen Zustand denken, in dem sie fehlt. Der statische Zustand ist jene Gleichgewichtslage, der wir uns alle Objekte des wirtschaftlichen Handelns im Augenblicke zustrebend denken, und die sie wirklich erreichen würden, wenn nicht früher der Eintritt neuer Tatsachen einen anderen Gleichgewichtszustand bedingen würde. Im gedachten Gleichgewichtszustand sind alle Teilchen der Produktionsfaktoren in der wirtschaftlichsten Verwendung; es ist kein Anlaß vorhanden, irgendwelche Veränderungen mit ihnen vorzunehmen".[160] Eine solche sozialistische Wirtschaft im Beharrungszustand (stationäre Wirtschaft) kann sich Mises „ganz gut vorstellen" [...] „Alle sozialistischen Theorien und Utopien haben immer nur den statischen Zustand vor Augen".[161] Die stationäre Wirtschaft ist ein Hilfsmittel, eine gedankliche Annahme, um auf diesem Hintergrund festzustellen, wie sich die Daten in der realen Wirtschaft permanent verändern. Bei der stationären oder statischen Wirtschaft greift Mises auf Léon Walras (1834-1910) zurück, der als Gründer der Lausanner Schule zu den Klassikern der mathematischen Wirtschaftstheorie gehört. „Man rechnet ihm heute die kristallklare Erfassung der Volkswirtschaft in einem statischen Gleichgewicht interdependenter Größen zu, das auf einem einheitlichen Prinzip begründet ist".[162]

Schumpeter hatte bei seiner „Theorie der wirtschaftlichen Entwicklung" (Leipzig 1912) scharf zwischen Statik und Dynamik unterschieden. „Die Statik ist Gleichgewichtstheorie, eine auf den Beharrungszustand fixierte Betrachtungsweise. Sie ist zugleich die besondere Ausprägung eines entwicklungslos gedachten Systems, eine in sich ruhende, passive stationäre Wirtschaft".[163]

Methodisch geht Mises ähnlich wie Schumpeter vor. Nach der stationären Wirtschaft behandelt Mises die Dynamik, die Probleme der realen Wirtschaft, die

---

160 Mises, Ludwig von: Die Gemeinwirtschaft: S. 151. Brandt, Karl: Gleichgewicht, ökonomisches, in: HdSW, 4. Bd., 1965, S. 600: Verallgemeinernd kann man immer dann von einem Gleichgewicht sprechen, wenn ein System von Zustands- oder Bewegungsgrößen bei Datenkonstanz keine Veränderung erfährt. Auch Joseph A. Schumpeter (1883-1950) griff bei seiner „Theorie der wirtschaftlichen Entwicklung" (1912) auf die stationäre Wirtschaft als Referenzmodell zurück.

161 Mises, Ludwig von: Die Gemeinwirtschaft, S. 152.

162 Waffenschmidt, Walter Georg: Léon Walras (1834-1910), in: HdSW, 11. Bd., 1961, S. 495.

163 Brandt, Karl: Geschichte der deutschen Volkswirtschaftslehre. Band 2: Vom Historismus bis zur Neoklassik, Freiburg i.Br. 1993, S. 327.

bei der „Gemeinwirtschaft in Bewegung“ auftreten. Hier analysiert Mises u. a. wie Veränderungen der Bevölkerungsgröße, Veränderungen des Bedarfs und Veränderungen in der Größe des Kapitals (Konsum- oder Produktivgüter) dauernd auf die reale und damit auch auf das sozialistische Gemeinwesen einwirken. „Dann aber haben wir eine sozialistische Wirtschaftsordnung vor uns, die im Ozean der möglichen und denkbaren Wirtschaftskombinationen ohne die Bussole[164] (Kompaß) der Wirtschaftsrechnung umherfährt. [...] Alles tappt hier im Dunkeln. Sozialismus ist Aufhebung der Rationalität der Wirtschaft“.[165]

In den Händen des Leiters der sozialistischen Produktion liegen „Glück und Unglück wie in den Händen einer Gottheit. Gottähnlich müßte fürwahr dieser Leiter der sozialistischen Wirtschaft sein, um das zu vollbringen, was ihm obliegt. Sein Blick müßte alles umspannen können, was für die Wirtschaft von Bedeutung sein kann; er müßte ein unfehlbares Urteil haben, das auch die Verhältnisse entfernter Gegenden und künftiger Jahrzehnte richtig abzuschätzen weiß.

Daß der Sozialismus ohne weiteres durchführbar wäre, wenn ein allwissender und allmächtiger Gott persönlich niedersteigen würde, um die Regierung der menschlichen Angelegenheiten in die Hand zu nehmen, ist nicht zu bestreiten. Solange man aber darauf nicht mit Bestimmtheit rechnen kann, ist nicht zu erwarten, daß die Menschen einem aus ihrer Mitte freiwillig eine solche Stellung einzuräumen bereit wären“.[166]

Die „Lähmung der Initiative und des Verantwortungsgefühls“ lassen die Gemeinwirtschaft „unfehlbar zugrunde“ gehen.[167]

Im III. Teil „Die Lehre von der Unentrinnbarkeit des Sozialismus“ geht Mises auf den sozialistischen Chiliasmus ein: „Vom christlichen Chiliasmus, der durch die Jahrhunderte mit immer neu erwachender Kraft schreitet, führt eine gerade Linie zum philosophischen Chiliasmus, in den die Rationalisten des 18. Jahrhunderts das Christentum umzudeuten suchen, und von da über Saint Simon, Hegel und Weitling zu Marx und Lenin. Und es ist ein eigentümliches Spiel des Zufalls, daß gerade der Sozialismus, der in solcher Weise von mystischen Ideen, deren Ursprung sich im Dunkel der Geschichte verliert, abstammt, sich selbst den Namen wissenschaftlicher Sozialismus beigelegt hat, während er jenen Sozialismus, der aus den rationalen Erwägungen der Philosophen herkommt, durch die Bezeichnung utopisch zu disqualifizieren sucht“.[168]

Im V. und letzten Teil der „Gemeinwirtschaft“ resümiert Mises seine Analyse des Sozialismus unter dem Titel „Destruktionismus“: „Und doch ist die Ideologie des Sozialismus nichts anderes als die großartige Rationalisierung kleinlichen Ressentiments. Keine seiner Theorien kann vor der Kritik auch nur im geringsten

---

164 Bussole, Instrument mit Magnetmesser, welches u. a. als Orientierungsmittel gebraucht wird. Ohne Bussole bedeutet orientierungslos.

165 Mises, Ludwig von: Die Gemeinwirtschaft, S. 110.

166 Ebd., S. 196.

167 Ebd., S. 197.

168 Ebd., S. 270 f.

bestehen, alle seine Deduktionen sind hohl und nichtssagend. Seine Auffassung der kapitalistischen Wirtschaftsweise ist schon längst als durchaus unhaltbar erkannt worden; sein Entwurf einer künftigen Gesellschaftsordnung erweist sich als innerlich widerspruchsvoll und darum undurchführbar. Der Sozialismus würde nicht nur die Wirtschaft nicht rationeller machen, er würde alles Wirtschaften überhaupt aufheben. Daß er Gerechtigkeit bringen könnte, ist nichts als eine willkürliche Behauptung, deren Herkunft aus dem Ressentiment und aus falscher Deutung der Vorgänge innerhalb der kapitalistischen Wirtschaft gezeigt werden konnte. Und daß die Geschichte uns keinen anderen Weg gelassen hätte als den zum Sozialismus, erweist sich als eine Weissagung, die sich von den chiliastischen Träumen altchristlicher Sektierer nur durch den Anspruch unterscheidet, den sie auf die Bezeichnung „Wissenschaft" erhebt.

Der Sozialismus ist in Wahrheit nicht das, was er zu sein vorgibt. Er ist nicht Wegbereiter einer besseren Zukunft, sondern Zertrümmerer dessen, was Jahrtausende der Kultur geschaffen haben. Sein Element ist die Zerstörung; er baut nicht auf, er reißt nieder. Nach dem Erfolg seines Wirkens müßte man ihm den Namen Destruktionismus geben. Denn sein Wesen ist die Zerstörung. Er bringt nichts hervor, er zehrt nur auf, was die auf dem Sondereigentum an den Produktionsmitteln beruhende Gesellschaftsordnung geschaffen hat. Da es eine sozialistische Gesellschaftsordnung nicht geben kann, es wäre denn als ein Stück Sozialismus inmitten einer im übrigen auf dem Sondereigentum beruhenden Wirtschaftsverfassung, muß jeder Schritt, der zum Sozialismus hinführen soll, sich in Zerstörung des Bestehenden erschöpfen".[169]

4.4. Die Debatte um die Wirtschaftsrechnung im Sozialismus

Die Mises-These von der Unmöglichkeit einer Wirtschaftsrechnung im Sozialismus ist von Sozialisten nie widerlegt worden.[170] Die Entwicklung in den achtziger Jahren des 20. Jahrhunderts gab ihm recht: der Kommunismus scheiterte am Chaos, das die Irrationalität der Zentralplanung schaffen mußte.[171]

Robert Eisler, Dr. phil., dipl. ord. Mitglied des Instituts für österreichische Geschichtsforschung an der Universität Wien, muß die Forschungen von Max Weber und Ludwig von Mises, die ebenfalls an der Universität Wien tätig waren, gekannt haben, denn er beschreibt 1924 mit aller wissenschaftlichen Klarheit die so genannte Mises-These: „Wenn der größte Gesellschaftsumbildungsversuch der

---

[169] Ebd., S. 448.

[170] Grundlegend Boettke, Peter J.: Socialism and the Market. The Socialist Calculation Debate Revisited, 9 vols., London and New York 2000. Boettke beschränkt sich für die Zeit nach Hayeks Publikation "Collectivist Economic Planning" (1935) auf die Diskussionsbeiträge im englischsprachigen Raum (England, USA). Aus der Auseinandersetzung mit dem Sozialismus ging auch der Ordoliberalismus (Walter Eucken) hervor.

[171] Zlabinger, Albert H.: Mises, Ludwig von (1881-1973), in: Hagemann, Harald und Krohn, Klaus-Dieter (Hrsg.), Biographisches Handbuch der deutschsprachigen wirtschaftswissenschaftlichen Emigration nach 1933, Bd. 2, München 1999, S. 452.

ganzen Weltgeschichte (die sozialistische Oktoberrevolution von 1917 in Rußland) *irgend etwas augenfällig gelehrt hat*, so ist es die Tatsache, *daß es ein anderes Geld als das ‚kapitalistische' nicht gibt, und nicht geben kann*; daß die ausgebildetste Gemeinwirtschaft das Geld als Berechnungs- und Verrechnungsmittel *nicht entbehren* kann, und schließlich, daß das Weiterbestehen der Geldwirtschaft die tiefgreifendsten sozialen Umwälzungen an sich durchaus nicht verhindert.

Die Unentbehrlichkeit der Geldrechnung – d. h. der Zurückführung aller ausgetauschten Güter und Leistungen auf eine Werteinheit – liegt darin, daß auf andere Art *die Wirtschaftlichkeit eines Betriebes* in der arbeitsteiligen Großwirtschaft gar nicht *festzustellen* ist. Man könnte meinen, daß der Wirtschaftserfolg eines Betriebs sich rein ‚gütermäßig' erfassen ließe: z. B. bei einer Webwarenfabrik die größte Wirtschaftlichkeit erreicht ist, wenn die größtmögliche Menge (guter) Webware beim geringstmöglichen Verbrauch an Rohstoff, Kohle, Arbeiterstunden u. dgl. herausgebracht wird. In Wirklichkeit könnte ein solcher Betrieb mit höchstem Wirkungsgrad wirtschaftlich ganz verkehrt gearbeitet haben; z. B. Millionen von Taschentüchern für eine Bevölkerung gewebt haben, die sich recht gern für diesen Zweck mit ihren fünf Fingern begnügt hätte.

Besteht eine Geldrechnung, so wird dem Betrieb einfach eine solche nicht sehr begehrte Erzeugung unabsetzbar auf dem Halse bleiben und ein buchmäßiger Verlust ausgewiesen werden müssen. In der reinen Verteilungswirtschaft dagegen würde der oberste Wirtschaftsrat nur auf Grund allfällig eingelaufener Beschwerden über unnütz verwebte Faserstoffe, die für Windeln besser verwendet worden wären, die Taschentuchweberei einstellen bzw. nach willkürlicher Schätzung oder ‚genauer Bedarfserhebung' einschränken können".[172]

Eisler sprach die zentralen systemimmanenten Defekte der sozialistischen Zentralplanwirtschaft an, die auch für die DDR charakteristisch sein sollten:

(1) Die Unmöglichkeit einer Wirtschaftsrechnung in einer marktlosen Naturalwirtschaft.

(2) Produktion und Konsum sind in der sozialistischen Zentralplanwirtschaft getrennte Bereiche. Falls die Nachfrage in einer Marktwirtschaft zurückgeht, macht das Unternehmen Verluste und schränkt die Produktion ein. Ein solcher „Seismograph" fehlt in der marktlosen sozialistischen Zentralplanwirtschaft, in der öfters am Konsumenten vorbei produziert wird.

Peter Kende hatte für Ungarn schon 1964 festgestellt, daß das wirkliche Modell der sozialistischen Zentralplanwirtschaft eine erschreckende Ähnlichkeit mit dem hatte, was Ludwig von Mises bereits 1922 wissenschaftlich herausgearbeitet hatte.[173]

Das Hauptanliegen von Mises galt jedoch dem wissenschaftlichen Nachweis, daß eine Wirtschaftsrechnung im Sozialismus unmöglich sei. „Der Sozialismus ist

---

172 Eisler, Robert: Das Geld. Seine geschichtliche Entstehung und gesellschaftliche Bedeutung, München 1924, S. 354 f.

173 Kende, Peter: Logique de l'économie centralisée; un exemple, la Hongrie. Paris 1964, S. 491.

aber auch nicht nur darum unausführbar, weil er edlere und uneigennützigere Menschen voraussetzt. Es war eine der Aufgaben, die sich dieses Buch gestellt hat, zu zeigen, daß dem sozialistischen Gemeinwesen vor allem das fehlt, was alle Wirtschaft mit weiter ausholenden Prozessen, alle Wirtschaft, die nicht von der Hand in den Mund lebt, sondern mit kapitalistischen Produktionsumwegen arbeitet, vor allem braucht: die Möglichkeit zu rechnen, d. h. rationell vorzugehen. Ist einmal diese Erkenntnis allgemein geworden, dann müssen alle sozialistischen Ideen aus den auf die Vernunft abgestellten Erwägungen der Menschen verschwinden".[174]

Georg Halm, der sich 1928 bei Adolf Weber habilitierte, analysierte die Konkurrenz als Ordnungsprinzip und resümierte über die sozialistische Wirtschaft: „Um das Ergebnis vorwegzunehmen: nach dem heutigen Stand sozialökonomischer Erkenntnis muß man Mises durchaus zustimmen, wenn er sagt: ‚Der Kapitalismus ist die einzig denkbare und mögliche Gestalt gesellschaftlicher Wirtschaft'".[175]

Halm wies die Notwendigkeit einer Wirtschaftsrechnung auch in der sozialistischen Zentralplanwirtschaft nach. *Unmöglich* ist nach Halm:[176]

(1) Eine Zinsbildung im Sozialismus
(2) Eine Preisbildung für Kapitalgüter
(3) Zinspreisbildung und Rentenbildung
(4) Die Arbeitswertrechnung.

Die Diskussion über die Wirtschaftsrechnung im Sozialismus faßte Ludwig Mises 1928 zusammen: „Man kann heute bereits ein abschließendes Urteil über die sozialistische Literatur des Jahrzehnts fällen, das auf die unvergleichlichen politischen Erfolge des kompromißlosen Sozialismus, die mit der russischen Revolution einsetzten, gefolgt ist. Ein dem Sozialismus sehr freundlich gesinnter Autor, *Cassau*, hat (in der zum 80. Geburtstag Lujo Brentanos herausgegebenen Festschrift) vom proletarischen Sozialismus gesagt, alle Erfahrungen des letzten Jahrzehnts wären an seiner Ideologie vorübergegangen, ohne sie zu beeinflussen. Diese Ideologie habe kaum jemals soviel Ausbaumöglichkeiten gehabt und sei kaum jemals so steril gewesen wie in der Blütezeit der Sozialisierungsdebatten. Dieses Urteil klingt sehr hart, doch es gilt ohne jede Einschränkung von der gesamten Literatur des Sozialismus, nicht bloß von der des marxistischen oder – wie man ihn heute mitunter zu benennen pflegt – proletarischen Sozialismus".[177]

---

[174] Mises, Ludwig von: Die Gemeinwirtschaft, S. 498.

[175] Halm, Georg: Die Konkurrenz. Untersuchungen über die Ordnungsprinzipien und Entwicklungstendenzen der kapitalistischen Verkehrswirtschaft, München und Leipzig 1929, S. 30 f.

[176] Halm, Georg: Ist der Sozialismus wirtschaftlich möglich? Berlin 1929, S. 26 ff.

[177] Mises, Ludwig von: Neue Schriften zum Problem der sozialistischen Wirtschaftsrechnung, in: Archiv für Sozialwissenschaft und Sozialpolitik, 51. Bd., 1928, S. 189.

1935 edierte F. A. von Hayek einen Sammelband mit dem Titel „Collectivist Economic Planning“[178] mit kritischen Studien über die Möglichkeiten des Sozialismus von N. G. Pierson, Ludwig von Mises, Georg Halm und Enrico Barone. Dem Sammelband stellte von Hayek eine Einführung voran und zog im Schlußteil eine Bilanz. Hayek betonte, daß die zentrale These von Mises bis zu diesem Zeitpunkt nicht widerlegt werden konnte.[179]

1948 publizierte F. A. Hayek Aufsätze, die zuerst in englischer Sprache in verschiedenen Zeitschriften erschienen waren, unter dem Titel „Individualism and Economic Order“,[180] die dann auch in deutscher Sprache erschienen.[181] Hayek teilte die Diskussion um die Sozialistische Wirtschaftsrechnung in drei Phasen, wobei die Phasen I und II den Stand der Diskussion um 1935 wiedergaben. Die Diskussion um die Wirtschaftsrechnung im Sozialismus begann im englischen Sprachraum relativ spät. F. M. Taylor[182] und W. C. Roper,[183] zwei Amerikaner und H. D. Dickinson[184] aus England zeigten auf, „daß unter der Annahme einer *vollständigen Kenntnis aller Daten* die Werte und Mengen der verschiedenen zu erzeugenden Güter bestimmt werden könnten, durch Anwendung des Apparates, mit dem die theoretische Nationalökonomie die Preisbildung und die Produktionslenkung in einem Wettbewerbssystem erklärt“.[185] Hayek sah die neoklassischen Gleichgewichtsmodelle nur als Referenzmodelle.

---

178 Collectivist Economic Planning. Critical Studies on the Possibilities of Socialism by N. G. Pierson, Ludwig von Mises, Georg Halm, and Enrico Barone. Edited, with an Introduction and a Concluding Essay by Friedrich August von Hayek, London 1935, Nachdruck 1938.

179 Ebd., S. 37.

180 Hayek, Friedrich A. von: Individualism and Economic Order, Chicago, London 1948.

181 Hayek, Friedrich A. von: Individualismus und wirtschaftliche Ordnung, Erlenbach-Zürich 1952.

182 Taylor, Frederick: The Guidance of Production in a Socialist State, in: American Economic Review, Vol. 19, 1929, pp. 1-8.

183 Roper, Willet C: The Problem of Pricing in a Socialist State, Cambridge, Mass. 1929.

184 Dickinson, Henry D.: Price Formation in a Socialist Community, in: Economic Journal, London, Vol. 43, 1933, pp. 237-250.

185 Hayek, Friedrich A. von: Individualismus, S. 197; Caldwell, Bruce: Hayek and Socialism, in: Journal of Economic Literature, vol. XXX (Dec. 1997), S. 1856-1890, wieder abgedruckt bei Boettke, Peter J.: Socialism and the Market, vol. IX, S. 1886: „The virtue of the economics of information is to permit economists to discuss questions of agency with analytical precision and rigor. Like all theories, its analytic rigor is purchased at the price of an oversimplified picture of reality. This poses a danger if it leads one to think that the only problems facing socialism are agency problems, problems that can be overcome once the requisite incentive compatibility mechanisms are put into place. Hayek was no opponent of theory; indeed, he frequently defended it from its historicist detractors. But he also understood the limitations of theory. A half century ago well-intentioned socialists demonstrated with simplistic mathematical models that market socialism could duplicate the workings of a competitive market system, plus remove its deficiencies. More elegant models are available today for correcting a system with informational problems. Over 60 years ago Hayek warned about the dangers of an ‘excessive preoccupation with the conditions of a hypothetical state of stationary equilibri-

„Equilibrium models, he argued, could be no more than a useful preliminary to the study of the main problem, which was to show how the market enables profit seeking individuals to make choices in an environment of decentralized and incomplete information and uncertainty about the future, and in which they bear the consequences of their choices. To Hayek, the market economy is essentially a spontaneously evolved institutional response to the difficulties of coordinating economic activity in a complex and changing world. Because the real world is so complex and so changeable, it was clear to him that the simplistic models constructed by the market socialists, if used to operate a real socialist economy, were doomed to produce an economic environment far different from, and far inferior to the one they envisioned in their plans".[186]

Die angelsächsischen Autoren stützten sich auf Enrico Barones Aufsatz von 1908.[187] Don Lavoie analysierte die Beiträge der sogenannten „Marktsozialisten", die die mathematische Lösung benutzten, um Mises zu widerlegen. „All of these arguments are essentially 'static' in the sense that they completely abstract from any complications entailed in the existence of continuous unexpected change. In all three arguments it was assumed that the knowledge necessary for the formulation of the Walrasian equations is available and that the only problem remaining is that of finding, whether by algebra or guesswork, the equilibrium set of prices. Thus the statement of the problem to be solved was significantly modified. An ex-

---

um' (1935, p. 226). It is not altogether outrageous to suggest that today he might warn against an excessive preoccupation with questions of information".

186 Vaugh, Karen I.: Economic Calculation under Socialism. The Austrian Contribution, in: Peter J. Boettke, Socialism and the Market, vol. V, S. 552.

187 Kloten, Norbert: Enrico Barone (1859-1924), in: HdSW, 1. Bd., 1956, S. 634 f.: „Barones in angewandter Methodik und klarer Fragestellung gleich vorbildlicher Aufsatz „Il ministro della produzione nello Stato colettivista" (1908) hat seinen Ruhm begründet und die Diskussion um eine Wirtschaftsrechnung in einer Wirtschaft ohne Privateigentum erst ihre theoretisch systematische Grundlage gegeben. Unter der Voraussetzung, daß die technischen Produktionskoeffizienten und die Präferenzskalen der Wirtschaftssubjekte dem Produktionsminister bekannt sind, wird dieser nach Barone in seinem Streben nach einem kollektiven Wohlfahrtsmaximum alle ökonomischen Kategorien der Verkehrswirtschaft: Preise, Löhne, Renten, Zins, Gewinne, Sparen usw., in völlig analoger Weise einplanen, d. h. die Gleichgewichtsbedingungen der vollständigen Konkurrenz und der sozialistischen Wirtschaft sind – eine Produktion zu minimalen Kosten vorausgesetzt – identisch. Während sich jedoch das Wohlfahrtsmaximum bei vollständiger Konkurrenz automatisch einstellt, kann es in der sozialistischen Wirtschaft nur durch Experimente auf breitester Basis verwirklicht werden, weil der Produktionsminister nur so die ökonomische Indeterminiertheit der Produktionskoeffizienten zu überwinden vermag. Dem Produktionsminister bleibt nur die Möglichkeit, die Selektionswirkung des konkurrenzwirtschaftlichen Preissystems durch ein höchst kompliziertes und sehr kostspieliges Korrekturverfahren experimenteller Natur zu ersetzen. Diese a posteriori-Bestimmung des adäquaten Wirtschaftsablaufs stellt eine ernste, fast unüberwindliche Schwierigkeit dar. Barones Ziel war es – im Gegensatz zu manchen Behauptungen –, die vielfach utopischen Thesen der zeitgenössischen Sozialisten ad absurdum zu führen und die Problematik der sozialistischen Wirtschaftsrechnung an Hand klarer Modelle aufzuzeigen".

amination of some further work in this direction ('planometrics') concluded that it too suffers from an excessively static formulation of the problem".[188]

Herbert Zassenhaus machte 1934 die Prämissen des Baroneschen Modells nochmals explizit. Das Modell von Barone gehört zur statischen Theorie, d. h. „wir haben angenommen, daß die Daten des Systems bekannt sind und sich während der Beobachtungszeit nicht ändern – auch dadurch nicht, daß das System sich gegen das Gleichgewicht hin bewegt. [...] So liegt z. B. beim Produktionsministerium eine alle Mengen aller Konsumgüter umfassende Bewertungsskala vor, gegebene Technik, statische Verhältnisse. [...] Die Frage der Realisierbarkeit der Planwirtschaft bleibt also hier ganz unerörtert. [...] Dem Produktionsministerium fallen als dem Erben der Unternehmer all die Schwierigkeiten zu, mit denen diese zu rechnen hatten".[189] Ludwig Mises hat sich in der „Gemeinwirtschaft" (1922) ausführlich mit Barones Modell auseinandergesetzt, so daß auch Oskar Lange (1904-1965)[190] und Abba P. Lerner,[191] deren Studien sich auf Barone stützen, nichts Neues zur Diskussion über die Wirtschaftsrechnung im Sozialismus beitrugen. Es ist sehr erstaunlich, was der Wirtschaftswissenschaftler Kurt R. Leube feststellte: „Beim mehrmaligen Besuch der persönlichen Bibliothek Oskar Langes an der Universität Warschau stellte sich allerdings überraschenderweise heraus, daß weder die für diese fundamentale Diskussion wirklich relevanten Arbeiten von Menger, Böhm-Bawerk, von Schönfeldt-Illy, oder Robbins, noch wenigstens diejenigen von Mises oder Hayek je geöffnet, geschweige denn überhaupt angelesen wurden und noch immer angestaubt und unberührt in den Regalen stehen. Aber auch Max Weber, der nahezu zeitgleich wie Mises mit seinem großen Beitrag zu ganz ähnlichen Schlußfolgerungen gelangte, steht heute noch ungelesen dort".[192]

---

188 Lavoie, Don: Rivalry and central planning. The socialist calculation debate reconsidered, Cambridge 1985, S. 181. Wieder abgedruckt bei Boettke, Peter J.: Socialism and the Market, vol. VI, 2000.

189 Zassenhaus, Herbert: Über die ökonomische Theorie der Planwirtschaft, in: Zeitschrift für Nationalökonomie, Bd. V, 1934, S. 508, 515f., 531. Zu Zassenhaus siehe Hagemann, Harald und Krohn, Claus-Dieter: Die Emigration deutschsprachiger Wirtschaftswissenschaftler nach 1933. Biographische Gesamtübersicht unter Mitarbeit von Hans Ulrich Esslinger, Hohenheim 1995, S. 313.

190 Lange, Oskar: On the Economic Theory of Socialism, Minneapolis, Minnesota 1948. Lange, Oskar und Taylor, Frederick M.: On the Economic Theory of Socialism, Minneapolis 1938. Opitz, Petra: Oskar Lange (1904-1965), in: Werner Krause u. a. (Hrsg.), Ökonomenlexikon, Berlin 1989, S. 284-286; Stavenhagen, Gerhard: Geschichte der Wirtschaftstheorie, 3. Aufl., Göttingen 1964, S. 376: Lange hat, wie er selbst hervorhebt, die irreale Annahme, daß alle Menschen annähernd gleiche Nutzenempfindungen (in qualitativer und quantitativer Hinsicht) haben, Lerner setzt nur qualitative Gleichheit voraus.

191 Lerner, Abba P.: Economic Theory and Socialist Economy, in: Review of Economic Studies ^{2}1934 und ^{5}1937.

192 Leube, Kurt R.: Über Ludwig von Mises, in: Hans-Hermann Hoppe u. a. (Hrsg.), Ludwig von Mises „Die Gemeinwirtschaft", Düsseldorf 1996, S. 28.

Walter Eucken urteilte über das Baronsche Modell: „Grundsätzlich gilt: Dieses Modell stellt keine Zentralverwaltungswirtschaft dar, sondern eine besondere Form der Verkehrswirtschaft, in der im übrigen nach dem Prinzip bestmöglicher Güterversorgung gehandelt wird. Eine Anwendung der theoretischen Analyse dieses Modells auf die modernen Probleme von Wirtschaftsordnungen, die ‚kollektivistisch' genannt werden, ist also unzulässig".[193]

Während seiner Assistentenzeit bei Walter Eucken verfaßte Karl Paul Hensel eine Studie mit dem Titel „Einführung in die Theorie der Zentralverwaltungswirtschaft. Eine vergleichende Untersuchung idealtypischer wirtschaftlicher Lenkungssysteme an Hand des Problems der Wirtschaftsrechnung" (1954). Dabei setzte sich Hensel[194] mit Walter Euckens Auffassung der Wirtschaftsrechnung bei zentraler Lenkung des Wirtschaftsprozesses auseinander.[195] In den „Dogmengeschichtlichen Anmerkungen zur Theorie der Zentralverwaltungswirtschaft" faßt Hensel das Ergebnis seiner Studie zusammen:

„Wenn wir unter a) sagten, daß den kritischen Urteilen Euckens in Bezug auf die konkreten Erscheinungen der Wirtschaftsrechnung im wesentlichen zuzustimmen sei,[196] so wird diese Feststellung durch unsere Bemerkungen zu b) keineswegs verändert. Wir würden diese Erscheinungen lediglich in anderer Weise erklären. Während Eucken die unzureichende Wirtschaftsrechnung der Praxis mit der Unmöglichkeit einer genauen Wirtschaftsrechnung in diesem System überhaupt erklärt, bejahen wir die Möglichkeit einer zureichenden Wirtschaftsrechnung und führen die praktischen Unzulänglichkeiten auf das Fehlen idealtypischer Voraussetzungen zurück".[197] Hensel nimmt an, daß alle Daten des Systems be-

---

193 Eucken, Walter: Die Grundlagen der Nationalökonomie, 5. Aufl., Godesberg 1947, S. 398f.

194 Gutmann, Gernot, K. Paul Hensel (1907-1975), in: Rolf Hasse et al. (Hrsg.), Lexikon Soziale Marktwirtschaft, 2. Aufl., 2005, S. 39 f.

195 Hensel, Karl Paul: Einführung in die Theorie der Zentralverwaltungswirtschaft. Eine vergleichende Untersuchung idealtypischer wirtschaftlicher Lenkungssysteme an Hand des Problems der Wirtschaftsrechnung, Stuttgart 1954, S. VII.

196 Ebd., S. 226: a) Sämtliche Urteile Euckens sind Folgerungen aus Beobachtungen der wirtschaftlichen Wirklichkeit, insbesondere in der Zeit der deutschen Kriegs- und Nachkriegswirtschaft. In der Tat werden sie, sofern sie konkrete Erscheinungen der Wirtschaftsrechnung betreffen, schwerlich bestritten werden können. Sie ließen sich auch durch weitere Beispiele aus anderen Ländern, in denen die zentrale Lenkung keine Kriegswirtschaft darstellt, befestigen. Seiner Kritik dessen, was war, der wirklichen Wirtschaftsrechnung also (insbesondere VIII. Kapitel), ist im wesentlichen durchaus zuzustimmen.

197 Hensel, Karl Paul: Einführung in die Theorie der Zentralverwaltungswirtschaft, S. 227: „Im Hinblick auf die systemimmanenten Möglichkeiten der Wirtschaftsrechnung bei zentraler Lenkung glauben wir den ‚Mengenbilanzen' eine größere Bedeutung beimessen zu können, als Eucken dies tat. Wir haben darzustellen versucht, wie gerade aus dem System dieser Bilanzen eine Lenkungsmechanik, der Planmechanismus, entsteht, der sich allerdings nur auf die Planung des Wirtschaftsprozesses bezieht; wie weiter an den Plansalden, den Salden dieser Mengenbilanzen also, die gesamtwirtschaftlichen Knappheiten angezeigt werden; und wie schließlich auf Grund der Planbilanzen eine Kosten- und insbesondere eine Grenzkosten- (Grenznutzen- P.H.) Rechnung durchgeführt sowie ein allgemeines Plangleichgewicht herge-

kannt sind. Seine Theorie der Zentralverwaltungswirtschaft entspricht Barones Gleichgewichtsmodell der stationären Wirtschaft. Ludwig Mises hatte 1922 festgestellt, daß die sozialistische Zentralplanwirtschaft funktioniere, wenn die Leitung allwissend ist. Dies entspricht Hensels idealtypischen Voraussetzungen. Die „praktischen Unzulänglichkeiten" sind eine Folge davon, daß die Leitung der Zentralplanwirtschaft nicht allwissend ist.

Zur Henselschen Lenkungsmechanik, dem Planmechanismus, nimmt Helmut Leipold Stellung: „Die Planung der Arbeits- und Produktionsprozesse bedeutet deren inhaltliche Festlegung und Abstimmung für eine zukünftige Periode; bei zentraler Planung muß notwendigerweise eine Einheitsperiode, z. B. ein Jahr, unterstellt werden. Bevor jedoch Sollzustand und Sollbeziehungen des Wirtschaftsprozesses festgelegt und abgestimmt werden können, sind die Istzustände der wirtschaftlichen Größen und deren Istbeziehungen informationell abzubilden. Hierbei hat, gemäß dem Gesetz der erforderlichen Varietät, die Varietät der Binnenstruktur des kognitiven Informationssystems zentraler Planinstanzen der Varietät der realen Produktionsprozesse zu entsprechen. Dieser Forderung können zentrale Instanzen bei zunehmender Vergesellschaftung bzw. Ausdifferenzierung der Arbeitsprozesse immer weniger genügen. Eine ungefähre Vorstellung über die Varietät der realen Produktionsprozesse, die in Form der Bedarfs- und Aufkommensalternativen einzelner Güterarten und der Interdependenzen zwischen diesen zu erfassen ist, vermitteln Schätzungen von DDR-Planungsexperten, nach denen die Zahl der in der Jahresplanung zu erfassenden und zu planenden ökonomischen Beziehungen zwischen 2 und 20 Milliarden beträgt.[198] Die detaillierte informationelle Erfassung und Verarbeitung der ökonomischen Größen und Beziehungen übersteigt die Verarbeitungskapazität des zentralen Planungs- und Verwaltungsapparates, der zudem mit zunehmender Größe mehr und mehr bürokratischen Auswüchsen und Restriktionen unterliegt".[199]

Einen Planmechanismus wie ihn Hensel als eine der zentralen Prämissen für seine Theorie der Zentralverwaltungswirtschaft annimmt, hat es in der sozialistischen Zentralplanwirtschaft nie gegeben. „Die historische Analyse zeigt, daß der subjektive Faktor in der sozialistischen Planwirtschaft noch eine große Rolle

---

stellt werden kann. Bei voller Entfaltung der Theorie der zentralen Lenkung läßt sich weiterhin zeigen, daß grobe Dringlichkeitsstufungen oder Bedarfsrangordnungen zunächst nur dem Aufbau des Plansystems dienen und nach Sichtbarmachung der Knappheiten hinreichend verfeinert werden können, wobei sowohl dem Gossenschen Gesetz wie auch dem Sachverhalt der Komplementarität Genüge getan werden kann. Wenn man schließlich die Probleme der Planung und die der Planverwirklichung genug auseinanderhält, so wird deutlich, daß die Preise nur bei der Planverwirklichung, nicht aber bei der Planung eine Rolle spielen".

198 Reinhold, Otto: Ökonomische Gesetze des Sozialismus und Wirtschaftspolitik, in: Wirtschaftswissenschaft, Oktober 1972, S. 1443.

199 Leipold, Helmut: Wirtschafts- und Gesellschaftssysteme im Vergleich. Grundzüge einer Theorie der Wirtschaftssysteme, 5. Aufl., Stuttgart 1988, S. 217.

spielt, und es gibt noch keine Theorie, die den objektiven Mechanismus der Planwirtschaft darstellt".[200]

In der SBZ/DDR wurde sich wissenschaftlich nie ernsthaft mit Ludwig von Mises Theorie von der Unmöglichkeit der Wirtschaftsrechnung in einer marktlosen Wirtschaft auseinandergesetzt: „Traurige Berühmtheit erreichte Mises vor allem durch seine Theorie von der ‚logischen und praktischen Undurchführbarkeit des Sozialismus', die er u. a. in seinem Buch ‚Die Gemeinwirtschaft' (Jena 1932) vertreten hatte. Mises wurde mit dieser falschen Prophezeiung zu einem der auf dem rechten Flügel stehenden Wortführer in der Debatte bürgerlicher Ökonomen über die ‚Wirtschaftsrechnung im Sozialismus', die nachzuweisen suchte, daß das volkswirtschaftliche Optimum im Sozialismus nicht erreichbar sei".[201]

Herbert Meißner von der Ostberliner Akademie der Wissenschaften behauptete in einer Publikation: „Die bürgerliche Wirtschaftswissenschaft sei keineswegs dabei, ihren Charakter als Vulgärökonomie[202] zu verlieren".[203] Unter Vulgärökonomie wurden die Ökonomen nach der Klassischen Nationalökonomie, also nach Adam Smith (1723-1790), Thomas Robert Malthus (1766-1834), Jean-Baptiste Say (1767-1832), David Ricardo (1772-1823) und John Stuart Mill (1806-1873) verstanden.[204] Die Politökonomen der SBZ/DDR behaupteten auch, daß nur ein Politökonom, der fest auf dem Boden des Marxismus-Leninismus stehe, einen Wirtschaftsordnungsvergleich vornehmen könne. Ein bürgerlicher Ökonom, d. h. alle nicht sozialistischen Ökonomen, hätte das falsche, d. h. nicht sozialistische Klassenbewußtsein und seien daher für Sozialismusforschung ungeeignet. Es handelt sich hier um so schwachsinnige Argumente, daß darauf nicht eingegangen wird. Die extreme Sterilität der Politökonomen war durch die totalitäre Generallinie der Sozialistischen Einheitspartei (SED) bedingt.[205]

---

200 Behrens, Fritz: Fragen der Ökonomie und Technik, in: Wirtschaftswissenschaft, Sonderheft Ökonomie und Technik, Berlin 1956, S. 2; Opitz, Petra: Friedrich (Fritz) Behrens (1909-1980), in: Werner Krause u. a. (Hrsg.), Ökonomenlexikon, Berlin (-Ost) 1989, S. 34-36.

201 Ludwig von Mises (1881-1973), in: Ökonomisches Lexikon H-P, 3. Aufl., Berlin (-Ost) 1978, S. 536.

202 „Vulgärökonomie: die bürgerliche politische Ökonomie, in der nur die Oberflächenerscheinungen untersucht werden und, wissentlich oder unbewußt, darauf verzichtet wird, das Wesen und die inneren Gesetzmäßigkeiten und Entwicklungstendenzen ökonomischer Erscheinungen zu analysieren. Die Ursachen für den vulgären Charakter ökonomischer Theorien bzw. für vulgäre Elemente in ihnen können sowohl darin bestehen, daß der Klassenstandpunkt des Autors in politischen Fragen keine unbefangene, wissenschaftliche Untersuchung zuläßt, oder auch darin, daß in bestimmter Hinsicht die wissenschaftlichen Voraussetzungen für exakte wissenschaftliche Arbeit fehlen", in: Meyers Neues Lexikon, Bd. 14, Leipzig 1976, S. 627.

203 Lauterbach, Günter: Kritik der Methoden des Vergleichs von Wirtschaftssystemen aus DDR-Sicht, in: Gutmann, Gernot (Hrsg.), Methoden und Kriterien des Vergleichs von Wirtschaftssystemen, Berlin 1987, S. 149.

204 Briefs, Goetz: Klassische Nationalökonomie, in: HdSW, 6. Bd., 1959, S. 4-19.

205 Schneider, Jürgen: „Marxistisch-leninistische Wirtschaftswissenschaften" nach sowjetischem Modell an den Hochschulen der SBZ/DDR. Legitimation und Propaganda für die Parteitage der SED, S. 214-265, insb. S. 228 ff.

Der polnische Ökonom Włodzimierz Brus[206] publizierte 1961 eine Studie über „Funktionsprobleme der sozialistischen Wirtschaft", die 1971 in deutscher Sprache erschien. Die Argumente, die Ludwig von Mises über die Unmöglichkeit einer Wirtschaftsrechnung anführte, werden von Brus objektiv zusammengefaßt.[207]

Die Beurteilung der Mises'schen Argumentation durch Brus ist frappierend: „Die Primitivität dieser Argumente ist heute offenkundig – nicht nur angesichts der Praxis des Sozialismus, sondern auch der Erfahrungen des Staatskapitalismus. Dennoch hielten ziemlich viele bürgerliche Nationalökonomen jahrelang die Argumente von Mises für stichhaltig. Überlegungen eines so bedeutenden Gelehrten wie Max Weber in *Wirtschaft und Gesellschaft* gingen teilweise in die gleiche Richtung".[208]

Nach Brus versuchte Oskar Lange „die Grundlosigkeit der Behauptungen von Mises, Hayek, Robbins und anderen aufzeigen".[209] Die Argumente von den Ökonomen, die Mises widerlegen wollten, basierten alle auf dem neoklassischen Gleichgewichtsmodell der stationären Wirtschaft (u. a. Abba Lerner, Oskar Lange). Lange selbst machte 1947 „im Vorwort der (beabsichtigten, aus ideologischen Gründen aber fallengelassenen) polnischen Ausgabe seiner Publikation *Zur ökonomischen Theorie des Sozialismus* ein Zugeständnis, indem er einen früheren privaten Brief an Hayek[210] wieder aufgriff und die fundamentale Bedeutung der

---

206 Brus, Włodzimierz, geboren 1921 in Plock, studierte in Warschau, Saratow und Leningrad. Ab 1952 Professor der Wirtschaftswissenschaften an der Hochschule für Planung und Statistik in Warschau, ab 1954 Ordinarius an der Universität Warschau. Seit 1973 in Oxford, Fellow of St. Antony's und Wolfson Colleges, Professor of Modern Russian and East European Studies. Wichtigste Bücher: Das Wertgesetz und die materiellen Anreize (polnisch 1956), Funktionsprobleme der sozialistischen Wirtschaft (polnisch 1961; deutsch 1971); Sozialisierung und politisches System (polnisch 1974, deutsch 1975), Geschichte der Wirtschaftspolitik in Osteuropa, (englisch 1983, deutsch 1987). Die drei letzten Bücher wurden in die wichtigsten Weltsprachen übersetzt.

207 Brus, Włodzimierz,: Funktionsprobleme der sozialistischen Wirtschaft, Frankfurt a. M. 1971, S. 51 ff.

208 Ebd., S. 53.

209 Ebd., S. 58.

210 „In Band 2 der Collected Works von Oskar Lange – in polnischer Sprache Oskar Lange, Dziela, Bd. 2, Warschau 1973 – wurde der Brief an F.A. Hayek vom 31. August 1940 publiziert, es handelte sich um eine Antwort auf die Zusendung von Hayeks Beitrag Sozialist Calculation: The Competitive Solution abgedruckt. Der Brief enthält folgende Passage: ‚Ich hoffe, Ihnen nicht zu nahe zu treten, wenn ich mir erlaube Ihre Position als Übergang zur dritten Linie der Verteidigung zu charakterisieren. Anstelle der rein statischen Aspekte betonen Sie in Ihrer Argumentation jetzt besonders die dynamischen. Damit verlagern Sie die ganze Frage freilich auf eine in der Tat sehr wichtige Ebene, die jedoch – ehe eine zufrieden stellende Antwort gefunden werden kann – neuer Untersuchungen und Erläuterungen bedarf. Es ist Ihnen ohne jeden Zweifel gelungen, auf die wesentlichen Probleme hinzuweisen und die Lücken in der von mir vorgelegten rein statischen Lösung aufzuzeigen. Ich werde zu diesem Thema arbeiten und eine Antwort auf Ihr Papier vorlegen […] irgendwann im Herbst'. Dziela, S. 567. Dieses Versprechen löste Lange nie ein." In: Brus, Włodzimierz / Łaski, Kazi-

dynamischen Aspekte hervorhob, die ,in der von mir vorgelegten rein statischen Lösung' ausgeklammert worden waren".[211]

Es ist erstaunlich, daß von sozialistischen Schriftstellern wichtige Entwicklungen in den wirtschaftswissenschaftlichen Theorien nicht wahrgenommen wurden. Ein Großteil der marktwirtschaftlichen Realität liegt zwischen den Marktformen[212] „Vollkommener Wettbewerb" (Polypol)[213] und Monopol.[214] Für die theoretische Durchdringung dieses Zwischenbereichs entwickelten Sraffa (1926),[215] Edward H. Chamberlin (1933),[216] Heinrich Freiherr von Stackelberg (1934)[217] und Walter Eucken (1940)[218] Denkmodelle sui generis (Oligopoltheorie),[219] die von sozialistischen Politökonomen nie in ihre Argumentation aufgenommen worden sind.

Die Unmöglichkeit *einer Wirtschaftsrechnung in einer sozialistischen Zentralplanwirtschaft führte zu dem Surrogat der Mengenrechnung. „Können die Schwierigkeiten der globalen Wertrechnung dadurch überwunden werden, daß die Leitung zur Mengenrechnung übergeht und danach bestimmt, welche Mengen an Kohle, Eisen, Leder, Tuchen produziert werden sollen. Die ,Bilanzen' der Planstellen sind ,Mengenbilanzen'. Aufkommen und Verwendung von Mengeneinheiten an Kohle, Eisen usw. werden in diesen Bilanzen miteinander verglichen. Können nicht diese Mengenbilanzen die Wertrechnung ersetzen?* [...] *Ein solcher Versuch mit Mengenstatistiken zu wirtschaften, wird in jeder Ordnungsform der Wirtschaft ohne weiteres ad absurdum geführt. Die Menge allein läßt nie erken-*

---

mierz: Von Marx zum Markt. Die sozialistischen Länder auf der Suche nach einem neuen Wirtschaftssystem, Marburg 1990, S. 76.

211 Brus, Włodzimierz, / Łaski, Kasimierz: Von Marx zum Markt. Die sozialistischen Länder auf der Suche nach einem neuen Wirtschaftssystem, Marburg 1990, S. 76.

Kazimierz Łaski, geboren 1921 in Warschau, studierte in Warschau. Ab 1960 Professor der Wirtschaftswissenschaften an der Hochschule für Planung und Statistik in Warschau. Seit 1971 o. Universitätsprofessor an der Johannes-Kepler Universität Linz, Konsulent des Wiener Instituts für Internationale Wirtschaftsvergleiche. Wichtigste Bücher: Zur Theorie der sozialistischen Reproduktion (polnisch 1961, tschechisch 1986), The Rate of Growth and the Rate of Interest in a Socialist Economy (englisch 1972).

212 Willeke, Rainer J.: Marktformen, in: HdSW, 7. Bd., 1961, S. 136-147.

213 Machlup, Fritz: Polypol, in: HdSW, 8. Bd., 1964, S. 407-421.

214 Machlup, Fritz: Monopol, in: HdSW, 7. Bd., 1961, S. 427-452. Zu den Marktformen und der Marktformenlehre sowie der Wettbewerbsminderung und monopolisierten Märkten. Willeke, Rainer J.: Marktformen, in: HdSW, 7. Bd., 1961, S. 137-147 und Hensel, Karl Paul: Marktordnung, in: HdSW, 7. Bd., 1961, S. 161-169.

215 Sraffa, Piero: The Laws of Returns under Competitive Conditions, in: Economic Journal, 36, London 1926.

216 Chamberlin, Edward H.: The Theory of Monopolistic Competition, Cambridge (Mass.), 1933.

217 von Stackelberg, Heinrich Freiherr: Marktform und Gleichgewicht, Wien, Berlin 1934. Möller, Hans: Heinrich Freiherr von Stackelberg, in: HdSW, 9. Bd., 1956, S. 770-772.

218 Eucken, Walter: Die Grundlagen der Nationalökonomie, Jena 1940.

219 Machlup, Fritz: Oligopol, in: HdSW, 8. Bd., 1964, S. 82-94.

nen, wie weit Knappheit überwunden wird. Darauf aber kommt es beim Wirtschaften an. Die Bedeutung, welche jede einzelne Arbeitsstunde und die Verwendung jedes Produktionsmittels und jedes Konsumguts für die Bedürfnisbefriedigung in den tausenden der möglichen Verwendungen gewinnt, soll ermittelt werden. Das ist der Sinn der Wirtschaftsrechnung, die eine Statistik der Mengen nicht ersetzen kann. Da auch dieser Vorschlag – die Mengenrechnung – unbrauchbar ist, muß es bei globalen Bewertungen bleiben, die kein Gleichgewicht herstellen können."[220]

In einer theoretischen Analyse arbeitete Walter Eucken das grundsätzliche Dilemma einer Zentralverwaltungswirtschaft bereits 1943/44 heraus: „Mögen die Preise aus der Verkehrswirtschaft übernommen oder mögen sie auf Grund neuer Bewertungen der Zentralverwaltung neu festgesetzt sein, – sind sie nicht geeignet, die Auslese der günstigsten Wirtschaftspläne zu sichern. Da hilft auch keine Verfeinerung der Kalkulationsmethoden und des ganzen Rechnungswesens der einzelnen Betriebsstätten, z. B. der Fabriken. Solange die Preise der Güter – also der Produkte und der Kostengüter – die faktische Knappheit nicht anzeigen, ist jede, auch die feinste Wirtschaftsrechnung, nicht brauchbar. Das innerbetriebliche Rechnungswesen verliert den Sinn, den Wirtschaftsplänen und dem Wirtschaftsprozeß Wegweiser zu sein".[221] Ein sozialistischer Leiter – so Walter Eucken – vergleicht die Kosten und den Erlös, die zu erwarten sind. Aber diese seine Wirtschaftspläne sind „falsch" – trotz exakter betrieblicher Wirtschaftsrechnung – weil die Preise, die in die Wirtschaftsrechnung eingehen, „willkürlich" sind, d. h. die Knappheit der Güter nicht widerspiegeln. Die Kosten – auch die Grenzkosten, mit denen gerechnet wird – sind fiktiv.[222]

In der güterwirtschaftlich gelenkten sozialistischen Zentralplanwirtschaft werden die Elemente des betrieblichen Rechnungswesens aus einem Erkenntnis- und Gestaltungsmittel für eigenverantwortliche Unternehmensdispositionen in einen „Hebel zur Erfüllung der staatlichen Planung" transformiert.[223] Trotz dieser Umgestaltung werden in der „wirtschaftlichen Rechnungsführung" – als sozialistische „Wirtschaftsrechnung" – die ökonomischen Größen wie Kosten, Preis, Gewinn, Rentabilität etc. als Zielgrößen eingesetzt. Im Vergleich zu marktwirtschaftlichen Systemen besitzen diese sozialistischen Begriffe keinen ökonomischen Aussagegehalt und stellen daher reine Rechengrößen dar.[224]

---

220 Eucken, Walter: Grundsätze der Wirtschaftspolitik, S. 120, S. 122.

221 Eucken, Walter: Die zeitliche Lenkung des Wirtschaftsprozesses und der Aufbau der Wirtschaftsordnungen, in: Jahrbücher für Nationalökonomie und Statistik, 158/159, 1944, S. 186.

222 Ebd., S. 186.

223 Förster, Wolfgang: Rechnungswesen und Wirtschaftsordnung. Ein Beitrag zur Diagnose der Zentralverwaltungswirtschaft sowjetischen Typs und ihrer Reformen aus betriebswirtschaftlicher Sicht, Berlin 1967, S. 68.

224 Schneider, Jürgen: Von der nationalsozialistischen Kriegswirtschaft zur sozialistischen Zentralplanung in der SBZ/DDR, in: Jürgen Schneider / Wolfgang Harbrecht, (Hrsg.), Wirtschaftsordnung und Wirtschaftspolitik in Deutschland (1933-1993), Stuttgart 1996, S. 40 f.

IV. Die drei ersten „Fünfjahrespläne des sozialistischen Aufbaus der UdSSR“ (1928-1942), die Kreditreform vom 30. Januar 1930 als Modell für die Transformation in der Sowjetisch besetzten Zone Deutschlands und der Außenhandel Rußlands (1891-1938)

1. Die KPdSU-Nomenklatura: Die herrschende Klasse im Realsozialismus der Sowjetunion

Nach Marx / Lenin beruhten alle antagonistischen Klassen auf dem Privateigentum an den Produktionsmitteln und auf der Ausbeutung der nichtbesitzenden Klassen. Der Kapitalismus ist die kritisch letzte Form der antagonistischen Klassen. „Die historisch möglich und notwendig gewordene Aufhebung der Klassen zu vollziehen, ist die historische Mission der Arbeiterklasse des Antipoden jeglicher Form des Privateigentums an den Produktionsmitteln und jeglicher Klassenherrschaft. Die Aufhebung aller Klassen ist ein historischer Prozeß, der eine ganze geschichtliche Periode umfaßt. Diese Übergangsperiode vom Kapitalismus zum Kommunismus beginnt mit der Konstituierung des Proletariats als herrschende Klasse, mit der Errichtung der Diktatur des Proletariats, mit deren Hilfe die Arbeiterklasse im Bündnis mit allen Werkstätigen die Produktionsmittel konfisziert und in allgemeines Volkseigentum überführt [...] Die Übergangsperiode vom Kapitalismus zur klassenlosen kommunistischen Gesellschaft ist objektiv notwendig, und zwar nicht nur und nicht ausschließlich, um den Widerstand der gestürzten Ausbeuterklassen brechen, sondern auch, um alle objektiven und subjektiven Voraussetzungen der kommunistischen Gesellschaft schaffen zu können. *Im Programm der KPdSU sind die konkreten Wege und Methoden der Aufhebung der Klassen wissenschaftlich vorgezeichnet“.*[1] Die klassenlose kommunistische Gesellschaft war eine Utopie.[2] 1958 publizierte Milovan Djilas, ehemals Vizepräsident des kommunistischen Jugoslawien und engster Vertrauter Titos, eine Studie „Die neue Klasse. Eine Analyse des kommunistischen Systems“. Er weist den Klassencharakter der herrschenden kommunistischen Bürokratie nach, d. h., auch in den sogenannten kommunistischen Ländern existierte eine antagonistische Gesellschaft.

Michael S. Voslensky war bis 1972 Professor in Moskau und stand in engstem Kontakt mit dem Apparat des ZK der KPdSU. Er sammelte das Material zu seinem

---

1 Klaus, Georg / Buhr, Manfred (Hrsg.): Philosophisches Wörterbuch, Leipzig 1965, S. 276.

2 Utopie *f.* „Idealbild von gesellschaftlichen Verhalten, die nicht oder unter den gegebenen Bedingungen nicht zu verwirklichen sind, phantastische Vorstellung ohne reale Grundlage, Wunschtraum, Hirngespinst“ (1. Hälfte 19. Jh.). Der Ausdruck geht zurück auf neulatein *Utopia*, eine Wortschöpfung des engl. Humanisten Thomas Morus (1516 „De optimo rei publicae statu deque insula Utopia“, wo das Bild eines republikanischen Idealstaates entworfen wird). Er ist gebildet zu griech. Ú (oú) „nicht“ und *tópos* (τόπος) „Ort, Stelle, Gegend, Land“, also eigentl. „Nirgendland“. Daraus im Dt. *Utopien* „Traumland“ (1. Hälfte 16. Jh.) und *Utopia* (Anfang 17.Jh.), danach (unter Einfluss von frz. *Utopie*) in der oben genannten Form und Bedeutung.

Buch „Nomenklatura[3]. Die herrschende Klasse der Sowjetunion“ (1980) noch während seines Aufenthaltes in der Sowjetunion. So entstand ein einzigartiges Werk, das wegen seiner Authentizität rege Diskussionen in Ost und West ausgelöst hat. „Zum erstenmal schildert hier ein Insider die Entstehungsgeschichte, die Struktur, das Wirken und den Alltag der sowjetischen herrschenden Klasse, der ‚Nomenklatura‘. Dieses ungewöhnliche Sachbuch basiert primär nicht auf veröffentlichten Quellen, sondern auf eigenen Beobachtungen des Verfassers. Er zeigt, wie die Nomenklatura unter Lenin entstanden ist, sich unter Stalin fortentwickelt hat und seitdem die eigentliche Macht im Staat ausübt. Statt, wie das Parteiprogramm der KPdSU verspricht, zu Beginn der achtziger Jahre unseres Jahrhunderts in der UdSSR eine klassenlose kommunistische Gesellschaft zu errichten, schuf die Nomenklatura eine diktatorisch regierte neue Ausbeutergesellschaft. Voslensky belegt mit Fakten, was bisher nur verschwommen vermutet werden konnte. Er beschreibt die Rekrutierungsprozedur der sowjetischen ‚neuen Klasse‘, ihre spezifischen Ausbeutungsmethoden, das Funktionieren des Politbüros und des Sekretariats des ZK der KPdSU, ihren Beschlußfassungsprozeß, die Rolle des Parteiapparates und des Parteifußvolks. Der Autor errechnet die Zahl der Nomenklaturisten, er schildert ihre Privilegien. Verbunden mit den Traditionen der russischen Literatur ist Voslenskys Buch – mit seinen spontanen Übergängen von einer profunden wissenschaftlichen Analyse zur Ironie, von plastischer Schilderung der Fakten zu poetischen Visionen – ein faszinierendes literarisches Werk“.[4] Voslensky erklärt, warum er die „neue Klasse“ Nomenklatura genannt hat: „Das für sowjetische Parteischulen verfaßte Lehrbuch ‚Der Parteiaufbau‘ beinhaltet einige – obwohl formale – Elemente der Definition der Nomenklatura. Das Lehrbuch teilt mit, die Nomenklatura sei ‚die Liste der Schlüsselposten‘, die nur durch Beschlüsse leitender Parteiorgane (ab dem Rayonsparteikomitee aufwärts) besetzt und umbesetzt werden. Geht es in diesem Buch um Listen der glücklichen Schlüsselposteninhaber? Nein, es geht um diese Spitzengenossen als eine homogene soziale Schicht. Akademiemitglied Sacharov schreibt: ‚Obwohl entsprechende soziologische Forschungen in unserem Lande entweder nicht durchgeführt oder geheimgehalten werden, kann man mit Sicherheit behaupten, daß schon in den zwanziger und dreißiger Jahren und definitiv dann in den Nachkriegsjahren sich in unserem Lande eine eigene Partei- und Bürokratieschicht – die ‚Nomenklatura‘, wie sie sich selbst nennt, eine ‚neue Klasse‘, wie Milovan Djilas sie bezeichnet – herausgebildet hat‘. Handelt also dieses Buch von

3 Nomenklatur (lateinisch Namensverzeichnis). In der Wissenschaft: a.) System der Namen und Fachbezeichnungen, die für ein bestimmtes Fachgebiet, einen Wissenschaftszweig oder ähnliche allgemeine Gültigkeit haben: Eine international verbindliche Nomenklatura, die Nomenklatura der Chemie. Übertragung: die Nomenklatura (der Sprachgebrauch) des Klassenkampfs b.) Verzeichnis der für ein bestimmtes Fachgebiet, einen bestimmten Wissenschaftszweig gültigen Namen und Bezeichnungen. In einer Nomenklatur nachschlagen. In: Meyers Enzyklopädisches Lexikon. Band 31, Deutsches Wörterbuch G-N, 1980, S. 1891.

4 Voslensky, Michael S.: Nomenklatura. Die herrschende Klasse der Sowjetunion, 3. Aufl., 1985, S. 1.

der ‚neuen Klasse' in der UdSSR? Ja, von ihr. Von diesem Herzstück eines Systems, das sich ‚real existierender Sozialismus' nennt".[5]

Voslensky beschreibt in seinem Sachbuch den „Realsozialismus" der UdSSR in 9 Kapiteln:

(1.) Auch die sowjetische Gesellschaft ist antagonistisch
(2.) Lenin und Stalin, die Väter der neuen Klasse
(3.) Die Geburt der herrschenden Klasse
(4.) Die Nomenklatura, die herrschende Klasse in der Sowjetgesellschaft
(5.) Die Nomenklatura, die Ausbeuterklasse der Sowjetgesellschaft
(6.) Die Nomenklatura, die privilegierte Klasse der Sowjetgesellschaft
(7.) Die Diktatur der Nomenklatura
(8.) Eine Klasse mit Anspruch auf die Weltherrschaft
(9.) Die parasitäre Klasse – die Nomenklatura wie sie wirklich ist [...]

Im April 1922 wurde Stalin Generalsekretär des Zentralkomitees der KPdSU. [...] Die politische Führung ist die wichtigste Aufgabe der Nomenklatura. In der Nomenklatura ist die gesamte Machtfülle eines realsozialistischen Landes konzentriert; sie allein trifft alle politischen Entscheidungen. [...] Die Zahl der Nomenklaturistischen (Politik, Industrie und Landwirtschaft) betrug 1970 etwa 750.000. So kommen wir also auf eine Zahl von 3 Millionen. Das ist die ungefähre zahlenmäßige Stärke der regierenden Klasse der Nomenklatura in der UdSSR, berechnet auf Grund der statistischen Unterlagen. Einschließlich aller Familienangehörigen beträgt diese Klasse weniger als 1,5 % der Bevölkerung des Landes. Diese eineinhalb Prozent erklären sich selbst zur führenden und lenkenden Kraft des Landes, zu „Verstand, Ehre und Gewissen unserer Epoche", zum „Organisator und Inspirator aller Siege des Sowjetvolkes". Diese eineinhalb Prozent sind es, die sich im Rampenlicht aufspielen und sich ohne falsche Scham als Sprecher eines 260-Millionen-Volkes und sogar „der ganzen progressiven Menschheit" bezeichnen. Die wichtigste Stütze der Klassenherrschaft der Nomenklatura sind Polizeiterror und militärische Stärke. Aber auch die Propaganda und der Außenpolitische Dienst sind berufen, das Ihre beizutragen. Gerade die Tatsache, daß die anonymen Besitzer in der UdSSR ihre Betriebe durch den Staat – den Apparat der herrschenden Klasse – verwalten, macht es möglich, die glücklichen Eigentümer einwandfrei zu identifizieren. Es ist die herrschende Klasse der Sowjetgesellschaft, die Nomenklatura. Ihr Apparat verwaltet ihr Eigentum. Es stimmt also: Die Tatsache, daß in der Sowjetunion die Betriebe dem Staat gehören, erlaubt es in der Tat vom marxistischen Standpunkt aus, den Besitzer zu erkennen. Allerdings ist der Besitzer nicht „das ganze Volk", sondern die herrschende Klasse und zwar nicht „das als herrschende Klasse organisierte Proletariat", sondern die Nomenklatura. Die Nomenklatura ist der *kollektive* Besitzer des „Staatseigentums" (Volkseigentums) in der Sowjetunion. Die ganze Theorie von den Formen des sozialistischen Eigentums ist reine Fiktion. In Wirklichkeit ist es so, daß nicht nur die staatlichen, sondern auch die beiden anderen Formen des sozialistischen Eigentums nur einem Herrn gehören:

---

5 Ebd., S. 14.

der Nomenklatura. Auch das Kolchoseigentum gehört der Nomenklatura. Das ganze sozialistische Eigentum gehört der Klasse der Nomenklatura. Das ist das Geheimnis, das das staatliche mit dem genossenschaftlichen bzw. Kolchoseigentum und mit dem Eigentum der gesellschaftlichen Organisationen verbindet. Das ist der gemeinsame Nenner, der den Übergang von einer Form zur anderen so leicht macht. Die sogenannten „Formen des sozialistischen Eigentums" sind nur Formen seiner *Verwaltung* von Seiten der Besitzerklasse. Wofür braucht sie diese verschiedenen Formen? Wenn es nur einen Eigentümer gibt – wäre es für ihn nicht einfacher, nur eine Form der Verwaltung einzuführen? Diese Frage scheint logisch, aber sie ignoriert die Entstehungsgeschichte des sozialistischen Eigentums. Es begann damit, daß die neue Klasse alle jene enteignete, die man enteignen konnte. Der gesamte Besitz der nach der Revolution liquidierten Klassen – der Adligen und der Bourgeoisie – wurde zum staatlichen Eigentum erklärt.[6]

2. Stalins politische Steuerung der Industrialisierung: „Primat der Schwerindustrie mit dem wichtigsten Ziel, die Kriegs- und Polizeimaschinerie des KPdSU-Nomenklaturastaates aufzurüsten"

Die Schwerindustrie ist nach sozialistischer Ansicht der „Hauptzweig der Wirtschaft in industriell entwickelten Ländern; umfaßt im wesentlichen die *Grundstoffindustrie* (Energiebetriebe, Bergbau, Metallurgie, chemische Industrie, Baumaterialindustrie) und die wichtigsten Zweige der arbeitsmittelproduzierenden Industrie (z. B. Werkzeugmaschinenbau). Die Schwerindustrie ist beim Aufbau des Sozialismus Grundlage der sozialistischen Industrialisierung; ihrer vorrangigen Entwicklung kommt entscheidende Bedeutung für die gesamte Wirtschaftsentwicklung zu".[7] In der Schwerindustrie ist insbesondere die Metallurgie die Basis für die Rüstungswirtschaft. Die Metallurgie ist die „Wissenschaft und Praxis der Gewinnung und Erschmelzung von Eisen- und Nichtmetallen aus Erzen oder gediegenen Metallen sowie ihrer Weiterverarbeitung. In der Metallurgie werden metallische Ausgangsmaterialien für die weiterverarbeitende Industrie",[8] also auch für die Rüstungsindustrie erforscht. Der vorrangige Ausbau der Schwerindustrie, d. h. der Rüstungsindustrie bzw. der Produktionsmittelindustrie im „Fünfjahresplan des sozialistischen Aufbaus der UdSSR 1928/29 bis 1932/33" diente dem machtmäßigen Ausbau.

---

6 Voslensky, Michael S.: Nomenklatura. Die herrschende Klasse der Sowjetunion, 3. Aufl., 1985, S. 144, 171, 201 f., 219, 227, 230 f.

7 Meyers Neues Lexikon, 2. Aufl., Bd. 12, Leipzig 1975, S. 379.

8 Ökonomisches Lexikon H-P, 3. Aufl., Berlin (Ost), S. 519. Ökonomisches Lexikon A-G, 3. Aufl., Berlin (Ost) 1978, S. 824: In der DDR verstand man bis 1967 entsprechend der Betriebssystematik unter Grundstoffindustrie die Zweige Energiebetriebe, Bergbau, Metallurgie., Chemische Industrie und Baumaterialienindustrie.

Mit der Stalin-Verfassung von 1936 galt die Entwicklung zum „Sozialismus" für abgeschlossen. Der Weg zum „Kommunismus" als der Endphase schien eröffnet zu sein. Der deutsche Überfall auf die UdSSR am 22. Juni 1941 endete mit der deutschen Kapitulation am 9. Mai 1945 in Berlin-Karlshorst. Stalin setzte den Grundgedanken des machtmäßigen Ausbaus der Sowjetunion auf die eroberten Länder Polen, Tschechoslowakei, Ungarn, Bulgarien und Rumänien fort, errichtete dort Volksdemokratien, bezog diese Länder ebenso wie die sowjetisch besetzte Zone Deutschlands in die sowjetische Zentralplanung („Gosplan") ein mit dem Vorrang der Schwerindustrie, die von zentraler Bedeutung für den machtmäßigen Ausbau der Sowjetunion war. Die Pläne Stalins reichten über die eroberten Länder in Europa hinaus und wurden von seinen Nachfolgern bis zu Gorbatschow (1985) fortgeführt. Die hier skizzierten Grundlagen von Stalins Strategie beim machtmäßigen Ausbau der Sowjetunion sind von Peter Sager wissenschaftlich herausgearbeitet worden und bieten auch eine Erklärung für den vorrangigen Ausbau der Schwerindustrie in der DDR. Die ersten Zentralpläne und der Fünfjahresplan 1951 bis 1955 wurden von sowjetischen Gosplan-Spezialisten in der SBZ / DDR und auch in den „Volksdemokratien" erstellt. Sager analysiert in seiner Berner Dissertation „Die theoretischen Grundlagen des Stalinismus und ihre Auswirkungen auf die Wirtschaftspolitik der Sowjetunion" (1952) zunächst die theoretischen Grundlagen der Wirtschaftspolitik nach K. Marx / F. Engels bei Lenin und bei Stalin, sodann die Zielsetzungen und die Auswirkungen auf die Wirtschaftspolitik. Lenin war der Ansicht, daß nur der „monopolistische Kapitalismus" sich nicht nur graduell vom alten unterschied, sondern eine neue Wirtschaftsstufe darstellte. „Die Konzentration der Produktion als die von Marx aufgedeckte Tendenz der kapitalistischen Entwicklung führt „auf einer Stufe der Entwicklung von selbst zum Monopol").[9] Diese „Verwandlung von Konkurrenz in Monopol stellt eine der wichtigsten Erscheinungen in der Oekonomik des jüngsten Kapitalismus dar".[10] Der moderne Kapitalismus ist vor allem monopolitischer Kapitalismus, charakterisiert durch „monopolitische Verbände der Kapitalisten: Die Kartelle, Syndikate und Trusts", deren Macht ungeheuer ist. Gleichzeitig ist die Bedeutung der Banken für das ganze Wirtschaftsleben eines Landes, besonders für seine Industrie, ins Ungemessene gestiegen. Es ist zu einem „Verwachsen" (N. Bucharin) des Bankkapitals mit dem Industriekapital gekommen, da der größte Teil des von der Industrie angewandten Kapitals den Banken gehört. Dieses Bankkapital, welches die Banken in industriellen Unternehmungen fixieren und welches den Banken die Beherrschung der Industrie sichert, wird (nach R. Hilferding)[11] als „Finanzkapital" bezeichnet. Dieses Finanzkapital in wenigen Großbanken, die die „Monopolträger des Finanzkapitals" sind, konzentriert, führt mit Hilfe des Beteiligungssystems zur Herrschaft weniger Bank- und Industriemagnaten (denn Bank- und Industriekapital sind miteinander durch Personalunion verbunden), zur Herrschaft der Finanzoligarchie. Der zweite

---

9 Lenin, Wladimir Iljitsch: Imperialismus als jüngste Etappe des Kapitalismus (geschrieben im Jahre 1915), Hamburg, 1921 S. 6.

10 Ebd., S. 11.

11 Hilferding, Rudolf: Finanzkapital, Wien, 2. Aufl., 1920, S. 301.

charakteristische Grundzug des modernen Kapitalismus ist also die Herrschaft des Finanzkapitals. Lenin war nicht der einzige, der den Imperialismus als eine Wirtschaftsphase betrachtete.[12] So vertrat H. Cunow bereits 1915[13] die Ansicht, der Imperialismus sei eine notwendige, zum Sozialismus führende Etappe der kapitalistischen Entwicklung, er sei „vorgeschrittener, potenzierter" Kapitalismus, in dem die erste Rolle jetzt nicht das eigentliche Industriekapital, sondern das Finanzkapital spiele.[14] Allerdings hat Cunow im Gegensatz nicht nur zu Lenin, sondern auch zu Kautsky und Hilferding aus der fortschrittlichen Natur des Imperialismus den Schluss gezogen, daß der Imperialismus nicht bekämpft werden dürfe.

Von dem uns hier allein beschäftigenden ökonomischen Gesichtspunkt betrachtet, bringt Lenins „Imperialismus als jüngste Etappe des Kapitalismus" nichts Neues. Wie Lenin selbst hervorhebt, ist zum Thema „Oekonomisches Wesen des Imperialismus" alles Wesentliche von I. A. Hobson („Imperialismus", 1902) und Hilferding („Finanzkapital", 1910) gesagt worden. Was Lenin im „Imperialismus" versucht, ist: „Den Zusammenhang und die Wechselbeziehungen der grundlegenden wirtschaftlichen Attribute des Imperialismus in aller Kürze und möglichst gemeinverständlicher Form darzustellen".[15] Der eigentliche Zweck der Arbeit ist aber keineswegs nur eine Popularisierung wissenschaftlicher Theorien, wie man aus diesem Zitat entnehmen könnte; dies würde allzu wenig der charakteristischen Eigentümlichkeit Lenins entsprechen, auf die wir bereits hingewiesen haben. Jede wissenschaftliche Arbeit war für Lenin nicht Selbstzweck, sondern Mittel zum Zweck und so sollte auch „Imperialismus" im Grunde genommen dazu beitragen, „die Frage nach dem ökonomischen Wesen des Imperialismus zu erfassen [...], ohne deren Erforschung in der Beurteilung dieses Krieges und der jetzigen Politik alles unklar bleibt".[16]

Lenins Verhältnis zu Marx: „Die Darstellung der ökonomischen Anschauungen Lenins hat deutlich gezeigt, daß Lenin auf dem Gebiete der Nationalökonomie kein selbstständiger Theoretiker ist. Lenin fußt auf Marx und seine ökonomischen Schriften sind lediglich Anwendungen, allerdings sehr marxistisch-gelehrte und geschickte Anwendungen der ökonomischen Lehre von Karl Marx. Die Ergebnisse dieser Anwendungen sind oft interessant, jedoch bringt es der einseitige Standpunkt mit sich, daß das sich ergebende Bild öfters nicht unerheblich von dem abweicht, welches eine objektivere Untersuchung liefert. Lenin ist aber nicht nur kein selbstständiger Wirtschaftstheoretiker, sondern (und diese Tatsache ist für das Verständnis Lenins bedeutsam) er will es gar nicht sein. Nach Lenin hat Marx alles Grundsätzliche, was auf dem Gebiete der politischen Oekonomie überhaupt, besonders bezüglich des Ganges der ökonomischen Entwicklung gesagt werden kann, bereits

---

12 Lenin, Wladimir Iljitsch: „Imperialismus", S. 14.

13 Cunow, Heinrich: „Parteizusammenbruch?", 1915. Lenins „Imperialismus" geschrieben 1915 in Zürich, erschienen erstmalig 1917 in Rußland.

14 Ebd., S. 14.

15 Lenin: Imperialismus, S. 8.

16 Choronshitzky, Jacob: Lenins ökonomische Anschauungen, Diss., Leipzig, Berlin 1928, S. 79.

ausgesprochen. Es sei deshalb nicht nur nicht nötig, über Marx hinauszugehen, es sei aber auch gar nicht möglich. Was aber möglich sei, sei die Anwendung Marx'scher Lehren auf verschiedene Spezialfälle, um die Wahrheit dieser Lehren überall und stets bestätigt zu sehen. Aus solchen Anwendungen besteht auch das, was wir als den Inhalt der positiven ökonomischen Schriften Lenins kennen gelernt haben".[17] Von speziellem Interesse sind die Auswirkungen der Theorie auf die Wirtschaftspolitik bei Stalin, da hier Hintergründe für die Ziele der natural gesteuerten sozialistischen Zentralplanwirtschaft der SBZ / DDR offengelegt wurden.

Die Zielsetzung bei Stalin: Aufgaben der Hilfeleistung an die Sowjetunion erfüllen in neuster Zeit die hier nicht zu behandelnden Volksdemokratien, die mehr als wirtschaftliche denn als ideologische Stützpunkte der Sowjetunion zu betrachten sind.[18] Die Diktatur des Proletariates, bei Lenin noch letztes Zwischenziel, hat bei Stalin nicht mehr die Aufgabe der Verwirklichung des Kommunismus, sondern bezweckt die Ermöglichung des machtmäßigen Ausbaus. Es ist somit der machtmäßige Ausbau der Sowjetunion, der bei Stalin zum letzten Zwischenziel wurde und mit taktischen Kampfmitteln angestrebt werden darf. Dieser angestrebte machtmäßige Ausbau der Sowjetunion liegt durchaus auf dem Weg zum Ziel – der kommunistischen Gesellschaft. Teleologisch ist der Stalinismus kommunistisch geblieben und keine Maßnahme der Sowjetregierung kann zuverlässig als Abweichung vom Kommunismus interpretiert werden. Das schließt nicht aus, daß der Stalinismus gegenüber dem Marxismus doch bedeutende Wandlungen durchgemacht hat. Indem der Stalinismus eher den Indeterminismus betont und die Möglichkeit der Vorbereitung der Menschen zur Teilnahme in der kommunistischen Gesellschaft durch Erziehung bejaht, ist er aus einer ursprünglich ökonomischen zu einer pädagogischen Philosophie geworden und hat sich im Sinne der Engelsschen Unterscheidung[19] *in praxi* vom Materialismus entfernt und dem Idealismus weitgehend angenähert.[20] Stalinismus ist ein Kommunismus, der in einem gewissen Sinne die Bedeutung der „Bewegung" vernachlässigt und jene des Zieles betont, ein Kommunismus also, der nicht darauf angewiesen ist, auf geradem, „kommunistischem" Weg zum Ziel zu gelangen. Ein Gegensatz dazu wäre ein Kommunismus gewesen, der etwa im Sinne Bernsteins das Ziel zugunsten der „Bewegung" geopfert hätte und damit auf die Dauer sich als nicht lebensfähig[21] hätte erweisen müssen".[22]

---

17 Ebd., S. 101.

18 Clarion, Nicolas: Le glacis soviétique. Théorie et pratique de la démocratie nouvelle, Paris 1948.

19 Engels, Friedrich: Ludwig Feuerbach und der Ausgang der klassischen deutschen Philosophie, Berlin (Ost) 1946, S. 15 f.

20 Gleicher Ansicht ist auch Berdjajew, Nicolai: Wahrheit und Lüge des Kommunismus, Luzern 1934. Der Stalinismus entwickelt sich in der Richtung eines monistischen Spiritualismus.

21 Schuman, Frederick L.: Soviet Politics at Home and Abroad, 7th Printing, New York 1949.

22 Sager, Peter: Die Grundlagen des Stalinismus und ihre Auswirkungen auf die Wirtschaftspolitik der Sowjetunion, Diss., Bern 1953, S. 72 ff. Sager wurde beraten von: Bochenski, I. M.: Der sowjetrussische dialektische Materialismus, Bern 1950.

Die Auswirkungen der Theorie auf die Wirtschaftspolitik: Stalin schließt an den älteren Lenin an und übernimmt die taktische Wirtschaftspolitik, wobei diese jedoch wegen der Einschiebung eines neuen letzten Zwischenzieles einen anderen Inhalt bekommt. Für Stalin setzt die Errichtung des Kommunismus den Sieg des Sozialismus in Rußland, d. h. den machtmäßigen Ausbau der Sowjetunion, voraus. Die Wirtschaftspolitik hat sich dieser Zielsetzung unterzuordnen. Die politische Ökonomie ist nach stalinistischer Auffassung die Wissenschaft der ökonomischen Gesetze. Diese Gesetze basieren auf der „objektiven Notwendigkeit der gegebenen Gesellschaft".[23] Die objektive Notwendigkeit als Begriff der politischen Ökonomie ist identisch mit der Zielsetzung des dialektischen Materialismus in der Stalinschen Interpretation. Die erkannte objektive Notwendigkeit wird „zum Ziele der Tätigkeit der ganzen Sowjetgesellschaft".[24] „Eine solche objektive Notwendigkeit war die sozialistische Industrialisierung der UdSSR. Genosse Stalin wies bei der Begründung der Notwendigkeit der Industrialisierung darauf hin, daß sie von der gesamten äußeren und inneren Lage diktiert wird. Es war notwendig, die UdSSR aus einem rückständigen Agrarland in ein mit einer fortschrittlichen Technik ausgerüstetes Industrieland zu verwandeln. Ohne dies hätte der Sozialismus in der UdSSR nicht siegen können und wäre die Sowjetunion zu einer Kolonie der ausländischen Eroberer geworden. Diese objektive ökonomische Notwendigkeit wurde von der bolschewistischen Partei rechtzeitig verstanden und der Generallinie des sozialistischen Aufbaus zugrunde gelegt. Die Industrialisierung war also ein Gesetz der sozialistischen Entwicklung der UdSSR. Ein ebensolches ökonomisches Gesetz, das eine erkannte Notwendigkeit zum Ausdruck brachte, war die Kollektivierung der Landwirtschaft in der darauffolgenden Etappe des Aufbaus des Sozialismus in der UdSSR".[25]

Die Industrialisierung beispielsweise ist zweifellos kein strategischer, sondern ein taktischer wirtschaftspolitischer Eingriff. Denn die Errichtung der kommunistischen Gesellschaft als das Endziel hängt nicht direkt von dieser Industrialisierung ab, wohl aber der machtmäßige Ausbau der Sowjetunion als das letzte Zwischenziel. Die zwangsweise Kollektivierung der Landwirtschaft hat zur Behauptung veranlaßt, es liege hier ein strategischer wirtschaftspolitischer Eingriff vor. Darin wurde der Beweis erblickt, daß die Sowjetunion doch unmittelbar den Kommunismus anstrebe. Das ist aus folgenden Gründen unzutreffend. Als Folge der von Lenin durchgeführten Landreform entstand eine Unzahl kleiner Bauernhöfe, die „nur einen äußerst geringen Produktionsüberschuß an den Markt" brachten. „Mangel an Lebensmitteln und Rohstoffen bedrohte das weitere Wachstum der Industrie".[26] Da

---

23 Leontjew, L. A.: Gegenstand und Methode der politischen Oekonomie. Lehrmaterialien der SED. Kursus Politische Oekonomie. Heft 1, Berlin-Ost 1951, S. 39. Ostrowitjanow, K.: Die sozialistische Planung und das Wertgesetz. In: Sowjetwissenschaft, Berlin-Ost, Nr. 2. Jahrgang 1948, S. 17.

24 Leontjew, S. 40.

25 Ebd., S. 40.

26 Chamberlin, William Henry: Die Planwirtschaft, in: Dobbert, Gerhard (Hrsg.): Die rote Wirtschaft. Probleme und Tatsachen, Königsberg, Berlin 1932, S. 20.

die Industrialisierung eine Voraussetzung des machtmäßigen Ausbaus der UdSSR und eine ertragreiche Landwirtschaft eine Voraussetzung der Industrialisierung war, wurde bereits im ersten Fünfjahresplan eine Kollektivierung der Landwirtschaft eingeleitet. Ferner kann eine große Kollektivwirtschaft (Kolchose) viel leichter der Abgabenkontrolle unterworfen werden und dem Wirtschaftsplan eingeordnet werden als eine größere Zahl kleinerer Besitzungen. Und endlich spielt ein politisches Moment eine Rolle, weil der Kolchosangehörige politisch intensiver bearbeitet werden kann als der selbstständige Besitzer eines Bauernhofes. Auch die Kollektivierung der Landwirtschaft ist demnach eine taktische oder zwischenzielgerichtete Maßnahme. So hat Stalin 1933 zugegeben, daß Kolchose vom Standpunkt des Leninismus „eine Waffe, und nur eine Waffe" seien.[27] Mit dem Hinweis auf die „objektive Notwendigkeit der gegebenen Gesellschaft" kann ausnahmslos jede wirtschaftspolitische Maßnahme des Staates gerechtfertigt werden. Wenn es sich beispielsweise erweist, daß der Staat Devisen benötigt, kann nach sowjetischer Auffassung Getreide auch während einer Hungernot exportiert werden.[28] Und wenn die Arbeitsproduktivität gesteigert werden muß, so kann eine Stachanowbewegung begründet werden mit dem Korrelat des Arbeitszwanges und der Erscheinung von Millionen von Zwangsarbeitern.

Das Ziel der politischen Ökonomie ist somit in der UdSSR vom Ziel der Politik in keiner Weise verschieden. Der Staat als Träger der Politik ist gezwungen, auch im Gebiet des Wirtschaftlichen für den zielkonformen Einsatz zu sorgen. Die sowjetrussische Volkswirtschaft wird daher planmäßig geleitet, „und das bedeutet planmäßige und bewußte Zusammenfassung der Arbeit und Tätigkeit der Menschen im Rahmen der ganzen Gesellschaft".[29] Wichtigster wirtschaftspolitischer Eingriff in der Sowjetunion ist der Wirtschaftsplan, d. h. seine Ausführung. Er ersetzt durch die Verfügungen der staatlichen Plankommission die im individualistischen Wirtschaftssystem durch Angebot und Nachfrage bestimmte Regelung der Produktion und Verteilung. Die Gesamtheit dieser Verfügungen, das heißt der Wirtschaftsplan, ist ein Gesetz, das von Partei- und Staatsleitung genehmigt wird. Die Gesamtwirtschaft ist das Objekt, der Staat das Subjekt des Planes.[30] Die Einhaltung der Vorschriften kann erzwungen werden: Das Strafgesetzbuch von 1926 kennt den Begriff des wirtschaftlichen Verbrechens, und mehrere Artikel sehen strenge Bestrafung solcher Delikte vor.[31]

Der Wirtschaftsplan ist nach sowjetrussischer Auffassung „eine Synthese der wirtschaftlichen Prognose und der wirtschaftlichen Direktive, wobei natürlich das teleologische Prinzip, die Einstellung auf den angestrebten Zweck, das Leitmotiv

---

27 Stalin, zitiert bei Leites, Nathan: The operational Code of the Politburo, New York, Toronto, London 1951, S. 9.

28 Ackermann, Klaus: Das Land der stummen Millionen, Bern, Tübingen 1951, S. 20.

29 Leontjew, S. 46.

30 Keller, Georg: Handbuch der Volkswirtschaft der Sowjetunion, Prag 1938, S. 36.

31 Prokopovicz, S. N.: Rußlands Volkswirtschaft unter den Sowjets, Zürich 1944, S. 257.

ist".[32] Mit seiner Ausarbeitung ist eine zentrale Planverwaltung beauftragt, die an die politischen Ziele gebunden ist: „Der Wille der Partei und ihres Leiters, Stalin, ist für die gesamte Politik und auch für die Organisation der Wirtschaft allein maßgebend".[33] Im Sinne dieses politischen Zieles wird durch den Wirtschaftsplan nicht in erster Linie die Steigerung des individuellen Wohlstandes, sondern der machtmäßige Ausbau des Landes angestrebt. Das heißt: Auf Kosten einer entsprechenden Konsumgüterproduktion werden vor allem jene Güter produziert, die der Staat für seine Zwecke benötigt.[34] Der erste Fünfjahresplan konnte beispielsweise nur jenes Ziel verwirklichen, das dem Staat näherlag: die Entwicklung der Industrie, während die geplante Erhöhung des Lebensstandards nicht erreicht worden ist.[35]

Diese Feststellung kann nicht widerlegt werden. Varga hat zwar zu Beginn der Diktatur des Proletariates theoretisch nachgewiesen, daß die Diktatur dem Proletariat „vorerst nur eine moralische und kulturelle Standarderhöhung bieten kann".[36] Er legte dar, daß eine durch die Diktatur vorzunehmende Umstellung der Produktion von Gütern höheren Bedarfs (Luxusgüter) auf Güter des Massenkonsums, also eine Anpassung der Produktion an die neue Einkommensverteilung, einige Zeit beanspruchen müsse. Diese Produktionsumstellung hätte jedoch mit Ende des ersten Fünfjahresplanes abgeschlossen sein können. Wenn die Konsumgüterproduktion dennoch mangelhaft ist, so wohl einerseits, weil sich die von Varga geforderte „Abschaffung jeder Art von Luxus" nicht durchsetzen konnte: Die Einkommensnivellierung ist nicht verwirklicht. Andererseits wird die Konsumgüterproduktion bewußt zugunsten der Kapitalgüterproduktion vernachlässigt: Der prozentuale Anteil der Kapitalgüterproduktion am Nationalprodukt stieg von 1928 bis 1937 von 39,4 % auf 57,8 %, während der Anteil der Konsumgüterproduktion entsprechend von 60,6 % auf 42,2 % sank.[37]

Eine solche Aufteilung der Produktion ist nur mit dem Wirtschaftsplan durchzusetzen, und es ist in diesem Zusammenhang bezeichnend, auf welche Art beispielsweise der volkswirtschaftliche Bedarf an einem bestimmten Erzeugnis und damit dessen Produktion festgesetzt wird. Hauptfaktoren für die Festsetzung dieses Bedarfes sind: 1. die „Bedeutung, die dem betreffenden Industriezweig innerhalb

---

32 Grinko, G.: Der Fünfjahresplan der UdSSR. Eine Darstellung seiner Probleme, Wien, Berlin 1930, S. 6.

33 Jonas, Hans: Die Organisation der Wirtschaft, in: Dobbert, Gerhard: Die rote Wirtschaft. Probleme und Tatsachen, Königsberg, Berlin 1932, S.33. Feiler, Arthur: Das Experiment des Bolschewismus, Frankfurt a. M. 1929, S. 76. Ostrowitjanow, K.: Die sozialistische Planung und das Wertgesetz, in: Sowjetwissenschaft, Berlin (Ost), Nr. 2. Jahrgang 1948, S. 20, 22.

34 Knickerbocker, H. R.: Der rote Handel droht! Der Fortschritt des Fünfjahresplans der Sowjets, Berlin 1931, S. 196 f.

35 Chamberlin, William Henry: Die Planwirtschaft, in: Dobbert, Gerhard: Die rote Wirtschaft. Probleme und Tatsachen, Königsberg, Berlin 1932, S. 24.

36 Varga, Eugen: Die wirtschaftspolitischen Probleme der proletarischen Diktatur, Wien 1920, S. 38.

37 Weber, Adolf (1): Dogma und Wirklichkeitssinn in der Sowjetwirtschaft, München 1950, S. 25. George, Pierre: L'industrialisation de l'URSS, Paris 1947, S. 81.

der Gesamtwirtschaft hinsichtlich der Festigung der Wehrfähigkeit des Landes und demzufolge auch der Dringlichkeit der Bedarfsdeckung zukommt; 2. (die) [...] technische Politik der Partei und der Regierung, die auf die Einsparung von Roh-, Brenn- und Hilfsstoffen sowie auf weitgehendste Verwendung von Nichtmangelprodukten gerichtet ist; 3. (der) [...] Standort des betreffenden Industriezweiges und der möglichen Ausnutzung örtlicher Brennstoffvorkommen durch die Betriebe des betreffenden Zweiges".[38] Die hier erschöpfend ausgewählten Kriterien zur Bedarfsermittlung sind politischer und technischer Natur. Auf das, was den Bedarf schließlich bestimmen sollte – das subjektive Bedürfnis des letzten Konsumenten –, wird hierbei überhaupt keine Rücksicht genommen.

Damit ist der Kreis geschlossen: „Die ökonomischen Gesetze der sozialistischen Sowjetgesellschaft [...] verkörpern sich in der Wirtschaftspolitik der Partei und der Sowjetmacht und finden in den staatlichen Volkswirtschaftsplänen ihren konkreten Ausdruck".[39] Das heißt letztlich, daß jede wirtschaftspolitische Maßnahme kraft eines „ökonomischen Gesetzes" besonderer Art getroffen wird, oder daß die wirtschaftspolitischen Maßnahmen zugleich Ausdruck ökonomischer Gesetze in diesem Sinne sind.

Dadurch, daß bei Stalin die Wirtschaftspolitik in den Dienst der Politik gestellt worden ist, wurde ihr die Zielsetzung der Politik aufgepfropft. Der machtmäßige Ausbau der Sowjetunion, der als Folge hiervon in der sowjetischen Volkswirtschaftslehre als Ziel der Wirtschaftspolitik angesehen wird, ist von jener der klassischen Lehre verschieden. Die sowjetrussische Wirtschaftspolitik hat bis zur Erreichung des letzten politischen Zwischenzieles nur die Aufgabe der Erhöhung der staatlichen Macht.[40] Wenn dieses Zwischenziel erreicht ist und damit der endgültige Aufbau des Kommunismus gemäß der Theorie ermöglicht wird, beginnt nach sowjetischer Auffassung der Staat abzusterben und damit jede Wirtschaftspolitik überflüssig zu werden. Es kann daher die sowjetrussische Wirtschaftspolitik grundsätzlich die Steigerung des Wohlstandes der Staatsangehörigen nur soweit anstreben, als dies aus taktischen Überlegungen ratsam erscheint.

Von einer anderen Seite her gelangt Weber zu einem ähnlichen Ergebnis. Er stellt in seiner vorzüglichen und grundlegenden Untersuchung über die Sowjetwirtschaft diese als direkte Befehlswirtschaft der Marktwirtschaft gegenüber. Da die Sowjetwirtschaft den Marktpreis nicht kenne, vermöchten die Produktionsmittel auf die Dauer nicht der wirtschaftlichsten Produktion zugeführt zu werden, weil die Produktion nicht durch den kaufkraftgestützten Bedarf bestimmt werde. Angebot und Nachfrage würden in keinem selbsttätigen Gleichgewicht abgewogen. Es ergäben sich deshalb trotz der erzwungenen Kapitalakkumulation „Fehlinvestitionen" in großen Ausmaßen. Weber verneint aus diesen Gründen die besondere Eignung

---

38 Joffe, J.: Die Planung der Industrieproduktion. 4. Beiheft zur: Sowjetwissenschaft, Berlin (-Ost) 1948, S. 59.

39 Rowinski, N. N.: Der Staatshaushalt der UdSSR. I. Bd. 21. Beiheft zur: Sowjetwissenschaft, Berlin (-Ost) 1951, S. 305. Kurski, A.: Die Planung der Volkswirtschaft in der UdSSR, Moskau 1949, S. 14 ff.

40 Ackermann, Klaus: Das Land der stummen Millionen, Bern-Tübingen 1951, S. 20.

der Sowjetwirtschaft, eine nachhaltige Steigerung des realen Arbeitseinkommens herbeizuführen.[41]

Diese an sich zutreffende Feststellung ergibt sich bei Weber, indem er an die Sowjetwirtschaft Maßstäbe legt, die ihr fremd sind: Er mißt sie im Vergleich zur Marktwirtschaft. Die immanente Kritik der Sowjetwirtschaft jedoch zeigt, daß zwar eine nachhaltige Steigerung des realen Arbeitseinkommens nicht erzielt werden kann, daß dies zunächst aber auch gar nicht bezweckt wird. Ungeachtet des individuellen Wohlstandes wird es als Aufgabe der sowjetrussischen Wirtschaft gesehen, im Dienste der Politik das durch diese gesetzte, letzte Zwischenziel verwirklichen zu helfen.

Weil Stalins letztes politisches Zwischenziel weitgehend mit dem staatspolitischen Ziel der Zaren übereinstimmt, kann vom zaristischen zum stalinistischen Regime eine Verbindung gezogen werden, die zum leninistischen noch nicht bestand. Das stalinistische Regime beugt sich im Gegensatz zum leninistischen und in Analogie zum zaristischen den allgemeinen geopolitischen Bedingungen von Großrußland.[42]

Ein wesentlicher Unterschied besteht immerhin: Die Wirtschaftspolitik wird als bloßes taktisches Kampfmittel verwendet. Es können somit auf Grund dieser Anschauung alle wirtschaftspolitischen Maßnahmen ergriffen werden, die erfolgversprechend sind. Die Auswahl solcher Maßnahmen erfolgt nach einem rein utilitaristischen Prinzip. Die Wirtschaft ist ein Instrument, „das nach Belieben politisch elastisch gebraucht werden kann". Ob eine bestimmte wirtschaftspolitische Maßnahme getroffen wird, entscheidet die faktisch höchste Behörde der Sowjetunion, die oberste Parteileitung, auf Grund der Lageeinschätzung und der Informationen einerseits und den Erfolgsaussichten dieser Maßnahmen im Hinblick auf das von Stalin gesetzte, letzte Zwischenziel andererseits.

In einem Nachwort geht Sager auf Stalins letzte Schrift „Ökonomische Probleme des Sozialismus in der UdSSR"[43] ein, die erst nach Fertigstellung der Dissertation im Oktober 1952 veröffentlicht wurde. Die darin enthaltene neueste und wichtigste Darstellung über das Verhältnis des Stalinismus zur Nationalökonomie bestätigt, wenn sie – um einen Ausdruck von Engels zu gebrauchen – von ideologischen Überwucherungen befreit wird, die Ergebnisse unserer Untersuchungen. Bis dahin ergaben sich die ökonomischen Gesetze aus der „objektiven Notwendigkeit der gegebenen Gesellschaft", und die Definition der „objektiven Notwendigkeit" oblag dem Staat. Stalin formuliert ein ökonomisches Gesetz, das für alle historischen Perioden gleichermaßen gültig sein soll: „Das Gesetz der unbedingten

41 Weber, Adolf (2): Marktwirtschaft und Sowjetwirtschaft. Ein Vergleich neuzeitlicher Wirtschaftsordnungen. 2. Aufl. München 1951, S. 269 ff., 290 ff., 310 ff., 317 ff., 324 ff., 337, 346.

42 Cressey, George B.: The Basis of Soviet Strength. New York, London 1945, S. 242.

43 Stalin, J. W.: Oekonomische Probleme des Sozialismus in der UdSSR. Bemerkungen zu ökonomischen Fragen, die mit der Novemberdiskussion 1951 zusammenhängen. In: Einheit. Zeitschrift für Theorie und Praxis des wissenschaftlichen Sozialismus. Berlin, Nr. 11. 7. Jahrgang. November 1952. Hinweise auf diese Schrift erfolgen durch Angabe der Seitenzahl in Klammern, S. 1015, 1048, 1035.

Übereinstimmung der Produktionsverhältnisse mit dem Charakter der Produktivkräfte". Die Produktionsverhältnisse erfüllen entweder die Rolle „eines Hemmschuhs" für die Produktivkräfte oder jene „der wichtigsten sie vorwärtstreibenden Kraft". Dabei sei es Aufgabe des Proletariates, die Rolle der Produktionsverhältnisse als „Haupttriebkraft" in den Vordergrund zu stellen. Stalin hat mit dem „Gesetz der unbedingten Übereinstimmung der Produktionsverhältnisse mit dem Charakter der Produktivkräfte" – eher ein Postulat als ein Gesetz – einen neuen Freipaß zur willkürlichen Gestaltung der ökonomischen Bedingungen ausgestellt. Sodann formuliert Stalin das sogenannte ökonomische Grundgesetz des Sozialismus als: „Sicherung der maximalen Befriedigung der ständig wachsenden materiellen und kulturellen Bedürfnisse der gesamten Gesellschaft durch ununterbrochenes Wachstum und stetige Vervollkommnung der sozialistischen Produktion auf der Basis der höchstentwickelten Technik". Dieses „Grundgesetz" könnte theoretisch mit dem Ziel der individualistischen Volkswirtschaftspolitik, der Vergrößerung des Volkswohlstandes, identisch sein. Diese Schlußfolgerung ist aber praktisch meist nicht berechtigt, da Ausmaß und Art der Produktion in der freien Marktwirtschaft weitgehend vom Konsumenten bestimmt wird, wogegen es in der Sowjetunion Sache des Staates ist, die „materiellen und kulturellen Bedürfnisse der gesamten Gesellschaft" zu bestimmen.[44]

2.1. Der „Fünfjahresplan des sozialistischen Aufbaus der UdSSR" 1928/29 bis 1932/33 im Dienst von Stalins messianischer Expansionspolitik und als Referenzmodell für die SBZ/DDR

Im Oktober 1934 schrieb F. A. von Hayek, London School of Economics and Political Science, das Vorwort zu dem Buch „Economic Planning in Soviet Russia" von Boris Brutzkus.[45] Das Buch war eine komprimierte englische Fassung der beiden vorausgehenden Werke von Brutzkus.[46]

Im Vorwort zu dem Werk in englischer Sprache ging Hayek auf den Wissenschaftler Brutzkus ein. „But among those who have been attracted to such investigations, the majority have lacked even the first requisite for really successful researches – mastery of the Russian language. [...] But beyond this there is a further qualification necessary. Even the most careful study of the Russian facts cannot lead very far if it is not guided by a clear conception or what the problem is; i. e. if it is not undertaken by a person who, before he embarks on the investigations of the special problems of Russia, has arrived at a clear idea of the fundamental task that economic planning involves. [...]

---

44 Sager, Peter: Die Grundlagen des Stalinismus, S. 85 ff.

45 Brutzkus, Boris: Economic Planning in Soviet Russia, Translated from the German by Gilbert Gardiner, London 1935. Reprint 1981.

46 Brutzkus, Boris: Die Lehren des Marxismus im Lichte der Russischen Revolution, 1928.
Brutzkus, Boris: Der Fünfjahresplan und seine Erfüllung, 1932.

In his book on the *Agricultural Development and Agricultural Revolution in Russia*[47] he has given us a most illuminating and certainly not unsympathetic account of the trends that led to the Revolution. From the very beginning if the new regime he devoted himself to an intense study of the tasks it had set itself, and as early as 1920 he produced, under circumstances which he describes in his preface, the remarkable survey of the economic problems raised by socialism, which in a slightly abridged English translation forms now the first part of the present volume. If one reads it to-day, in the light of developments that have since taken place in Russia and of the extensive discussions, which have been devoted to the problem of collectivist planning, one is still struck by the extraordinary clarity with which at that early date its author had grasped the really central problems. Together with the works of Professor L. Mises and Max Weber, which appeared in Germany only a few months earlier, this book must indeed be regarded as one of the chief of those studies which initiated the modern discussion of the economic problems of socialism.

I do not hesitate to place his work as it is now collected in the present volume in the very first rank scientific literature on present-day Russia. It is to be hoped that in its English form it will have the same success as its German predecessors".[48]

Boris Davidovic Brutzkus (1874-1938)
Das Foto, das Brutzkus um 1928 zeigt, wurde freundlicherweise von dessen Sohn David Anatol zur Verfügung gestellt.

Brutzkus was a leading figure, together with Simon Dubnow, in the Jewish People's Party (*Folkspartei*), but nevertheless showed considerable interest in settlement in Erez Israel. In 1922 he left the U.S.S.R. and settled in Berlin, where until 1932 he served as professor at the Russian Scientific Institute. During these years he was active in YIVO and, together with Jacob Lestschinsky and Jacob Segall, edited the *Bleter far Yidishe Demografye, Statistik un Economik* (1923-25). When Hitler came to power Brutzkus moved to Paris and from there to Erez Israel. He settled in Jerusalem in 1936, and became professor of agrarian economy at the Hebrew University.

47 Brutzkus, Boris: *Agrarentwicklung und Agrarrevolution in Russland*. Mit einem Vorwort von Max Sering („Quellen und Studien" herausgegeben vom Osteuropa-Institut in Breslau, Abt. Wirtschaft), Berlin, 1926.

48 Brutzkus, Boris: Economic Planning, S. VIII-XII.

Deutsche Kontinuitäten:

1928/30 forderte die Reichstagsfraktion der Kommunistischen Partei Deutschlands ein Sowjet-Deutschland nach dem Modell Sowjet-Rußland *)

Kurz nach Amtsantritt (3. Mai 1971) bat Honecker „Breschnew ausdrücklich, *die DDR de facto als eine Unionsrepublik der UdSSR zu betrachten* und sie als solche in die Volkswirtschaftspläne der UdSSR einzubeziehen“.**)

Foto: Um 1930

1918/19: Abspaltung von der SPD und Gründung der Kommunistischen Partei Deutschlands (KPD)

1925: Bolschewisierung der KPD unter Ernst Thälmann, Wilhelm Pieck und Walter Ulbricht. Die KPD wird eine Sektion der Kommunistischen Partei der Sowjetunion (KPdSU). Generalsekretär seit 1922 des ZK der KPdSU: J. W. Stalin (1879-1953).

---

*) Zentralkomitee der Kommunistischen Partei Deutschlands (Hrsg.): 21 Monate sozialdemokratische Koalitionspolitik 1928/30. Handbuch der Kommunistischen Reichstagsfraktion.

**) Kwizinskij, Julij A.: Vor dem Sturm. Erinnerungen eines Diplomaten, Berlin 1995, S. 258.

Der „Fünfjahresplan des sozialistischen Aufbaues der UdSSR" 1928/29 bis 1932/33 ist aus zweierlei Gründen von höchster Bedeutung. Einmal ist er das Modell für die sozialistische Zentralplanung in der SBZ / DDR und zum anderen zeigen sich bei der Realisierung des Fünfjahresplanes in der UdSSR die systemimmanenten Funktionsprobleme, die auch später die SBZ / DDR-Wirtschaft charakterisieren.

Eine wissenschaftlich glänzende Analyse des Fünfjahresplanes hat Boris Brutzkus (1932), Professor am Russischen Wissenschaftlichen Institut in Berlin, ehemals Professor an der Landwirtschaftlichen Hochschule in Petrograd, 1932 vorgelegt.[49]

Nach Brutzkus verkennen die Sozialisten „die Bedeutung der automatischen Regulatoren, die die kapitalistische Wirtschaft in dem Markte besitzt. [...] Der Sozialismus verwirft grundsätzlich den Markt als einen Regulator der Wirtschaft".[50] Die Idee der Zentralplanwirtschaft dominierte auch die russische kommunistische Revolution, so daß sich das im März 1921 von Lenin verkündete System der Neuen Wirtschaftspolitik (NEP) nicht lange behaupten konnte. „Im Januar 1928 kehrte Sowjetrußland nach knappen sieben Jahren wieder zur zwangsmäßigen Enteignung der landwirtschaftlichen Erzeugnisse bei den Bauern zurück; dadurch wurde der Hauptpfeiler des NEP-Systems umgeworfen. [...] Die kommunistische Revolution ist aggressiv, sie möchte überall die kapitalistische Ordnung untergraben und alle Länder des Erdballs in die Sowjetunion einbeziehen. Diese aggressiven Tendenzen sprechen gleichfalls für die beschleunigte Industrialisierung der Union, für den Aufbau einer großen Schwerindustrie, einer Maschinenbau-, einer chemischen Industrie, die sie unabhängig von der *„kapitalistischen Umgebung*" machen und die Rote Armee mit entsprechenden Kampfmitteln versorgen könnte. Sowjetrußland müsse womöglich sich zu einem *autarken Lande* entwickeln".[51]

Das Charakteristikum für den Fünfjahresplan ist seine Absicht, ungeheure Investitionen in einer armen Volkswirtschaft zu realisieren und gleichzeitig die materielle Lage von breiten Schichten der Bevölkerung bedeutend zu bessern.[52] In den Wirtschaftsjahren 1928/29 und 1929/30 wuchs die Schwerindustrie bedeutend schneller als die Leichtindustrie.[53] Die Leiter der Fabriken erfüllten die Pläne quantitativ und kümmerten sich wenig um die Qualität der Waren, die „von viel niedrigerer Qualität als diejenigen der russischen kapitalistischen Industrie waren".[54]

Über die sehr schlechte Qualität der Waren existieren nach Brutzkus „unzählige Beispiele".[55]

---

49 Brutzkus, Boris D.: Der Fünfjahresplan und seine Erfüllung, Leipzig 1932.

50 Ebd., S.7 f.

51 Ebd., S.8f.

52 Ebd., S.22.

53 Ebd., S.31.

54 Ebd., S.32.

55 So schildert Brutzkus: Im Jahr 1913 wurden in Rußland 28 Millionen Paar Gummischuhe, ein sehr wichtiger Gebrauchsgegenstand, produziert, 1928/29 41,5 Millionen Paar. „Also die Quantität der Gummischuhe ist um 48 % gestiegen, aber der Gebrauchswert dieser Masse Gummischuhe ist nicht gewachsen, sondern um 26 % kleiner geworden".

Auf der im Oktober 1930 stattgefundenen Unionstagung über die Qualität der Konsumwaren äußerte sich der Vorsitzende des Obersten Volkswirtschaftsrates Kujbyšev zu dieser Frage folgenderweise: „Die für den Massenbedarf arbeitende Industrie hat in dem letzten Jahre die Qualität ihrer Waren verschlechtert. Es steht außerordentlich schlecht mit der Baumwollindustrie, wo der Prozentsatz des Ausschusses von Vierteljahr zu Vierteljahr anwächst. Ebenso schlecht steht es mit der Woll-, Trikotage- und anderen Industrien. Die Verluste des Landes an Ausschußwaren hat noch niemand berechnet; es ist aber nicht zu bezweifeln, daß sie Hunderte Millionen, und möglicherweise sogar, daß sie Milliarden Rubel ausmachen". Die anderen Redner versicherten, daß sogar eine Hälfte der zum Verkauf kommenden Waren Ausschuß sei, und dabei werden sie zu den normalen Preisen verkauft. In der Baumwollindustrie liefern viele Fabriken sogar 65-70 % Ausschußwaren.

Abermals ist ein Jahr verflossen, und die Klagen über die Unbrauchbarkeit und Minderwertigkeit der Waren der sozialistischen Industrie hören nicht auf. In „Ěkon žizn" vom 19. November 1931 wurde folgender Bericht über die Beratung, die die Redaktion in dieser Frage einberufen hat, gegeben: „Das Problem der Qualität der Produktion wurde in aller Schärfe von dem XVI. Parteikongreß (Juni 1930) gestellt. In den anderthalb Jahren, die seit dem Kongreß verflossen sind, ist jedoch wenig getan, um die wirkliche Hebung der Produktionsqualität zu gewährleisten [...] Von den 2.000 Mill. Meter Stoff, die im Vorjahr produziert wurden, sind 21 % Ausschuß. Mehr als 400 Mill. Meter Stoff hat man verdorben. Ein anderes eklatantes Beispiel ist der hohe Aschegehalt der Kohle. Die Untersuchungen haben festgestellt, daß bei einem Aschegehalt von 8,49 % in dem Flöz die geförderte Kohle einen solchen von 16,5 % hatte. Es ist festgestellt, daß die elektrischen Birnen statt 800 Stunden laut dem Standard lediglich 600 Stunden brennen und dabei anormal viel Kraft verausgaben usw." In der Nummer vom 21. November 1931 derselben Zeitung lesen wir, daß „in einem Paar Stiefel 22 Defekte gefunden werden, daß der Konsument Hosen tragen muß, bei denen ein Hosenbein mit den Händen festgehalten werden muß, weil die Hosenschnallen der *Rationalisierung* zum Opfer gefallen sind, daß die Konditoreierzeugnisse nach Gebranntem und nach Petroleum riechen u.a.m." („Ěkon žizn" vom 21. November 1931).[56]

Die Folge der Überspannung der sozialistischen Zentralpläne war nicht nur eine außerordentliche Verschlechterung der Qualität der Konsumwaren, sondern auch eine andere sehr eigentümliche Erscheinung, die darin bestand, nur wenige Waren einer und derselben Gattung zu produzieren und Waren anderer Art überhaupt nicht mehr zu produzieren. Eine Folge der sogenannten sozialistischen Rationalisierung:

„Ganze Warengattungen", wird in der „Ěkon žizn" vom November 1931 geklagt, „werden jetzt von der Industrie überhaupt nicht mehr hergestellt und sind infolgedessen vollständig aus dem Verkehr verschwunden. Zu solchen Waren zählen: Ebonitkämme, Kleiderknöpfe, Briefklammern, Rasierzeug, Manschettenknöpfe, Kleiderhaken, Kleiderwatte, wollene Watte, Futterzeug, bunter Bindfaden, Chiffons, Bettuch, Prünellstiefel, wollene Hausschuhe, Schuhe mit Gummisohlen.

56 Brutzkus, Boris D.: Der Fünfjahresplan und seine Erfüllung, S.33 f.

Dieses Verzeichnis erschöpft keineswegs die Liste aller vom Markte verschwundenen Waren".[57]

Während viele Waren, die in großen Mengen schwierig zu produzieren waren, nicht mehr hergestellt wurden, so wurden in ungeheuren Quantitäten andere Waren, die zu produzieren besonders bequem war, hergestellt. Der Moskauer Korrespondent der „Vossischen Zeitung" Wilhelm Stein schrieb darüber aus Moskau im Dezember 1931 folgendes: „Es gibt eine Moskauer Behörde, die unter anderem für die Bereitstellung von Knöpfen für Stadt und Land zu sorgen hat, von Jackenknöpfen und Hosenknöpfen, von Hemdenknöpfen und von Metallknöpfen. Und es gibt eine Moskauer Fabrik, die Knöpfe fabrizieren kann. Der Chef der Behörde und der Direktor der Fabrik haben oft genug von Prämien, Belohnungen, Auszeichnungen – bis zu hohen und höchsten Orden des kommunistischen Staates – gelesen, die auf Chefs und Direktoren niederregneten, wenn es ihnen gelang, die Ziffern des ‚Planes' zu überbieten, den Fünfjahresplan ihres Betriebes in drei oder zweieinhalb Jahren zu ‚erfüllen'. Und somit bestellte die Behörde für alle Fälle ein Vielfaches des Bedarfs – und die Fabrik verdoppelte oder verdreifachte den Auftrag, indem sie alle ihre Kräfte auf die Produktion eines besonders rasch herzustellenden einfachen Knopfes konzentrierte. In Ziffern: nach dem ‚Plan' brauchte die Behörde etwa für 150.000 Rubel Knöpfe und bestellte vielleicht für 600.000 (‚Vierteljahresplan in einem Jahr'), die Fabrik aber lieferte für 3,15 Millionen (‚Fünfjahresplan in einem Jahr'). Im Resultat mangelt es in und um Moskau an allen gangbaren und besseren Knopfsorten, dagegen füllen für mehr als drei Millionen billigster und im Format fast nie ‚gefragter' Knöpfe die Lager bis zum Überlaufen.

Der Eifer der beiden Chefs wurde diesmal nicht anerkannt; im Gegenteil – sie werden durch einen Ukas der Regierung und des Parteizentralkomitees zu strafrechtlicher Verantwortung gezogen als ‚Desorganisatoren der Arbeiterversorgung'; zugleich mit ihnen aber rund 30 andere Chefs und Direktoren anderer Fabriken und Behörden, womit die Knopfgeschichte als eine typische Erscheinung der sowjetrussischen Wirtschaft und nicht als krasser Ausnahmefall oder Sabotageakt erscheint [...]".[58]

Die Heim- und Kleinindustrie war im vorrevolutionären Rußland sehr stark entwickelt. Diese Industrie wurde mit unerträglichen Steuern belegt, um die Großindustrie vor der Konkurrenz der privaten Kleinindustrie zu schützen. „Der Verbraucher erhielt 1931 zu höheren Preisen bedeutend schlechtere Waren".[59]

Die Auswirkung des Fünfjahresplanes auf dem flachen Land löste eine zweite Agrarrevolution aus, „die einen unvergleichbar grausameren Charakter als die Agrarrevolution des Jahre 1917/18 trug".[60] Brutzkus behandelt ausführlich die „totale

---

57 Ebd., S.35.

58 Ebd., S. 36.

59 Ebd., S. 39.

60 Zur ersten Agrarrevolution Brutzkus, Boris: Agrarentwicklung und Agrarrevolution in Rußland, Berlin 1929.

Kollektivierung" und die „Entkulakisierung", d. h. die Liquidation der sog. wohlhabenden Bauern.[61] „Die Hauptursache, warum die Sowjetregierung mit der ganzen Anspannung ihrer Kräfte die Kollektivierung der Bauernwirtschaften in so schnellen Tempo betreibt, ist ihr Wunsch, ihre Machtposition in der Landwirtschaft auszubauen".[62] Damit verbunden war die Entwicklung von echter Sklavenarbeit in Sowjetrußland. „Die Lage der Hunderttausenden nach den nördlichen Wäldern verschickten Kulaken ist sogar noch schlimmer als die Lage der Sklaven im Altertum, denn sie werden dorthin in der ausdrücklichen Absicht, als Feinde des kommunistischen Staates allmählich vernichtet zu werden, verschickt. Die spärlichen Nachrichten über die Behandlung der Zwangsarbeiter, die aus den nördlichen Konzentrationslagern durchsickern, sind schreckenerregend".[63]

Im 4. Kapitel „Die Zerstörung des Marktverkehrs und die Zerrüttung der Geldwirtschaft" faßt Brutzkus seine Analysen zusammen: „Die Erfolge des Fünfjahresplanes sind aber rein quantitativer Natur; dagegen versagt die Qualität der Arbeit auf allen Gebieten. Die neuen Industriewerke kosten viel und rechtfertigen nicht die Hoffnungen, die an sie geknüpft wurden. Die Industrieproduktion ist den Bedürfnissen der Abnehmer nicht angepaßt, ihre Erzeugnisse sind schlechte Qualität, die Produktionskosten bleiben trotz der Modernisierung der Produktionsverfahren viel zu hoch. Die Ernten pro Flächeneinheit bleiben trotz der Mechanisierung der Landwirtschaft außerordentlich niedrig".[64] In den ersten zwei Jahren des Fünfjahresplanes (1928/29 bis 1929/30) wurde der Marktverkehr vollständig zerstört. In den Städten wurden Brot und alle anderen Nahrungsmittel bereits im Frühjahr 1929 rationiert. Die wichtigsten industriellen Gebrauchsartikel wie Baumwollstoffe, wollene Stoffe, fertige Kleider, Lederwaren, Schuhwaren, Metallwaren und Fensterglas sowie Zucker, Pflanzenöle und Tabakerzeugnisse wurden 1929/30 auf die eine oder andere Art rationiert. „Die Sowjetregierung sucht die Tatsache, daß die Lage der Volksmassen unter dem Fünfjahresplan sich nicht gebessert, sondern außerordentlich verschlechtert hat, vor dem Auslande zu verheimlichen".[65]

Der Weg in die total marktlose Wirtschaft stand in engster Verbindung mit der Zerrüttung der Währung. Die Geldmenge stieg in zwei Jahren (1928/30) um 114 %. Die großen Investitionen wurden zu einem gewissen Teil durch die Notenpresse finanziert.

Bei der Zerrüttung der Währung spielte die Kreditreform im Jahre 1930 eine verhängnisvolle Rolle. „Die Erteilung von kurzfristigen Krediten wurde durch die Staatsbank gesetzlich monopolisiert".[66] „Die Staatsbank sollte die strikte Erfüllung der Pläne im materiellen Sinne kontrollieren".[67]

---

61 Brutzkus, Boris D.: Der Fünfjahresplan, S. 40 ff.

62 Ebd., S. 59.

63 Ebd., S. 60.

64 Ebd., S. 60.

65 Ebd., S. 63.

66 Ebd., S. 72.

67 Ebd.

In der Kreditreform von 1930 erblickten die kommunistischen Wirtschaftspolitiker gewissermaßen die „Krönung der Planwirtschaft". Der sozialistische Zentralplan sollte durch die Staatsbank erfüllt und streng kontrolliert werden:

Brutzkus analysiert dann, auf welchen zwei theoretischen Prämissen die grundlegenden kommunistischen Reformen immer aufgebaut sind: „Erstens, die *sozialistische Zentralstelle ist allmächtig* und zweitens, sie ist auch *allwissend.* Was die Macht der Zentrale anbelangt, so kann sie, dank der Allmacht des kommunistischen Staates, außerordentlich gesteigert werden. Viel schlimmer ist es aber mit der Allwissenheit der sozialistischen Zentralen beschaffen. Sie erweist sich immer als ein Wahn, und dementsprechend zeitigen so oft die großzügig angelegten kommunistischen Reformen, die jegliche Selbsttätigkeit von unten aus ausschalten, katastrophale Ergebnisse. Die Reform des Kreditwesens, in der man den entscheidenden Schritt zum Inordnungbringen der Planwirtschaft erblickte, wurde zur wichtigsten Ursache der tieferen Zerrüttung der Wirtschaft".[68]

Mit der „automatischen Kreditierung" der Staatsbetriebe untereinander seit dem 1. April 1930 wurde das Schwinden jeglicher Disziplin in der Sowjetwirtschaft besiegelt. Zwischen dem Lieferanten und dem Abnehmer sind alle Verbindungen aufgelöst wurden. „Gewisse hochbürokratische Zentralstellen schließen untereinander sehr vage Verabredungen über die Belieferung ihrer Betriebe mit verschiedenen Waren".[69] Finanzfragen interessierten die Wirtschaftsleiter nur sehr wenig.

Die kommunistischen Politökonomen waren 1929/39 der Ansicht, „das Geld sei nur ein Verrechnungszeichen und könne bald abgeschafft werden. Wird die Sowjetwirtschaft dennoch ein Wertmaß benötigen, so eignet sich als solches für eine sozialistische Wirtschaft nicht das Geld, sondern der Arbeitstag".[70] Im Vollsozialismus wurde immer naturalwirtschaftlich gedacht, Geld spielte keine Rolle mehr, ein Markt für Produktionsmittel existierte nicht mehr. Damit war im „Fünfjahresplan des sozialistischen Aufbaus der UdSSR (1928/29 bis 1932/33)" das praktisch eingetreten, was Ludwig v. Mises 1922 theoretisch herausgearbeitet hatte, nämlich, daß in einer marktlosen Wirtschaft eine Wirtschaftsrechnung unmöglich war. Es kann zu keinem Zeitpunkt festgestellt werden, welche Kosten und Preise tatsächlich entstanden sind. Kosten und Preise sind fiktiv. Eine solche Wirtschaft ist ohne Wegweiser, ohne Bussole im wirtschaftlichen Chaos. 1930 kamen bedrohliche Zeichen der *allgemeinen* Zersetzung der russischen Wirtschaft. Die grundlegenden Fragen der sozialistischen Wirtschaftsordnung blieben ein ungelöstes Rätsel.[71] Da es in der güterwirtschaftlich gelenkten sozialistischen Zentralplanwirtschaft keine selbstständigen Betriebe gibt, verliert die Wirtschaftsrechnung auch ihren Sinn. Die Produktionsmittel werden durch Verordnungen der Zentralstelle beschafft. Da es keinen Markt für die Produktionsmittel gibt, konnte nie festgestellt werden, was die Produktionsmittel kosteten.

---

68 Ebd., S. 73.

69 Ebd., S. 74.

70 Ebd., S. 76 f.

71 Ebd., S. 77.

Die Produktionsmittel sind komplementär, d. h., für die Produktion müssen alle Produktionsmittel in entsprechenden Quantitäten vorhanden sein. Fehlt nur ein Produktionsmittel, so führt dies zur Lahmlegung der gesamten Produktion. „Die Leiter der Industrie", lesen wir in „Izvestija" vom 1.Februar 1931, „bringen eine Reihe von Beispielen, aus denen zu ersehen ist, daß infolge des Schildkröten-Arbeitstempos einer Reihe von Zentralstellen des Obersten Wirtschaftsrates die Forderungen der Unternehmungen an die Materialfonds nur dann bestätigt werden, wenn die Fabrik […] vor der Produktionseinstellung steht".[72]

Immer wieder wird über den „Glavkismus", über die Herrschaft der bürokratischen Zentralstellen geklagt. Die Zentralstellen stehen jedoch vor einer unlösbaren Aufgabe, denn sie müßten die Produktionsmittel richtig nach dem höchsten Grenznutzen verteilen.

Die russische Währung, der Cervonec, hatte jede Verbindung mit ausländischen Währungen verloren und war dadurch zu einer reinen Binnenwährung geworden. Bei der Ausfuhr spielten Produktionskosten und Preise des Binnenmarktes keine Rolle. Um die Einfuhr von modernen Maschinen zu finanzieren, mußten Rohstoffe und Nahrungsmittel in immer größeren Mengen exportiert werden. Der Export zu jedem Preis ist zwangsläufig, um die Devisen für den Import zu erhalten.

Im Jahr 1930 wurden in den Hauptstädten einige Staatsläden eröffnet, in denen alle Waren frei gegen Devisen verkauft wurden. Ein Jahr später wurden Verkaufsstellen eröffnet, in denen Waren frei gegen Sowjetgeld zum fünf- bis zehnfach höheren Preis gekauft werden konnten. Dadurch sollte ein Teil des überschüssigen Geldes abgeschöpft werden. In der DDR wurden nach diesem Muster HO-Läden eröffnet.

In den „Schlußbetrachtungen" hebt Brutzkus hervor, daß eine sozialistische Zentralplanwirtschaft, die eine Marktwirtschaft ersetzt hat, „schnell auf die Bedürfnisse eines Weltkrieges umgestellt werden kann".[73]

Besonders betont Brutzkus die absolute Machtfülle der kommunistischen Partei, die durch die enge Verbindung des politischen Machtmonopols mit dem wirtschaftlichen Machtmonopol entstanden ist.

„Planwirtschaft bedeutet immer die engste Verflechtung der Wirtschaft mit der Politik. Die Entwicklung der *Wirtschaft* verliert ihre Eigengesetzlichkeit und wird *außerwirtschaftlichen Mächten unterstellt*. Das ist der Fall auch in Sowjetrußland. Was durch den Fünfjahresplan unzweifelhaft erreicht wird, das ist die ausgezeichnete Ausrüstung der Roten Armee mit Kampfmitteln. Was durch den Fünfjahres-

---

72 Ebd., S. 80: In „Izvestija" vom 16. Dezember 1931 finden wir eine Beschreibung der unter der Leitung von besten amerikanischen Ingenieuren schnell erbauten Traktorfabrik in Chark'kov) Die Fabrik könnte eigentlich normal funktionieren, aber ihr fehlt immer dieses oder jenes Produktionsmittel, oftmals eine Kleinigkeit. Und deswegen fließt das Band nicht, und deswegen liegen hundert Traktoren auf dem Fabrikhofe und rosten unter dem Schnee, – es fehlt ihnen diese oder jene Kleinigkeit.

73 Ebd., S. 102.

plan ebenfalls wirklich erreicht wird, das ist eine gewisse Entwicklung der russischen Wirtschaft in der Richtung zur Autarkie – eine Tendenz, die vom rein wirtschaftlichen Standpunkt nicht gerechtfertigt werden kann".[74]

Brutzkus hatte sich zum Ziel gesetzt, die sowjetrussische Zentralplanwirtschaft vom ökonomischen Standpunkt zu beurteilen. „Es muß hier indessen abschließend hervorgehoben werden, daß damit das Problem der kommunistischen Planwirtschaft noch nicht erschöpft ist. Diese Planwirtschaft bedeutet nicht nur ein anderes Wirtschaftssystem als das bürgerliche, sondern auch eine andere Lebensform, eine andere Kultur. Es wäre keine Übertreibung, zu sagen: hätte der Kommunismus in ganz Europa gesiegt, so bedeutete dieses den wahren Untergang des Abendlandes";[75] denn diese kommunistische Planwirtschaft scheint die tiefsten Grundlagen der bestehenden abendländischen Kultur umzuwerfen. Die höchste Errungenschaft dieser Kultur ist der Aufbau einer außerordentlich komplizierten gesellschaftlichen Organisation auf der Grundlage der freien Persönlichkeit. Nun weist der wissenschaftliche Sozialismus auf die Grenzen dieser bürgerlichen Freiheit hin und verspricht, ein höheres Maß derselben zu geben. Nach dem Dogma des wissenschaftlichen Sozialismus bedeutet die soziale Revolution den ‚Sprung aus dem Reich der Notwendigkeit in das Reich der Freiheit', denn auf diesem Wege wird die Menschheit die auf ihr lastenden Gesetze der Wirtschaft überwinden. Der ‚wissenschaftliche' Sozialismus hat aber außer Acht gelassen, daß die Planwirtschaft von den Volksmassen gerade die höchste Disziplin erfordert, und je gespannter der Plan, desto strenger muß die Disziplin sein. *Den Sprung in das Reich der Freiheit macht also nur die Diktatur*, denn sie erlangt dank der Planwirtschaft ungeheure Machtmittel, um das ganze Leben der Volksmassen nach ihren Absichten zu gestalten. Dagegen *bringt die sozialistische Revolution* die *Volksmassen in den Zustand der äußersten Unfreiheit*. Das ist das Ergebnis der russischen Revolution".[76]

Der Literat und Politiker Johannes R. Becher (1891-1958) bekannte sich schon 1917 zur Sowjetunion und trat 1919 der KPD bei. Von 1927 bis 1932 war er mehrmals in der UdSSR. Dies war der Anlaß zu seinem Werk „Der große Plan. Epos des sozialistischen Aufbaus" (Berlin 1931). Das Epos ist ein schwülstiges Heldengedicht über den Fünfjahresplan und Stalin.[77] Charakteristisch für Bechers Epos ist der „Bericht eines deutschen Werkmeisters über seine Erlebnisse in Rußland":

---

74 Ebd., S. 103.

75 Anspielung auf das Werk von Oswald Spengler „Der Untergang des Abendlandes. Umrisse einer Morphologie der Weltgeschichte", München (2 Bde., 1918-1922). Die metaphysisch begründete Geschichts- und Kulturphilosophie erregte vorübergehend die öffentliche Meinung Europas.

76 Brutzkus, Boris D.: Der Fünfjahresplan und seine Erfüllung, S. 104 f.

77 Becher, Johannes R.: Der große Plan. Epos des sozialistischen Aufbaus, Wien / Berlin 1931, S. 184: Ein Name bisher nicht genannt, S. 116 f. Baberowski, Jörg: Verbrannte Erde. Stalins Herrschaft der Gewalt, München 2012.

Wir geben alles zu, was der
Brave Mann hier erzählt hat, und
Haben darauf zu antworten:

Nie haben wir behauptet,
Daß eben unsere Wege seien
Und über das geebnete könne man
Hinweggleiten mühelos

Mit geschlossenen Augen
Mitten hinein
In den Sozialismus.

Dreck liegt auf den Wegen.
Unwegsam ist die Gegend,
In die wir vordringen.

Aber der Boden
Gehört den Arbeitern und Bauern.
Die Maschinen
Gehören den Arbeitern und Bauern.
Die Rote Armee
Ist die Armee der Arbeiter und Bauern.

Der Staat
Ist der Staat der Arbeiter und Bauern.

Die Arbeiter und Bauernwirtschaften
Gehören
Sich selbst.

Und da sie sich selbst gehören,
Kommen sie weiter.
Ihr aber
Geht rückwärts.

Das ist
Der Unterschied.

Auf dieser Grundlage
Diskutiert!

Auf dieser Grundlage
Bauen wir auf
Den Sozialismus.

1953, dem Jahr des Volksaufstandes gegen die kommunistische totalitäre Diktatur in der DDR, erhielt Becher den Stalin-Friedenspreis.[78]

Die unheimliche Despotie, die ungeheure, nie dagewesene Zusammenballung politischer und wirtschaftlicher Macht, war nur im Sozialismus möglich. Der Versuch, die Utopie des sozialistischen Zukunftsstaates zu realisieren, führte zum sozialistischen Totalitarismus.

Paul Berkenkopf charakterisierte die Lage der Wirtschaft 1932 in der Sowjetunion als Wirtschaft im Kriegszustande, als ein großes Kriegslager. „Darauf deuten auch all die Bezeichnungen hin, mit denen man die Menschen und die Organisationen in dieser Wirtschaft benennt: Brigaden, Stoßtrupp, Kampagne, Arbeitsfront, Reserven usw. [...] So ist alles in fortwährender Unruhe, in ewigem Hasten und nie endender nervöser Bewegung. In dieser Hinsicht ist alles in Gärung begriffen, ein einheitliches Ordnungsprinzip hat sie noch nicht gefunden, und es fehlen ihr auch einheitliche wirtschaftliche Erfolgsmaßstäbe, an denen sie ihre Ergebnisse messen könnte. [...] Die Qualität der industriellen Erzeugnisse ist außerordentlich niedrig. [...] Das Gesamtbild verwirrt sich immer mehr und bietet ein Beispiel unheilvollen Leerlaufes und stärkster Kapitalverschwendung. [...] Es fehlt jeder einheitliche Maßstab, ohne den ein rationelles Wirtschaften unmöglich ist“.[79]

---

78 Johannes R. Becher (1891-1958) war 1935 in Moskau, 1953/56 war er Präsident der Akademie der Künste und ab 1954 erster Minister für Kultur der DDR. 1949 schuf Becher den Text der Nationalhymne der Deutschen Demokratischen Republik.

79 Berkenkopf, Paul: Zur Lage der Sowjetwirtschaft, in: Schmollers Jahrbuch 56, 1932, S. 51 ff.

Die von Berkenkopf angeführten Funktionsmängel der Wirtschaft in der Sowjetunion finden sich später auch in der güterwirtschaftlich gelenkten sozialistischen Zentralplanwirtschaft der SBZ / DDR, da es sich um Funktionsmängel handelt, die der güterwirtschaftlich gelenkten sozialistischen Zentralplanwirtschaft immanent sind.

Michael S. Voslensky, bis 1972 Professor in Moskau und in engstem Kontakt mit dem Apparat des ZK der KPdSU, sammelte das Material zu der Studie „Nomenklatura. Die herrschende Klasse der Sowjetunion" (1980)[80] noch während seines Aufenthaltes in der Sowjetunion. Aus eigener Erfahrung berichtet er über den Fünfjahresplan 1928/29 bis 1932/33: „Meine ersten Schuljahre fielen mit der Periode des ersten sowjetischen Fünfjahresplanes zusammen. Wir studierten ihn an Hand des Buches von Iljin ‚Fünf Jahre, die die Welt verändern – Erzählung vom großen Plan' (1932)".[81] Der Autor begann mit einer Beschreibung der Anarchie, die bei der kapitalistischen Produktion herrsche:

Ein amerikanischer Unternehmer kommt plötzlich zu dem Schluß, daß Herrenhüte sehr gefragt sein würden. Er beginnt in unaufhaltsamem Tempo, sie zu erzeugen. Seinem Beispiel folgen andere Kapitalisten. Das gesamte Kapital wird in die Huterzeugung investiert, die Hüte überschwemmen alle Geschäfte, füllen die Auslagen und Lagerhäuser. Aber so viele Hüte werden nicht gebraucht, sie finden keine Abnehmer, und in der Folge gehen Firmen zugrunde, Banken verkrachen, Arbeitslose vegetieren auf den Arbeitsämtern, es wütet eine Wirtschaftskrise. Dann kommt ein anderer Kapitalist auf den Gedanken, eine Feuerzeugproduktion zu starten. Alle Kapitalisten strömen sofort ins Feuerzeug-Business – und wieder füllen sich Aus-

---

80 Voslensky dankte Personen und Institutionen: „Am Anfang des Buches möchte ich meinen großen Dank den Personen und Institutionen aussprechen, die mir bei der Vorbereitung dieses Werkes geholfen und sein Erscheinen ermöglicht haben. In tiefer Dankbarkeit denke ich dabei an Herrn Dr. Dr. h.c. Gustav W. Heinemann, und Frau Hilda Heinemann; an Herrn Generalsekretär Dr. Walter Wodak. Ich danke herzlich: Herrn Professor Dr. Carl-Friedrich von Weizsäcker und dem von ihm geleiteten Max-Planck-Institut zur Erforschung der Lebensbedingungen der wissenschaftlich-technischen Welt (Starnberg), an dem ich das Buch geschrieben habe. Herrn Walter Hesselbach, Frankfurt am Main; Frau Dr. Marion Gräfin Dönhoff, Hamburg. Mein großer Dank gilt Herrn Fritz Molden und seinem Verlag, insbesondere den Cheflektoren Johannes Eidlitz und Dr. Moritz Strachwitz. Ich danke Frau Elisabeth Schedone vom Max-Planck-Institut in Starnberg und Fräulein Beate Neuß von der Universität München für ihre Hilfe bei der Aufbereitung des deutschen Textes zum Druck".

81 Iljin, M., eigentlich Ilja Jakowlewitsch *Marschak*, russisch-sowjetischer Schriftsteller, geb. 10.1.1896 Bachmut (Artjomowsk), gest. 15.11.1953 Moskau; Bruder von S. J. Marschak, I., der Physik und Mathematik studierte und das Ingenieurstudium beendete, schrieb die Jugendbücher „Die Sonne auf dem Tisch" (1927; dt.), „Schwarz auf weiß" (1928), „100.000 x warum" (1929; dt.) u. a. Er ist ferner Verfasser der populärwissenschaftlichen Bücher „Fünf Jahre, die die Welt verändern. Erzählung vom großen Plan" (1930; dt. 1932), „Berge und Menschen" (1935), „Wie der Mensch zum Riesen wurde (zusammen mit J. Segal, 1946; dt.), „Wolkenschieber und Wettermacher" (1947; dt.) u. a. Mit besonderer Vorliebe berichtete I. von den Errungenschaften der sowjetischen Wissenschaft, z. B. in „Besiegte Natur" (1950; dt.), „Die Umgestaltung unseres Planeten" (1951; dt.). In: Meyers Neues Lexikon, 2. Aufl., Bd. 6, Leipzig 1973, S. 467.

lagen, und wieder krachen die Banken. Ganz anders verhält es sich mit der Planwirtschaft. Dort ist alles weise vorausberechnet, an Waren wird nur so viel erzeugt, wie für die Befriedigung der ständig wachsenden Bedürfnisse der Sowjetmenschen gebraucht wird.[82]

Iljins Buch gefiel uns: Es war auf gutem Papier gedruckt, wie wir es schon nirgends mehr sahen, und es enthielt Fotos von gediegenen Hüten und eleganten Feuerzeugen, die die Planwirtschaft nicht produzierte.

Erst viel später, in Wien, kam ich zum ersten Mal im Leben mit einem westlichen Unternehmer ins Gespräch, mit einem kleinen Schweizer Fabrikanten. Er machte sich über mich lustig wegen meiner von Iljin bezogenen Weisheiten und erklärte mir, daß jeder Kapitalist seine Produktion sehr genau vorausplanen müsse, schon allein deshalb, weil er seine eigenen Gelder investiere und nicht staatliche, im Gegensatz zu den Verfassern des großen Planes.

Indessen ist die theoretische Analyse der Planwirtschaft in der UdSSR immer noch nicht über das Niveau der Argumentation Iljins hinauslangt".[83]

Die marxistisch-leninistische politische Ökonomie in der Sowjetunion war antikallaktisch, d. h. marktlos.[84]

„Ausgesprochen antikatallaktisch gerichtet ist die *marxistisch-leninistische Wirtschaftslehre* der Sowjetunion. Hatte sich Bljumin 1931 noch mit formalen Einzelheiten subjektivistischer Wert- und Preistheorien kritisch auseinandergesetzt, so ist im autoritativen Lehrbuch ‚Politische Ökonomie' der Akademie der Wissenschaften der UdSSR (1954, redigiert von Ostrowitjanow, Schebilow u. a.) das theoretische Interesse für quasi-automatische Marktmechanismen erloschen. Die persönliche Leistungsaustauschwilligkeit in ihrer Dimensionalität ist in diesem Rahmen unbeachtlich, denn es gilt die ‚strengste Kontrolle seitens der Gesellschaft und seitens des Staates über das Maß der Arbeit und das Maß der Konsumtion', wenngleich die Arbeit, ‚Pflicht und Ehrensache eines jeden arbeitsfähigen Bürgers', einstweilen noch unter dem ‚Prinzip der materiellen Interessiertheit des Werktätigen' steht. Angebot und Nachfrage wird auf dem ‚nichtorganisierten' Markte lediglich eine Hilfsfunktion zugebilligt. Für die Preisbildung auf dem ‚organisierten' Markte sind sie unbeachtlich".[85]

---

82 Iljin, M.: Fünf Jahre, die die Welt verändern. Erzählung vom großen Plan, Berlin 1932, S. 15 ff.: Was dabei rauskommt, wenn man ohne Plan arbeitet.

83 Voslensky, Michael: Nomenklatura. Die herrschende Klasse der Sowjetunion, 3. Aufl., Berlin 1985, S. 246 f.

84 Brus, Włodzimierz / Łaski, Kazimierz: Von Marx zum Markt. Die sozialistischen Länder auf der Suche nach einem neuen Wirtschaftssystem, Marburg 1990, S. 65. „Nach dem Ersten Weltkrieg und der Russischen Revolution von 1917 erkannten nach und nach auch die orthodoxen Marxisten innerhalb des sozialdemokratischen (in Abgrenzung zum kommunistischen) Flügels des Sozialismus – etwa Karl Kautsky und Otto Bauer – die Bedeutung des Marktes für das Funktionieren einer sozialistischen Wirtschaft. Die kommunistische Ideologie blieb jedoch in den programmatischen Schriften weiterhin grundlegend verankert, und zwar in Gestalt eines marktlosen Konzepts".

85 Fels, Eberhard: Katallaktik, in: HdSW, 5. Bd., 1956, S. 571.

Gleichzeitig mit dem Fünfjahresplan des sozialistischen Aufbaus der UdSSR (1928/29 bis 1932/33) setzte die Zwangskollektivierung des Bodens ein. Der Schriftsteller Arthur Koestler (1905-1983)[86], der 1932/33 eine Reise in die Sowjetunion unternahm, schildert seine Erfahrungen.

„*Unterdrückung der Tatsachen*: Ausländische Zeitungen waren und sind in Rußland verboten. Die Sowjet-Presse steht in einem derartigen Maße unter Kontrolle, wie es der Nazismus nie fertiggebracht hat. Jede Stadt in der Union, einschließlich Moskau, hat zwei Morgenzeitungen: ein Regierungsorgan und ein Parteiorgan. Alle Regierungsblätter im ganzen Land erscheinen jedoch Morgen mit einem einheitlichen Leitartikel der Moskauer ‚Iswestija'. Die Parteiblätter im ganzen Land dagegen bringen den Leitartikel der Moskauer ‚Prawda'. Auslands- und Inlandsnachrichten werden beide gleicherweise durch die offizielle TASS-Agentur verbreitet. Die lokalen Nachrichten stammen aus amtlichen Quellen.

Die Wirkung dieser vollkommenen Zentralisation des Nachrichtenwesens in einem Lande mit derartig ungeheuren Entfernungen ist die, daß die große Masse des Volkes in Unwissenheit nicht nur über die Ereignisse im Ausland, sondern auch über die Vorgänge jenseits ihrer unmittelbaren Nachbarschaft gehalten wird. Hier ein Beispiel, wie dieses System arbeitet:

Ich verbrachte den Winter 1932 bis 1933 hauptsächlich in Charkow, der damaligen Hauptstadt der Ukraine. Es war der Katastrophenwinter nach der ersten Welle der Kollektivierung des Bodens; die Bauern hatten ihr Vieh geschlachtet, ihre Ernte verbrannt oder versteckt und starben an Hunger und Typhus dahin; die Anzahl der Toten, allein in der Ukraine, wird auf ungefähr 2 Millionen geschätzt. Eine Reise durch die Gegend war ein Spießrutenlaufen: Die Bahnhöfe waren umsäumt von bettelnden Bauern mit geschwollenen Händen und Beinen, die Frauen hielten schrecklich aussehende Kinder mit unförmigen wackelnden Köpfen, stockdünnen Gliedern und geschwollenen spitzigen Bäuchen an die Wagenfenster herauf, man

86 Koestler, Arthur, auch A. Costler, Redakteur, Schriftsteller, * 5.9.1905 Budapest, † 3.3.1983 London. Aus einer österreichisch-ungarischen jüdischen Kaufmannsfamilie stammend, wuchs Koestler in Budapest und Wien auf und begann ein Studium der Ingenieurwissenschaften in Wien, das er jedoch abbrach, um 1926 als Zionist nach Palästina zu gehen. Seit 1927 Auslandskorrespondent für Ullstein in Jerusalem, arbeitete er seit 1929 für diesen Verlag in Paris und Berlin, zuletzt als wissenschaftlicher Redakteur, und wurde 1931 Mitglied der KPD. 1932/33 unternahm er eine Reise in die Sowjetunion, hielt sich nach der Machtübernahme der Nationalsozialisten in Paris und Zürich auf und war 1936/37 Korrespondent des liberalen englischen „News Chronicle" im Spanischen Bürgerkrieg. 1937 wurde er verhaftet und zum Tode verurteilt. Auf britische Intervention hin wurde Koestler ausgetauscht. Er ging nach Frankreich, trat 1938 aus der KPD aus und lebte zunächst in Paris. 1940 konnte er vor der Gestapo nach London fliehen, wurde Kriegsberichterstatter in der britischen Armee und arbeitete später als Korrespondent für englische und amerikanische Zeitungen. 1940 erschien als Abrechnung mit dem Kommunismus sein vielfach übersetzter und aufgelegter Roman *Darkness at noon* (dt. unter dem Titel *Sonnenfinsternis*, 1946). Seit 1955 schrieb Koestler fast ausschließlich über anthropologische, biologische, psychologische und physikalische Themen. Seinen Lebensweg hielt er in mehreren autobiographischen Berichten fest, u. a. *Spanish Testament* (1937), *Scum of Earth* (1941) und *Arrow in the Blue* (1951). Koestler beging Selbstmord. In: Killy, Walter: DBE, Bd. 5, 2001, S. 676.

konnte einen Laib Brot gegen ukrainische gestickte Kopftücher, Nationalkostüme und Bettbezüge eintauschen; Ausländer konnten mit jedem Mädchen, außer Parteimitgliedern, gegen ein Paar Schuhe oder Strümpfe schlafen. Unter meinem Hotelfenster in Charkow zogen jeden Tag Leichenbegängnisse vorbei. Die Stromversorgung war in Charkow zusammengebrochen; es gab kein Licht in der Stadt und die Straßenbahnen waren nur eine Stunde lang täglich in Betrieb, um Arbeiter zu den Fabriken und zurück zu bringen. Es gab auch keinen Brennstoff oder Petroleum in der Stadt, und der Winter war selbst für die Ukrainer hart mit Temperaturen unter 30 Grad. Das Leben schien stillzustehen, die ganze Maschinerie am Rande des Zusammenbruchs.

Dies waren die Bedingungen, die die bolschewistische Alte Garde in die Opposition gegen Stalin hineintrieben, in ihre laue Verschwörung der Verzweiflung; sie waren der eigentliche Hintergrund für die Säuberung und Gerichtsverhandlungen. Heute wird die Katastrophe von 1932 bis 1933 mehr oder weniger offen in Sowjet-Kreisen zugegeben; aber damals durfte nicht die leiseste Andeutung über die wahre Lage in der Sowjet-Presse einschließlich der Zeitungen in der Ukraine selbst erscheinen. Jeden Morgen, wenn ich den ‚Charkower Kommunisten' las, erfuhr ich von Planzahlen, die erreicht oder überschritten worden waren, von Wettbewerben von Fabrikstoßbrigaden, Verleihungen des Roten Banners, neuen riesenhaften Fabrikkombinaten im Ural usw.; die Photos zeigten entweder junge Leute, immer lachend und immer Fahnen in der Hand haltend, oder einige malerische ältere, immer lächelnd und immer das Alphabet lernend. Kein einziges Wort über die örtliche Hungersnot, über Epidemien, das Aussterben ganzer Dörfer; selbst die Tatsache, daß es in Charkow keinen Strom gab, wurde in der Charkower Zeitung nicht einmal erwähnt. Es gab einem das Gefühl traumhafter Unwirklichkeit; die Zeitungen schienen von einem ganz anderen Land zu sprechen, das keinerlei Berührungspunkte mit dem täglichen Leben hatte, das wir führten".[87]

Die Realität der Sowjetwirtschaft wirkte auf die deutschen Sozialdemokraten abschreckend. Im „Vorwärts" erschienen 1930 Berichte unter dem Titel „Russische Wirtschaftskatastrophe", „Sowjetrussisches Hungerdrama", „Russisches Industriefiasko", „Leibeigene des Fünfjahresplanes".[88]Die Kommunistische Partei Deutschlands (KPD) identifizierte sich vorbehaltslos mit der Sowjetunion.[89]

Das Modell für die „revolutionäre Umwandlung" in der SBZ nach 1945 war daher die Sowjetunion.[90]

---

87 Koestler, Arthur: Sowjet-Mythos und Wirklichkeit aus „Der Yogi und der Kommissar", 2. Aufl., Hamburg 1928, S. 24 f. Conquest, Robert: Die Ernte des Todes. Stalins Holocaust in der Ukraine 1929-1933, München 1988.

88 Zarusky, Jürgen: Die deutschen Sozialdemokraten und das sowjetische Modell. Ideologische Auseinandersetzungen und außenpolitische Konzeptionen 1917-1933, München 1992, S. 276.

89 Ebd., S. 240.

90 Arlt, Eberhardt: Die Rolle des Leistungslohnes bei der Steigerung der Arbeitsproduktivität, in: *Einheit* 1951/4, S. 269 ff. Wirth, Erich: Die Rolle der sowjetischen Arbeitsmethoden für die Erfüllung unserer Volkswirtschaftspläne, in: *Einheit* 1951/6, S. 387 ff. Wießner, Rudolf: Die Erfahrungen der Sowjetunion führen uns zu neuen Wegen in der Berufsausbildung, in: *Einheit*

„Das Sowjetvolk beschreitet unter der Führung der ruhmreichen Partei der Bolschewiki und seines großen Lehrmeisters, des Genossen Stalin, erfolgreich den Weg zu Kommunismus, zu einem in der menschlichen Geschichte bisher nie gekannten Wohlstand und Glück".

Nach dem Vorbild des ersten Fünfjahresplanes (1928-33)[91] – totale Zentralisierung und Bürokratisierung unter Stalin – wurden nach 1945 die Wirtschaftsordnungen der osteuropäischen Satellitenstaaten revolutionär umgestaltet.[92]

2.2. Die technische Ausrüstung für Stalins forcierte Industrialisierung im Fünfjahresplan 1928/32 lieferten die USA, Deutschland und England

Der größte Erfolg des freien Schriftstellers Werner Keller (1909-1980) war das Sachbuch „Und die Bibel hat doch recht. Forscher beweisen die historische Wahrheit" (1955).[93] Das wichtigste Sachbuch für den Wirtschaftshistoriker ist sein Buch, „Ost minus Zeit gleich Null. Der Aufbau Rußlands durch den Westen" (1960). Keller beleuchtet darin wenig bekannte Zusammenhänge.

1951/10, S. 636 ff. Ulbricht, Walter: Lehren des XIX. Parteitages der KPdSU für den Aufbau des Sozialismus in der Deutschen Demokratischen Republik, in: *Einheit* 1952/12, S. 1303-1315. Reinhold, Otto: Die neue Arbeit J.W. Stalins – ein Lehrbuch für den Aufbau des Sozialismus in der DDR, in: Deutsche Finanzwirtschaft 4, 1952, S. 1290 ff.

91 Strumilin, Stanislav Gustavovich: Ökonomische Schriften 1. Bd.: Sozialismus und Planung, hrsg. in deutscher Sprache von Ottomar Kratsch, Berlin 1977. Rezension von Gertraud Wittenburg, in: *Wirtschaftswissenschaft*, 1981, S. 108-112; Gerhard Colm, Volkswirtschaftliche Gesamtrechnung (I) Theorie, in: HdSW, 11. Bd., 1961, S. 391: „Überraschender noch ist vielleicht, daß nicht einmal die Sozialisten in dieser Periode der dominierenden Laissez-faire-Ideologie ein Konzept für eine volkswirtschaftliche Gesamtrechnung entwickelten. Dies mag sich aus der Tatsache erklären, daß der Marxismus als die herrschende sozialistische Doktrin jeder Vorhersage über den zukünftigen Weg eines sozialistischen oder kommunistischen Wirtschaftssystems ablehnend gegenüberstand. Ein solches Unterfangen wäre sofort als ‚utopisch' abgetan worden. Stattdessen haben sich in der Praxis der sowjetischen Wirtschaft ohne Unterstützung durch vorhergehende ökonomische Theorie die sogenannten Fünfjahrespläne durchgesetzt, die verbindliche Normen für die Manager der vom Staat kontrollierten Betriebe vorschreiben".

92 Hamel, H.: Das Stalinsche Wirtschaftssystem administrativer Planung, Leitung und Kontrolle. I. Ordnungspolitische Formung, S. 33 f. Ideologische Grundlagen waren Lenins Lehren zur sozialistischen Wirtschaftsführung und Erfahrungen der sowjetischen Zentralplanwirtschaft.

93 Keller, Werner (1909-1980), in: DBE, Bd. 5, 2001, S. 498: Keller, Werner, Pseud. Norman Alken, Schriftsteller, *13.8.1909 Gut Nutha bei Zerbst (Sachsen-Anhalt), † 29.2.1980 Ascona (Kt. Tessin). – K. studierte zunächst Medizin und Maschinenbau, dann Rechtswissenschaften in Berlin, Rostock, Zürich, Genf und Jena und wurde 1933 zum Dr. jur. promoviert. Nach dem Referendariat am Berliner Kammergericht wandte er sich der Publizistik zu und veröffentlichte in der Folgezeit populärwissenschaftliche Artikel über kulturhistorische Themen. Nach dem Ende des Zweiten Weltkriegs bearbeitete er diesen Themenkreis in Hamburg u. a. für den Nordwestdeutschen Rundfunk (NWDR), die „Welt" und die „Zeit". Später ließ er sich als freier Schriftsteller im Tessin nieder.

„Im Dezember 1925 hatte Stalin auf dem XIV. Parteitag der KPdSU einen Wirtschaftsplan vorgelegt, der im Inland wie in der übrigen Welt ungeheures Aufsehen erregte, denn in diesem Plan war zum ersten Male ‚die Verwandlung der Sowjetunion aus einem Agrarland in ein Industrieland' als Ziel gefordert. Zwei Jahre später – man feierte am 7. November 1927 den zehnten Jahrestag der Oktoberrevolution – entwickelte Stalin in einer großen Rede sein neues Programm, das geradezu schwindelerregende Zahlen enthielt. Die zwei entscheidenden Zielsetzungen darin lauteten: radikale Kollektivierung der Bauern und Schaffung einer eigenen mächtigen Industrie. Im Monat darauf nahm der XV. Parteitag das gewaltige Projekt einer *forcierten Industrialisierung* an und erteilte den Auftrag zur Ausarbeitung des ersten Fünfjahresplanes, dessen Beginn auf das Jahr 1928 festgesetzt wurde. Das sind die nüchternen Daten für die Ingangsetzung eines der ehrgeizigsten Unterfangen dieses Jahrhunderts.

‚Pjatiljetka' (von pjat = 5 und ljet = Jahr) – ‚Fünfjahresplan' – das war die Parole, die die Revolutionierung der Volkswirtschaft einleitete. Am 1. Oktober 1928 trat der erste Fünfjahresplan offiziell in Kraft.

Einem von einer blutigen Revolution ausgezehrten Bauernland, von dessen 153.955.600 Einwohnern am 1. Januar 1929 noch 125.188.800 in ländlichen Bezirken lebten, das in seinen industriellen Anlagen und in der Leistungsfähigkeit seiner Arbeiter den meisten Staaten Europas – von Nordamerika ganz zu schweigen – weit unterlegen war, setzte Stalin das Ziel: ‚Die kapitalistischen Staaten *einholen und überholen*', das Ziel, das auch für alle weiteren Fünfjahrespläne galt.

Im Westen nahmen Politiker und Öffentlichkeit dieses Projekt wohl zur Kenntnis, nahmen es aber nicht ernst. Ihnen entging die vom Osten wohlweislich verschwiegene Tatsache, daß die Sowjets für den Aufbau der gewaltigen Industriewerke und deren totale maschinelle Ausrüstung und Inbetriebsetzung eines bereits fest einkalkuliert hatten: die praktisch unbegrenzte Lieferungskapazität der Industrien des Westens und das hohe Können der Experten dieser Industrien. Zu der Zeit, als der erste Plan verkündet wurde, lagen die nicht mit Gold aufzuwiegenden Verträge der Weltfirmen mit allen Garantien bereits in den Safes des Moskauer Außenhandelsministeriums – und das war der Grund, daß die Sowjets sich so zuversichtlich zeigten!

Von dem Augenblick an, da der Riesenplan ins Auge gefaßt war, hatte in Moskau eine fieberhafte Tätigkeit eingesetzt. Im Gebäude des Außenhandelsministeriums, der Hochburg der Sowjetischen Handelsorganisation, die der Armenier A-nastasij Mikojan dirigiert, brennen bis tief in die Nacht die Lichter. Aus endlosen Karteien, aus vertraulichen Berichten der Sowjetgesandtschaften und Handelsmissionen, aus Warenverzeichnissen, Prospekten und Katalogen werden lange Listen aufgestellt, die bis ins Detail alle jene Güter und Könner, alle die wirtschaftlichen und industriellen Hilfsquellen und technischen Hilfstruppen des Westens erfassen, die das Rückgrat der ‚Pjatiljetka' bilden werden. In verschlüsselten Anweisungen erhalten die sowjetischen Außenstellen in den USA ihre genaue Order. Unbemerkt von der amerikanischen Öffentlichkeit setzt die wichtigste Vorarbeit für den ‚sozialistischen Aufbau' in der ‚Hochburg des verfaulenden Kapitalismus' ein.

Leicht verwundert sitzt Mr. A. Ruckeyser eines Tages einigen Russen gegenüber, die ihn in seinem New Yorker Büro aufgesucht haben. Sein Interesse wird allerdings hellwach, als die Fremden eine Karte des Ural auf seinem Tisch ausbreiten und das Gespräch auf Asbest kommt. Auf diesem Gebiet besitzt Ingenieur Ruckeyser Erfahrungen aus fast allen Erdteilen, hat er sich doch auf Asbest-Bergbau spezialisiert und sogar ein besonderes System der Verarbeitung dieses wichtigen Rohstoffes erfunden. Nicht umsonst wird er in den internationalen Ingenieurhandbüchern als Autorität aufgeführt.

Wenige Wochen nach dieser Unterredung führt eine Einladung aus Moskau den Experten nach dem Ural. An Ort und Stelle, in Asbest, einem Flecken, den noch keine Landkarte verzeichnet, besichtigt er eine Lagerstätte mit unbedeutendem Abbau. ‚Rationeller gestalten!', rät Ruckeyser. Was dabei herauskäme, wollen die Russen wissen. ‚Das Zehnfache!', lautet die Antwort des amerikanischen Ingenieurs. Ruckeyser erhält einen Rekordvertrag in Dollar, zahlbar auf seine Bank in den USA. Wie bei Ruckeyser, so klopft es an den Türen vieler anderer Experten in den USA. Beim Ingenieur Major P. D. Carter, den die Sowjets für den Bau der wichtigen Telefonlinie Moskau-Chabarowsk vertraglich gewinnen, beim Chefkonstrukteur John K. K. Calder in Detroit, dem großen Könner im Bau modernster Industrie- und Montagehallen, ebenso wie bei seinem hochbegabten Kollegen H. F. Mitre.

Geschickt und mit Erfolg werfen die Sowjets ihre Köder auch in den amerikanischen Industriekonzernen aus, die in der sowjetischen Presse als ‚Zwingburgen des imperialistischen Spätkapitalismus' beschimpft werden. Anfragen über Abermillionen-Dollar-Aufträge flattern den Firmen auf die Schreibtische. In den Direktionsbüros erscheinen gruppenweise die roten Beauftragten, überall setzen Verhandlungen ein, wird gerechnet und kalkuliert. Die sowjetischen Unterhändler kommen mit Bestellungen von so unglaublichen Ausmaßen, daß selbst die erfolgsgewohnten Yankees zu träumen glauben.

Jahrelang hatte Ford als Zielscheibe haßerfüllter Tiraden herhalten müssen. Nun sitzen die Beauftragten der sowjetischen Handelsmission liebenswürdig lächelnd in Detroit mit dem Kapitalisten an einem Tisch. 1928 hatten die Sowjets die ersten Beziehungen zum Ford-Konzern angeknüpft. Seitdem wurde verhandelt und gefeilscht. Zähes Beharren gehört zur russischen Natur, und was die Roten verlangen, das ist, was Ausmaß und Umfang an amerikanischen Lieferungen und Leistungen, was Termine und Fristen angeht, hochgeschraubt bis an die Grenzen des kaum noch Erfüllbaren.

Doch am 1. Mai 1930 haben die Roten es geschafft. In den USA schlägt die Geburtsstunde der bolschewistischen Autoindustrie. An jenem Tage unterzeichnen die Sowjetvertreter mit Henry Ford das Vertragsdokument über Patentlizenzen, technische Hilfe und Beratung sowie die Lieferung von Autoteilen. Für den Betrag von 30 Millionen Dollar verpflichtet sich Ford, der UdSSR sämtliche Pläne und technischen Berechnungen seiner eigenen Autotypen zu liefern! Ford verspricht außerdem, 74.000 vollständige Sortimente von Autoteilen für die Montage unter dem Marktpreis zu liefern und alle Ingenieure zur Verfügung zu stellen, die notwendig sind, die Produktion in Gang zu setzen. Er erteilt den Sowjets obendrein die Erlaubnis, eigene Ingenieure nach Dearbom zur Ausbildung in den Ford-Werken entsenden zu können. Auf seiner Amerikareise hat Chruschtschow am 19. September 1959 an die Rolle erinnert, die die USA als großer Lehrer und Ausbilder gespielt haben: ‚Wir sandten unsere Ingenieure hinüber', gestand Chruschtschow in Los Angeles. ‚Sie lernten von euch in euren Lehranstalten. Unsere Ingenieure kamen herüber, um bei Ford zu arbeiten. Unser für die Automobilindustrie zuständiger Minister kam herüber und arbeitete bei Ford'.

In dem großen Vertrag von Ford haben die Russen geschickt alle nur erdenklichen Sicherungen eingebaut, die volle Garantie dafür bieten, daß ihr ‚sozialistisches fortschrittliches Werk' einer ersten Automobilfabrikation in der UdSSR auch tatsächlich über alle zu erwartenden Pannen hinaus in Betrieb gesetzt werden kann. Denn während der ersten zwei Betriebsjahre soll das sowjetische Werk nur Autos aus den von Ford zu liefernden Teilen unter Aufsicht von Fachkräften von Ford montieren. Erst für das dritte Jahr ist vorgesehen, die Hälfte der Teile selbst herzustellen, im vierten Jahr sollen es fünfundsiebzig Prozent sein, und danach erst soll die rote Eigenerzeugung voll in Gang kommen. Man wird bei diesem Vertrag an die Lieferung eines Anker-Steinbaukastens mit Gebrauchsanweisung erinnert. So betreut, hätte dieses Fordwerk mühelos auch im afrikanischen Urwald errichtet und in Betrieb gesetzt werden können oder bei den Eskimos. ‚Als Ford unsere erste Automobilfabrik baute', gab Chruschtschow in Los Angeles zu, ‚zerbrachen wir eine große Anzahl von Maschinen, bevor wir lernten, mit ihnen umzugehen'. Selbst dieser Vertrag mit Ford aber stellt die ehrgeizigen Russen noch nicht zufrieden. Ein paar Monate nach Abschluß drücken sie bei den Amerikanern eine noch höhere Ausstoßkapazität durch: An Stelle der zunächst vereinbarten 100.000 Autos jährlich sollen es nunmehr 140.000 Stück sein.

Obendrein setzen die Sowjets die Frist für die Errichtung des Werkes von zwei Jahren auf nur fünfzehn Monate herunter. Das geschieht in Verhandlungen mit der Austin-Company von Ohio und New York. Diese Weltfirma ist von den Roten dazu ausersehen, die ‚erste kommunistische Musterstadt' hinzustellen, die gewaltigen Werkhallen und Gebäudekomplexe für das rote Ford-Unternehmen an der Mündung der Wolga in die Oka, in Gorkij.

Selbst diese gigantischen Verträge werden noch in den Schatten gestellt durch die Abmachungen, die die Sowjets mit einer weiteren USA-Firma von Weltruf treffen. Mit der Arthur G. McKee Company in Cleveland, Ohio, kommt damals ‚der gewaltigste Vertrag, der je in der industriellen Geschichte geschlossen wurde', zustande. Es geht um nichts Geringeres, als das berühmte Gary, das Herzstück amerikanischer Eisen- und Stahlindustrie im Staate Indiana, auf russischem Boden noch einmal erstehen zu lassen. Die McKee Company verpflichtet sich, den Sowjets das entscheidende Schlüsselwerk für das Gelingen des Fünfjahresplanes hinzustellen: die Riesenanlagen von Magnitogorsk im Ural. Der Vertrag umschließt ein Industrieobjekt von 800 Millionen Rubel! Bei der Amtorg, der für Amerika zuständigen Abteilung der roten Handelsorganisation, und bei anderen sowjetischen Dienststellen türmen sich in jener Zeit ganze Berge von Verträgen mit amerikanischen Fachkräften. Aberhunderte von Spezialisten, von Laboranten, Meistern, Technikern, Ingenieuren, bis hinauf zu den ersten Könnern der Planung und Konstruktion, haben unterschrieben. Allein die ‚Lohntüten' jenes großen Spezialistenteams aus den USA zu füllen, kostet nach Schätzungen aus Moskau damals 10 Millionen Dollar pro Jahr!

Doch von diesen Verträgen, von den Garantieabkommen mit der amerikanischen Industrie ist keine Rede, als die Sowjets die Weltöffentlichkeit mit dem Zahlenzauber ihres ersten Fünfjahresplanes überraschen.

Gleichzeitig mit Gruppen von Ingenieuren und Facharbeitern treffen vom Jahre 1928 ab in großem Umfang ausländische Schiffsladungen in russischen Häfen ein, Stapel um Stapel von Kisten bis zu den sperrigsten Gütern. Wohlverpackt rollt das Inventar ganzer Industrien an: Hallenkonstruktionen und Laufbänder, Krane und Schlepper, Bagger und Bohranlagen, Motoren und Maschinen, Lastwagen und Traktoren. Wo sie herkommen, verraten die Aufschriften – USA, England, Deutschland [...] Von Leningrad im Norden und von Odessa im Süden rollen diese Güter des Westens ins Innere des Landes, werden irgendwo ausgeladen, erreichen über unwegsame Pfade ihre Bestimmungsorte. Hier stehen die ausländischen Spezialarbeiter und Ingenieure schon bereit, holen ihre Listen heraus, prüfen und beginnen zu montieren.

Viele ‚Bestimmungsorte' tragen Namen, die noch in keiner Karte verzeichnet stehen. Einer von ihnen liegt im Ural, dort, wo im südlichen Ausläufer des flachen Gebirgskammes sich die Magnitnaja Gora, der Magnetberg, erhebt.

In seinem Innern schlummert ein Lager von 275 Millionen Tonnen aus 62prozentigem magnetischem Eisenerz. Der ganze Berg, fünf Kilometer lang, über drei Kilometer breit und fünfhundert Meter hoch, besteht aus einem einzigen festgefügten Block Magneteisenstein.

Der rote Propaganda-Gigant Magnitogorsk. Für 800 Millionen Rubel erstellte die McKee-Company aus Cleveland/Ohio das Herzstück des ersten Fünfjahresplanes. Am Magnetberg im Ural erwuchs unter Leitung amerikanischer Ingenieure eines der größten Hüttenwerke der Welt.
Oben: Blick auf das riesige Baugelände im Jahre 1929, links: die mächtigen Hochöfen im Bau. Unten: das fertige Hüttenkombinat Magnitogorsk nach Inbetriebnahme.

Das Traktorenwerk in Stalingrad, dessen Hallenkonstruktion und Fertigungsanlagen die USA lieferten, errichtete der Chefingenieur John Calder aus Detroit in der Rekordzeit von 6 ½ Monaten. US-Fachkräfte bildeten Russen aus, um die Produktion in Gang zu bringen.

Ford schuf Gorkij, das „Detroit der UdSSR“: H. F. Mitre, Chefkonstrukteur der Austin Company, errichtete im alten Messeort Nischnij-Nowgorod, heute Gorkij, die Hallenkonstruktionen für das riesige Autowerk. Oben: die im Bau befindliche Halle der Preßschmiede-Abteilung. In der von Ford vollständig eingerichteten Autofabrik (links) entsteht heute der Typ „Wolga“.

In weitem Umkreis zeigt keine Uhr die Zeit genau an. Den Sowjets bedeutet dieser ungeheure Metallschatz das Fundament für ihr größtes Stahlzentrum. Eisen ist und bleibt das wichtigste aller Metalle. Ohne Eisen kein Stahl, ohne Stahl keine Schwerindustrie und ohne Schwerindustrie keine Rote Weltmacht, die den Westen ‚begraben kann'. Am Magnetberg soll der große Eckpfeiler des ersten Fünfjahresplanes entstehen, das gewaltige Magnitogorsk, das zum Renommierstück des ‚revolutionären roten Aufbaus' wird, zum vielzitierten, ausländischen Besuchern immer wieder vorgeführten, immer wieder fotografierten und gefilmten ‚Stahl-Giganten' der UdSSR.

Bis zum Jahre 1928 liegt die Magnitnaja Gora verlassen da, weit um den Berg ist der Ural menschenleer. Dann aber wird es eines Tages schlagartig lebendig. In endlosen Schlangen ziehen Panjewägelchen herbei, ‚russische Konvoier', wie man sie scherzhaft taufte. Kolonnen von russischen Arbeitern treffen ein, Baracken werden errichtet, primitive Unterkünfte gezimmert, der Boden wird abgesteckt und aufgewühlt.

Im Juli 1930 beginnen die Arbeiten. Als wenige Monate darauf der amerikanische Reporter H. R. Knickerbocker dort eintrifft, ist an dem zuvor weltabgeschiedenen Ufer des Uralflusses eine Siedlung von 35.000 Seelen entstanden, ist bereits eine erstaunliche Bautätigkeit geleistet.[93]

'Über Wege humpelnd, die die Leistungsfähigkeit der Federn des dem Agenten der Gesellschaft gehörenden Fordautos auf eine harte Probe stellten', vermerkt Knickerbocker, ‚kamen wir an großen Lagern aus Zelten und Baracken vorüber [...], und als wir höher den Berghang hinaufstiegen, breitete sich vor uns das Panorama von Magnitogorsk. Sechs Meilen in der Länge und drei in der Breite zog sich ein Kreis von Gerüsten, Zelten, Baugruben – ziegelrot, weiß und stahlblau – über die dunkelgraue Steppe. Zelte zu Tausenden wechselten mit flachen Baracken aus mit Lehm verkleideten Kiefernstämmen ab. Gähnende Baugruben, Wälder von Gerüsten, Lager von Eisenbahnschwellen, gelegentlich eine Reihe von Ziegelmauern zeigten an, wo sich die Hochöfen, die Walzwerke, die Kraftwerke, die chemische Fabrik und die Bahnanlagen erheben sollten, um Magnitogorsk zur stählernen Hauptstadt der roten Welt zu machen'.

Was Knickerbocker erstaunt vor sich ausgebreitet sah, war, wie ihm die Experten der Arthur G. McKee Company versicherten, die gewaltigste Baustelle der Erde. Seine Landsleute, als deren Boß Mr. Max McMurray aus Cleveland fungierte, wohnten gesondert. Für sie war – wie auf vielen anderen Bauplätzen – ein ‚Klein-Amerika' errichtet worden, eine ‚Njemezkaja Sloboda' des zwanzigsten Jahrhunderts. Die Wohnungen in den Landhäusern waren behaglich und die Küche des amerikanischen Restaurants gut. ‚Ein Frühstück aus Roastbeef, Butter in Menge, Weizenbrot und Kaffee bewies, daß die Nahrungsmittelknappheit den Ausländern nichts anhaben würde. Denn ansonsten ist ‚Magnitogorsk auf der kahlen Uralsteppe einer der trostlosesten vorgeschobenen Posten des weiten Ruß-

93 Knickerbocker, Hubert R.: Der rote Handel lockt, Berlin 1931. Ders.: Der rote Handel droht!, Berlin 1931.

lands', notiert Knickerbocker. ,Im Winter könnte es mit der berühmten Strafkolonie auf der Solowetzkij-Insel im Eismeer wetteifern'.
Mr. Jack Clark, der aufsichtführende amerikanische Ingenieur, kann bereits mit Genugtuung auf die ersten Rekordleistungen weisen. Quer durch den Uralfluß zieht sich ein Damm von einem Kilometer Länge, dem 40.000 Kubikmeter Eisenbeton Festigkeit verleihen. In nur vier Monaten wurde dieser erste Bauabschnitt vollendet, durch den die Fabrik mit Wasser versorgt werden wird. Wenn im Frühjahr die Wasser anschwellen, werden sie sich hinter dem Damm zu einem vierzehn Kilometer langen und zwei Kilometer breiten See aufstauen. In ununterbrochenen Schichten von je acht Stunden haben Russen nach amerikanischen Anweisungen die ungewöhnlich harte Arbeit geschafft. Was sie anspornte, gehört zu jenen Teufelserfindungen ,kapitalistischer Ausbeuter', die Karl Marx so in Grund und Boden verdammt hatte: Akkordlöhne und Prämien. Das zog mehr als die roten Propagandabänder auf beiden Seiten der Baustelle, auf denen in riesigen Lettern zu lesen war: ,Das rechte Ufer muß zuerst fertig sein' einmal, ,Das linke Ufer muß zuerst fertig sein' zum andern. Trotzdem wäre der Rekord ohne mechanische Hilfe niemals zustande gekommen.

Am Dammbau waren zahlreiche Maschinen eingesetzt, allerletzte Modelle – Pressluftbohrer und mächtige Betonmischer, Dampfbagger und eine Neun-Tonnen-Dampframme aus den USA. In einem anderen Bauabschnitt ist die größte Hochofenanlage der Welt in Angriff genommen, deren Ausführungen und Fertigstellung ganz auf amerikanischen Schultern ruht. Acht Hochöfen sind vorgesehen, jeder 33 Meter hoch, jeder mit einem Fassungsvermögen von 1.180 Kubikmeter und einer Erzeugung von 1.000 Tonnen Eisen pro Tag. In den ganzen Vereinigten Staaten gibt es zu jener Zeit insgesamt nur acht solcher Riesen.

Noch über den Aufbau und die Inbetriebsetzung hinaus haben die roten Auftraggeber sich gesichert: Die McKee Company hat ihren Vertrag erst dann voll erfüllt, wenn Magnitogorsk unter eigener russischer Bedienung auf vollen Touren und reibungslos läuft. Für die Ausbildung russischer Fachkräfte müssen die Amerikaner auch Schulen einrichten und obendrein von ihnen angelernte Arbeiter und Spezialisten zu Sonderkursen in amerikanische Fabriken entsenden. Der Vertrag mit der Cleveländer Weltfirma hat sich für den Kreml bezahlt gemacht. Als 1932 dennoch Unstimmigkeiten zwischen der McKee Company und russischen Verwaltungsstellen auftreten, übertragen die Sowjets die Anlage des riesigen Walzwerkes den deutschen Firmen Demag und Klein, wird das mächtige Kokswerk dem amerikanischen Hause Koppers & Co. anvertraut. Wer weiß schon heute noch von jener entscheidenden Starthilfe des Westens, wenn er im sowjetischen Lexikon die folgenden knappen Angaben liest: ,*Magnitogorsk:* Industriestadt im südl. Ural; (1939) 145.900, (1947) 270.000, (1951) 500.000 Ew.; bedeutendstes Hüttenzentrum der UdSSR, mit einem der größten Eisen- und Stahlwerke der Welt; Wärmekraftwerk. – 1930 am Fuße der Magnitnaja Gora gegr.'.

Magnitogorsk ist nur ein Beispiel für viele. In der Talsteppe östlich des Ural schießen auf jungfräulichem Boden die Mauern eines anderen Werkes rasch in die Höhe: In Tscheljabinsk entsteht ,die größte Traktorenfabrik der Welt'. Der amerikanische Experte, der den Sowjets diesen Giganten hinstellt, heißt John K. K. Calder und ist ein Chefingenieur aus Detroit.

Der erste Spaten Erde wird am 20. Juli 1930 ausgeworfen. Bei der Feier tritt Calder – wozu er vertraglich wohl kaum verpflichtet war – sogar selbst als Redner auf. Ein Landsmann von ihm berichtet, wie Calder ‚von einer roten, mit revolutionären Sprüchen geschmückten Plattform, zwischen Mitgliedern der Kommunistischen Jugend-Internationale mit gezogenen Säbeln als Symbol für den Kampf um die Industrialisierung stehend, eine Ansprache hielt'.

Wenige Monate nach der Grundsteinlegung haben die Russen unter der Anleitung der Amerikaner – Calder stehen Henry Hendrickson aus Cleveland, I. K. MacElroy und R. D. Spencer aus Detroit zur Seite – 600.000 Kubikmeter Erdwerk ausgehoben, 12.000 Kubikmeter Beton gegossen und die weitläufigen Fundamente gelegt.

Die Ausmaße der Industrieanlage von Tscheljabinsk sind selbst für amerikanische Verhältnisse eindrucksvoll. Was der Chefkonstrukteur aus Detroit hier für Moskau entworfen hat, findet damals in keinem anderen Land seinesgleichen. Mit 644 Meter Länge und 196 Meter Breite überdeckt das Montagewerk allein eine Fläche von zwölfeinhalb Hektar. 21 amerikanische Fußballplätze ließen sich allein in dieser Halle unterbringen, mühelos obendrein die Umkleideräume für die Spieler. Gleich in der Nähe, in der vergleichsweisen Größe von 14 Fußballplätzen – 333 Meter lang und 276 Meter breit – entsteht die Gießerei, außerdem das Schmiedewerk mit 295 Meter zu 184 Meter. Die Sowjets wußten, daß Calder den Giganten von Tscheljabinsk in Rekordzeit auf die Beine stellen wird. Der Detroiter Chefingenieur hatte ihnen bereits an anderer Stelle vorexerziert, was – wenn es darauf ankommt – amerikanisches Tempo bedeutet. Calders erster Auftrag war die Stalingrader Traktorenfabrik gewesen. Er hatte sie in nur sechs und einem halben Monat hingestellt, schneller noch als selbst der rote Plan und der Vertrag es vorgesehen hatten.

Rußland mit seiner rückständigen Landbestellung hat Traktoren in riesigen Mengen dringend nötig. Aber Tscheljabinsk kann – und darauf hatten die Sowjets in ihren Aufträgen größten Wert gelegt – über Nacht auf eine andere, weit weniger friedliche Produktion umgestellt werden: auf *Panzer*. Wenn Moskau es befiehlt, werden an Stelle von 50.000 zehntonnigen, 60 PS starken Raupenschleppern 50.000 Panzer die Montagehalle verlassen. ‚Wir müssen', hatte die *Iswestija* unverblümt gefordert, ‚sämtliche Metallindustrien in einer Weise ausbauen, daß die Herstellung der erforderlichen Menge von Waffen gewährleistet ist'. Während das Hauptwerk im Eiltempo heranwächst, wird von den Sowjets auch noch ein Auftrag für die Errichtung einer ‚Fabrik zur Herstellung von 100 Versuchstraktoren pro Jahr' erteilt.

Unter den Augen der Amerikaner demonstrieren die Russen damit unbekümmert ihre uralte Praxis des Kopierens, des bedenkenlosen Auswertens und Indienststellens fremder Erfindungen, für die sie keinen einzigen Rubel zu entrichten gedenken. Ohne jede Gegenleistung bereichern sie sich an Milliardenwerten, die andere Völker für langjährige Forschungs- und Entwicklungsarbeiten aufbringen müssen.

‚Die Versuchsfabrik bietet ein interessantes Beispiel für die industriellen Praktiken der Sowjets', schreibt Knickerbocker. Wie er vom Vizepräsidenten des Tscheljabinsker Traktorstroj, W. W. Borisow, herausbekam, ‚sind hier in Tscheljabinsk keine Vereinbarungen über eine Bezahlung für die Verwendung der Patente getroffen worden' – obwohl sich die herzustellenden Traktoren sehr eng an die Konstruktionspläne der von der Caterpillar Company hergestellten Maschinen anschließen werden. ‚In der Versuchsfabrik werden Traktoren aller bekannten Marken aus der ganzen Welt auseinandergenommen und untersucht und die zweckmäßigen Konstruktionen für die Sowjetregierung verwendet. Ihre Unabhängigkeit von bourgeoisen Vorurteilen hinsichtlich privaten Patenteigentums verleiht der Sowjetindustrie eine einzigartige Vorzugsstellung'.

Als Knickerbocker dies feststellt, läuft das Kopieren fremden Eigentums, die sich über alle Rechtssatzungen der zivilisierten Welt hinwegsetzende rote Piraterie der Patente, erst richtig an. Der Umfang dieses Diebstahls geistigen Eigentums hat sich in den seit damals vergangenen drei Jahrzehnten lawinenhaft vergrößert.

Mit den von ‚kapitalistischen Ingenieuren' entworfenen, errichteten und mit ausländischem Maschinenpark installierten Fabriken ist jedoch noch nicht alles getan. Denn wer soll die Produktion in Gang halten? Auch dazu bedarf es der Fachleute, und an diesen besitzt ja der Westen ein genügend großes Reservoir.

‚Das Problem der Beschaffung geschulter Arbeiter für die Traktorenfabrik', erfährt Knickerbocker auf seiner Rußlandreise, ‚sobald diese zu arbeiten beginnt, beabsichtigen die Sowjetbehörden, genau wie in Stalingrad, mit Hilfe Amerikas zu lösen'. Man hat von vornherein mit der ‚Einfuhr' von 350 bis 400 erstklassigen amerikanischen Arbeitern für Tscheljabinsk gerechnet. ‚Die Sowjetregierung hegt immer noch die Überzeugung, daß es die beste Methode sei, eine russische Fabrik in Gang zu setzen, sie mit amerikanischen Vorarbeitern zu bemannen'.

So vorbereitet und betreut vom Ausland, muß die ‚fortschrittliche sozialistische' Industrie in Schwung kommen. Denn was steht dem noch entgegen, daß eine ‚Fabrik, die unter amerikanischer Aufsicht erbaut, mit amerikanischen Maschinen ausgestattet und ein ganzes Jahr lang mit Hilfe einer großen Belegschaft amerikanischer Vorarbeiter in Gang gesetzt wird, nicht an Menge und Qualität eine Produktion fördern sollte, die zumindest dem Ergebnis einer ähnlichen Fabrik in Amerika sehr nahe kommt'?

Für Stalingrad, das alte Zarizyn, wo bereits 1930 das mächtige Traktorenwerk anlief, sind 380 Amerikaner von den Sowjets angeworben worden, um die Produktion auf Touren zu bringen, Ingenieure und in der Mehrzahl erstklassige Werkmeister. Auch diese damals berühmteste der neuen Fabriken des Fünfjahresplanes konnte, wie der Fließband-Ingenieur Elwood F. Riesing betont, ‚nicht besser angelegt, gebaut und ausgestattet sein, wenn sie in Amerika errichtet worden wäre'. Das Montagegebäude – 446 Meter in der Länge und 105 Meter in der Breite – birgt in seinem Innern eine Fülle von Drehbänken, Bohrern, von Zahnradfräs- und -hobelmaschinen und allen nur erdenklichen Werkzeugmaschinen, auf denen noch überall die Schutzmarken amerikanischer Firmen prangen.

Die amerikanischen Ingenieure haben diese Fabrik eingerichtet für einen Ausstoß von je einem Traktor in 5¼ Minuten, das bedeutet je elf in der Stunde oder

50.000 Traktoren im Jahr. Auf je zwanzig bis dreißig Russen kommt ein Arbeiter aus den USA, dessen Aufgabe die Überwachung und Anleitung der Russen ist. Diese Amerikaner sind vertraglich verpflichtet, auf ihren Posten zu bleiben, bis die Russen fähig sind, ihre Maschinen allein zu bedienen. Ohne diese Starthilfe wäre nie eine Planziffer erfüllt worden. Am 19. September 1959 hat Chruschtschow diese Tatsache in Los Angeles zugeben müssen: ‚Als ihr uns geholfen habt, unsere Traktorenfabrik zu bauen, konnten wir sie nicht zwei Jahre lang in Gang halten, da alle Maschinen entzweigingen'. Für das Stalingrader Werk liefern die Russen die groben Teile für die Traktoren selbst; nur Kühler, Zündmagneten und Präzisionsteile sind US-Importe – sind es noch, denn die Sowjets haben den Nachbau auch dieser Teile nach ausländischen Modellen vorgesehen. Und das Kopieren gilt nicht nur für Maschinenteile. Ein genaues Nachbild des Stalingrader Werkes ist in Charkow in Angriff genommen, und für ‚Selmaschstroj' in Rostow – die einzige Fabrik des Fünfjahresplanes in ganz Rußland, die ohne ausländische Regie errichtet worden ist – haben die ‚Kapitalisten' nur noch die gesamte maschinelle Einrichtung liefern dürfen. Selmaschstroj produziert in Kopie genau jene Landwirtschaftsmaschinen, die zuvor in Amerika gekauft worden waren. ‚Selmaschstroj wird', das erkennt der amerikanische Reporter Knickerbocker klar, ‚mindestens eine Verringerung der Bestellungen an landwirtschaftlichen Maschinen in Amerika von mehreren Millionen Dollar bedeuten, genau wie die Errichtung der großen Traktorenfabriken in Tscheljabinsk, Stalingrad und Charkow bedeutet, daß, wenn sie erst in vollem Betrieb sind, keine neuen amerikanischen Traktoren mehr nach Rußland angefordert werden'.

Jahrhundertelang galt Nischnij-Nowgorod als bedeutendster Messe-Ort des Ostens. Nun wird dieser Ruhm verblassen, denn einige zwanzig Kilometer entfernt von den riesigen Marktanlagen, die einst der Franzose Betancourt als technisches Meisterwerk geschaffen hat, gehen amerikanische Ingenieure daran, das größte Autowerk des Ostens zu errichten. An den Ufern der Oka entsteht Gorkij, das gewaltige ‚Detroit Rußlands'. Inmitten dichter Fichtenwälder hat gegen 1929 das Lärmen eines kaum überblickbaren Bauplatzes die einstige Stille verscheucht; zehntausend Menschen, von weither zusammengeholt, wimmeln umher. Hier wird nach amerikanischen Plänen eine Fabrik errichtet, die 1932 140.000 Autos pro Jahr erzeugen soll. Für die USA, in denen man damals bereits 26 Millionen Autos zählt, ist das eine unbedeutende Zahl, für den Oststaat indes, der bis zur Stunde nur über einen Autopark von ungefähr 30.000 zudem im Ausland gekaufter Wagen verfügt, bedeutet das neue Werk einen Riesensprung vorwärts. Denn um die eigene Produktion steht es mehr als kümmerlich; ‚Arno' in Moskau brachte es 1929 auf 2.585 Autos, die Fabrik in Jaroslawl fabrizierte 1930 ganze 711 Autos. Und das war alles!

‚Die erste kommunistische Musterstadt', prahlen die bolschewistischen Gazetten, ‚schießt mit einer Schnelligkeit aus dem Boden, die einem weit weniger rückständigen Land als Rußland zur Ehre gereichen würde – seit Juni 1930 ist der Bau im Gange. Während dieser Zeit sind die Fundamente für die Montagefabrik in 650 Meter Länge gelegt [...] die Reparatur-, Werkzeug- und Instandhaltungsgebäude stehen bereits'.

Kein Wunder, denn das Aufbautempo in Gorkij geben die Yankees an. Sie haben einen Park allerneuester Spezialmaschinen aus ihrem Lande mitgebracht. Einundzwanzig amerikanische Ingenieure der Austin Company sind am Platz, dirigieren jede Phase des Baus. Chefkonstrukteur H. F. Mitre mit seinen Experten sorgt dafür, daß der Vertrag, den seine Firma geschlossen hat, Punkt für Punkt fristgemäß erfüllt wird. Die Sowjets sollen keinen Grund zu irgendwelchen Beanstandungen finden. Abseits von den dürftigen Barackenunterkünften, in denen Abertausende russischer ‚Ameisen' hausen, leben auch hier die fremden Experten mit ihren Familien in einer modernen ‚Njemezkaja Sloboda', in ‚Austingrad', wie man dieses ‚Klein-Amerika' nennt.

Sobald die weiten Montagehallen stehen, ziehen die Männer der Austin Company ab und die Fordleute ein. Sie werden dafür Sorge tragen, daß der Ehrgeiz des Sowjet-Traktoren- und Automobil-Trusts erfüllt wird, ein ‚sowjetisches' Autowerk zu besitzen, das den Fordwerken gleicht wie ein Ei dem anderen. Jahrelang hat die Sowjetpresse sich über das traurige Los der ‚ausgebeuteten Sklaven des laufenden Bandes' erregt; nun hat Moskau bei Ford die modernste Laufbandanlage für den ‚sozialistischen Aufbau' in Auftrag gegeben.

‚Amerika hat allen in der Entwicklung der Industrie Unterricht erteilt', läßt Chruschtschow 1959 in den USA verlauten, ‚Amerika schuf das Fließband, den fortschrittlichsten industriellen Prozeß der Welt'. Doch dieses offene Eingeständnis erfolgt eben nur in den USA und zu einer Zeit, als es Chruschtschow darum geht, gute Stimmung für dringend benötigte weitere amerikanische Lieferungen zu machen. In der Sowjetunion wird diese Tatsache bis heute [1960] peinlichst verschwiegen.

Eines der Meisterstücke, die Welt hinters Licht zu führen, gelang der sowjetischen Propaganda mit Dnjeprostroj – dem in der UdSSR gebauten größten Kraftwerk der Welt. Photos von Dnjeprostroj sah man in der Presse der ganzen Welt; auf sowjetischen Briefmarken und Streichholzschachteln prangt unter Hammer und Sichel das Bild des gewaltigen Staudammes, es fehlt weder in Broschüren noch auf Plakaten des ‚Intourist'. Millionen von Russen und Ausländern hat man an Ort und Stelle die riesigen maschinellen Ausrüstungen und ihre Leistungen erklärt, die unerhörte Rekordzeit der Errichtung als Ruhmesblatt des ‚Roten Aufbaus' geschildert.

Nur die eine, die entscheidende Tatsache wurde geflissentlich unterschlagen: daß Dnjeprostroj als Spitzenleistung amerikanischen Könnens entstand.

1926 wurde Oberst Hugh Cooper, der Schöpfer des mächtigen Wilson-Damms in den Muscle Shoals des Tennessee, zum ersten Male nach der UdSSR geholt. Die Sowjets führten den berühmten Ingenieur an den Dnjepr, nach Saporoschje in der Ukraine. Eine Stromschnellenstrecke von 65 Kilometer Länge unterbricht dort die Schifffahrt auf dem mächtigen Wasserweg, ein Hindernis der Natur, das den Russen von jeher Ärger bereitet hat, da sie ihm machtlos gegenüberstanden. Seit dem Anfang des 19. Jahrhunderts hatten sie sich immer wieder vergeblich um die Überwindung der Stromschnellen bemüht.

Oberst Cooper (rechts im Bild) erbaute mit seinem amerikanischen Ingenieurstab am Dnjepr den Sowjets im ersten Fünfjahresplan Dnjeprostroj (heute Dnjeprogres) – das damals „größte Kraftwerk der Welt". Im Vordergrund die von amerikanischen Firmen gelieferten, mit je 85 000 PS zu jener Zeit stärksten Turbinen.

200 Mähdrescher – der Stolz des sowjetischen Staatsgutes „Gigant", der „größten Getreidefabrik der Welt". Man vergaß, die ausländische Fabrikmarke „HOLT" zu retuschieren (1930)

Kusnezkstroj im Bau: Mit amerikanischer Hilfe und Ausrüstung entstanden im ersten Fünfjahresplan neben den Eisen- und Stahlzentren Magnitogorsk, Swerdlowsk und Nischnij Tagil im Ural auch die riesigen Werke von Stalinsk und Kusnezkstroj in Turkestan. Blick auf die Baustelle (oben). Unten: Panorama des Kusnezker Metallurgischen Kombinats in Betrieb.

Staudamm und Elektrizitätswerk „Dnjeprostroj", das von amerikanischen Firmen ausgerüstete und unter Oberst Cooper im ersten Fünfjahresplan erbaute Renommierstück der Sowjets.

Cooper studiert den Flußlauf, macht seine Skizzen und entwirft dann ein riesenhaftes Projekt, das die roten Planer so begeistert, daß er eines Tages in den Kreml gebeten wird. Stalin selbst läßt sich von dem amerikanischen Konstrukteur alle Einzelheiten des gewaltigen technischen Vorhabens erklären. Seine Ausmaße bedeuten Wasser auf die Mühle sowjetischer Gigantomanie, entsprechen genau der russischen Vorliebe für Superlative.

Ein Damm von zwei Kilometer Länge und sechsundsechzig Meter Höhe soll den Dnjepr so hoch aufstauen, daß über den gefährlichsten Klippen noch 5,3 Meter tiefes Wasser steht. 1.150 Millionen Kubikmeter Beton wird das verschlingen. In seinem 240 Meter langen Kraftwerk sollen neun Turbinen laufen, jede zu 85.000 PS, die ‚größten der Welt', die Amerika eigens herstellen wird. Auf 2.500.000 Kilowatt hat Oberst Cooper die installierte Kapazität veranschlagt. Keine andere Kraftanlage der Welt, so kann Cooper dem roten Diktator Stalin versichern, nicht einmal die Niagarafälle, erzeugt damals eine solche Energieleistung. Coopers eigene Schöpfung, das Kraftwerk am Wilson-Damm, hat nur eine Kapazität von 456.230 Kilowatt. Sein Dnjeprostroj-Projekt wird die elektrische Krafterzeugung der UdSSR verfünffachen und die Sowjetunion vom fünften Platz unter den stromerzeugenden Ländern der Welt auf die dritte Stelle, hinter USA und Deutschland, rücken.

Coopers Entwurf wird zu Stalins Lieblingsprojekt. Wiederholt läßt er den Amerikaner in den Kreml kommen und unterhält sich stundenlang mit ihm. Nur noch einem einzigen Experten aus den USA wird dies ‚Vorrecht' zuteil, dem ‚Rekordbrecher' John Calder aus Detroit.

Im Mai 1927 setzen die Vorarbeiten ein, wird mit den ungeheuren Ausschachtungsarbeiten begonnen. Von Stund an ist Oberst Cooper zur Stelle. Er hat einen ganzen Stab versierter Landsleute und Kollegen mitgebracht. Unweit der Stromschnellen, nahe der einst berüchtigten Inselfestung der Saporoger Kosaken, bauen die Roten eine kleine Siedlung von schmucken Ziegelvillen. In dieser ‚Amerikanskaja Sloboda' wohnen die Dnjeprostroj-Spezialisten, an ihrer Spitze Oberst und Mrs. Cooper und die Ingenieure Milton Thomson aus Montclair, Frank P. Fifer aus Baltimore, Louis G. Puls aus New York, James Johnson aus North Carolina und Henry Wilkinson aus Washington. Viele haben ihre Familien, Frau und Kinder, mitgebracht. So besorgt sind die Bolschewisten um das Wohlergehen der so dringend benötigten ‚Kapitalisten', daß, als einige der amerikanischen Ingenieursfrauen den Wunsch äußern, sofort außer einer Badeanstalt auch sechs Tennisplätze und ein Golfplatz angelegt werden.

Das Tempo, das Oberst Cooper mit seinem amerikanischen Ingenieurstab beim Aufbau von Dnjeprostroj anschlägt, bricht in der Tat alle Rekorde.

‚Wir kamen gerade dazu, als die Zuleitungsrohre zu den Turbinen, die soeben aus amerikanischen Fabriken eingetroffen waren, montiert wurden', berichtet Knickerbocker, den sein Landsmann Frank P. Fifer über die ungeheure Baustelle führt. ‚Neben riesigen schneckenförmigen Stahlkonstruktionen von neun Meter Durchmesser wirken die Arbeiter wie Zwerge'. Dreißig Minuten braucht ein Besucher, um quer über den Senkkastendamm nach dem anderen Flußufer zu gelangen, Überall im Gelände arbeiten Hilfsmaschinen, ‚dreißig vierzigtonnige Laufkräne, zehn Dampfbagger, fünfzig Lokomotiven, achtzig Kipperwagen, ausschließlich amerikanisches Material, bildeten ein verwirrendes Durcheinander von Maschinen, wie man es auf keinem anderen Bauplatz der Welt wiederfinden würde. Der Dnjeprostroj-Dammbau ist stärker mechanisiert als irgendein derartiges Unternehmen in Amerika [...]'. Und so ausgerüstet bringen die 17.000 Arbeiter es fertig, ‚pro Monat mehr Beton zu gießen, als je zuvor in der Geschichte der Ingenieurkunst in solcher Zeit gegossen worden ist'. Im September 1930 werden 88.000 Kubikmeter Beton verarbeitet, im Oktober sogar 110.900 Kubikmeter – der Rekord beim Wilson-Damm hatte bei ‚nur' 53.000 Tonnen pro Monat gestanden.

Das 1932 von Cooper fertiggestellte ‚größte Kraftwerk der Welt' sollte sich allerdings eines noch nicht zehnjährigen Betriebes erfreuen. Während des Zweiten Weltkrieges sprengten die Russen den Riesendamm bei Annäherung der deutschen Armee. Zuvor hatten sie jedoch die amerikanischen Generatoren ausgebaut und nach Osten abtransportiert. Nach dem Zweiten Weltkrieg rüsteten die Sowjets Dnjeprostroj mit Turbinen eigener Fabrikation wieder aus – sie hatten inzwischen genügend vom Westen gelernt.

In Vergessenheit geraten wie die Tatsache, daß Amerika die ‚Giganten' des ersten Fünfjahresplans geschaffen hat, sind in den USA auch die anderen Pioniertaten, die der Sowjetunion zur Macht verholfen haben: die technische Ausrüstung des neuen Eisen- und Stahlzentrums von Swerdlowsk und von Nischnij Tagil im Ural, die riesigen Werke von Kusnezkstroj und Stalinsk nördlich des Altai, die mächtigen Ölraffinerien in Batum oder der geniale Ausbau der ‚Ural-Asbestwerke' durch Ingenieur Ruckeyser.

Ingenieure aus den USA arbeiteten Ende der zwanziger Jahre an gewaltigen Projekten zur Bewässerung der zentralasiatischen Ebenen, des Herzens der sowjetischen Baumwollproduktion. Amerikanische Landwirtschaftstechniker und Agronomen bildeten auf den Sowchosen ‚Gigant' und ‚Werbljud' die Einheimischen an amerikanischen Spezialmaschinen zum Pflügen, Säen und Ernten aus. Als wissenschaftlicher Berater arbeitete auf ‚Werbljud' Professor E. J. Stirniman von der California University.

Es scheint, als hätten in jenen Jahren Länder Europas und die USA kein brennenderes Interesse gehabt, als mit Hand anzulegen am ‚sozialistischen Aufbau'. Sie wetteiferten geradezu untereinander, die Sowjets mit allen auch nur benötigten Ausrüstungen, Geräten und Beratungen zu versehen.

Mikojans Aufkäufer und Anwerber fanden auch in Europa überall offene Türen. Die Handelsorganisation schafft alles heran, woran es der UdSSR ermangelt. Bereits 1928 strebte nach den Worten von Georg von Rauch der deutsche Außenhandel mit der Sowjetunion seinem Höhepunkt zu: ‚In den Jahren 1928 bis 1933 haben Zehntausende von deutschen Ingenieuren und Facharbeitern in sowjetischen Diensten gearbeitet. Durch ein Wirtschaftsprotokoll vom 21. Dezember 1928 und die Begründung eines *Rußlandausschusses der deutschen Wirtschaft* wurde die deutsche Ausfuhr nach Rußland weiter gesteigert. Eine im Jahre 1929 in Moskau von der *Deutsch-Russischen Gesellschaft für Kultur und Technik* veranstaltete *Woche der deutschen Technik* unter dem Protektorat von Einstein legte hiervon Zeugnis ab. Die Möglichkeit, den russischen Markt sogar während der Weltwirtschaftskrise von 1929 bis 1932 noch ausweiten zu können, zeigte, welche Bedeutung dem Rußland-Geschäft für den deutschen Industrieexport zukam. Allein in diesen Jahren stieg zum Beispiel der Anteil Rußlands an der deutschen Gesamtausfuhr an Werkzeugmaschinen von 10 auf 75 Prozent!'

Im Jahre 1931 verhandelt Mikojan selbst mit dem ‚Reichsverband der Deutschen Industrie' – vergibt die Sowjetunion in Berlin Aufträge in Höhe von 900 Millionen Reichsmark. Dabei geht es um Bestellungen bei der Elektroindustrie, beim Werkzeugmaschinenbau, bei den Werften um Lieferungen, die dringendst für das fünfte Planjahr der Pjatiljetka benötigt werden.

Auch in Italien bestellen die Roten: Handelsschiffe, Torpedoboote, kleine Kreuzer, Unterseeboote und 200 Frachtschlepper. Die Sowjets erhalten aber auch Flugzeuge: allein 75 Savoya-Macchetti-Wasserflugzeuge jenes berühmt gewordenen Typs, den Balbo für seinen Südamerikaflug und Maddalena bei seinem Rettungsflug für Nobile nach dem Pol verwandten.

Fabrikanten aus Manchester verkaufen Unmengen von Textilmaschinen an die Sowjets, Schweden liefert modernste Sägewerkeinrichtungen zu Dutzenden, und die Norweger übernehmen auf ihren Werften den Bau von Walfangschiffen.

Im übrigen schöpft der Kreml aus der Überfülle des Westens und kopiert, wo immer er etwas für sich Brauchbares entdeckt. Die ehemalige Kommunistin Margarete Buber-Neumann berichtet von einem Beispiel unter Tausenden dieser Art. Als sie im Jahre 1932 Anastasij Mikojan besuchte, ‚lenkte dieser das Gespräch sofort auf Deutschland', schreibt sie in ihren Memoiren, ‚[...] auf ein Thema, das ihm besonders am Herzen zu liegen schien. Er pries die deutschen Ersatzlebensmittel, die Suppenwürfel, das Trockengemüse, die Milch in der Tüte und die Knorrsche Erbswurst und verriet uns, daß er diese fortschrittlichen Erfindungen jetzt auch in Sowjetrußland einzuführen gedenke und damit den Ernährungsschwierigkeiten energisch zu Leibe rücken werde. Weiteres Lob spendete er der Tüchtigkeit der deutschen Arbeiter wie auch der Franzosen und Belgier auf dem

Gebiet der Kaninchenzucht. Man sei jetzt in Sowjetrußland dabei, große Propaganda für die Haltung von Kaninchen zu entfalten, um dadurch der Fleischknappheit entgegenzusteuern'. Zwar sei es gelungen, wie Mikojan schilderte, ,in zahlreichen Betrieben eine gemeinsame Zucht anzulegen', aber es brächen ,überall nach kurzer Zeit Seuchen aus, die den Bestand an kostspieligen importierten Zuchttieren dezimierten'.

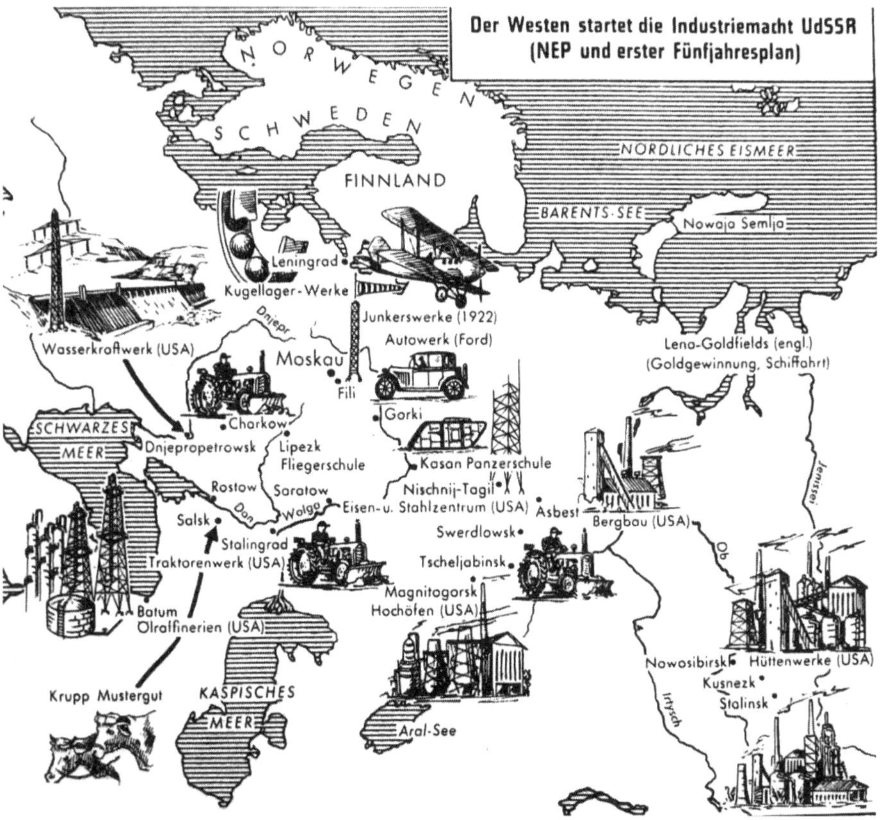

Wie Erbswurst und Kaninchenzucht aus Europa, so holte Mikojan später aus den USA moderne Brotbäckerei-Anlagen, Fleisch- und Gemüsekonservierungsmethoden – und nicht zu vergessen – ,Ice-Cream' als ,fortschrittliche Neuerungen' ins Land. Und womit bezahlen die Sowjets? Mit Getreide, das dem hungernden russischen Volk vorenthalten wird, denn ,Hungern, aber exportieren' ist, wie am Ende des neunzehnten Jahrhunderts, die Parole. Und mit Gold.

Mit der ,Lena-Goldfields' hatte es angefangen. 1926 hatten dann amerikanische Firmen Konzessionen auf Goldschürfungen am Amur erhalten. Doch die eigentliche Ära des gelben Metalls hob in Sibirien am Vorabend des ersten Fünfjahresplanes, im Jahre 1927, an. Damals wurde das neue Goldzentrum am Kolyma-Fluß mit Gewalt erschlossen. Riesige Staatsgoldbergwerke richtete auf Befehl

Stalins Professor Serebrowskij ein, der zuvor nach Amerika und Südafrika entsandt worden war, um die modernsten Goldgewinnungsmethoden genau zu studieren. An die 200 amerikanische Bergingenieure wurden nach dem Osten ‚importiert'. Ihnen folgten in den dreißiger Jahren die raffiniertesten Bergwerksausrüstungen aus den USA für viele Millionen Dollar. Hunderttausende von Zwangsarbeitern schaffte man nach Sibirien, und in den an der Lena von den Engländern erschlossenen und mit Maschinen und Suchgeräten ausgestatteten Feldern der ehemaligen ‚Lena Goldfields Ltd.' wurde die ‚Goldene Produktion' in immer stärkerem Maße in Gang gebracht.

‚Die sowjetische technische Expansion war – und ist es in gewissem Grade noch heute', offenbart ein erst aus dem Jahre 1955 stammender amerikanischer Untersuchungsbericht, ‚weniger abhängig von eigenen Entdeckungen als von der Anwendung von technischen Verfahren, die anderswo bereits entdeckt und erprobt worden sind. Damit soll nicht die Tatsache abgestritten werden, daß auf einigen Gebieten industrieller Technik und angewandter Wissenschaft eigene Forschungen betrieben worden sind. Im großen und ganzen jedoch ist die Sowjetindustrie in den vergangenen 25 Jahren nicht auf eigenen Entdeckungen aufgebaut worden, sondern auf Grund von Übernahmen, Abwandlungen und gelegentlichen Verbesserungen industrieller Techniken, von Modellen, Typen und Verfahren, die anderswo, nämlich in Ländern mit einer fortgeschritteneren technischen Wissenschaft, zum Beispiel in England, in Deutschland und in den Vereinigten Staaten, zuerst entwickelt wurden [...] Darin liegt auch einer der Hauptgründe für den großen Wert, der in der sowjetischen Ausbildung auf das Erlernen von Fremdsprachen gelegt wird, sowie für jene sowjetische Aktivität im Übersetzen der wissenschaftlichen und technischen Weltliteratur, wie sie von keinem anderen Land gehandhabt wird'.

Westlieferungen ermöglichten den Aufbau der roten Industrie. Kablitz-Berlin, eine unter Tausenden von Firmen, die den ersten Fünfjahresplan ausrüsten halfen.

Moskaus Griff nach Europas Industriegeheimnissen

„Spionage ist eines der Hauptmittel, das kapitalistische Nationen anwenden, insbesondere in ihrem Kampf gegen die UdSSR."

SOWJETISCHES POLITISCHES WÖRTERBUCH, 1940

„Wenn Kommunisten vom Kapitalismus stehlen, dann tun sie es mit Scharfsinn und so hinterlistig, so geheim, daß wenige auf unserer Seite es merken. Es ist dies ein Gebiet, über das ihre Propaganda schweigt".

CLARENCE B. RANDALL, 1955

Konzessionen, Handelsverträge, der Aufbau und Ausbau der Schlüsselpositionen für den Fünfjahresplan – diese Leistungen des Westens genügen den Herren im Kreml noch nicht. Sie wollen mehr, wollen auch all das, was sie auf offiziellem Wege in dieser Fülle weder erhalten würden noch je bezahlen könnten. So greifen sie zum Mittel der Wirtschaftsspionage. Der Griff in die Safes der Industrie wird organisiert, der Riesendiebstahl am geistigen Vermögen, an den Schöpfungen anderer Völker beginnt. Das Hauptfeld für die roten Agenten wird Deutschland.

In Berlin wird die Zentrale für die rote Wirtschaftsspionage eingerichtet. Ein weitläufiges Gebäude in der Lindenstraße nimmt die ‚Sowjetische Handelsvertretung' auf. Zur gleichen Zeit, als die Sowjets dort einziehen – im Jahre 1922 –, wird in der Straße ‚Unter den Linden' die alte Botschaft des Zarenreichs zur Sowjetbotschaft.

Lindenstraße 22/24 in Berlin. Das von der Sowjetischen Handelsvertretung gemietete große Bürohaus war die Zentrale der roten Industriespionage in Deutschland Ende der zwanziger bis Anfang der dreißiger Jahre. 1930 konnte hier Botzenhard, dem Wilhelm Pieck, später Präsident der DDR, eine Anstellung bei den Sowjets verschafft hatte, der Polizei durch einen geheimen Gang entwischen.

Daß nach langen Überlegungen unter der Vielzahl von leerstehenden Bürogebäuden in Berlin die Wahl gerade auf den Komplex Lindenstraße 22/24 fiel, hatte seine guten Gründe: Der Riesenbau im Stil der wilhelminischen Renaissance mit seinen Hunderten von Büroräumen und dem großen Eingangsportal, wo auf blankem Messingschild ‚Sowjetische Handelsvertretung' zu lesen stand, konnte von der Polizei leicht überwacht werden. Aber das war nur die offizielle Fassade. Über ein Jahrzehnt lang haben nur wenige geahnt, daß noch ein zweiter Zugang zu diesem Komplex existierte, der völlig unbeobachtet passiert werden konnte.

Als die Sowjets den Mietvertrag über das Haus in der Lindenstraße abschlossen, wurde getarnt zur gleichen Zeit ein anderes Gebäude gemietet. Es lag in einer Querstraße der Lindenstraße, in der Ritterstraße, und beherbergte ein kleines, bescheidenes Juweliergeschäft. Die beiden Grundstücke in der Linden- und in der Ritterstraße aber grenzten mit den Höfen aneinander. Über einen geheimen Gang konnte jeder Eingeweihte unbemerkt vom Juwelierladen in der Ritterstraße in die Handelsgesellschaft gelangen und sich auf dem gleichen Wege wieder davonmachen.

Schon bald nach ihrer Einrichtung entwickelte sich die rote Handelsvertretung zu einem mammuthaften Außenhandelsunternehmen, dessen Umsätze sich Jahr für Jahr auf Hunderte von Millionen Reichsmark beliefen. Für die UdSSR war sie ebenso lebenswichtig wie für viele Zweige der deutschen Industrie. Die Lindenstraße unterhielt Geschäftsbeziehungen zu den bedeutendsten Firmen, zu IG-Farben und Krupp, zu BMW, Junkers und zahlreichen anderen Werken. Der Umfang ihrer Tätigkeit nahm schließlich derart zu, daß die Sowjets drei Zweigstellen eröffnen mussten – in Leipzig, in Hamburg und in Königsberg. Neben allen offiziellen und halboffiziellen Geschäften aber war die Handelsvertretung vor allem die Zentrale für den Einsatz jener nach Aberhunderten zählenden Agenten, deren Aufträge nichts mit Handels- und Wirtschaftsbeziehungen zu tun hatten.

Der „Einrichtung von Fabriken" im Osten diente die „Rusgertorg", die ihren Sitz in der „Sowjetischen Handelsvertretung" in der Berliner Lindenstraße hatte.

Zwei Jahre lang ging alles gut. Dann aber unterlief der Lindenstraße eine Panne, die zum ersten Male näher auf sie aufmerksam machte. Im Jahre 1924 wurde die Handelsvertretung durch eine Unvorsichtigkeit in eine politische Affäre verwickelt, die zu einer polizeilichen Durchsuchung des Gebäudes führte.

Ein Techniker der Deutschen Reichsbahn, Hans Botzenhard, war kommunistischer Umtriebe überführt und deshalb entlassen worden. Um den arbeitslos gewordenen, äußerst fähigen Genossen für weitere Aufgaben einsetzen zu können, hatte die KPD ihn bei der Sowjetischen Handelsvertretung untergebracht. Der Mann, der Botzenhard diese Stelle vermittelte, war *Wilhelm Pieck*! – der spätere Präsident der DDR.

Botzenhard, den man wenig später als Spion in Süddeutschland ansetzt, wird noch im gleichen Jahre in Stuttgart erneut ertappt und verurteilt. Unter Polizeibedeckung soll er über Berlin nach Stargard in Pommern gebracht werden. Der Zufall will es, daß die Eskorte beim Fußweg zum Stettiner Bahnhof in die Nähe der Lindenstraße gelangt. Blitzschnell versteht Botzenhard, die ungewöhnliche Chance zu nutzen. Die biederen Beamten aus Süddeutschland, zum erstenmal in der Reichshauptstadt, lassen sich von Botzenhard überreden, in einem ‚Restaurant', das er gut kenne, eine kleine Erfrischung zu sich zu nehmen.

Kaum hat Botzenhard Seite an Seite mit den Beamten das empfohlene angebliche Restaurant betreten, als er sich losreißt und die verdutzten Begleiter ihn ausrufen hören: ‚Genossen, ich bin Botzenhard. Ich bin hier angestellt. Man will mich nach Stargard bringen‘. In Sekundenschnelle ist die Gruppe von Angestellten der sowjetischen Handelsvertretung umringt, Botzenhard von den Polizisten getrennt und durch eine Hintertür in Sicherheit gebracht.

Auf den Alarm, den die übertölpelten Beamten schlagen, wird von der Polizei kurz darauf eine gründliche Untersuchung des Gebäudes durchgeführt. Sie finden jedoch nichts Auffälliges. Der Geflüchtete bleibt verschwunden. Was die Polizisten allerdings erstaunt, ist, wie eine große Anzahl der Angestellten sich durch sowjetische ‚Dienstausweise‘ legitimieren kann.

Die Durchsuchung ist noch in vollem Gange, als sie plötzlich – nach etwa zwei Stunden – abgeblasen wird. Dies geschieht, wie sich später herausstellt, auf direkte Anweisung des Außenministers Stresemann: Deutschland will jede Störung seiner wirtschaftlichen Zusammenarbeit mit dem Osten vermeiden.

Typisch ist, wie Moskau auf den Zwischenfall reagiert. Die Affäre Botzenhard wird zum diplomatischen Konflikt hochgeputscht. Erstmals wird eine Taktik augenfällig, die seitdem in gleichen oder ähnlichen Situationen schablonenhaft durchexerziert wird.

Der sowjetische Botschafter in Berlin, Nikolai Krestinskij, legt beim Auswärtigen Amt scharfen Protest ein. Als Begründung führt er das gleiche fadenscheinige Argument an, das die Sowjets überall in der Welt, sobald sie bei Patentdiebstählen oder Spionage ertappt werden, ebenso entrüstet wie stereotyp wiederholen: Die sowjetischen Handelsvertretungen seien ein Teil der Botschaft und deshalb wie diese exterritorial! Die deutsche Polizei habe sich einen unerlaubten Übergriff zuschulden kommen lassen, für den die UdSSR von der deutschen Reichsregierung eine offizielle Entschuldigung erwarte. Zugleich stoppt Krestinskij alle weiteren wirtschaftlichen Transaktionen der Handelsvertretung. Das ist auf die deutsche Industrie gezielt in der Hoffnung, sie werde auf die Reichsregierung Druck ausüben und sie dem sowjetischen Verlangen gefügig machen. Die zentrale Steuerung kommt noch deutlicher zum Vorschein, als aus Moskau die Order einläuft, der Botschafter habe sich ‚zur Berichterstattung‘ sofort im Kreml zu melden. Krestinskij verläßt tatsächlich die Reichshauptstadt. Gleichzeitig ziehen die Sowjets noch ein weiteres Register: Sie schalten ihre blind gehorsamen deutschen Gefolgsleute ein. Am Tage nach der Abreise des Sowjetbotschafters melden die Zeitungen des Ruhrgebietes: ‚300.000 Bergleute sind auf den Aufruf der KPD hin in Streik getreten‘. Sie demonstrieren ‚gegen die Durchsuchung der Handelsvertretung‘. Auch in Moskau wird eine Viertelmillion Menschen zu einer riesigen Demonstration befohlen, der Krestinskij offiziell beiwohnt.

Kategorisch besteht Moskau so lange auf seinen Forderungen, bis es nach fast dreimonatigen Verhandlungen sein Ziel erreicht hat. Ein ‚Protokoll‘ kommt zur Unterzeichnung. Es enthält die Entschuldigung der Reichsregierung, die Erklärung, daß der verantwortliche Polizeioffizier seines Postens enthoben sei, und räumt der Handelsvertretung und einigen ihrer leitenden Beamten für die Zukunft tatsächlich exterritorialen Status ein. In der Öffentlichkeit begriff damals noch niemand, worum es eigentlich ging, warum die Sowjets auf diplomatischen Vorrechten für ihre Handelsvertretung bestanden – sie sollte vor jedem polizeilichen Zugriff geschützt sein. Genau wie die KPD wegen Hoch- und Landesverrats polizeilich gesuchte Mitglieder in den Reichstag wählen ließ, womit sie nach den Regeln der Demokratie immun waren und nicht mehr zur Verantwortung gezogen werden konnten. Allzu schnell geriet im Trubel der Nachkriegsjahre die Botzenhard-Affäre in Vergessenheit und mit ihr die eigentümliche Rolle, die die Sowjetische Handelsvertretung in ihr gespielt hatte. Ungestört kann die Mammutzentrale ihrer wichtigsten Aufgabe nachgehen: die rote Spionage in Deutschland zu lenken. Eine Riesenschar von Hoch- und Landesverrätern, von sowjetischen und deutschen Agenten und Spionen ist in Betrieben und Ämtern, in Fabriken und Instituten am Werk.

Zu ihren ‚Assen', die Sonderaufträge zu erfüllen haben, gehören Männer, deren Namen seit einigen Jahren in der Regierung der DDR wieder aufgetaucht sind. Denn zu der von Moskau dirigierten Agentenmannschaft gehörten neben dem späteren Präsidenten *Pieck* auch *Wilhelm Zaisser*, bis Ende Juli 1953 Minister für Staatssicherheit, sein Nachfolger im Amt, *Ernst Friedrich Wollweber*, und *Erwin Kramer*, heute Verkehrsminister der DDR und damals Leiter der sowjetischen Industriespionage in Sachsen und Thüringen. Weitere Agenten jener Zeit, die inzwischen ebenfalls leitende Positionen in der DDR erhalten haben, sind *Erich Mielke*, der 1931 zwei deutsche Polizeioffiziere erschoß, und *Arthur Illner* (alias *Richard Stahlmann*), der nach 1945 in einer Abteilung des Zentralkomitees der SED gearbeitet hat und 1951 als prominentes Mitglied des ‚Institutes für Wirtschaftswissenschaftliche Forschung' in die größte Spionageaffäre Westdeutschlands verwickelt wurde. In der Zentrale der SED arbeiten heute auch Walter Tygöf und Ingenieur Richard Quast; sie bauten in jenen Jahren in Berlin die wohl größte und raffinierteste Paßfälscherwerkstätte auf, die es je gegeben hat. Für das riesige Lager an Stempeln, Dienstsiegeln und falschen Pässen für die in- und ausländischen Agenten war Hermann Dünow verantwortlich. Verborgen war dieses Lager im Sockel des großen Teleskops der Berliner Sternwarte. Ein zweites, nicht minder umfangreiches Lager an Material für die Fälschung von Dokumenten war in der Berliner Nazareth-Kirche versteckt. *Hermann Dünow* ist in der Sowjetzone als Inspekteur der Volkspolizei wieder aufgetaucht, und Seiffert, der den Sowjets wichtige geheime Neukonstruktionen von Telefunken beschaffte, amtiert heute als roter Bürgermeister in Luckau. Diese Männer sind wohl die letzten am Leben gebliebenen Spitzenagenten jener Zeit; die meisten der damals für die rote Spionage Arbeitenden wurden nach der Flucht in die UdSSR dort eines Tages liquidiert. Blättern wir heute in den Zeitungen der zwanziger und frühen dreißiger Jahre, so springen uns in erschreckender Zahl Notizen und Berichte über die rote Industriespionage in die Augen. Zumal vom Jahre 1928 an, dem Startjahr der Fünfjahrespläne, verstrich kaum eine Woche, da nicht neue Fälle aufgedeckt wurden. Und doch lassen alle diese Zeitdokumente nur ahnen, welchen Umfang in Wirklichkeit die Industriediebstähle angenommen hatten. Wieviel kam niemals an die große Glocke, durfte es nicht, denn Hunderte von Prozessen wurden mit Rücksicht auf den ‚Partner' im Osten unter Ausschluß der Öffentlichkeit verhandelt.

Leverkusen, wo sich mit den ‚Farbenfabriken Bayer' eines der wichtigsten chemischen Werke des IG-Farben-Konzerns befindet, wird ein Schwerpunkt des russischen Zugriffs. Auf ‚Bayer' sind gleich zwei sowjetische Spionageringe angesetzt. Der dort beschäftigte Georg Herloff stellt den Technikern und den Facharbeitern, die ihm laufend Material liefern, hochbezahlte Arbeitsplätze in der UdSSR in Aussicht. Anfang 1926 werden allein zwanzig Betriebsangehörige verhaftet. Im Leuna-Werk verschafft sich Willi Kippenberger ständig geheime Entwürfe wichtigster Art und läßt sie kopieren.

Die Deutschen Solvay-Werke in Bernburg an der Saale, ein führendes Unternehmen der Kali- und Sodaindustrie, hatten vor der Revolution ein Zweigwerk in Moskau betrieben, das die Sowjets wie alle anderen vom Ausland aufgebauten Industrien entschädigungslos enteigneten. Seine ‚sozialistische Modernisierung' steht auf dem Programm des Fünfjahresplanes. Korrekt wäre es gewesen, sich mit dem deutschen Stammhaus in Verbindung zu setzen. Die Russen jedoch schlagen einen anderen Weg ein: Sie ordnen an, den erfahrenen Chemiker des Werkes, dem alle neuen Formeln und Produktionsgeheimnisse genauestens bekannt sind, von Bernburg fortzulocken. Sie finden ihn auch – den Chemiker Meyer, der schon in seinem ‚Bewerbungsschreiben' wichtige kommerzielle und technische Geheimnisse der Solvay-Werke verrät. Er überredet zudem andere Mitarbeiter, die Sowjets nach seiner Abfahrt weiterhin über alle neuen Entwicklungen in Bernburg stets auf dem Laufenden zu halten.

Im Oktober 1930 wird im Magdeburger Friedrich-Krupp-Gruson-Werk, einem der bedeutendsten Unternehmen der deutschen Eisen- und Maschinenindustrie, der Konstrukteur Kallenbach auf frischer Tat beim Diebstahl ertappt. Seine Aktentasche ist gefüllt mit Patentbeschreibungen und Entwürfen neuer Maschinen. Wie die Untersuchung ergibt, haben Kallenbach und zwei weitere Techniker des Werkes ihrem früheren Vorgesetzten, Russki, vor seiner Abreise nach Moskau bereits wichtiges Material geliefert. Auch Kallenbach hatte vor, nach dem Osten zu gehen.

Kaum ein Großbetrieb wird von diesem russischen Raub an geistigem Eigentum verschont. In der weltbekannten Firma Siemens & Halske stellt sich eines Tages heraus, daß der als Ingenieur angestellte Russe Fjodor Woloditschew die berüchtigte Lindenstraße mit technischen Zeichnungen und sogar mit allen notwendigen Werkstücken für neueste Mikrophone und Fernschreiber beliefert hat. ‚Die in Woloditschews Besitz gefundenen Zeichnungen sind das Neueste auf dem Gebiet der Telegraphie', lautete die Auskunft des Sachverständigen vor Gericht, ‚für die Zukunft der deutschen Industrie sind sie von unschätzbarem Wert'.

Ende 1930 fehlen in den Panzerschränken der Polysius-Zementwerke bei Dessau wichtige technische Papiere über neue Verfahren. Als Dieb wird Ingenieur Wilhelm Richter ermittelt, der inzwischen in die Sowjetunion gegangen ist – zum Aufbau einer den Polysius-Zementwerken aufs Haar gleichenden Fabrik. Alle Unterlagen für die dazu benötigte Maschinenausrüstung hatte Richter in Photokopien bereits vor seiner Abreise über die Sowjetische Handelsvertretung gen Osten geleitet.

Telefunken hat im Auftrag der Reichswehr den Typ eines völlig neuen tragbaren Feldfernsprechers entwickelt. Die Produktion ist noch nicht angelaufen, als es sich herausstellt, daß Photokopien der Zeichnungen und alle Muster sich bereits im Osten befinden. Der im Werk beschäftigte Seiffert – heute Bürgermeister in

Luckau – hatte für die Sowjets prompt gearbeitet. Aus den Werken von Rheinmetall verschwindet das Originalmodell einer neuartigen Kurbelwelle in dem Augenblick, da die Fertigung anlaufen soll. Und ähnlich ist es in vielen anderen Großbetrieben.

Das ganze Ausmaß sowjetisch gesteuerter Industrie-‚Durchleuchtung' kommt der breiten Öffentlichkeit erstmals zum Bewußtsein, als der ‚Steffen-Dienstbach-Fall' in der Presse breit erörtert wird.

Steffen, einem Kommunisten und Angestellten in der Lindenstraße, war es gemeinsam mit seinem Parteigenossen Dienstbach gelungen, mit Hilfe Dutzender von ‚Mitarbeitern' im Chemiekonzern der IG-Farben ganze Arbeit zu leisten. Wichtige Geheimformeln, interne Erörterungen über die Produktion, Beschreibungen neuester Werksverfahren – das alles war fein säuberlich photokopiert den Russen übergeben worden. In allen Abteilungen des Konzerns hatte das Agentennetz gearbeitet, in Ludwigshafen wie in Höchst, im Kölner Gebiet wie an der Ruhr. Auch diesmal führen die Spuren, wie so oft schon, direkt zur Lindenstraße. Als Echo kommt aus der Sowjetischen Handelsvertretung das übliche Dementi: ‚Wie die Handelsvertretung der Sowjetunion zu der Angelegenheit der Industriespionage bei der IG-Farben mitteilt, sind die genannten oder verhafteten Personen in der Handelsvertretung in keiner Weise bekannt [...]'.

Der Staatsanwalt hält eine Haussuchung für dringend erforderlich, jedoch das Auswärtige Amt versagt die Zustimmung. Eine Folge allerdings hat die Steffen-Dienstbach-Affäre: Die am 9. März 1932 vom Reichspräsidenten von Hindenburg unterzeichnete ‚Verordnung zum Schutze der Wirtschaft' setzt die Höchststrafe für Weitergabe von Industriegeheimnissen an Unbefugte auf drei Jahre fest; Angeklagte, denen nachgewiesen werden kann, daß sie von einer Auswertung der Industriegeheimnisse im Ausland wissen, können zu fünf Jahren Freiheitsstrafe verurteilt werden. Bis zu dieser Verordnung hatte das Strafmaß stets nur einige Wochen betragen!

Trotz des ständigen Erfahrungsaustausches zwischen Reichswehr und Roter Armee, trotz der deutschen Waffenschulen in Kasan, Lipezk und Saratow zögern die Sowjets keinen Augenblick, Agenten auch auf militärische Objekte anzusetzen und auf alle Betriebe, die ‚rüstungswichtig' sind. Für die Rote Luftwaffe, die noch immer in den Kinderschuhen steckt, arbeitet in Berlin das geheime Büro des Ingenieurs Alexandrowski. Als wichtigsten Mann beschäftigt er einen jungen deutschen Ingenieur, Eduard Ludwig, einen befähigten Luftfahrttechniker. Die Russen hatten Ludwig, während er 1924 bis 1925 bei Junkers in Fili bei Moskau tätig war, als Anreiz eine Professur versprochen, wenn er sich für sie ‚bewähre'. Nach Deutschland zurückgekehrt, versteht es Ludwig geschickt, von einer bekannten Flugzeugfirma zur anderen zu wechseln. Innerhalb von zwei Jahren kann er sich mit den Entwicklungen von Junkers in Dessau und von Dornier in Friedrichshafen ebenso vertraut machen wie mit den Forschungen der Versuchsanstalt für Luftfahrt in Berlin-Adlershof. Seit Ende 1927 beginnt er, in seiner neuen Stellung in Adlershof alle ihm erreichbaren vertraulichen Dokumente, vor allem über Flugmotoren, für die Rote Luftwaffe kopieren zu lassen. Als er im Juli 1928 vor Gericht steht, hört man von Ludwig zum ersten Male das Argument, das die Welt zwanzig Jahre später in den Prozessen über den Verrat der Atomgeheimnisse an die Sowjetunion so oft vernimmt – das Argument: die Wissenschaft sei international, und die UdSSR dürfe nicht diskriminiert werden, indem man sie von neuen Erkenntnissen ausschließe.

Alles, was für die Rüstung von Bedeutung ist oder auch nur sein könnte, interessiert den Kreml und seine ‚Außenstelle' in der Berliner Lindenstraße. Selbst kugelfestes Glas, von dessen Herstellung man in der UdSSR noch nicht das Geringste verstand, taucht eines Tages auf der riesigen Liste erfolgreicher Diebstähle für die ‚sozialistische Wirtschaft' auf. 1930 liefert der Chemotechniker Theodor Pech als Agent aus der Neutex-Glas in Aachen in Bausch und Bogen alle Dokumente bis zu Proben und Mustern. Und als Deutschland 1928/29 sein erstes großes Kriegsschiff, den vieldiskutierten ‚Panzerkreuzer A', bauen darf, liegen schon lange vor dem Stapellauf Beschreibungen aller wichtigen Bauteile, Photokopien der Konstruktionszeichnungen und alle Angaben über die Bestückung auf dem Schreibtisch des Admiralstabs der Roten Flotte. Bereits kurz nach Erteilung des Bauauftrages durch die Reichsregierung hatte eine Gruppe von verräterischen Ingenieuren und Technikern unter Leitung von Willi Adamczik die ersten Pläne in der Lindenstraße abliefern können.

Nie zuvor in der Geschichte ist die Wirtschaft eines großen Industrievolkes durch eine Massenspionage sondergleichen so gründlich bestohlen worden. Die Verluste durch den Osten betrugen, wie der *Reichsverband der Deutschen Industrie* bekanntgab, im Jahre 1931 etwa 800 Millionen Mark!

Verzweifelt versuchte deshalb die deutsche Industrie, sich gegen diesen ungeheuerlichen Raubzug des Ostens mit eigenen Mitteln zu wehren. Den Anfang machte die IG-Farben; sie richtete in Leverkusen ein eigenes Detektivbüro ein. Zahlreiche deutsche Firmen schlossen sich diesem Vorgehen an, um der uferlos gewordenen Ausplünderung begegnen zu können. Dem privaten Abwehrdienst der Industrie sollte allerdings kein großer Erfolg beschieden sein: In das Sonderbüro hatte der sowjetische Apparat eine Agentin als Sekretärin einschleusen können!

Was ist über ein Volk hereingebrochen, dessen Menschen zu Diebeshelfern werden bei der Ausplünderung der eigenen geistigen Schätze für eine Fremdmacht? Was uns heute so befremdet und erschüttert, ist begreiflich nur aus dem traurigen Geschehen jener Jahre.

Noch waren die schweren Folgen des Zusammenbruchs von 1918 nicht überwunden. Das Gespenst der Arbeitslosigkeit ging um, schon hatte die Zahl der Unbeschäftigten die Millionengrenze überschritten. Verzweiflung erfasste breite Schichten mit dem Erfolg, daß die Mitgliederzahlen der KPD in erschreckendem Maße anwuchsen. Denn Hunderttausende blickten in ihrer Hoffnung auf eine bessere Zeit auf das im Osten vermeintlich entstehende ‚Paradies der Werktätigen'. Fasziniert von dem angeblich so Neuen im bolschewistischen Staat waren aber auch weite Kreise der Intelligenz. Die KPD führte die Namen Tausender von Schriftstellern, Wissenschaftlern, Künstlern und Technikern in ihren Mitgliederlisten.

Mit ihren Mitgliedern stand der Kommunistischen Partei Deutschlands und damit dem Kreml eine bedingungslos ergebene Gefolgschaft aus allen Berufen zur Verfügung. KPD-Agitatoren hämmerten den Genossen ein, worum es für sie gehe. Eine Urteilsbegründung des Reichsgerichts vom 29. Oktober 1932 gibt den Extrakt kommunistischer Reden wieder. ‚Rußland müsse', so heißt es, ‚[...] in den Stand gesetzt werden, seinen Fünfjahresplan zur Durchführung zu bringen [...] Die Erreichung dieses Zieles setze voraus, daß es in den Besitz der erforderlichen Maschinen und Stoffe zur Herstellung von Apparaturen, Säuren, Gasen, Phosphor, Leichtmetall und dergleichen gelange. Infolgedessen sei es Aufgabe aller Mitglieder der KPD, an ihren jeweiligen Arbeitsstätten auszukundschaften, was in den einzelnen Betrieben an Maschinen und Apparaturen vorhanden sei, wie die genannte Produktion vor sich gehe. [...] Rußland habe für seinen Fünfjahresplan und seine Kriegsrüstung vieles nötig. Deshalb müßten nicht nur die Betriebsvorgänge der Industrieunternehmen bis in alle Einzelheiten erfaßt, sondern auch deren Bezugsquellen und Absatzstellen ermittelt werden. Dies sei unter anderem dadurch zu erreichen, daß die Zettel abgeschrieben würden, die sich an den bei den einzelnen Werken ein- und auslaufenden Eisenbahnwaggons befänden [...] Niemand brauche Angst zu haben, derartige Ausspähungsakte vorzunehmen. Die Partei werde jeden, der wegen einer solchen Untersuchung Schwierigkeiten bekomme, sofort in Rußland unterbringen'.

Unvorstellbare Mengen an Informationen aus allen Bereichen der Industrie lieferten auch die von der KPD im Auftrage Moskaus eingesetzten ‚Arbeiterkorrespondenten'. Gegen Ende des Jahres 1928 waren Tausende tätig, die aus Werken und Betrieben laufend berichteten.

Unter den Studenten wirkten besondere Organisationen der KPD, und in den Listen derer, die damals für den Osten gegen den Westen wühlen, findet sich bereits der Name des Mannes eingetragen, der später den größten Verrat begeht: *Klaus Fuchs*.[94]

Auch ein Teil der Professoren und Dozenten in der Technischen Hochschule in Berlin-Charlottenburg lieferte – die meisten freilich, ohne es zu ahnen – dem sowjetischen Geheimdienst Informationen. ‚Der Apparat war weit verzweigt und allgegenwärtig', berichtet Hans Reiners. ‚Er hatte Helfer in allen Berufen, sogar unter Putzfrauen und Laufburschen. Einige wurden bezahlt, andere nicht [...]' Mit Erfolg arbeitete die rote Spionage auch in anderen wissenschaftlichen Instituten von Bedeutung – in den Kaiser-Wilhelm-Instituten, im Staatlichen Materialprüfungsamt, im Heereswaffenamt, im Hertz-Institut für Schwingungsforschung und im Forschungsamt für Luftfahrt.

Und was alles wurde obendrein dem Osten in lauterster Absicht zur Kenntnis gebracht von deutschen Wissenschaftlern, die mit ihren ‚Kollegen' im Osten eifrig Briefwechsel führten, oder von Gelehrten, die Moskau geschickt zu ‚Korrespondierenden Mitgliedern' wissenschaftlicher Gesellschaften in der UdSSR ernannt hatte!

---

94 Kant, Horst / Barth, Bernd Rainer: Fuchs, Klaus Emil Julius (1911-1988), in: Müller-Enbergs, Helmut et al. (Hrsg.): Wer war wer in der DDR? Ein biographisches Lexikon, Bonn 2001, S. 232 f.

Nicht in Deutschland allein, sondern fast in der ganzen Welt haben die Russen vor Beginn des ersten Fünfjahresplans Spionageoperationen in einem Ausmaß aufziehen können, wie man es bis dahin noch nicht erlebt hatte.

In den Jahren 1926 und 1927 allerdings kam es zum ersten Rückschlag. Gleich einer Kettenreaktion lief eine Welle von Verhaftungen und Prozessen gegen sowjetische Agenten von England bis China an. Sie setzte Ende 1926 in der Tschechoslowakei ein, im März 1927 folgte Polen, eine Woche danach die Türkei, im April packte Peking zu. Die Schweiz folgt, im Mai sind es Litauen und Österreich.

Am 9. April 1927 deckt Frankreich mit dem ‚Fall Cremet' ein sowjetisches Spionagenetz auf. Über hundert Personen sind in den Fall verwickelt. Einen Monat später greift Großbritannien durch. Es ordnet die polizeiliche Durchsuchung der sowjetischen Handelsvertretung ‚Arcos' in London an und läßt es sogar zum Abbruch der diplomatischen Beziehungen mit Moskau kommen.

Doch was ficht das die Russen an? Mit neuen Agenten setzen sie ihre Spionage auch nach diesen Pannen unvermindert fort, ohne daß die bestohlenen Völker sich zu einer energischen Abwehr zusammenfinden. Erst in den Jahren 1933/34 wird die Weltöffentlichkeit erneut aufmerksam, als die sowjetische Geheimtätigkeit ihren zweiten großen Rückschlag erleidet.

Der dritte, bis heute noch unvergessene Rückschlag, in dessen Mittelpunkt der ungeheuerliche Atomverrat steht, folgt 1949/50".[95]

2.3. Der zweite Fünfjahresplan (1933-1937) und der dritte Fünfjahresplan (1938-1942)

I.B. Berchin sieht drei Hauptetappen in der Entwicklung der Sowjetgesellschaft:

„1. Die Große Sozialistische Oktoberrevolution. Der Übergang vom Kapitalismus zum Sozialismus (1917-1937); 2. Die Schaffung der entwickelten sozialistischen Gesellschaft. Der endgültige Sieg des Sozialismus (1938-1958); 3. Der Aufbau des Kommunismus in der UdSSR.

Die erste Etappe in der Entwicklung der Sowjetgesellschaft bestand in dem Übergang vom Kapitalismus zum Sozialismus. Sie begann im Oktober 1917 mit der Errichtung der Diktatur des Proletariats in Rußland und endete mit der Erfüllung des zweiten Fünfjahresplans im Jahre 1937 als der Sieg des Sozialismus in der Sowjetunion errungen war. Der III. Sowjetkongreß der UdSSR im Mai 1925 billigte nach dem Referat M.W. Frunses ‚Über die Rote Armee' uneingeschränkt die durchgeführte Militärreform und beauftragte die Regierung, alle Maßnahmen zur weiteren Stärkung der Verteidigungskraft des Landes zu ergreifen. Der Kongreß stellte die Aufgabe, die Rüstungsindustrie zu erweitern und die gesamte staatliche Industrie im Hinblick auf die Erfordernisse von Kriegszeiten aufzubauen. Er wies auf die Notwendigkeit hin, die technische Ausrüstung der Armee ständig zu vervollkommnen, die Verbände der territorialen Miliz zu festigen und Vorsorge für die weitere

---

95 Keller, Werner: Ost minus West gleich Null. Der Aufbau Rußlands durch den Westen, München 1960, S. 278-307.

Stärkung der Flotte und der Luftwaffe zu treffen. Die Industrialisierung in Angriff nehmen hieß mit dem Aufbau der Schwerindustrie, der Produktionsmittel produzierenden Industrie beginnen, ohne diese aber sind wir als selbstständiges Land überhaupt verloren‘. Die Ausarbeitung des ersten Fünfjahresplans (1928/29-1932/33) ging im erbitterten Kampf der Partei gegen die Trotzkisten und Bucharin-Anhänger vor sich. Die Trotzkisten predigten die ‚Theorie von der abklingenden Kurve‘, nach der der Umfang der Investition und das Zuwachstempo der Industrieproduktion von Jahr zu Jahr zurückgehen sollten. In ihrem Bestreben, der Partei in den ersten Jahren ein Tempo der ‚Überindustrialisierung‘ aufzuzwingen, schlugen sie vor, sie auf Kosten eines verstärkten Drucks auf die Bauern durchzuführen. Die rechten Kapitulanten wandten sich gegen ein schnelles Tempo der Industrialisierung, gegen die forcierte und vorrangige Entwicklung der Schwerindustrie. Sie traten für die Entwicklung der Leichtindustrie ein, sie nahmen gegen die Entwicklung der Kolchose und Sowchose Stellung und empfahlen statt dessen, die Kulakenwirtschaften zu begünstigen. Sie stellten dem Fünfjahresplan ihren eigenen Zweijahresplan entgegen, dessen Betonung nachdrücklich auf der Entwicklung der einzelbäuerlichen Wirtschaft lag. Nicht geringe Schwierigkeiten bereiteten auch die bürgerlichen Spezialisten, die in der Staatlichen Plankommission arbeiteten, der Aufstellung des Plans, da sie sich ebenfalls gegen ein schnelles Tempo der Industrialisierung des Sowjetlandes wandten. Zu den 6 Hauptaufgaben des ersten Fünfjahresplans zählte die Stärkung der Verteidigungskraft der UdSSR. Das entscheidende Kettenglied des Fünfjahresplans war die Industrialisierung, die beschleunigte und vorrangige Entwicklung der Schwerindustrie. 78 % der für die Industrie bereit gestellten Investitionen waren für die Schwerindustrie vorgesehen“.[96]

Die Jahresdurchschnittlichen Steigerungsraten beim 1. und 2. Fünfjahresplan bei der Schwerindustrie (Abteilung I) und der Leichtindustrie (Abteilung II) zeigen die überragende Stellung der Schwerindustrie.

	1. Fünfjahresplan	2. Fünfjahresplan
Schwerindustrie	28,50 %	19,00 %
Leichtindustrie	11,70 %	14,80 %

Zwischen den Abteilungen I und II waren beträchtliche Disproportionen entstanden. „In den Jahren des zweiten Fünfjahresplans (1933-1937) entwickelte sich die Verteidigungsindustrie in schnellem Tempo. Ihre Produktion hatte sich auf das 2,8-fache und die Produktion der Flugzeugindustrie auf das 5,5-fache vergrößert. Dank den Erfolgen in der Entwickelung der Verteidigungsindustrie und der Schwerindustrie insgesamt wurde die Aufgabe, die Rote Armee technisch neu auszurüsten, im wesentlichen gelöst. Mit dem dritten Fünfjahresplan (1938-1942) begann in der Sowjetunion eine Entwicklungsperiode: die Periode des siegreichen Sozialismus und des allmählichen Hinüberwachsens des Sozialismus in den Kommunismus. Der

96 Berchin, I. B.: Geschichte der UdSSR 1917-1970, Berlin (-Ost) 1971, S. 13, 290, 292, 306, 326, 388.

Sozialismus entwickelt sich zum Kommunismus auf seiner eigenen Grundlage. Der Übergang zum Kommunismus erfolgt nicht dadurch, daß der Sozialismus liquidiert wird, sondern dadurch, daß der Sozialismus allmählich in den Kommunismus hinüberwächst. Die erfolgreiche Verwirklichung der Leninschen Politik der sozialistischen Industrialisierung des Landes, der Aufbau einer modernen und mächtigen Industrie, darunter auch einer großangelegten Verteidigungsindustrie (Flugzeugbau, Panzer- und Geschützbau, Munitionsherstellung usw.), gab dem Sowjetstaat die Möglichkeit, die Ausrüstung der Armee mit moderner Technik entscheidend zu verbessern. Allein in den Jahren 1939/1940 stieg die Zahl der Flugzeugwerke um 72%. Beträchtlich erhöhte sich die Produktion von Panzern, Geschützen, Gewehren und Maschinengewehren. Die Umstellung des Landes auf die Bedürfnisse des Krieges begann unmittelbar nach dem Überfall (22. Juni 1941). Ende Juni wurde der Mobilmachungsplan für die Volkswirtschaft im dritten Quartal 1941 und am 16. August der Kriegswirtschaftsplan des Wolgagebiets, des Urals, Westsibiriens, Kasachstans und Mittelasiens für das vierte Quartal 1941 und für 1942 bestätigt. Auf der Grundlage dieser Pläne erfolgte die Umstellung der Wirtschaft des Landes auf die Erfordernisse des Krieges, die Verlegung von Industriegebieten aus den westlichen Gebieten nach dem Osten, entfaltete sich der Neuaufbau usw. In kurzer Zeit gelang es, die Mehrzahl der Industriebetriebe auf die Bedürfnisse der Front umzustellen. Im Jahre 1941 wurde die Aufrüstung von mehr als 1.500 Betrieben zusammen mit ihren Arbeiterkollektiven aus frontnahen Bezirken nach dem Osten evakuiert“.[97]

3. Die Kreditreform vom 30. Januar 1930 in der Sowjetunion wird nach 1945 auf die Sowjetisch besetzte Zone Deutschlands übertragen

Das Modell für das einheitliche sozialistische Finanzsystem der SBZ / DDR war die „Kreditreform“ vom 30. Januar 1930 in der Sowjetunion. „Es war das Ziel dieser „Kreditreform“ aus der Vielzahl kommerzieller Kreditformen zwischen Banken und Kunden einerseits sowie zwischen den einzelnen Betrieben und Organisationen andererseits (Warenwechsel) eine einzige Kreditart eines einzigen Kreditinstituts zu setzen: den zentralisierten Kontokorrentkredit. Dieser sollte ausschließlich zur Finanzierung des Umlaufvermögens herangezogen werden. Mit der gleichzeitig angeordneten Kreditplanung aller Wirtschaftseinheiten entsprechend den angestrebten Produktionszielen wurde die Grundlage für eine kreditwirtschaftliche Zentralplankontrolle geschaffen, die unter der Bezeichnung „Kontrolle durch den Rubel“ bekannt wurde. Die Kontrolle durch den Rubel wurde im Laufe der Zeit zum wichtigsten Instrument der Plankontrolle. Die Staatsbank und ihre Filialen wurden zur Meldung jeder Unregelmäßigkeit in der Planerfüllung verpflichtet und gleichzeitig angewiesen, ihrerseits durch kreditpolitische Maßnahmen, eventuell durch Einstellung der Zahlungen oder Zwangsverkauf von Wertobjekten, jedem Zahlungsverzug zu begegnen. Alle Betriebe mußten zur besseren Orientierung der

---

97 Ebd., S. 337 f., 393, 497, 504.

Staatsbank Rechenschaftsberichte und Bilanzen veröffentlichen. Die geldwirtschaftliche Planung konnte jedoch verständlicherweise nicht detaillierter sein als die Mengenplanung, so daß den Betrieben ein relativ weiter Spielraum eigener Initiative verblieb, die zwischenbetrieblich-organisatorisch durch gegenseitige Lieferverträge und innerbetrieblich-technisch (seit der NEP) durch das Prinzip der „wirtschaftlichen Rechnungsführung" (Chozrasčet) in eine planpolitisch und betriebswirtschaftlich sinnvolle Bahn gelenkt werden sollte. Dieses Chozrasčet-Prinzip ist nichts anderes als das bekannte wirtschaftliche Prinzip, nach dem mit den zur Verfügung stehenden Mitteln (hier: bei fixierten Preisen und Löhnen) ein möglichst großer wirtschaftlicher (hier: auf die Präferenzen des Gosplan abgestimmter) Erfolg zu erzielen ist. Diese Maxime im einzelwirtschaftlich-technischen Sinne gilt in jedem leistungsorientierten Wirtschaftssystem und wurde von Gutenberg daher auch unter die (vom Wirtschafts-) systemindifferenten Tatbestände eingeordnet.[98] Streitig ist nur die Frage, wie und woran der Erfolg gemessen werden soll, welcher Maßstab bei Planaufstellung und -durchführung systemadäquat erscheint und ideologisch tragbar ist.

Die Kontrolle dieser „wirtschaftlichen Rechnung" als Effizienzmaß und besonders ihre Anwendung in allen Betrieben war ein wesentliches Ziel der Kreditreform. Über die Kontrolle der Staatsbank schien dieses Ziel auch erreichbar zu sein. Alle, die bereits nach diesem Prinzip arbeiteten und damit auch ihre Pläne erfüllten, konnten daher in den Kompetenzbereich der Filialen der Staatsbank überwechseln, so daß die Zentrale ihre besondere Aufmerksamkeit den schlecht geleiteten, falsch organisierten oder auch unrealistisch geplanten Betrieben zuwenden konnte.

Die Kreditreform brachte eine Teilung des gesamten Kreditgeschäfts zwischen der Staatsbank und den übrigen Banken, soweit sie nicht vorher aufgelöst bzw. mit der Staatsbank verschmolzen wurden, denn während der Staatsbank der gesamte kurzfristige Kredit zur Zentralplankontrolle übertragen wurde, betraute man die übrigen Banken mit der gesamten langfristigen Finanzierung, d. h. die verbleibenden Banken wurden als Organe der Staatsbank in reine Investitionsbanken umgewandelt. Die von ihnen bewilligten Kredite durften nur für Investitionen verwendet werden. Bereits vor der Kreditreform bahnte sich außerdem eine Spezialisierung dieser Banken auf bestimmte Kredite an, die zur besseren Übersicht und Finanzplanung nach 1930 konsequent zu Ende geführt wurde. Es war damit unmöglich geworden, Kredite bei verschiedenen Banken aufzunehmen. Eine wesentliche Einschränkung des unübersehbaren Kreditgeschäfts brachte schließlich eine Verordnung vom 23. Juli 1931, nach der die Betriebsmittelfonds der staatlichen Verbände, Trusts und sonstigen Organisationen so weit erhöht wurden, daß sie bei sparsamer und planrationaler Wirtschaftsführung ihr Umlaufvermögen damit finanzieren konnten. Zur Kontrolle war es ja wesentlich wichtiger, zu wissen, welche zusätzlichen Mittel ein Unternehmen in Anspruch nahm. Als Anreiz für eine vorbildliche Wirtschaftsführung beließ man den Unternehmen diejenigen Mittel zur freien Verfügung, die nach Erfüllung des Planes eingespart wurden.

---

98 Gutenberg, Erich: Grundlagen der Betriebswirtschaftslehre, Bd. 1, Die Produktion, 1951, S. 342.

Planung von Geld und Kredit: Wichtigste Aufgabe der sowjetischen Geldpolitik ist die Geldmengenregulierung in den beiden verselbstständigten Planungsbereichen von Produkten einerseits: Zahlungsverkehr zwischen den „sozialistischen“ Betrieben, Institutionen und Organisationen und Einkommensverteilung und -verwendung andererseits: Zahlungsverkehr mit der Bevölkerung und finanzielle Transaktionen der Konsumenten.

In der Produktion muß sich die Geldmenge dem veränderlichen Geldbedarf der einzelnen Betriebe anpassen, der nicht vom Volkswirtschaftsplan im vornherein exakt festgelegt werden kann und jeweils von der Staatsbank für den kurzfristigen Kredit und von den Investitionsbanken für die langfristige Finanzierung befriedigt werden muß. Zur besseren Kontrolle des Geldumlaufs ist der Bargeldumlauf im wesentlichen auf Einkommensverteilung und Einkommensverwendung beschränkt, während alle staatlichen und genossenschaftlichen Betriebe und Organisationen zur Abwicklung eines bargeldlosen zwischenbetrieblichen Zahlungsverkehrs über ein Konto bei der Staatsbank verpflichtet sind. Die zentrale Kontrolle der Geldmenge wie auch die Erfüllung der Finanz- und Produktionspläne der Betriebe wird erst durch das staatliche Kreditmonopol ermöglicht. Die sich zwischen den Betrieben aus dem sog. „Vertragssystem“ ergebenden Kreditvorgänge und gegenseitigen Aufrechnungen werden entweder von der Staatsbank selbst oder den ihr unterstehenden Verrechnungsbüros durchgeführt, so daß alle Güterströme der staatlichen und genossenschaftlichen Betriebe indirekt über Kontobewegungen erfaßt werden. Jede unkontrollierte Geldansammlung bei den Betrieben wird durch strengste Knapphaltung des „Umlauffonds“ und durch die seit 1939 rigoros gehandhabte Ablieferungspflicht aller vereinnahmten Bargeldbeträge verhindert, auch wenn dadurch ein Teil der notwendigen Umlaufmittel durch kurzfristigen Kredit ersetzt werden muß. Für die einzelnen Betriebe besteht monatliche, wöchentliche oder beim Handel sogar täglich Einlagepflicht aller Bargeldbestände. Diese Maßnahmen der Investitions- und Plankontrolle sind gleichzeitig ein Mittel der Geldmengenregulierung im Produktionssektor. Eine Erweiterung des Kreditspielraums über das von der Produktion vorgezeichnete Maß würde den Betrieben einen mehr oder minder großen Dispositionsspielraum einräumen und würde zwangsläufig in die „Kreditinflation“ führen und die Wertplanung des Ganzen stören. Wenn sich eine solche „Kreditinflation“ wegen der staatlichen Preissetzung auch nicht in einer allgemeinen Preissteigerung auswirken könnte, so würde sie doch eine Ausdehnung der Lieferfristen, d. h. eine Rationierung der Waren durch die einzelnen Lieferbetriebe bewirken und damit eine unkontrollierte, in der Willkür der Betriebsleiter liegende Güterbewegungen auslösen. Die Kreditplanung ist daher eng verbunden mit der allgemeinen Produktionsplanung.

Der vom Ministerrat bestätigte Jahreskreditplan wird von der Staatsbank in Vierteljahrespläne aufgeteilt und wiederum dem Ministerrat vorgelegt. Die Aufstellung erfolgt nach den Kreditanforderungen der Ministerien, Hauptverwaltungen und Wirtschaftsvereinigungen, da die einzelnen Betriebe zu dieser Zeit noch nicht im Besitz ihrer (Vierteljahres-) Produktionspläne sind. Die Kredite für laufende Warenumsätze werden in einer Summe für die gesamte Volkswirtschaft geplant und anschließend auf die einzelnen Institute der Staatsbank verteilt. Der Verfügungsspielraum der Staatsbank wird noch dadurch erweitert, daß für unvorhergesehene Bedürfnisse der Reservefonds angegriffen werden darf. Die Kreditquellen umfassen 1. freie Mittel der Wirtschaft, 2. laufende Konten der Haushaltsbetriebe und -institutionen, der Kollektivwirtschaften und gesellschaftlichen Organisationen, 3. Konten der öffentlichen Haushalte, 4. Konten der Kreditinstitute, 5. Konten der staatlichen Sozialversicherung, 6. Konten der Versicherung, 7. Sonderkonten, 8. Kreditrückfluß und 9. eigene Mittel der Staatsbank. Der Anteil der bei der Staatsbank gehaltenen Mittel der Haushalte der Union, der Republiken und der örtlichen Haushalte macht etwa 50 % der Gesamtsumme aus. Die Kreditsumme verteilt sich auf 1. planmäßige Kredite, 2. Kredite gegen Dokumente, 3. kurzfristige Überbrückungskredite, 4. überfällige Kredite, 5. zentrale Reserve.

Der im wesentlichen auf den Zahlungsverkehr der Konsumenten beschränkte Bargeldverkehr ist Gegenstand eines besonderen Plans, der mit dem Kreditplan eng zusammenhängt; einerseits erscheint der Saldo des Bargeldumsatzplanes als Geldumlauf im Kreditplan, andererseits wird von nahezu allen bei der Staatsbank geführten Konten der Unternehmen Bargeld in Form von Löhnen, Prämien etc. an die Bevölkerung ausgezahlt. Die Trennung der Bereiche Produktion und Konsumption wird auch hier versucht, um die Produktion und damit auch die Kredite im Produktionsbereich unabhängig von den Konsumentenwünschen planen zu können. Während Befehl und Kontrolle die Kreditgebarung in der Produktion und auch den Bargeldstrom von den Konten der Staatsbank zum Konsumenten noch erfassen und steuern können, stellt sich bei freier Konsumwahl das weitaus kompliziertere Problem, für den Konsumgüterbereich ein Gleichgewicht von wirksamer Nachfrage und Güterangebot auf allen Teilmärkten vorauszuberechnen.

Hierbei stützt sich die Abschätzung des Bargeldumsatzes zunächst auf die jährlich zusammen mit dem Volkswirtschaftsplan aufgestellten und nach Quartalen aufgegliederten Einnahmen- und Ausgabenbilanzen der Bevölkerung, die das frei verfügbare Einkommen der Konsumenten, d. h. Leistungseinkommen einschließlich der erhaltenen Transferzahlungen und abzüglich der Steuern, ausweisen. Mit Hilfe dieser Unterlagen soll versucht werden, das ökonomische Gleichgewicht von Güterfluß und Geldkreislauf in jedem Zeitpunkt und an jedem Ort sicherzustellen. Dazu wird die Richtung der Geldströme in der Volkswirtschaft, die Höhe der Bargeldbestände in der Bevölkerung, die Einkommensverteilung auf die verschiedenen Bevölkerungsschichten sowie deren Konsumneigung und Zahlungsgewohnheiten berücksichtigt. Besondere Schwierigkeiten bereitet der landwirtschaftliche Sektor, in dem die Einnahmen saisonal schwanken, die Kassenhaltung wesentlich größer ist und Geldströme des freien Kolchosemarktes kaum erfaßt werden können.

Nach Maßgabe dieser geldwirtschaftlichen Daten wird der naturale Produktionsplan für Konsumgüter korrigiert. Dabei greift die Planung auf statistische Untersuchungen über die „Budgets der Werktätigen“ und die Erhebungen des staatlichen Einzelhandels zurück, die zunehmend Methoden der Marktforschung verwenden. Aus den geld- und güterwirtschaftlichen Unterlagen versucht die sowjetische Planung ein Marktgleichgewicht mit Hilfe der Bilanz der Geldeinnahmen und -ausgaben der Bevölkerung ex ante festzulegen.

Die Einnahmen- und Ausgabenbilanzen sind nicht nur bedeutsam für die Konsumgüterplanung, sie liefern darüber hinaus das wichtigste Material für Planung und Regulierung der Bargeldmenge im sog. *Bargeldumsatzplan* der Staatsbank, der mit der Kreditreform des Jahres 1930 zum ersten Male Eingang in das Planungssystem fand, 1936 und 1937 zeitweilig aufgegeben wurde, um dann im Laufe der Jahre, besonders nach dem Geldumtausch des Jahres 1947, zu einem der wichtigsten Planungsinstrumente aufzurücken. Die gesamte Geldpolitik, insbesondere die Geldmengenregulierung, soll von diesem Plan bestimmt werden. Gleichzeitig wird über den Bargeldumsatzplan eine wirksame Plankontrolle ausgeübt, denn in ihm spiegeln sich alle Barauslagen der staatlichen Betriebe und wirtschaftlichen Organisationen wider.

Durch den Bargeldumsatzplan soll auch die sog. „Proportionalität“, d. h. das geldwirtschaftliche und produktionsstrukturelle Gleichgewicht, gewährleistet werden. Seine große Bedeutung im Planungssystem geht weiterhin daraus hervor, daß dieser Plan nicht wie die übrigen Pläne vom Jahresplan ausgehend, nach Quartalen aufgeschlüsselt, sondern vierteljährlich neu aufgestellt und bestätigt wird. Dabei verfährt man, wie in der übrigen Planung, nach der hierarchischen Planungsmethode: Die Bargeldumsatzpläne der Filialen werden von den Gebiets- und Republikkontoren der Staatsbank sukzessive zusammengefaßt, koordiniert und mit dem Volkswirtschaftsplan abgestimmt, so daß schließlich die Pläne der Republikkontore zum Bargeldumsatzplan der Union vereinigt und untereinander und mit den gesamtwirtschaftlichen Zielen harmonisiert werden können.[99]

4. Das sowjetische Vorbild für die Transformation der Landwirtschaft („Bodenreform“) in der SBZ / DDR

Nach Lenin ist die „moderne Landwirtschaft bereits durch und durch kapitalistisch. Sie entwickelt sich zur landwirtschaftlichen Industrie. Die Ueberlegenheit des Großbetriebes über den Kleinbetrieb tritt deutlich zu Tage, obgleich die Verdrängung der Kleinbetriebe nicht so schnell wie in der Industrie fortschreitet. Die Haupttendenzen des Kapitalismus sind auch in der Landwirtschaft nach Lenin Verdrängung vom Kleinbetrieb durch den Großbetrieb. An dem Beispiel der Vereinigten Staaten von Nordamerika lassen sich nach Lenin die allgemeinen Entwicklungsgesetze des Kapitalismus in der Landwirtschaft feststellen. Für Lenin bestätigen auch die neuen, dem amerikanischen Wirtschaftsleben entnommenen Tatsachen die Richtigkeit des von ihm vertretenen orthodox-marxistischen Standpunktes“.[100]

Auf dem XXIII. Parteitag der KPdSU Anfang April 1966 in Moskau kam erneut zum Ausdruck, daß in der gesamtwirtschaftlichen Entwicklung der Sowjetunion die Landwirtschaft nach wie vor die größte Sorge bereitet. Fünfzig Jahre

---

99 Hedtkamp, Günter: Das sowjetische Finanzsystem, Berlin 1974, S. 68-71, 130-135.

100 Choronshitzky, Jacob: Lenins ökonomische Anschauungen, Diss., Leipzig, Berlin 1928, S. 93, 99 f.

kommunistische Agrarpolitik haben demnach keine befriedigende Lösung der Agrarfrage gebracht. Umso erstaunlicher ist, daß das Agrarsystem der Sowjetunion für fast alle kommunistischen Länder als Vorbild gedient hat und diese Position – in den Grundzügen jedenfalls – bis zum Zusammenbruch 1989/90 anhielt.

Auch auf die SBZ / DDR, das im Vergleich zur Sowjetunion und den anderen dem sowjetischen Machteinfluß unterliegenden Ländern über die leistungsfähigste und intensivste Landwirtschaft verfügt, ist nach 1945 das sowjetrussische Modell normativ übertragen worden. Wenn dies ungeachtet der ganz anders gearteten historischen, sozialen und wirtschaftlichen Voraussetzungen erfolgt ist, so sind dabei sicherlich Motive zur Geltung gekommen, die bei näherer Betrachtung der gewaltigen Umgestaltung der Wirtschaft im gesamten Ostblock nur aus der Kenntnis der geistigen Grundlagen des Marxismus verstanden werden können.[101]

In seiner Schrift „Ursprünglicher Entwurf der Thesen zur Agrarfrage“ (1920) hat *Lenin* seine Grundkonzeption über die Klassenstruktur der Landbevölkerung dargelegt. Diese „Thesen“ sind vom zweiten Kongreß der Kommunistischen Internationale (= Komintern) angenommen worden und bildeten die Grundlage der kommunistischen Agrarpolitik. Das darin enthaltene Klassifizierungsschema, das auf der Aufspaltung der Landbevölkerung in Landproletariat, Halbproletariat und Parzellenbauern, Kleinbauern sowie Mittelbauern, Großbauern und private Großgrundbesitzer beruht, wurde später für *Stalin* die theoretische Grundlage für die Durchführung des „Klassenkampfes auf dem Lande“.[102] Während *Lenin* den Mittelbauern gegenüber eine Politik der „Neutralisierung“ empfiehlt, fordert er die Beseitigung des privaten Großgrundbesitzes und später auch der Großbauern durch entschädigungslose Enteignung.[103] Die enteigneten Flächen können weitgehend unter die Kleinbauernschaft, Halbproletarier und Landarbeiter aufgeteilt werden. *Lenin* läßt jedoch keinen Zweifel daran, daß auch die eigentliche Bauernwirtschaft „eine außerordentlich breite und sehr tief und fest wurzelnde Basis des Kapitalismus ist. Auf dieser Basis erhält sich der Kapitalismus und entsteht aufs Neue – im erbittertsten Kampf gegen den Kommunismus“.[104]

Diese marxistisch-leninistische Grundkonzeption wurde unter der Führung *Lenins* im Oktober 1917 verwirklicht – in einem Lande, in dem es mehr Bauern als Proletarier gab, so daß es sich hierbei in erster Linie um eine Agrarrevolution handelte.

Das Programm sollte in vier Phasen ablaufen, „in deren Endphase die Liquidierung des selbstständigen Bauernstandes und sein Zusammenschluß in großen Kollektivbetrieben vorgesehen waren, sobald die Industrie die dazu notwendige technische Ausrüstung liefern konnte“.[105]

---

101 Thalheim, K. C.: Grundzüge des sowjetischen Wirtschaftssystems, Köln 1962.

102 Lenin, W. I.: Ausgewählte Werke in 2 Bänden, Moskau 1946, Bd. II, S. 759.

103 Ebd., S. 764.

104 Ebd., S. 617.

105 Merkel, K. / Schuhans, E.: Die Agrarwirtschaft in Mitteldeutschland, Berlin 1963, S. 14.

Am 26. Oktober 1917 (8. November 1917) beschloß der II. Sowjetkongreß das Dekret über den Grund und Boden, wonach die Gutsbesitzer unverzüglich und ohne jede Entschädigung enteignet werden sollten.[106] Die erfolgte Aufhebung des Privateigentums an Grund und Boden und der absoluten Grundrente wird als Nationalisierung des gesamten Bodens bezeichnet. „Die Diktatur des Proletariats ist ein zäher Kampf, ein blutiger und unblutiger, gewaltsamer und friedlicher, militärischer und wirtschaftlicher, pädagogischer und administrativer Kampf gegen die Mächte und Traditionen der alten Gesellschaft“ (Lenin).

Nachdem die Lage der Landwirtschaft sich seit der Oktoberrevolution so verschlechtert hatte, daß nach Beendigung des Bürgerkrieges (1920) die gesamte Getreideproduktion nur etwa die Hälfte des Ernteertrages von 1913 betrug,[107] ging die Sowjetregierung dazu über, eine taktische Kursänderung vorzunehmen. Die Reglementierung des gesamten Wirtschaftslebens wurde gelockert. Nach *Lenins* Direktiven wurde eine „Atempause“ eingelegt, die unter der Bezeichnung „Neue Ökonomische Politik“ auch der Landwirtschaft die Möglichkeit einer Konsolidierung bot.

Nach *Lenins* Tod im Jahre 1924 behielt sein Nachfolger *Stalin* den Kurs der wirtschaftlichen Erleichterungen und Zugeständnisse an die Bauern zunächst noch bei. Das Anwachsen der wirtschaftlichen Kraft der Bauern wurde jedoch allmählich als eine Gefahr für den Sozialismus angesehen.

Die Kollektivierung (1929-1938): „Wir können den Bauern und noch mehr dem ländlichen Proletariat und Halbproletariat nicht verheimlichen, daß wir zur Großwirtschaft öffentlichen Charakters übergehen und diese verwirklichen müssen, sobald man die praktischen und rationellen Methoden eines solchen Übergangs den Massen erklärt hat und die Massen diese verstanden haben“ (Lenin).[108]

Stalin hat sich mit der Erläuterung dieser Methoden für die Massen nicht lange aufgehalten. Die Zusammenlegung von Bauernhöfen zu sozialistischen Großbetrieben wurde mit wirtschaftlichen Argumenten begründet; entscheidend für dieses Vorgehen aber waren ideologische und machtpolitische Gesichtspunkte. Von den verschiedenen Formen der Bewirtschaftungen zusammengelegter Bauernhöfe setzten sich die *Artels* durch, die ihrer Struktur nach am ehesten als Vorläufer der heutigen Kollektivwirtschaft, des Kolchos, gelten können. Die enteigneten Mitglieder des Artels teilten nach Abzug von Steuern und Abgaben den Rest der erzielten Agrarproduktion unter sich auf.[109]

Über das Artel schrieb *Stalin* im März 1930:

> „Das wichtigste Kettenglied der kollektivwirtschaftlichen Bewegung, ihre im gegebenen Augenblick vorherrschende Form, die man jetzt anpacken muß, ist das landwirtschaftliche Artel“.[110]

---

106 Geschichte der KPdSU(B), Berlin (-Ost) 1949, S. 261.

107 Rochlin, R. P.: Agrarpolitik und Agrarverfassung der Sowjetunion, Berlin 1960, S. 12.

108 Diese Devise hatte *Lenin* in seinen „April-Thesen“ bereits im Jahre 1917 ausgegeben.

109 Rochlin, R. P.: Agrarpolitik, S. 16.

110 Stalin, J. W.: Fragen des Leninismus, Moskau 1947, S. 307.

Hierzu sei bemerkt, daß das „Musterstatut des landwirtschaftlichen Artel“, das – nach Abänderung seiner ursprünglichen Form aus dem Jahre 1930 – eine neue Fassung am 17. Februar 1935 erhielt, die bis in die heutige Zeit geltende Agrarverfassung des Kolchos darstellt. Die Bezeichnung „Artel“ (Genossenschaft) bürgerte sich jedoch nicht ein, an ihre Stelle trat der Begriff des „Kolchos“ (Kollektivwirtschaft).[111] Dem „unabhängigen Bauerntum“ galt nun der Kampf im Ringen um „den endgültigen Sieg des Sozialismus auf dem Lande“. Nachdem eine umfangreiche Propaganda, mit der die Vorteile einer Umwandlung von Bauernhöfen in Kollektivbetriebe angepriesen wurden, ohne nennenswerten Erfolg geblieben war, eröffnete *Stalin* an 27. Dezember 1929 die „Offensive gegen die kapitalistischen Elemente des Dorfes“. Die *Lenin*'sche These vom freiwilligen Eintritt in die Kollektivbetriebe wurde durch einen Regierungsbeschluß Anfang Januar 1930 verlassen. Unter Anwendung schärfster Druckmittel, die nur zeitweise etwas abgeschwächt wurden, waren bis zum Jahre 1938 neun Zehntel aller Bauernhöfe in Kolchosen erfaßt.[112]

Die Bildung der Sowchose: „Sowchos“[113] ist die Bezeichnung für Staatsgut. Von den beiden Formen des sozialistischen Eigentums an den Produktionsmitteln verkörpert der Sowchos den landwirtschaftlichen Betrieb auf der Grundlage des allgemeinen Volkseigentums. Die ersten Sowchose wurden bereits kurz nach dem Umsturz von 1917 durch die Übernahme vieler Großgüter direkt durch den Staat gebildet. Ein Teil dieser Staatsgüter gehören als Lehr- und Versuchsgüter zu den wissenschaftlichen Instituten und Forschungsanstalten; für Sonderaufgaben stehen zur Verfügung: Spezialbetriebe für Saatzucht und Tierzucht sowie Güter verschiedener staatlicher Einrichtungen und Verwaltungen.

Die Bedeutung der Maschinen-Traktoren-Stationen (MTS): In der Sowjetunion entstanden die ersten Maschinen-Traktoren-Stationen nicht auf Anordnung des Staates, sondern durch Initiative der Kolchosbauern zunächst auf genossenschaftlicher Grundlage. Anzahl und Bestückung der MTS stiegen rasch an. Ausgehend von dem Grundsatz, daß die Produktionsmittel sich im Eigentum des Volkes (d. h. des Staates) zu befinden haben, stellte die Regierung, aus Mißtrauen gegenüber den gut florierenden „Maschinengemeinschaften“, die MTS jedoch unter die Kontrolle der örtlichen Behörden. Am 10. September 1930 erfolgte schließlich die Beschlagnahme aller genossenschaftlichen MTS durch die (im Jahre vorher errichtete) Traktorenzentrale. Kurz darauf wurde auch diese Zentrale aufgelöst und durch eine Sonderverwaltung, später durch ein Ministerium abgelöst. Infolge des Fehlens von Traktoren und Großmaschinen waren die Kolchose in weitgehendem Maße von den MTS abhängig.

---

111 Rochlin, R. P., S. 16 und 25: Der „Kolchos“ (Plural: „Kolchose“) ist die Zusammensetzung der ersten Silben von „Kollektivnoje“ und „chosjajstwo“ = Kollektivwirtschaft. Grottian, Walter: Das Experiment der landwirtschaftlichen Kollektivierung und Kollektivwirtschaft in der Sowjetunion 1929-1950, in: Vierteljahrshefte zur Wirtschaftsforschung, Jg. 1950, S. 133.

112 Rochlin, R. P., S. 8 f.

113 Das Wort „Sowchos“ (Plural: „Sowchose“) ist die Zusammensetzung der ersten Silben von „sowjetskoje chosjajstwo“ (= sowjetische Wirtschaft).

Aus diese Weise konnten die bei den MTS errichteten „politischen Abteilungen“ auf die Durchführung der von der Partei erlassenen Richtlinien Einfluß nehmen und die Bauern unter ständiger Kontrolle halten. Zweifellos haben die MTS in der Sowjetunion eine gewaltige landtechnische Aufgabe bewältigt. Im Jahre 1957 bestanden 7.900 MTS mit über 600.000 Traktoren. Außer Traktoren und Mähdreschern verfügten die MTS über eine reichliche Anzahl anderer Großmaschinen und Spezialgeräte, ohne die eine Mechanisierung der Kolchose nicht durchführbar gewesen wäre. Daß aber die politische Aufgabe der MTS eine gleichgroße Bedeutung hatte, wird daraus erkenntlich, daß nach Festigung der politischen Verhältnisse auf dem Lande die MTS in ihrer bisherigen Organisationsform im Jahre 1958 aufgelöst und ihre Maschinenaggregate an die Kolchose verkauft wurden. Dabei sind infolge der hohen Belastung des Staatshaushalts durch unrentable MTS sicherlich auch finanzwirtschaftliche Gründe maßgebend gewesen. – Die stark ausgebauten MTS wurden als Reparatur-Technische-Stationen (RTS) eingerichtet, die außer ihrer Aufgabe, die Traktoren und Großmaschinen der Kolchose zu reparieren, gleichzeitig für den Verkauf von Ersatzteilen, Brennstoff, Düngemittel u. a. zuständig wurden.

Die hier aufgeführten ideologischen Motive und institutionellen Betriebs- und Wirtschaftsformen waren weitgehend richtunggebend auch bei der Umgestaltung der Landwirtschaft in der Sowjetzone. Darüber hinaus kam in der Sowjetunion noch eine ganze Reihe agrarpolitischer Maßnahmen zur Anwendung, die ihren Ursprung im System der Zentralverwaltungswirtschaft kommunistischer Prägung haben und gleichfalls in der Sowjetzone angewendet wurden. – Dies gilt besonders für die *Chruschtschow-Ära* (1953-1964), aber auch für die Zeit der nach seinem Sturz gebildeten neuen Regierung.

Aus dem weitgefaßten Agrarprogramm *Chruschtschows*, das 1953 sofort anlief, sind besonders zu nennen: Steuererleichterungen für Kolchosemitglieder hinsichtlich ihrer Hofwirtschaften, Maßnahmen „zur Änderung und Milderung des Erfassungssystems“ und „zur Heraufsetzung der Abnahmepreise“. Die neue Preisreglung brachte für die Kolchoserzeugnisse eine bedeutende Erhöhung der alten Sätze; sie wirkte sich aber auch günstig auf die Einkommenslage der Kolchosmitglieder dadurch aus, daß ab 1. Januar 1958 die privaten Hofwirtschaften von den Natural-Pflichtablieferungen befreit wurden. Die Kolchosmitglieder können seitdem ihre gesamten frei verfügbaren Produkte aus ihrer kleinen Hofwirtschaft auf den Kolchosmärkten verkaufen, wo sie Preise erzielen, die in der Regel weit über denen der staatlichen festgesetzten liegen.

Nicht unerwähnt bleiben soll, daß seit dieser Zeit weit stärker als bisher die *landwirtschaftliche Wissenschaft* und *Forschung* sowie *Lehr- und Ausbildungswesen* gefördert wurden.

Dennoch waren die Kritiker unter den Führungskräften der Sowjetunion mit den erzielten Ergebnissen, gemessen am Leistungsstand der Landwirtschaft moderner Industriestaaten und in Anbetracht der Höhe der in den letzten Jahren investierten Mittel aus dem Staatshaushalt, unzufrieden. Eine Reihe von Rückschlägen in der sowjetischen Agrarwirtschaft, dann die ständig wechselnden Änderungen in der landwirtschaftlichen Verwaltungsstruktur sowie die erfolglose Überwachung und

Kontrolle der staatlichen Maßnahmen durch einen aufgeblähten Parteiapparat forderten zunehmend Kritik heraus. So hat auch die Ära *Chruschtschow*, in der mit viel Elan an die Bewältigung der Mißstände in der Landwirtschaft herangegangen wurde, letztlich versagt. Diese Erkenntnis in den höchsten Führungsgremien der Sowjetunion hat zweifellos mit dazu beigetragen, daß *Chruschtschow*, der Initiator vieler reformistischer, oft aber doch unzulänglicher Maßnahmen auf dem Agrarsektor, am 14. Oktober 1964 gestürzt wurde.

Die neue Regierung setzte die Bemühungen um eine Hebung der landwirtschaftlichen Produktion und Versorgung der Bevölkerung mit Nahrungsgütern fort, und zwar mit Maßnahmen, die später auch dem SED-Regime in Mitteldeutschland als nachahmenswertes Beispiel dienten und darum hier ebenfalls aufgeführt seien: weitere Erhöhung der Preise für landwirtschaftliche Erzeugnisse, Senkung von Betriebsmittelpreisen und Steuern, weitere Streichung von Steuerschulden, Herabsetzung der Ablieferungsnormen und damit Vergrößerung des Anteils der für den freien Verkauf bestimmten Produkte zu durchschnittlich höheren Preisen, was sich in einer Erhöhung des Gesamteinkommens der Mitglieder auswirkt.

Ferner sind die Erweiterung der Düngemittel- und Mischfutterindustrie zu nennen. Insgesamt sollten in den Jahren von 1966 bis 1970 die Investitionen für die Landwirtschaft nahezu verdoppelt werden".[114]

5. Der Außenhandel Rußlands 1891-1913 und nach der „Großen Sozialistischen Oktoberrevolution 1917" bis 1938 und die Rückwirkungen auf Deutschland

5.1. Rußland stand 1913 als Weltproduzent bei Weizen, Roggen und Gerste an erster Stelle

Kurt Ammon analysierte 1952 die Außenhandelsverflechtung Rußlands 1891-1913 und nach der „Großen Sozialistischen Oktoberrevolution 1917 bis 1938". Die trotz aller sowjetstatistischen Manipulationen unbestreitbar sehr geringe weltwirtschaftliche Verflechtung der Sowjetunion ist nicht erst neueren Datums. Sie wurzelt vielmehr tief im System der bolschewistischen Zentralverwaltungswirtschaft, in den Grundlagen und Richtpunkten ihrer autarisch und autarkisch orientierten Außenhandelspolitik und schließlich in der auf die kommunistische Weltrevolution hinzielenden militanten politischen Haltung der Sowjetunion überhaupt. Ihre Wirtschaft steht seit zwei Jahrzehnten im Zeichen der Fünfjahrespläne, deren erster mit

---

114 Tümmler, Edgar: Die Agrarpolitik in Mitteldeutschland – Historische Entwicklung der Landwirtschaft in Mitteldeutschland und ihre agrarpolitische Konzeption, in: Tümmler, Edgar / Merkel, Konrad / Blohm, Georg: Die Agrarpolitik in Mitteldeutschland und ihre Auswirkung auf Produktion und Verbrauch landwirtschaftlicher Erzeugnisse, Berlin 1968, S. 7-12.

dem 1. Oktober 1928 in Kraft trat. Die Welthandelsanteile Rußlands bzw. der Sowjetunion am Welthandelsumsatz zeigen, daß die „Große Sozialistische Oktoberrevolution von 1917“ eine Zäsur für die weltwirtschaftliche Verflechtung darstellt:[115]

1913: 3,9 v. H.	1931: 2,5 v. H.
1925: 1,1 v. H.	1932: 2,5 v. H.
1928: 1,4 v. H.	1933: 1,8 v. H.
1929: 1,4 v. H.	1934: 1,5 v. H.
1930: 2,0 v. H.	1938: 1,1 v. H.

Rußland war vor dem 1. Weltkrieg ein Agrarstaat, der namentlich seit Ende des 19. Jahrhunderts eine schnelle industrielle und verkehrsmäßige Entwicklung nahm. Nach Sombart hatte sich die russische Industrie seit den 80er Jahren „in einem fast amerikanischen Tempo entwickelt“. Diese Wandlung vollzog sich in dem relativ kapitalarmen Lande unter starker Beteiligung ausländischen Kapitals und parallel mit einer ständigen Steigerung der außenwirtschaftlichen Verflechtung, wobei der Umfang des Exports wesentlich durch die Erfordernisse des auswärtigen Schuldendienstes mitbestimmt war. Das Wachstum des russischen Außenhandels spiegelt sich in folgender Übersicht:

Jahresdurchschnitt	Ausfuhr	Einfuhr	Handelsbilanz
	(in Mill.	Rbl.)	
1891-1895	415	304	+ 111
1896-1900	708	614	+ 94
1901-1905	941	632	+ 309
1906-1910	1205	910	+ 295
1911-1913	1540	1239	+ 301

1913, d. h. im letzten Volljahr vor Beginn des 1. Weltkrieges, betrug der Anteil Rußlands am Welthandel 3,9 %, womit es die entsprechenden Anteile der führenden Industrieländer bei weitem noch nicht erreichte – Deutschlands mit 12,6, Großbritanniens mit 17,3, der USA mit 10,9 % des Welthandels. Ungeachtet dessen nahm Rußland im Außenhandelsverkehr einiger großer Länder einen sehr beachtlichen Platz und eine führende Stellung in der Belieferung des Weltmarktes mit wichtigen Exportwaren ein. Im Jahre 1913 gingen z. B. 29,8 % der russischen Ausfuhr nach Deutschland, während im selben Jahr 47,5 % der russischen Einfuhr aus Deutschland kam. Nach Baykov machte im Jahresdurchschnitt 1909-1913 die Getreideausfuhr 40,1 % des russischen Gesamtexportes aus, im Rahmen der industriellen Exportprodukte standen Bauholz und Sägereierzeugnisse mit 9,7 % der Gesamtausfuhr an erster Stelle. Die Felder und Wälder Rußlands waren die Basis seiner außenwirtschaftlichen Kapazität. Im Jahre 1913 stand es als Weltproduzent bei Weizen, Roggen und Gerste an erster Stelle. Im Jahresdurchschnitt betrugen 1909-1913 die für die Ausfuhr verfügbaren Bestände an russischem Weizen 4,47 Mill. t, womit sie die damalige Weizenausfuhr Kanadas und Argentiniens zusammen fast erreichten.

---

115 Beginn der wortwörtlichen Zusammenfassung der Studie von Ammon, Kurt: Die weltwirtschaftliche Verflechtung der Sowjetunion bis zum Beginn des Zweiten Weltkrieges, Berlin 1952, S. 1-45.

5.2. Der Außenhandel der Sowjetunion nach der „Großen Sozialistischen Oktoberrevolution 1917“ bis 1938. Verzicht auf die Vorteile der internationalen Arbeitsteilung zugunsten einer radikalen, auf Kosten der Sowjetbevölkerung durchgeführten Industrialisierung

Die Weigerung der Sowjetregierung, für die Vorkriegs- und Kriegsschulden Rußlands im ersten Weltkrieg (1914-1918) aufzukommen, war für die Westmächte einer ihrer Beweggründe, im Bürgerkrieg die antibolschewistischen Gruppen zu unterstützen und über die RSFSR eine Wirtschaftsblockade zu verhängen. Diese drückte – in Verbindung mit Art und Ausmaß der die Wirtschafts- und Sozialverfassung revolutionär umwälzenden bolschewistischen Maßnahmen sowie den chaotischen Zuständen in der Zeit des „Kriegskommunismus“ – den Handelsverkehr Rußlands mit der Außenwelt auf einen bisher noch nicht gekannten Tiefstand herab:

	Ausfuhr	Einfuhr
	(in Mill. Rbl.	von 1913)
1918	7,5	61,1
1919	0,1	3,0
1920	1,4	28,7
1924/25	371	411
1925/26	471	464
1926/27	558	497
1927/28	480	640
1933	494,9	348,2
1934	418,3	232,4
1935	367,4	241,4
1936	310,5	308,8
1937	377,2	294,2
1938	287,8	300,4

In konsequenter Fortführung ihrer Verstaatlichungs- und Vergesellschaftungspolitik schuf die Sowjetregierung mit dem „Dekret über Nationalisierung des Außenhandels“ vom 22. April 1918 die Voraussetzung für das staatliche *Außenhandelsmonopol*. Der Absatz I des Dekrets lautet:

> „Der gesamte Außenhandel wird nationalisiert. Handelsgeschäfte, die den An- und Verkauf aller Arten von Erzeugnissen im Verkehr mit fremden Staaten und ausländischen privaten Handelsunternehmungen vermitteln, werden seitens der Russischen Republik von den hierzu besonders bevollmächtigten Behörden abgeschlossen. Jeder Ein- und Ausfuhrhandel unter Umgehung dieser Behörden ist verboten“.

Vier Jahre später, nach Beendigung des Bürgerkrieges, wurde durch Verordnung des Präsidiums des Allrussischen Zentral-Exekutivkomitees vom 13. März 1922 der Außenhandel endgültig als Staatsmonopol proklamiert und zugleich das Fundament für die sowjetische Außenhandelsorganisation gelegt, die trotz späterer Änderungen und Wandlungen im einzelnen ihre Hauptfunktion bis heute beibehalten hat: ein Grundpfeiler für die bolschewistische Planwirtschaft zu sein, ein zusätzliches Instrument für die erstrebte schnelle Umgestaltung des ökonomisch rückständigen Sowjetlandes in einen mächtigen, möglichst autarken sozialistischen Industriestaat.

Nach dem Schock des unglücklichen Krieges mit Japan und der Niederringung der mit durch diesen ausgelösten revolutionären Bewegung hatte sich die russische Volkswirtschaft bemerkenswert schnell erholt: Die Regierung entwickelte eine rege wirtschaftspolitische Aktivität, die Stolypinschen Agrarreformen verhießen eine Besserung der sozialen und wirtschaftlichen Verhältnisse der Bauernschaft, mehrere ausgezeichnete Erntejahre folgten einander. Das Vertrauen des Auslandes äußerte sich in starkem Kapitalimport, namentlich zwischen 1910 und 1914. Bei Ausbruch des Weltkrieges betrug die Auslandsverschuldung Rußlands 7 ½ Mrd. Goldrubel (4,2 Mrd. Staatsanleihen, etwa 870 Mill. Auslandsanleihen an Privatbahnen mit Staatsgarantie, 420 Mill. Kommunalanleihen und über 2 Mrd. Auslandskapital in der Privatwirtschaft, namentlich in der Industrie).
Die Erfordernisse des Krieges bewirkten eine weitere starke Steigerung der russischen Auslandsverschuldung, die schließlich 1918 etwa 13,8 Mrd. Goldrubel betrug. Zugleich hatte sich die außenwirtschaftliche Situation Rußlands grundlegend verändert, wie aus folgender Tabelle hervorgeht:

	Ausfuhr	Einfuhr
	(in Mill. Rbl.	von 1913)
	In Preisen von 1913	In Preisen von 1913
1913	1.520,1	1.374,0
1914	885,0	1.109,0
1915	274,0	870,0
1916	237,0	862,0
1917	137,0	802,0

Auch nach den chaotischen Zuständen in der Zeit des Kriegskommunismus blieb der Gesamtumfang des sowjetischen Außenhandels, gerade im Vergleich zur Ausdehnung des Welthandels, außerordentlich bescheiden. Der Umstand, daß die beträchtliche Einfuhr an Investitionsgütern während des 1. Fünfjahresplanes (1928-1932/33) den Aufbau neuer Industriezweige und damit die Versorgung des Binnenmarktes mit nunmehr im Lande selbst herstellbaren Betriebsanlagen und Fabrikaten bewirkt hatte, kann wohl zur Erklärung des Strukturwandels der Einfuhr herangezogen werden, nicht aber ihr Absinken auf ein so niedriges Allgemeinniveau rechtfertigen. So skeptisch auch dem sowjetischen Wirtschaftsexperiment von Anbeginn in der übrigen Welt begegnet wurde, hat Ende der 20er Jahre im marktwirtschaftlichen Bereich kaum jemand eine derartige Verkrümmung des Außenhandels der Sowjetunion voraussehen können, wie sie Mitte der 30er Jahre eintrat. Weicht doch diese Erscheinung von allen bisherigen Erfahrungen mit in der Industrialisierung begriffenen Agrarländern ab, „überall sonst war die Industrialisierung und das von ihr bewirkte Wachstum des Sozialproduktes begleitet von einer entsprechenden

Ausdehnung des Außenhandels". Ein schlagendes Beispiel dafür ist heute (1952) namentlich die wirtschaftliche Entwicklung Kanadas.

Während der Außenhandel Rußlands 1913 in der Einfuhr pro Kopf der Bevölkerung 17, in der Ausfuhr 19 RM ausmachte, waren es 1929, d. h. zu Beginn des ersten Fünfjahresplanes, entsprechend 12 und 13 RM und 1937 4 und 5 RM.

Resümieren wir Entwicklung und Umfang des sowjetischen Außenhandels bis zum Vorabend des Zweiten Weltkrieges an Hand einiger einprägsamer Ziffern, so bestätigt sich zum einen die außerordentlich geringe Verflochtenheit der UdSSR mit dem Weltmarkt, zum anderen der niedrige Anteil ihres Außenhandels am Volkseinkommen, an der Sachwertproduktion und pro Kopf der Bevölkerung.

Intensität des Außenhandels 1937

	Einfuhr pro Kopf der Bevölkerung	Ausfuhr in RM	Anteil am Welthandelsumsatz in v.H.
UdSSR	4	5	1,1
Deutschland	81	87	8,7
Großbritannien	248	136	13,9
USA	57	62	12,1
Frankreich	102	58	5,1

Ende 1928 entstand der Rußland-Ausschuß der Deutschen Wirtschaft als zentrale Vereinigung der im Geschäftsverkehr mit der UdSSR interessierten deutschen Industrie- und Handelsfirmen und Banken.

Ammon resümiert nach seiner Analyse des sowjetischen Außenhandels und sieht als Gesamtursache für den Rückzug der Sowjetunion von der weltwirtschaftlichen Arbeitsteilung den Verzicht auf die Vorteile der internationalen Arbeitsteilung zugunsten einer radikalen, auf Kosten der Sowjetbevölkerung durchgeführten Industrialisierung.

Wir kommen zum Schluß: Wie schon betont wurde, ist nicht das Außenhandelsmonopol die Ursache der zunehmenden weltwirtschaftlichen Entflechtung der Sowjetunion, sondern deren gesamtes planwirtschaftliches System auf dem Hintergrund ihrer politischen Zielbildung. Das alte Rußland war auf dem Weg gewesen, sich immer mehr in die Weltwirtschaft einzuschalten. Die Sowjetunion hat diesen Weg verlassen. Die großen Naturreichtümer und vielen Bodenschätze des Landes *ermöglichten* zwar unter ungeheuren Opfern und Entbehrungen der Bevölkerung eine autarke Wirtschaftspolitik, sie *zwangen* aber nicht dazu. Ein anderes, weltoffeneres Wirtschaftssystem hätte trotz des für Rußland unglücklichen Ausganges des Krieges von 1914-1918 in den beiden darauf folgenden Jahrzehnten einen viel umfänglicheren, der Bevölkerung förderlichen Außenhandel bewirken können. Die letztlich von weltanschaulichen und politischen Momenten bestimmte wirtschaftliche Selbstgenügsamkeit der Sowjetunion wurde bereits im zweiten Weltkriege ad absurdum geführt. In ihr ist eine der entscheidenden Ursachen der sowjetischen Wirtschaftsexpansion zu sehen, die heute das Bild der Weltwirtschaft so stark umdüstert und Amerika wie Europa in Atem hält.

Gerade im Hinblick auf die heute (1952) immer enger werdende wirtschaftliche Integration der Sowjetunion mir den von ihr beherrschten osteuropäischen „Volksdemokratien" verdient hier hervorgehoben zu werden, daß der Außenhandel zwischen ihr und diesen Ländern vor dem zweiten Weltkriege relativ minimal war. So machte z. B. der Export der Sowjetunion nach der Tschechoslowakei im Jahre 1938 nur 1 % ihres Gesamtexports aus, ihr Import von dort 1,4 % ihres Gesamtimports. Die entsprechenden Anteile in bezug auf den sowjetischen Handel mit Polen beliefen sich auf 0,6 % und 0,1 %. Von den jetzigen osteuropäischen „Satelliten" standen dabei die genannten beiden Länder im Warenaustausch mit der Sowjetunion an der Spitze! Ihnen gegenüber fielen Ungarn, Rumänien und Bulgarien oder gar Albanien überhaupt nicht ins Gewicht".[116]

Der Rußland-Ausschuß der Deutschen Wirtschaft übte die gleichen Funktionen aus wie verschiedene deutsche Handelskammern für den Verkehr mit den einzelnen Ländern; die Unterrichtung und Beratung der Mitgliedsfirmen, in beschränktem Umfange auch der nicht angeschlossenen Firmen, hatte angesichts der Eigentümlichkeiten des Geschäftsverkehrs mit der UdSSR eine ganz besondere Bedeutung.[117]

Die Mitgliederzahl des Rußland-Ausschusses der Deutschen Wirtschaft schwankte in den 30er-Jahren zwischen 500 und 700 Firmen und stieg im Jahre 1940 angesichts der sich eröffnenden neuen Geschäftsmöglichkeiten mit der UdSSR auf über 900 Firmen und Wirtschaftsorganisationen an. Der Vorstand des Rußland-Ausschusses der Deutschen Wirtschaft setzte sich nach 1934 aus acht bis neun Personen zusammen, wobei in der Regel alle wichtigeren am Geschäftsverkehr mit der UdSSR beteiligten Wirtschaftszweige, darunter der Maschinenbau, die Eisen- und Stahlindustrie, die chemische und die elektrotechnische Industrie, die Feinmechanik und Optik und der Importhandel vertreten waren. „Die Leitung des Russland-Ausschusses der Deutschen Wirtschaft wurde von Hitlers Beschluss über den Krieg gegen die UdSSR nicht nur in Unkenntnis gelassen; sie bekam auf ihre Anfragen beim Auswärtigen Amt und Reichswirtschaftsministerium über die politische Lage bis wenige Tage vor Kriegsausbruch (22. Juni 1941) sogar wissentlich falsche Mitteilungen und unterrichtete dementsprechend auch die Mitgliedsfirmen. Kurze Zeit nach Kriegsausbruch musste dann der Vorstand des Russland-Ausschusses auf Anordnung des Reichswirtschaftsministeriums die Auflösung der Vereinigung beschließen".[118]

---

116 Ende der wortwörtlichen Zusammenfassung der Studie von Ammon, Kurt: Die weltwirtschaftliche Verflechtung der Sowjetunion bis zum Beginn des zweiten Weltkrieges, Berlin 1952, S. 1-45.

117 Helmer, Kurt: Der Russland-Ausschuss der Deutschen Wirtschaft. Osteuropa. Zeitschrift für Gegenwartsfragen des Ostens, 2. Jg., Heft 3, Juni 1952, S. 177.

118 Helmer, K.: Der Handelsverkehr zwischen Deutschland und der UdSSR in den Jahren 1933-1941, Berlin 1954, S. 37 f.

5.3. Die Rückwirkungen: Kanada, Argentinien und die USA übernehmen die Rolle Rußlands nach dessen Ausfall (ab 1914) als Getreidelieferant Deutschlands

Das 1949 in München ins Leben gerufene „Ifo-Institut für Wirtschaftsforschung“ [119] zog 1953 eine Bilanz der Währungsreform und analysierte u. a. „Deutschlands Rückkehr zu den Weltmärkten“ und dabei die Rolle Rußlands und der Vereinigten Staaten im Zeitraum von 1900 bis 1952. „Nach 1914 hörten die Vereinigten Staaten von Amerika auf, Schuldnerland zu sein, das einen Ausfuhrüberschuß brauchte, um Schulden zu tilgen und Zinsen zu zahlen. Als Gläubigerland behielt es den Ausfuhrüberschuß bei und übernahm nicht die Tradition Großbritanniens, das als Gläubigerland durch Freihandel seinen Schuldnern, die Chance ausreichenden Warenabsatzes gegeben hatte. England hatte dem Freihandel seine Landwirtschaft geopfert, die Vereinigten Staaten haben einen Wirtschaftszweig, den sie aufgeben könnten, nicht mit dieser Selbstverständlichkeit gefunden. Die Landwirtschaft kam dafür nicht in Betracht. Sie wurde vielmehr noch ausgebaut. Der Grund hierfür ist vom deutschen Standpunkt aus besonders deutlich zu erkennen, weil hier in Europa diese weltwirtschaftliche Strukturwandlung vor sich ging. Vor dem ersten Weltkrieg (1914-1918) hatte Deutschland als Land der europäischen Mitte auch wirtschaftlich zwischen den beiden Großgebieten Rußland und USA in einem gewissen Sinne die Waage halten können. Beide Länder liefen sich als wichtigste Lieferanten Deutschlands den Rang ab. Deutschland bezog sein Getreide aus Rußland. Wie eng die Wirtschaftsbeziehungen zwischen Rußland und Deutschland waren, ergibt sich daraus, daß 30 v. H. der russischen Gesamtausfuhr nach Deutschland gingen und die Hälfte der russischen Einfuhr aus Deutschland kam. Nun hörte aber nach dem ersten Weltkrieg der russische Getreideexport fast völlig auf. Von der Ausfuhr der Sowjet-Union im Jahre 1929 beispielsweise entfielen nur noch 2 v. H. auf Getreide, während es im Jahre 1913 noch der dritte Teil der Gesamtausfuhr gewesen war. So ging auch die Bedeutung Rußlands als Warenlieferant Deutschlands sehr stark zurück. Im Jahre 1929 lieferte die Sowjet-Union nur 3 v. H. der deutschen Einfuhr gegenüber 13 v. H. vor dem ersten Weltkrieg. Die Vereinigten Staaten von Amerika übernahmen die Rolle Rußlands als Getreidelieferant Deutschlands. Diese Wandlung in unseren Getreidebezügen im Laufe des letzten halben Jahrhunderts wird durch das Schaubild verdeutlicht.

---

[119] Langelütke, Hans / Schlegel, Helmut: Wirtschaftsforschung, empirische, in: HdSW, 12. Bd., 1965, S. 108.

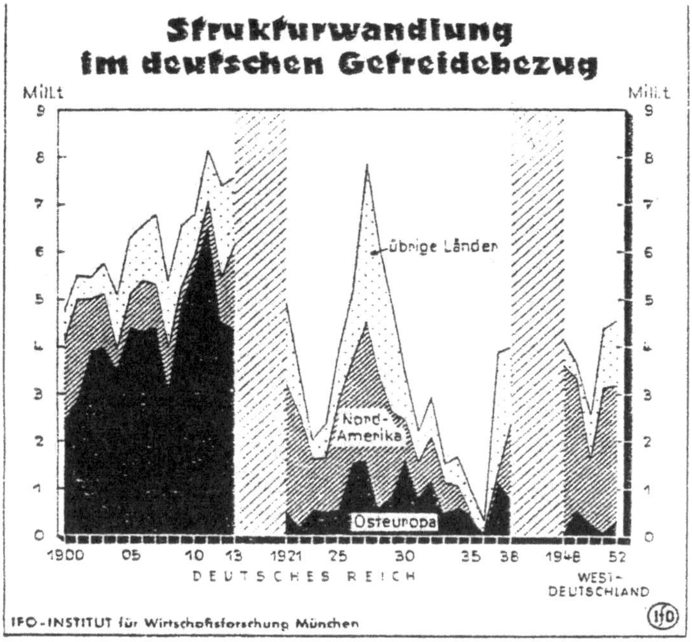

Eine ähnliche Entwicklung vollzog sich auch in anderen europäischen Getreideimportländern, die sich mehr und mehr auf überseeisches Getreide angewiesen sahen. Dementsprechend weitete Nordamerika seine Getreideanbauflächen aus und erntete in den Jahren 1948-1951 ein Drittel Getreide mehr als in den Jahren 1909-1913, während in den übrigen Getreidegebieten der Welt in derselben Zeit nur eine Steigerung um 7 v. H. eintrat. Dadurch wurde der Ausfuhrüberschuß der Vereinigten Staaten, der damals gerade abbaureif war, noch mehr gefestigt.

Zwangsläufig war diese Entwicklung nicht. Wie die deutschen Getreideimporte der dreißiger Jahre zeigen, stand für die zusätzliche Getreideversorgung Deutschlands vor allem der europäische Südosten (Rumänien, Ungarn) bis zu einem gewissen Grade zur Verfügung. Mit Ost- und Südosteuropa verband das Deutsche Reich vor dem Kriege ein recht intensiver Außenhandel, der ungefähr 15 v. H. des deutschen Gesamtaußenhandels ausmachte. Es darf auch daran erinnert werden, daß 1932 die Sowjetunion zu den Hauptabnehmern deutscher Exportwaren zählte und auch vor der Weltwirtschaftskrise jährlich 3 bis 4 v. H. der deutschen Ausfuhr abgenommen hatte. Die osteuropäische Exportdomäne ist somit für Deutschland doch erst mit dem Niedergehen des sogenannten Eisernen Vorhangs verloren gegangen. Bedeutungsvoll an der Umlagerung der Bezugsquellen Deutschlands aus Osteuropa nach Nordamerika war vor allem, daß für deutsche und andere ausländische Waren sich in den Vereinigten Staaten die Aufnahmebereitschaft nicht erhöhte. Die Vereinigten Staaten haben vielmehr nach dem Kriege (Juli 1945 bis Juni 1952) lieber 35 Mrd. $ an das Ausland für Hilfszwecke hergegeben (davon 25 Mrd. $ als Geschenke und 10 Mrd. $ als Anleihen), ehe sie sich dazu bereitgefunden haben, ihrer

Industrie durch Aufnahme ausländischer Erzeugnisse Konkurrenz machen zu lassen. Längst sind einsichtige Wirtschaftspolitiker der USA von der Notwendigkeit des Zollabbaus überzeugt, wie aus vielen Kundgebungen der Regierung, aus Äußerungen von Wirtschaftsführern wie Ford und anderen oft bekundet worden ist".[120]

Die beiden Graphiken „*Deutschlands Außenhandel in Getreide 1913 und 1927*"[121] zeigen die weltwirtschaftlichen Strukturwandlungen nach dem Ausfall Rußlands in der weltwirtschaftlichen Arbeitsteilung.

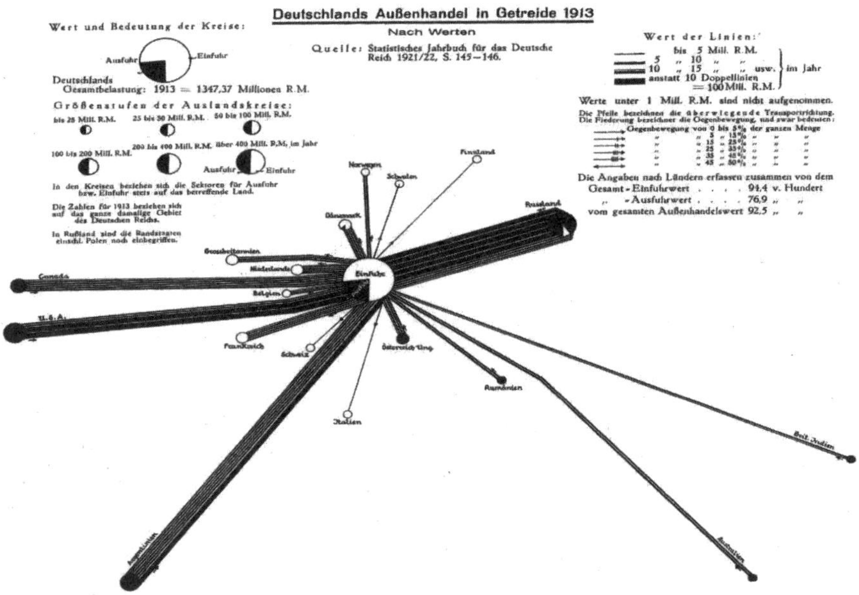

---

120 Ifo-Institut für Wirtschaftsforschung (Hrsg.): Fünf Jahre Deutsche Mark. Der Wiederaufbau der westdeutschen Wirtschaft seit der Währungsreform, Berlin, München 1953, S. 27.

121 Tiessen, Ernst: Deutscher Wirtschaftsatlas, Berlin 1929, Karten 119 (1913) und 120 (1927).

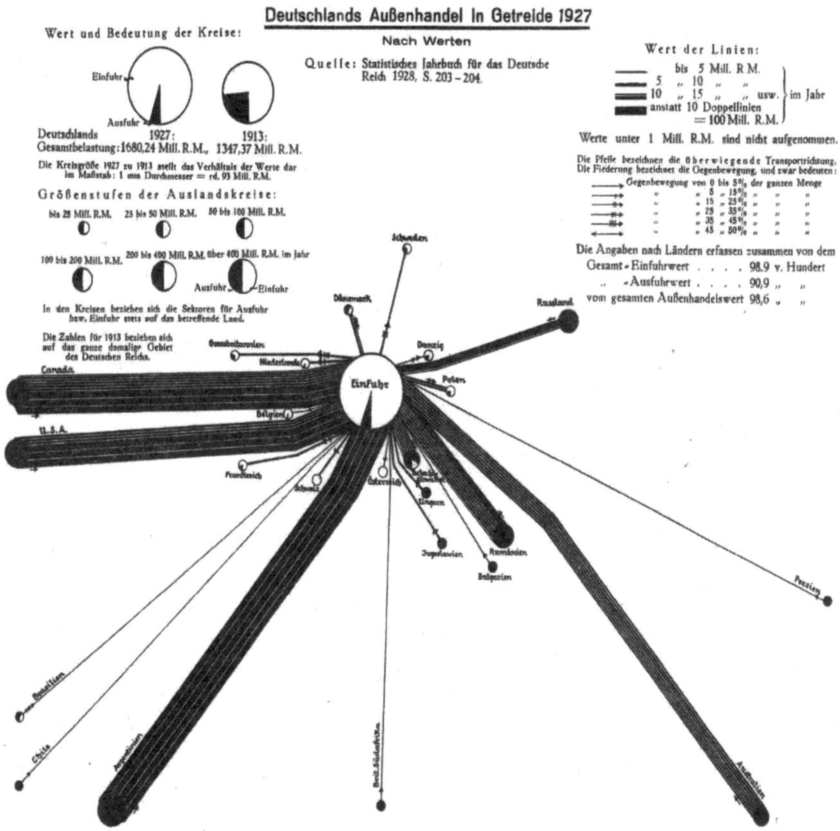
Deutschlands Außenhandel in Getreide 1927
Nach Werten
Quelle: Statistisches Jahrbuch für das Deutsche Reich 1928, S. 203 – 204.
Wert und Bedeutung der Kreise:
Einfuhr
Ausfuhr
Deutschlands Gesamtbelastung: 1927: 1680,24 Mill. R.M., 1913: 1347,37 Mill. R.M.
Die Kreisgröße 1927 zu 1913 stellt das Verhältnis der Werte dar im Maßstab: 1 mm Durchmesser = rd. 93 Mill. R.M.
Größenstufen der Auslandskreise:
bis 25 Mill. R.M.
25 bis 50 Mill. R.M.
50 bis 100 Mill. R.M.
100 bis 200 Mill. R.M.
200 bis 400 Mill. R.M.
über 400 Mill. R.M. im Jahr
Ausfuhr
Einfuhr
In den Kreisen beziehen sich die Sektoren für Ausfuhr bzw. Einfuhr stets auf das betreffende Land.
Die Zahlen für 1913 beziehen sich auf das ganze damalige Gebiet des Deutschen Reichs.
Wert der Linien:
bis 5 Mill. R.M.
5 „ 10 „ „
10 „ 15 „ „ usw.
anstatt 10 Doppellinien = 100 Mill. R.M.
im Jahr
Werte unter 1 Mill. R.M. sind nicht aufgenommen.
Die Pfeile bezeichnen die überwiegende Transportrichtung. Die Fiederung bezeichnet die Gegenbewegung, und zwar bedeuten:
Gegenbewegung von 0 bis 5% der ganzen Menge
„ „ 5 „ 15% „ „ „
„ „ 15 „ 25% „ „ „
„ „ 25 „ 35% „ „ „
„ „ 35 „ 45% „ „ „
„ „ 45 „ 50% „ „ „
Die Angaben nach Ländern erfassen zusammen von dem
Gesamt-Einfuhrwert . . . . 98.9 v. Hundert
„ -Ausfuhrwert . . . . 90,9 „ „
vom gesamten Außenhandelswert 98,6 „ „
Einfuhr
Schweden
Dänemark
Russland
Danzig
Polen
Canada
Belgien
U.S.A.
Frankreich
Schweiz
Österreich
Ungarn
Jugoslawien
Rumänien
Bulgarien
Persien
Brasilien
Chile
Argentinien
Brit. Südafrika
Australien

V. Im Gefolge der Großen Sozialistischen Oktoberrevolution von 1917 unternehmen Lenin und Stalin auf der Basis von Karl-Marx ein gigantisches utopisch-holistisches Experiment, das zum ökonomisch determinierten Zusammenbruch 1990/91 führte

Die Hinterlassenschaft des alten Zarenstaates. Die politischen geistigen und sozialökonomischen Grundlagen des Bolschewismus werden nur verständlich, wenn man zur Erklärung tiefer in die Dekaden vor der Großen Sozialistischen Oktoberrevolution 1917 eindringt.

Voraussetzung für den Übergang zur Industrialisierung war, daß der Bauer aus den Fesseln des Feudalismus herausgelöst wurde. Mit der „Bauernbefreiung“[1] in den deutschen Ländern wurde der Bauer freier Unternehmer und richtete seinen Anbau von Nahrungsmitteln gewinnorientiert an der Nachfrage der Konsumenten aus. Die Produktionssteigerung in der Landwirtschaft und die beginnende Industrialisierung führten zum Ende von Massenarmut und Hungerkrisen um 1850 in Europa. Wilhelm Abel erinnert an Robert Malthus (1766-1834) und David Ricardo (1772-1823). „Sie prophezeiten ihrem Zeitalter, und das war noch das vorindustrielle, ein düsteres Ende, wenn nicht der Bevölkerungszuwachs aufhöre oder das Kapital kräftig vermehrt werde. Sie meinten, daß die Preise der Agrarprodukte gegenüber den Preisen der gewerblichen Erzeugnisse steigen müßten, weil die Landwirtschaft unter anderen und schwierigeren Ertragsbedingungen als die Gewerbe arbeite. Das führe zu einem Anstieg der Grundrenten, während die Arbeitslöhne, die vom Ertrag der letzten Arbeitsstunde abhingen, nominal vielleicht noch steigen könnten, real dagegen, gemessen etwa in Getreidewerten, zu sinken tendierten. Tatsächlich entsprachen die Preise – und Lohnlinien bis in die Zeiten der englischen Klassiker hinein recht genau solchen Vorstellungen oder Theorien. Alsdann aber verschoben sich die Reihen untereinander und wechselten die Richtung. Ein Bruch (Entwicklungsbruch) zeichnet sich in dem Material ab, das dem Historiker zur Verfügung steht. Er scheidet zwei Zeitalter voneinander.

Das sei abschließend noch in einem Diagramm vorgeführt. Die Darstellung mag zwar bedenklich erscheinen, da sie nur auf wenigen Daten aufbaut, doch mag dies hingenommen werden, da nur Grundsätzliches noch einmal zu zeigen ist.

Im Zeitalter der noch dominierenden Landwirtschaft stiegen die Weizenpreise in England auf mehr als das Fünffache, die Löhne auf das Dreifache, die Eisenpreise um 4 v. H., in Deutschland die Roggenpreise auf knapp das Vierfache, die Löhne um 50 v. H. und die Eisenpreise um etwa 70 v. H. Setzt man die Endpreise der agrarischen Periode als Anfangspreise der industriellen, so kehren sich die Scheren um: Die Löhne eilten nunmehr allen anderen Preisen weit voraus.

Die Ursachen dieses Umbruchs der Preis- und Lohnlinien brauchen jetzt nur noch angedeutet zu werden: Im Zeitalter der Industrien verlor die Landwirtschaft die ihr von den Klassikern der Nationalökonomie zugewiesene Funktion eines

---

1 Lütge, Friedrich: Bauernbewegung, in: HdSW, 1. Bd., 1956, S. 658-664.

Lohnweisers und Preisregulators in der Volkswirtschaft. Die Gewerbe übernehmen die Führung. Sie lösten die Arbeitsentgelte aus der Fessel des ‚abnehmenden Bodenertragszuwachses' und ermöglichten die wachsende Produktivität der Arbeit, die dann auch – mit einigen Hilfen aus dem politischen Raum – den breiten Massen der Bevölkerung zugute kam". [2]

Preis- und Lohnentwicklung in England und Deutschland in der agrarischen und in der industriellen Epoche

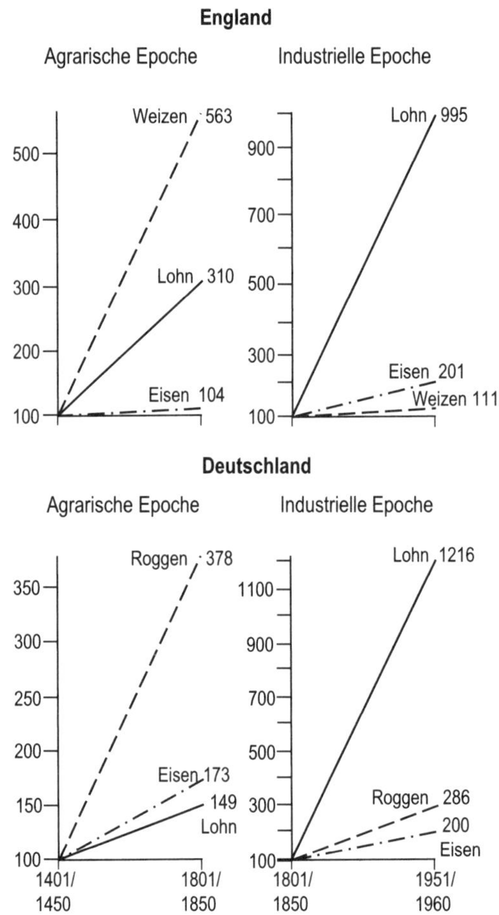

2 Abel Wilhelm: Massenarmut und Hungerkrisen im vorindustriellen Deutschland, Göttingen 1972; Ders.: Agrarkrisen und Agrarkonjunktur (A). Eine Geschichte der Land- und Ernährungswirtschaft Mitteleuropas seit dem hohen Mittelalter, Hamburg, Berlin, 3. Aufl., 1978.

Zunahme der Bevölkerung versus Handlungsspielraum: In 40 Gouvernements des europäischen Rußland vermag das bäuerliche Anteilland den bäuerlichen Nahrungsbedarf nicht zu decken (1897).

Massenarmut und Hungerkrisen herrschten in Rußland auch Jahrzehnte nach dem Emanzipationswerk (= Bauernbefreiung) von 1861. Diese Realität nahmen Lenin (1879-1924), Stalin (1879-1953) und die anderen bolschewistischen Berufsrevolutionäre wahr.

Die Lage des russischen Bauernstandes 1909: Die wirtschaftlichen Ergebnisse der Bauernbefreiung: Das Verhältnis der Landanteile zum Nahrungsbedarf der Bevölkerung wurde in dem unter A. J. Tschuproffs und A. S. Possnikoffs Redaktion vom Finanzministerium i. J. 1897 herausgegebenen Werk behandelt. Nach dieser Untersuchung sind es pro Kopf 19 Pud[3] Getreide, die die Ernährung der bäuerlichen Bevölkerung, und 7,5 Pud Getreide, die das Viehfutter erfordern. Und nun ergab die Untersuchung, daß in 40 Gouvernements des europäischen Rußland das bäuerliche Anteilland den bäuerlichen Nahrungsbedarf nicht zu decken vermag.

Dieses Defizit deckt zum Teil das von den Bauern gekaufte und gepachtete Land. Aber die Pacht ist für die bäuerliche Wirtschaft eigentlich nur für 9 Gouvernements im Gebiete der Schwarzerde von Bedeutung. Und wenn man auch das gekaufte und gepachtete Bauernland berücksichtigt, so stellt sich heraus, daß nur in 22 Gouvernements die bäuerliche Wirtschaft den eigenen Konsum zu decken imstande ist, in den übrigen 28 Gouvernements bleibt ein beträchtliches Defizit bestehen. Zieht man noch den bäuerlichen Bedarf an Viehfutter in Betracht, so weisen nur die Gouvernements Beßarabien, Jekaterinoslaw, Taurieu, Tambow, Orenburg und das Territorium des kosakischen Heeres kein Defizit auf".[4]

Die „Große Sozialistische Oktoberrevolution von 1917": Die Eroberung der politischen Macht durch die Bolschewiki und die Liquidierung (Vernichtung) der Bourgeoisie, d. h. der Großgrundbesitzer und der industriellen Unternehmer.

Die Bourgeoisie: „muß in der sozialistischen Revolution durch das werktätige Volk unter Führung der Arbeiterklasse und ihrer marxistisch-leninistischen Partei entmachtet und in der Übergangsperiode vom Kapitalismus zum Sozialismus als Klasse liquidiert werden. Die imperialistische oder *Monopol-B.* entstand mit dem Übergang des Kapitalismus in das Stadium des Imperialismus am Ende des 19. Jh. und zu Beginn des 20. Jahrhunderts".[5] Die Liquidierung geschah mit der „Großen Sozialistischen Oktoberrevolution von 1917" und in der SBZ / DDR nach der Kapitulation am 7./9. Mai 1945.

Nach Hans von Eckardt[6] sind die bedeutsamsten Resultate der „Großen Sozialistischen Oktoberrevolution von 1917": „Es ist gelungen, die Reste der agrarischen

---

3 Pud, Handelsgewicht in Rußland, = 40 russ. Pfd.; 10 P. = 1 Berkowitz; 1 Pud = 16,381 kg.

4 Simkhowitsch, Wladimir G.: Bauernbefreiung (Rußland), in: Handwörterbuch der Staatswissenshaften, 3. Aufl., 2. Bd., Jena 1909, S. 613 f.

5 Meyers Neues Lexikon, 2. Aufl., Bd. 2, Leipzig 1972, S. 497 f.

6 Der aus einer livländischen Literatenfamilie entstammende Soziologe Hans von Eckardt (*1890 Riga, †1957 Heidelberg) studierte in Moskau, Berlin und Heidelberg Volkswirtschaft

Feudalordnung zu beseitigen und es ist die liberalkapitalistische Bourgeoisie völlig vernichtet und aufgerieben worden.[7] Gesagt kann also nur werden, was gegenwärtig vernichtet und verschwunden ist.

Zerstört und ausgelöscht ist jedoch fraglos völlig und endgültig – da in Atome zerrieben, seines Lebens beraubt und ausgelöscht – die Feudalordnung des alten Zarenstaates, die seit Jahrhunderten auf dem Großgrundbesitz und seinen Beherrschern, den Gutsherrn, dem Adel, der Bureaukratie und dem komplizierten System des Zarismus basierte.

Deshalb wandte sich das Volk des Dorfes immer wieder gegen die Großgrundbesitzer, deshalb hörten die Agrarunruhen nie auf und wurden zum elementaren Ereignis, als die von der Intelligenz und den Semstwos im März 1917 eingeleitete rein politische Revolution die Autorität der Staatsbehörden vernichtete. Schon bevor der Bolschewismus in den Städten gesiegt hatte, stand das offene Land in Flammen, verjagte man die Herren und rottete den Barin aus. Hier tobte sich jahrhundertealter Volkshaß aus; die Ideen der Herrenfeinde Stenjka Rasin und Pugatschow wurden lebendig; alle die es mit dem Barin gehalten hatten, der Semstwobeamte, der Gendarm und der kompromittierte Pope – sie alle mußten daran glauben und wurden in unglaublich kurzer Zeit vertrieben oder ermordet. Der Bauer duldete keine Ausnahme; es war keine bloße Landwegnahme und Aufteilung, sondern ein sozialer Rachekrieg. So nüchtern und praktisch der russische Bauer sich auch sonst erwiesen haben mochte; jetzt gab es keine Überlegung, sondern nur noch den Vernichtungswillen, dem auch dasjenige zum Opfer fiel, was unzerstört in den Besitz des Bauern übergehend, ihm Nutzen gebracht hätte. Mit dem aufgeteilten Großgrundbesitz und der Vertreibung des Barin hörte diese Schicht zu existieren auf; nirgends blieben Spuren der alten Barstwo nach, – auch die Überlebenden wurden so weitgehend terrorisiert, daß sie ihre Haltung verloren und ihr Wesen, ihre Art, ihr geistiges Sein preisgaben.

In anderer Weise ging der Untergang der Bourgeoisie vor sich. Hier handelte es sich um einen systematisch von der neuen Sowjetregierung organisierten und wohldurchdachten politischen Kampf. Der Terror war nur ein Mittel desselben, – die blutigen Hetzjagden auf den Bourgeois, die Volksgerichte der außerordentli-

---

und Soziologie; 1919 wurde er zum Dr. phil. promoviert. 1920-25 war von Eckardt Referent für Osteuropa am Weltwirtschafts-Archiv in Hamburg und habilitierte sich dort 1925 für praktische und theoretische Nationalökonomie. Von 1927 bis zu seiner Entlassung aus politischen Gründen 1933 und wieder seit 1946 leitete von Eckardt das Institut für Zeitungswesen in Heidelberg. 1949 wurde er Mitglied des Deutschen Rats der Europäischen Bewegung. Von Eckardt veröffentlichte u. a. *Rußland. Eine Monographie* (1932), in: DBE. Bd. 3, München 2001, S. 7.

7 Simkhowitsch, Wladimir G. (Columbia University): Die Bauernbefreiung in Rußland, in: Handwörterbuch der Staatswissenschaften, 3. Aufl., 2. Bd., Jena 1909, S. 602-619. Ders.: Die Feldgemeinschaft in Rußland, Jena 1888. Ders.: Die sozial-ökonomischen Lehren der russischen Narodniki, in: Conrads Jahrbücher 1897. Ders.: The Russian peasant and autocrazy, in: Political Science Quarterly 1906. Ders.: The agrarian Movement in Russia, in: Yale Review 1907. Gutmann, Franz: Bauernbefreiung, in: Handwörterbuch der Staatswissenschaften, 4. Aufl., 2. Bd., Jena 1924, S. 389, 399 f.

chen Kommission zur Bekämpfung der Gegenrevolution (Tscheka) nur eine Nebenerscheinung. Die Bourgeoisie, die in den letzten Jahren vor dem Kriege zum stärksten Machtfaktor Rußlands geworden war, die die Kriegsführung durch ihre Organisationen außerordentlich gefördert, ja in wirtschaftlicher Hinsicht überhaupt erst möglich gemacht und schließlich die Revolution eingeleitet hatte, – die junge Bourgeoisie wurde entwurzelt, depossediert und vor allem materiell vernichtet, indem man ihr ihr Bollwerk, die Industrie, entriß und sie so kraft- und haltlos machte. Hier handelte es sich um einen großangelegten, planmäßigen Kampf des Bolschewismus, – nicht eigentlich um einen sozialen Klassenkampf im Sinne einer Ersetzung der einen Klasse durch eine andere, sondern um einen politischen Kampf um den Staat und seine Machtmittel.

Dieser Kampf war, von den aktiven Vertretern der proletarischen Idee aus gesehen, politisch notwendig, denn die Bourgeoisie hatte seit Kriegsbeginn mit Hilfe der Semstwos, der Industrie, Banken und des Handels, zusammengefaßt in spezielle Organisationen, den Staat beherrscht und durch Ausbruch der Revolution erobert. In den Tagen des Umsturzes (März-April 1917) war dies ganz evident; faktisch hat sich jedoch selbst unter der Herrschaft Kerenskis nicht viel an der Tatsache verändert, daß die russische Bourgeoisie – nur sie und nicht etwa die politisch links stehenden Parteien der Menschewisten und Sozialrevolutionäre, die nominell regierten – den Zarismus beerbt hatte. Um den Staat zu erobern, mußte daher die Bourgeoisie vernichtet werden, – hierzu aber war es in erster Linie erforderlich, ihr ihre wirtschaftliche Basis, d. h. die Industrie zu entreißen. [...]

Die Bourgeoisie freute sich über den Fall Kerenskis, den sie glühend haßte [...], ohne beizeiten begreifen zu können, daß die Sowjetregierung ein weit schlimmerer, unerbittlicherer Feind war. Mit dem Sturze der Regierung Kerenskis war daher auch die kurze Epoche der Beherrschung Rußlands durch das Bürgertum zu Ende.

Die Bourgeoisie Rußlands ging unter, weil sie den Staat nicht behaupten konnte, – der marxistische Kommunismus, weil er ihn eroberte. Beide strandeten an der allmächtigen Natur der Dinge, dem Wesen des Staates; beide behaupteten, um die Wirtschaft gekämpft zu haben und erlebten es, daß nicht diese, sondern die Politik Schicksale schafft. Mit ihrem Untergang besiegelte die Bourgeoisie somit ihrerseits das Schicksal des Kommunismus, der sich heute zum Staatskapitalismus umgewandelt hat und sich seinen Staat damit bewahren will.

Aus politischen Einstellungen, um politischer Ziele willen kam der Bolschewismus zur Macht, – um seines politischen Ideals willen ist er, cum grano salis, bei den aktiv fühlenden Massen populär geworden und mit politischen Mitteln wird er sich vermutlich noch lange halten.

Um es in knapper Formel nochmals zu sagen: primär galt es für den Kommunismus, den Staat und die Macht zu erobern (1917-21), dann zu erhalten. Zur Erhaltung des Staates wurde der Kapitalismus bedurft, der in der ersten Epoche der politische Feind, jetzt jedoch zur ökonomischen Voraussetzung der Staatsmacht geworden ist (NEP)“.[8]

---

8 Milukows, B. P. N.: Geschichte der zweiten russischen Revolution Bd. 1. Wien 1920, aus der die außerordentliche Machtstellung der russischen Bourgeoisie sehr deutlich wird. Eckhardt,

Der Machterhaltung und -absicherung diente die rote Terrororganisation Tscheka (dann GPU), deren erster Leiter Felix Dserschinski[9] war und dessen Nachfolger Genrich Jagoda[10], Nikolay Jeschow[11] und Lawrentij Pawlowitsch Berija waren.[12]

Der französische Historiker Nicolas Werth hat den Genozid, d. h. den Mord an nationalen, rassischen oder religiösen Gruppen beschrieben.

Zum Lager der Tscheka „zählen neben Dserschinski Parteigrößen wie Swerdlow, Stalin, Trotzki und natürlich Lenin, der ganz entschieden die Verteidigung einer Institution übernahm, die „wegen einiger Entgleisungen von einer bornierten Intelligenzija, die nicht in der Lage ist, das Problem des Terrors in einem größeren Zusammenhang zu betrachten, zu Unrecht angegriffen wird“. Am 19. Dezember 1918 verbot das Zentralkomitee auf Lenins Vorschlag der bolschewistischen Presse die Veröffentlichung von „verleumderischen Artikeln über die Institutionen, insbesondere über die Tscheka, die unter besonders schwierigen Bedingungen arbeitet“. Damit war die Debatte beendet. Der „bewaffnete Arm der Diktatur des Proletariats“ hat das Zeugnis seiner Unfehlbarkeit bekommen. „Ein guter Kommunist ist auch ein guter Tschekist“, sagte Lenin.[13] Die willkürliche Gewalt, Unterdrückung und Terror waren integraler Bestandteil des bolschewistischen Staates und richtete sich gegen das eigene Volk.

Hans von: Schicksal und Bedeutung der Industrie in der russischen Revolution 1917-1922, in: Archiv für Sozialwissenschaft und Sozialpolitik, 51, Bd., Tübingen 1924, S. 169 f., 171 f., 175, 179.

9 Werth, Nicolas: Ein Staat gegen sein Volk. Gewalt, Unterdrückung und Terror in der Sowjetunion, in: Courtois, Stéphane et al. (Hrsg.): Das Schwarzbuch des Kommunismus. Unterdrückung, Verbrechen und Terror, 5. Aufl., München 1998. Zu Dserschinski, Felix 29-30, 67-68, 70-72, 75-76, 78-79, 82-83, 86-91, 93, 98, 101, 106, 113, 118-119, 126, 131, 140, 143, 146-147, 151, 153-154, 158, 220, 315, 317, 330, 397, 400, 904.

10 Zu Jagoda, ebd., S. 30, 76, 153, 162, 169, 175, 181, 196, 212, 370, 819. Jagoda, Genrich (Herschel Jahuda) geb. 7. 11. 1891. Nischnij Nowgorod, † 15.3.1938 Moskau, wurde 1920 Mitglied des Präsidiums der Tscheka, 1924 stellvertretender Präsident der GPU., steigerte deren Terrorregime noch und ließ hunderttausende in den Zwangsarbeitslagern und bei den Kanalbauten umkommen. 1934 wurde er Volkskommissar des Inneren, Sept. 1936 kaltgestellt als Volkskommissar für Nachrichtenwesen; am 5.4.1937 wurde er abgesetzt, bei einem Schauprozeß zum Tode verurteilt und hingerichtet.

11 Zu Jeschow, ebd., S. 30, 203, 206-207, 209, 211-212, 221, 228, 328, 330.

12 Berija, Lawrentij Pawlowitsch (1899-1953) sowjetischer Politiker: 1938-1946 Volkskommissar für Staatssicherheit. 1946-1953 Stellvertretender bzw. Erster Stellvertretender Ministerpräsident, 1953 Innenminister, nach Stalins Tod erschossen.

13 Werth, S. 93.

Heldenverehrung im bolschewikischen Rußland:
Die höchsten Funktionäre tragen den Sarg des „Tscheka"-Chefs Dserschinski

„Die Todesurteile wurden durch einen Revolverschuß ins Hinterhaupt, meistens zur Nachtstunde, vollzogen, eine Form der Hinrichtung, die als besonders human galt. Die Leichen der Opfer wurden den Angehörigen nicht ausgeliefert, sondern heimlich verscharrt.

‚Äpfelchen, Äpfelchen, wohin rollst du denn?
Rollst du in die ‚Tscheka'?
Dann kommst du nie wieder!'

Dieses Volkslied, das unter ‚Äpfelchen' runde Menschenköpfe versteht, kennzeichnet das summarische Verfahren der ‚Tscheka' auf treffende Weise. Ein Heer von Abenteurern und Denunzianten sorgte dafür, daß die ‚Äpfelchen' nicht wiederkehrten, denn der Angeber erhielt eine Prämie für jedes seiner Opfer".[14]

„Ein Polizeistaat ist ein Staat mit einer mächtigen politischen Geheimpolizei. Sie jagt nicht Räuber und Mörder, sondern Andersdenkende. Solche Polizisten gibt es in der Sowjetunion tatsächlich viele, und sie sind sorgfältig ausgebildet und ausgerüstet.

Die Namen wechselten Tscheka (ČK) – Außerordentliche Kommission zur Bekämpfung der Konterrevolution und der Sabotage; GPU – Politische Hauptverwaltung; NKWD – Volkskommissariat für innere Angelegenheiten; NKGB – Volkskommissariat für Staatssicherheit; MGB – Ministerium für Staatssicherheit; MWD – Ministerium für innere Angelegenheiten; und schließlich KGB – Komitee für Staatssicherheit. Das ist die Reihe der Namen ein- und derselben geheimpolizeilichen Behörde, die bereits einen Monat nach dem Oktoberumsturz im Dezember 1917 gegründet werden mußte. Alle diese periodisch wechselnden Bezeichnungen vereinfachend, sprechen die Sowjetbürger von den ‚Organen'.

Die Nomenklatura kann sich nicht genug tun in der Propaganda der Menschlichkeit und Großherzigkeit der ‚Organe'. Ihr erster Chef, Felix Dzerzinski, wurde zum ‚furchtlosen Ritter der Revolution' erklärt, seine Statuen stehen vor den Gebäuden des KGB (unter anderem auch in Moskau), die Büros dieser Gebäude sind mit seinen Porträts geschmückt.

Wie funktionierten die von diesem ‚Ritter' angeführten ‚Organe', damals Tscheka genannt? Professor P. Miljukow liefert uns folgende leidenschaftslose Aufzählung: 'Jede Abteilung der Tscheka in der Provinz hatte ihre eigenen, von ihr bevorzugten Foltermethoden. In Charkov wurden die Leute skalpiert und von den Handknochen 'Handschuhe' abgezogen. In Voronez setzte man die Gefolterten nackt in Fässer, die innen mit Nägeln ausgeschlagen waren und brachte die Fässer ins Rollen; man brannte den Opfern einen fünfzackigen Stern in die Stirn, und den Priestern setzte man einen Kranz aus Stacheldraht auf. In Caricyn und Kamyšin sägte man die Knochen mit einer Säge. In Poltava und Krementčug setzte man die Opfer auf einen Pfahl. In Ekaterinoslav kreuzigte und steinigte man sie. In Odessa briet man die Offiziere im Ofen oder zerriß sie in Stücke. In Kiew legte man sie in einen Sarg mit einem sich bereits zersetzenden Leichnam, begrub sie lebendig und grub sie nach einer halben Stunde wieder aus'."[15]

Die düstere Bilanz einer Utopie: Nicht erst mit dem Stalinismus begann der Terror des kommunistischen Regimes in der Sowjetunion – schon im Herbst 1918 fielen zwischen 10.000 und 15.000 Menschen der Gewaltherrschaft unter Lenin zum Opfer. Der französische Historiker Nicolas Werth hat einen Abriß über Terror und Repression in der Sowjetunion von der Oktoberrevolution bis zum Ende des Stalinismus geschrieben, der unseren Blick auf die Geschichte des 20. Jahrhunderts

14 Fülöp Miller, René: Geist und Gericht des Bolschewismus. Darstellung und Kritik des kulturellen Lebens in Sowjet-Rußland, Zürich, Leipzig, Wien 1926, S. 431 f.

15 Voslensky, Michael S.: Nomenklatura. Die herrschende Klasse der Sowjetunion, 3. Aufl., Berlin 1985, S. 426 f.

grundlegend verändert hat. Seit der Gründung der Tscheka, der politischen Polizei der Bolschewiki, im Dezember 1917 stellte der Terror eines von Lenins wichtigsten Herrschaftsmitteln dar. Die Tscheka ermordete im Herbst 1918 innerhalb weniger Monate weitaus mehr Menschen, als in der Zarenzeit von 1825 bis 1917 aus politischen Gründen hingerichtet worden waren.[16]

Lenin, Wladimir Iljitsch (Uljanow). 22.4.1870 Simbirsk – 21.1.1924 Gorki bei Moskau

„Lenin“ (Französische Karikatur, 1919). Fülöp-Miller, 1928, S. 439.

„Lenin war nicht nur eine stark ausgeprägte Individualität, ein trefflicher Menschenkenner und Erzieher – er war auch Autorität. Es ist erstaunlich, daß so selbstständige Charaktere wie z. B. Trotzki sich ihm willig beugten. Wie sehr er geradezu autokratisch herrschte – in der Partei und im Staat – vermögen wir erst jetzt, nach seinem Tode, zu erkennen, wo sich Gruppen und Richtungen bilden, die einst unter Lenins starker Hand zusammengehalten wurden. Und dabei hatte er in seinem Äußeren nichts Faszinierendes, wie andere Typen historischer Größe. Sein Gesicht war das eines Durchschnittsrussen, seine Rednergabe ohne jedes Pathos, sein Stil

16 Werth, Nicolas: Ein Staat gegen sein Volk. Gewalt, Unterdrückung und Terror in der Sowjetunion, in: Courtois, Stéphane et al. (Hrsg.): Das Schwarzbuch des Kommunismus. Unterdrückung, Verbrechen und Terror, München, Zürich, 5. Aufl., 1998, S. 51-295.

alltäglich und ohne Schwung. In allen Äußerungen Lenins herrschte lediglich die nüchterne und klar bewußte praktische Erwägung" (Fülöp-Miller). Dieser Sinn für das Praktische, gepaart mit unerbittlicher Energie und fanatischer Zielsicherheit zeichnet sein Handeln aus. Ein einmal gefaßter Entschluß blieb unumstößlich. Kompromißlertum, Milde seinen Feinden gegenüber waren ihm ein unfaßbarer Gedanke. „Ich kenne politischen Gegnern gegenüber" – bemerkt er auf dem Londoner Kongreß 1907 – „nur eine Form der Versöhnung: Ecraser – zerschmettern!" Es ist ihm dies, besonders im Terror der ersten Revolutionsjahre, nicht immer leicht geworden. M. Gorkij gegenüber äußert er einmal in dieser Zeit: „Sehr oft kann ich Musik nicht hören, sie geht zu sehr an die Nerven. Man möchte lieber dumme Sachen reden und die Köpfe der Menschen streicheln [...] und heutzutage darf man keinem das Köpfchen streicheln. [...] Man muß hart und grausam auf diese Köpfe dreinschlagen". Oder: „Die Umstände haben uns gezwungen, grausam zu sein, aber spätere Zeiten werden uns rechtfertigen; dann wird man alles, alles begreifen. [...]"

Was Lenin als Politiker (im weitesten Sinne) geleistet hat, entzieht sich einer wissenschaftlichen Würdigung insofern, als jede Beurteilung abhängt von der Stellungnahme zu den letzten Zielen, die er erstrebt und für die er gekämpft hat. Für die einen ist er der Inbegriff einer neuen Epoche der Menschheitsgeschichte, für die anderen der große Zerstörer einer Gesellschaftsordnung und Kultur, die in jahrtausendelangem Bestehen ihre Lebensfähigkeit bewiesen haben. Aber auch diejenigen, die seine Zielsetzung auf das schärfste ablehnen, müssen zugeben, daß er von heiligem Streben beseelt war, daß ihm persönlicher Eigennutz fremd und nur die Idee Leitstern gewesen ist".[17]

Fülöp-Miller hat Geist und Gesicht des Bolschewismus charakterisiert: „Hat man aber einmal derart das wahre Wesen des Bolschewismus erfaßt, dann wird es offenbar, daß es nicht so sehr die Einziehung des Privateigentums, des Grundbesitzes und der Produktionsmittel ist, nicht die radikalen wirtschaftlichen, politischen und finanztechnischen Maßregeln des Bolschewismus es sind, die den Europäer wirklich berühren und interessieren müssen. Denn selbst die gewagtesten Eingriffe in die privaten wirtschaftlichen und politischen Sphären des russischen Untertanen mögen immerhin eine interne Angelegenheit russischer Staatsführung bedeuten; was aber die ganze gesittete Welt im höchsten Maße angeht, ist jener ‚Barbarenjesuitismus', der sich anmaßt, eine Heilslehre für die gesamte Menschheit zu sein, während er in Wirklichkeit deren Fundamente gefährdet. Der Bolschewismus zielt auf mehr als auf die Konfiskation des Privateigentums: er will die Menschenwürde überhaupt konfiszieren, um alle freien Vernunftwesen schließlich in eine Horde willenloser Sklaven zu verwandeln. Welche maßlose Mißachtung des Menschen liegt doch darin, in dieser allgemeinen Unterdrückung den einzigen Weg zum Heile sehen zu wollen! Es ist die selbe Sprache, mit der Dostojewskis nihilistischer Sozialist Schigaleff in dem Roman ‚Die Dämonen' und später, in einer vergeistigten

---

17 Seraphim, H. J.: Lenin, in: Handwörterbuch der Staatswissenschaften, 4. Auf., Ergänzungsband, Jena 1929, S. 684.

Steigerung, in den ‚Brüdern Karamasoff‘, der jesuitische ‚Großinquisitor‘ für die Beglückung der Welt durch die organisierte Tyrannis eintritt“.[18]

Die Konfiskation des Privateigentums (1918) und das Entstehen der privilegierten Bürokratie, der späteren privilegierten Nomenklatura. Alexander Axelrod, der Sohn des Gründers der russischen Sozialdemokratie, war von 1909 bis 1919 Fabrikleiter in Rußland. Er schildert als Augenzeuge die Konfiskation der russischen Industrie (Sommer 1918) und das Entstehen der privilegierten Bürokratie, der späteren privilegierten Nomenklatura. „Wir können leider nur zeigen, wie in Sowjetrußland in Folge Fehlens aller objektiven und subjektiven Vorbedingungen für die Vergesellschaftung die bolschewistischen Nationalisierungsexperimente in der Wirklichkeit nur zur Zerstörung der Wirtschaft führten, zum unermeßlichen Unheil der arbeitenden Massen zugunsten einer privilegierten Beamtenschicht.

Die Masse der ungeschulten russischen Arbeiter, deren zügellosen Instinkten aber unmittelbar nach der Novemberrevolution durch Wegräumung jeglicher Schranken völlig freier Lauf gelassen worden war, verstanden unter Nationalisierung nichts anderes als den Übergang der Fabriken in die unbeschränkte Verfügung und Nutznießung der jeweils in den Fabriken befindlichen Arbeiter. In den ersten Monaten nach dem Novemberumsturz wurde dies auch in zahlreichen Fabriken in die Tat umgesetzt. Gleichzeitig versuchten auch einzelne Sowjets ganz nach Willkür Nationalisierungen vorzunehmen. Dies führte natürlich zu Anarchie und Desorganisation der Industrie.

Die Sowjetmacht versuchte nun im Interesse ihrer eigenen Existenz, der Masse der ungeschulten russischen Arbeiter Herr zu werden und sie ihrem Willen zu unterwerfen. Diese Aufgabe mußte naturgemäß der Sowjetbureaukratie zufallen. Während nun der winzig kleine ideologische Bruchteil der gesamten Sowjetbureaukratie bei der Durchführung dieser Aufgabe von höheren, den allgemeinen Interessen dienenden Gesichtspunkten geleitet wurde, war es ganz anders bei der ungeheuren Mehrzahl jener minderwertigen Elemente, die tatsächlich die ungeheure Majorität in der Sowjetbureaukratie ausmachten. Für diese gab es keine allgemeinen Interessen; sie waren entweder blinde und dabei entsprechend ihrem tiefen Kulturniveau naturgemäß brutale Werkzeuge für die Ausführung erhaltener Befehle, oder sie suchten die Ausübung ihrer amtlichen Funktionen für ihre unmittelbaren persönlichen Interessen auszuschlachten, wobei sie zu allen möglichen Mitteln, wie Erpressung, Bestechung, Brutalität, Terror usw. griffen.

Das Hauptkontingent dieser wilden und selbstsüchtigen Sowjetbureaukratie, die auf rein anarchistischem Wege zu den offiziellen und halboffiziellen Stellungen gekommen war, die aus der Tiefe und oft aus der Verkommenheit zu relativ und oft auch absolut ungeahnter Machtfülle emporgekommen und nun privilegierte Positionen gegenüber der übrigen Bevölkerung einnahm, war natürlich nur von dem einzigen Bestreben und Willen durchdrungen – koste es, was es wolle – die einmal errungenen Privilegien zu behaupten und nicht aus der Hand zu lassen. Da diese

---

18 Fülöp-Miller, René: Geist und Gesicht des Bolschewismus. Darstellung und Kritik des kulturellen Lebens in Sowjet-Rußland, 2. Aufl., Zürich, Leipzig, Wien 1928, S. 447 f.

Mitglieder der Bureaukratie zu ihren privilegierten Stellungen nur dank der Sowjetmacht gekommen waren, die als ihr unmittelbares Ziel die Verwirklichung des Sozialismus proklamiert hatte, war es ganz naturgemäß, daß diese Bureaukratie sich aufs tiefste sowohl an der Existenz der Sowjetmacht als auch an der Durchführung der bolschewistischen Pläne interessiert fühlte, die ihr bis dahin schon so angenehme und vorteilhafte Betätigung verschafft hatte.[19]

Für die Sowjetbureaukratie wurde somit, von ihrer Entstehung an, die Verwirklichung der bolschewistischen Experimente ein Mittel zur Befriedigung ihrer eigennützigen Interessen, Sicherstellung und Erweiterung ihrer rasch errungenen Privilegien.

Die Fabrikbürokratie hatte als treibendes Motiv für ihre Handlungen immer nur ihre persönlichen Vorteile im Vordergrund stehen, so war es auch ganz selbstverständlich, daß diese Bureaukratie in erster Linie sich mit solchen sichern Leuten umgab, die sich ganz von ihr abhängig fühlten und nur durch ihre Unterstützung die neuen hervorragenden Stellungen weiter innehaben konnten. Darum spielte hierbei auch die Frage, ob die Betreffenden für ihre Stellung geeignet sind oder nicht, vorerst eine ganz untergeordnete Rolle.

Es unterliegt keinem Zweifel, daß die Berichte zugunsten der Nationalisierung ausfallen. Der örtliche Volkswirtschaftsrat beschließt daher die Nationalisierung und stellt an den höchsten Volkswirtschaftsrat in Moskau den Antrag, die Nationalisierung zu bestätigen. Ohne aber eine Bestätigung von Moskau abzuwarten, beginnt der lokale Rat seine Tätigkeit, die gewöhnlich darin besteht, daß die alte Administration weggejagt oder in Verhältnisse gestellt wird, die ihr ein weiteres Arbeiten direkt unmöglich macht; die Initiatoren der Nationalisierung rücken zu Verwaltungsräten der nationalisierten Fabrik auf, erhalten unabhängige Stellungen und

---

19 Smith, John Maynard / Szathmáry, Eörs: Evolution. Prozesse, Mechanismen, Modelle, Heidelberg 1996, S. 279-282.

Marx und Engels argumentierten aber, wenn das Land und die Produktionsmittel im Besitz der Allgemeinheit wären, würde es sich für den Einzelnen lohnen, sich in sozial wünschenswerter Weise zu verhalten. Der Haken war, daß sie den Trittbrettfahrer nicht berücksichtigten oder nicht voraussahen, daß der Staatsapparat, der ihn hätte disziplinieren sollen, sich zu einer neuen Gesellschaftsklasse entwickeln würde, die in ihrem eigenen Interesse regierte. Douglass C. North beschreibt den Trittbrettfahrer (= Schwarzfahrer): „Sehen wir uns das Schwarzfahrerproblem genau an. Mancur Olson erweiterte das neoklassische Paradigma, um die Formen von Gruppenverhalten, die in einer neoklassischen Welt vorkommen, berücksichtigen zu können. Er stellte fest, daß es kleine Gruppen gebe, in denen die individuellen Nutzen eines Gruppenhandelns dessen Kosten überstiegen oder in denen einzelne zum Handeln gezwungen werden könnten, und daß es große Gruppen gebe (z. B. Ärztevereinigungen und Gewerkschaften, deren Mitglieder individuelle Vorteile erlangen könnten, die Nichtmitgliedern unerreichbar seien. Er zeigte auch, daß große Gruppen, die zum Zwecke der Herbeiführung von Veränderungen organisiert würden, ihren Mitgliedern aber nicht auch irgendwelche exklusiven Vorteile bieten könnten, eher unstabil seien und verschwänden. Im wesentlichen besagt seine Theorie: Rationale Einzelpersonen werden die Kosten der Teilnahme an der Aktion einer großen Gruppe nicht zu tragen bereit sein, wenn sie die individuellen Vorteile ebenso gut als Schwarzfahrer nützen können". Olson, Mancur: Die Logik des kollektiven Handelns, Tübingen 1986. North, Douglass, C.: Theorie des institutionellen Wandels, Tübingen 1988, S. 10 f.

Vergünstigungen aller Art. Bevor Moskau noch zur Entscheidung kommt, ist die Fabrik schon von Grund auf desorganisiert und in der Regel der Betrieb schon eingestellt.

Zu diesen Sorgen im Kampfe für das tägliche Brot – im buchstäblichen Sinne des Wortes – kommt nun die *völlige Rechtlosigkeit der Bevölkerung gegenüber der Willkür der Bureaukratie und der politischen Polizei*, es kommen hinzu die wahnwitzigen Einschränkungen, Hindernisse, Hemmnisse und Bedrückungen aller Art von Seiten der Sowjetbureaukratie, die die Bevölkerung aller Art auf Schritt und Tritt in Ketten schmieden. Viele solcher Einschränkungen haben auch andernorts durch den Krieg (1914/18) Eingang gefunden. Aber in Sowjetrußland gelten diese Maßnahmen unter sozialistischer Flagge als sozialistische Reformen, die den Übergang zu dem sozialistischen Staate einleiten sollen. Sie werden durch die Sowjetbureaukratie mit aller Energie durchgeführt, wobei wiederum infolge des Mangels an Organisation, des tiefen Kulturzustandes, der Rohheit und Unfähigkeit jener Bureaukratie die Qualen der Bevölkerung unnützerweise verhundertfacht wurden.

Die Kräfte des Bolschewismus. Die Frage, wie ist es möglich, daß die bolschewistische Regierung im größten Gegensatz zu den Massen stehend, sich dauernd gegen alle Angriffe halten kann, drängt sich natürlich jedermann von selbst auf. Wir wollen versuchen, diese Frage, soweit es uns möglich ist, zu beantworten.

Solche streberhaften Typen gab es in genügender Zahl. Es waren in der Regel Typen solcher charakterloser Art, die die Gelegenheit nicht vorübergehen lassen wollten, obenauf zu kommen. Volkskommissar Lunatscharski gab dies schon im November 1917 in seinem Bericht an den Zentralausschuß offen zu; er sagte: ‚man beobachtet allgemein, daß zu uns viel leichter die ideenlosen Beamten gehen; alle ideologischen Arbeiter dagegen beharren hartnäckig auf dem Standpunkt, daß unsere Regierungsgewalt eine usurpierte sei'.

Dieses eigentümliche Konglomerat aus den verschiedenartigsten Elementen bildete den Kern des neuen bolschewistischen Beamtentums, aus welchem sich mit fabelhafter Geschwindigkeit die eigentliche Sowjetbureaukratie aufbaute.

In der Zeit, als von Seiten der Bolschewiki der Zügellosigkeit der Massen freier Lauf gegeben und damit ein wahres Chaos hervorgerufen wurde, hatten auch alle jene oben charakterisierten, unkulturellen, abenteuerlichen, streberhaften, heruntergekommenen, rücksichtslosen und gewalttätigen Existenzen genügend Gelegenheit, sich überall hervorzudrängen und sich zur Geltung zu bringen. Sie übernahmen jene Stellungen in den staatlichen, kommunalen und privaten Organisationen, Betrieben und Behörden, aus denen die früheren Angestellten mit Hilfe der Rotgardisten und Soldaten als ‚konterrevolutionär' herausgeschmissen wurden. Sie drängten sich in die Betriebsräte, Fabrikkomitees, Arbeiter- und Angestelltenausschüsse usw., aus welchen die nach den denkbar demokratischsten Prinzipien gewählten Vertreter vertrieben wurden. Indem sie diese Posten übernahmen, wurden sie damit alle zu Vertretern der Sowjetmacht.

Dadurch wurde ganz unauffällig unter dem Schutze der Sowjetgewalt aus der Masse heraus und mit ihrer lebhaften Unterstützung eine neue Beamtenschicht geschaffen, die der Masse gegenüber scheinbar die Aufgabe auf sich nahm, für die

Verwirklichung der seinerzeit von den Bolschewiki gegebenen Versprechungen zu sorgen".[20]

Versagen der Lenkung: Beträchtliche Disproportionen zwischen den Abteilungen I (Schwerindustrie) und Abteilung II (Leichtindustrie). I. B. Berchin hatte beim 1. und 2. Fünfjahrplan „beträchtliche Disproportionen" festgestellt. „Von diesen Proportionen ist an erster Stelle das richtige Verhältnis zwischen der Produktion von Produktionsmitteln und der Produktion von Konsumtionsmitteln zu nennen. [...] In Übereinstimmung mit den Erfordernissen des ökonomischen Grundgesetzes des Sozialismus ist das *Gesetz der planmäßigen, proportionalen Entwicklung der Volkswirtschaft der Regulator*[21] der Produktion in der sozialistischen Wirtschaft".[22]

Das Gesetz der „planmäßigen, proportionalen Entwicklung der Volkswirtschaft" war ein Phantasieprodukt von Stalin.[23] Wenn es existiert hätte, hätte es nicht zu Disproportionen kommen können. *Der Regulator* der politisch natural gesteuerten sozialistischen Zentralplanwirtschaft waren die Direktiven. In der sozialistischen Zentralplanwirtschaft standen sich die Abteilungen I und II ohne Verzahnung zusammenhangslos gegenüber, was zur starken Deformierung der realsozialistischen Wirtschaft führte. Die Disproportionen determinierten mit den Zusammenbruch 1990/91.

„Der III. Sowjetkongreß der UdSSR im Mai 1925 billigte nach dem Referat M.W. Frunses ‚Über die Rote Armee' uneingeschränkt die durchgeführte Militärreform und beauftragte die Regierung, alle Maßnahmen zur weiteren Stärkung der Verteidigungskraft des Landes zu ergreifen. Der Kongreß stellte die Aufgabe, die Rüstungsindustrie zu erweitern und die gesamte staatliche Industrie im Hinblick auf die Erfordernisse von Kriegszeiten aufzubauen.

Die Jahresdurchschnittlichen Steigerungsraten beim 1. und 2. Fünfjahresplan bei der Schwerindustrie (Abteilung I) und der Leichtindustrie (Abteilung II) zeigen die überragende Stellung der Schwerindustrie (= Rüstungsindustrie)".

	1. Fünfjahrplan	2. Fünfjahrplan
Schwerindustrie	28,59 %	19,00 %
Leichtindustrie	11,70 %	14,80 %

---

20 Axelrod, Alexander: Das wirtschaftliche Ergebnis des Bolschewismus in Rußland, 2. Aufl., Olten 1920, S. 48-61, 64, 73, 91.

21 Ein Regulator ist ein Regler, Ordner, eine steuernde, ausgleichende regulierende Kraft, ein sich selbst regulierender Markt, ein Preismechanismus. Der Preismechanismus steuert eine dezentrale Marktwirtschaft, indem er die millionenfachen Entscheidungen der Verbraucher laufend anzeigt und weitergibt, so daß in einem simultan-sukzessiven Prozeß die 3 Grundfragen jeder Wirtschaftsordnung beantwortet werden: Was, wie und für wen produziert wird. Der Preismechanismus in einer Marktwirtschaft sorgt dafür, daß aufgrund der Interdependenz der Preise, die Preise zwischen Produktionsmitteln und Konsumtionsmitteln sich immer wieder neu austarieren.

22 Akademie der Wissenschaften der UdSSR. Institut für Ökonomie. Lehrbuch, Berlin (-Ost) 1955, S. 474.

23 Ebd., S. 474-486.

Zwischen den Abteilungen I und II waren beträchtliche Disproportionen entstanden. „In den Jahren des zweiten Fünfjahrplans (1933-1937) entwickelte sich die Verteidigungsindustrie in schnellem Tempo".[24] Ihre Produktion hatte sich auf das 2,8-fache und die Produktion der Flugzeugindustrie auf das 5,5-fache vergrößert. Dank den Erfolgen in der Entwickelung der Verteidigungsindustrie und der Schwerindustrie insgesamt wurde die Aufgabe, die Rote Armee technisch neu auszurüsten im wesentlichen gelöst. Mit dem dritten Fünfjahrplan (1938-1942) begann in der Sowjetunion eine Entwicklungsperiode: die Periode des siegreichen Sozialismus und des allmählichen Hinüberwachsens des Sozialismus in den Kommunismus.

Der prozentuale Anteil der Kapitalgüterproduktion am Nationalprodukt stieg von 1928 bis 1937 von 39,4 % auf 57,8 %, während der Anteil der Konsumgüterproduktion entsprechend von 60,6 % auf 42,2 % sank.[25]

Gemäß dem vierten Fünfjahrplan wächst in der Sowjetunion die Produktion der Produktionsmittel im Zeitabschnitt 1913-1950 um das 24,5-fache, die Produktion von persönlichen Gebrauchsgütern aber nur um das 6,8-fache, d. h. fast viermal langsamer.[26]

Fazit: „Die Fünfjahrpläne riefen in der Struktur der sowjetrussischen Volkswirtschaft drei schädliche Disproportionen hervor:

1. das ungenügende Wachstum der Produktivität der Landwirtschaft;
2. eine ganz unbedeutende Erweiterung des Eisenbahnnetzes, und
3. ein schwaches Wachstum der Industrie, die persönliche Gebrauchsgüter herstellt".[27]

Zu den wohl besten Kennern der russischen Geschichte zählt S. N. Prokopovicz. „Zum erstenmal wird in seiner Studie die Entwicklung, die Rußlands Volkswirtschaft unter dem Sowjetregime genommen hat, einer umfassenden Untersuchung unterzogen. Der Verfasser einer der bekanntesten russischen Nationalökonomen, ehemaliger Dekan der juristischen Fakultät an der Universität Moskau und Minister für Handel und Industrie in der Provisorischen Regierung 1917, hat in jahrelanger, auf eigenen Beobachtungen und einem reichhaltigen, zumeist aus Sowjet-Publikationen stammendem statistischen Material beruhender Arbeit eine ungemein klare und gerecht abwägende Darstellung der in Sowjetrußland wirkenden produktiven Kräfte geschaffen. Schritt für Schritt geht er dem Weg nach, den der russische Kommunismus auf allen Gebieten der russischen Wirtschaft gegangen ist, er schildert die grandiosen Versuche, die er in der Landwirtschaft und der Industrie, dem Handel und Geldwesen des Landes unternommen hat, und er deckt die Anpassung auf, die sich allmählich an die natürlichen Bedingungen des russischen Lebens

---

24 Lange, Oskar: Papers in economics and sociology, London, Varsovie 1970: S. 101 f.: Das Stalinsche Modell des Primats der Produktion von Produktionsgütern ist eine Kriegswirtschaft.

25 Berchin, I.B.: Geschichte der UdSSR 1917-1970, Berlin (-Ost) 1971, S. 13, 290, 292, 306, 337 f., 388, 393, 497, 504.

26 Ebd., S. 208.

27 Prokopovicz, S. N.: Rußlands Volkswirtschaft, S. 268 f.

vollzogen hat. Unter Verzicht auf politische Schlagworte und Verdrehungen oder Beschönigungen wird hier die russische Wirklichkeit mit ihren Enttäuschungen ebenso wie mit ihren Errungenschaften nachgezeichnet, werden die Tendenzen bloßgelegt, die im staatlichen Leben und in der Wirtschaft Rußlands in der Nachkriegszeit wirksam werden müssen. Für die Erkenntnis der russischen Zustände wird das Buch dem europäischen Publikum fortan unentbehrlich sein".[28]

Finanzierung der Fünfjahrpläne ab 1928: „Das Problem der Verstärkung der nationalen Kapitalbildung in einem armen Agrarland mit halbnaturaler Wirtschaftsstruktur wurde vom Sowjetregime mit Hilfe der *Zwangsverkürzung des Bedarfs der Bevölkerung, der Bauern ebenso wie der Arbeiter, gelöst.*

‚Die Entwicklung der Industrie erfordert auch eine große Kapitalinvestierung. Die Oktoberrevolution vernichtete die Klasse der Reichen und beraubte Sowjetrußland der vorrevolutionären Quellen für die Kapitalanhäufung. Das Fehlen von Kapitalien drohte die volkswirtschaftliche Entwicklung des Landes zum Stocken zu bringen, sie zu Stillstand und Armut zu verurteilen. Das Sowjetregime fand einen Ausweg aus dieser kritischen Lage, indem es die freiwillige private Kapitalanhäufung durch die staatliche *Zwangsanhäufung* ersetzte. Die Aufgabe wurde gelöst mit Hilfe einer sehr hohen Besteuerung der Bauern, der Senkung der Preise für Erzeugnisse ihrer Wirtschaft und der Erhöhung der Preise für die Produkte der Großindustrie. Auf Kosten der Bauern wurde die Norm der nationalen Kapitalanhäufung außerordentlich erhöht. Wenn vor dem Krieg, im Jahre 1913, die nationale Kapitalanhäufung unter dem kapitalistischen Wirtschaftssystem 10,2 Prozent des nationalen Einkommens betrug, so stieg sie bis 1932 unter dem Wirtschaftssystem der Sowjets nach einer Berechnung auf 24,2 Prozent, nach einer andern auf 26,9 Prozent des Volkseinkommens'.[29]

„Der Handel schlägt die Umsatzsteuer dem Detailpreis der Ware zu. Hier endlich kommt der echte Zahler dieser Steuer zum Vorschein: Es ist der Käufer. Da die Umsatzsteuer vor allem bei der Produktion von Konsumwaren eingehoben wird, ist der Käufer die Bevölkerung der Sowjetunion. Auf sie wälzt die Nomenklatura diese indirekte Steuer ab, die als ‚staatliche Einnahme aus der sozialistischen Wirtschaft' dargestellt wird.

Die Einnahmen aus der Umsatzsteuer werden natürlich geheimgehalten. Aber eine ungefähre Vorstellung von ihrer Größe kann man sich aus den Ziffern machen, die in den letzten Jahren der Chruščev-Ära, als die Wachsamkeit der Zensur ein wenig nachgelassen hatte, im Druck erschienen. Die Steuern – d. h. die Aufschläge – betrugen bei folgenden Waren 50-75 % des Abgabepreises: Benzin, Petroleum, Fahrräder (für Erwachsene), Autos, Fotoapparate, Schreibmaschinen, Füllfedern, Textilien, Zündhölzer, Zwirn u. a.; 33-66 % bei Nähmaschinen, Nähnadeln, Metallgeschirr, Aluminiumgeräten, Tapeten, Gummiwaren, Glühbirnen, Leitungsdraht.

---

28 Prokopovicz, S. N.: Rußlands Volkswirtschaft unter den Sowjets, Zürich, New 1944, Klappentext.

29 Prokopovicz, S. N.: Rußlands Volkswirtschaft unter den Sowjets, Zürich, New 1944, S. 269.

Schreibpapier, Zement; 50 % bei Mehl, 55 % bei Zucker, 70 % bei Lederschuhen, bis zu 77 % bei Kunstseide. Wie wir sehen, sind diese Aufschläge nicht klein".[30]

Der sowjetische Staat bezog neun Zehntel aller Einkünfte aus der Umsatzsteuer von den persönlichen Gebrauchsartikeln. Die sowjetische Umsatzsteuer wurde in der SBZ / DDR umetikettiert und erhielt den Namen „Akzise".

Der Fiskus bezog mehr als neun Zehntel aller Einkünfte aus der Umsatzsteuer von den persönlichen Gebrauchsartikeln.

	Bruttoumsatz des Detailhandels	Umsatzsteuer	Nettoumsatz des Detailhandels	Höhe des Steuersatzes
	Milliarden Rubel			Prozent
1928	15,5	2,4	13,2	17,9
1932	40,4	19,5	20,8	93,6
1935	81,7	52,0	29,7	175,3
1940	174,5	105,8	68,7	154,2
1941 (Plan)	197,0	124,8	72,3	172,6
1942	–	105,9	–	–
1943	–	71,1	–	–
1944	–	81,4	–	–
1945	–	123,1	–	–
1946	–	190,9	–	–
1947 (Plan)	325,0	254,7	70,3	362,3
1950 (Plan)	275,0	187,1	87,9	212,9

Die Produktion von persönlichen Gebrauchsgütern ist von der Sowjetindustrie stets stiefmütterlich behandelt worden. Überall arbeitet dieser Industriezweig hauptsächlich für lokale Märkte; eine große Rolle spielen in ihm das Handwerk und kleinere Unternehmungen, deren Arbeiterzahl 16 nicht übersteigt. Die totale Konfiskation der gesamten Industrie in den ersten Jahren nach der Oktoberrevolution von 1917 hat die ganze Verwaltung der Industrie in den Händen des Obersten Volkswirtschaftsrates und der Staatlichen Plankommission zentralisiert. Das Handwerk und die Kleinindustrie wurden nicht nur vergessen, sie wurden vernichtet. Mit ihnen zusammen wurde auch die Initiative, die Unternehmungslust, die Fähigkeit, Waren zu produzieren, die dem Geschmack des Verbrauchers entsprechen, gleichfalls zunichte gemacht. Infolgedessen stellte es sich heraus, daß die Bevölkerung, deren persönliche Bedürfnisse bloß im geringsten Grade durch die Großindustrie befriedigt werden konnten, um die allernotwendigsten Gegenstände des persönlichen Gebrauchs und des täglichen Lebens gebracht wurde. Vor dem Kriege klagte die Sowjetpresse, daß es in den Kolchosen an Wagen, Schlitten, Kummet, Pferdegeschirr, selbst an Krummholz und Zugleinen fehle: es waren keine Schmieden zum

30 Voslensky, Michael S.: Nomenklatura. Die herrschende Klasse der Sowjetunion, 3. Aufl., Berlin 1985, S. 302.

Beschlagen von Pferden, zum Schärfen der Äxte, zur Reparatur von Pflügen vorhanden; es fehlte sogar an Mühlen zur Vermahlung des Getreides. In der Nähe von Moskau konnte man keine Graupenmühlen zum Schroten von Buchweizen und Hirse finden. Im Gebiet von Archangelsk begannen die Bauern, aus Mangel an Wassermühlen, die so baufällig geworden waren, daß sie auseinanderfielen, das Korn zwischen handbetriebenen Mühlsteinen zu zermahlen. Laut dem kompetenten Zeugnis von A. Andrejew, gibt es gegenwärtig in der lokalen Industrie Sowjetrußlands keine Produktion von Pferdeinventar, d. h. von Fuhrwerken, Rädern, Kummet, Hufeisen, Nägeln usw.; infolgedessen fehlt es den nach dem Kriege (1914/18) außerordentlich zusammengeschmolzenen Arbeitsviehbeständen, die an und für sich für die nötigen Arbeiten gar nicht ausreichen, an unentbehrlichstem Geschirr, und so können nicht einmal die vorhandenen ungenügenden Bestände richtig ausgenutzt werden. Wie kann überhaupt die Staatliche Plankommission die Befriedigung der Bedürfnisse aller Nationalitäten planen, die Rußland vom Nördlichen Eismeer bis zum Schwarzen Meer und dem Iran, von Petersburg bis Wladiwostok und Kamtschatka bewohnen, ohne die örtliche Initiative zu paralysieren und jegliche Aktivität der ortsansässigen Einwohnerschaft auf der Suche nach lokalen Rohstoffen und auf dem Wege der Organisierung einer ihrer Lebensweise entsprechenden lokalen Produktion – durch die von oben ausgegebenen Befehle lahmzulegen? Darum auch führte die totalitäre Planung dazu, daß die gewöhnlichsten Bedarfsartikel des häuslichen Lebens, die im vorrevolutionären Rußland zur Zeit der freien auf den Markt angewiesenen Wirtschaft erfolgreich hergestellt wurden, sich in Sowjetrußland zu unlösbaren Problemen verwandelten: das Axtproblem, das Fuhrwerkproblem usw.

Auf diese Lage der die elementarsten Industriewaren entbehrenden Bevölkerung wurde die Sowjetmacht erst nach Beginn der Reihe der europäischen Kriege 1939-1945 aufmerksam. Der Erlaß über die Reform der Produktion von Massenbedarfsartikeln aus örtlichen Rohstoffen wurde am 7. Januar 1941, nur einige Monate vor Beginn des Krieges mit Deutschland, veröffentlicht: deshalb blieb das Wachstum der Produktion von Massengebrauchsgütern auf dem Papier. Die Motivierung dieses Erlasses enthält eine aufrichtige und harte Kritik der verbrecherischen Politik der Sowjetmacht auf dem Gebiet dieses Industriezweiges: „Das Fehlen an nötigen Rechten bei den örtlichen Sowjetorganen, über die von der örtlichen Industrie und der Gewerbekooperation hergestellten Produktion zu verfügen, ihre ungenügende finanzielle Interessiertheit an dieser, das falsche Planungssystem, unter dem die Volkskommissariate für örtliche Industrie der Unionsrepubliken, der Allunionsrat der Gewerbekooperation und das Volkskommissariat der UdSSR für Handel den Plan der Produktion und der Verwertung aller von der örtlichen Industrie und der Gewerbekooperation erzeugten Massengebrauchswaren aufstellten, ohne dabei die örtlichen Interessen in Betracht zu ziehen, – das alles führte dazu, daß die örtlichen Organe der Staatsgewalt nicht gebührend an der Steigerung der Produktion von Massenbedarfsartikeln interessiert waren und den Weg des Schmarotzertums betraten, indem sie sich auf die Einfuhr dieser Artikel aus anderen Republiken, Regionen und Gebieten einstellten". Zu dieser Kritik haben wir nichts hinzuzufügen. Sich nach ihr richtend, beschloß die Sowjetregierung:

1. die bestehende Praxis der zentralisierten Planung der Produktion und Verwertung von Massenbedarfsgütern und Nahrungsmitteln abzuschaffen;
2. die Planung der Produktion und der Ausnützung der örtlichen Industrie den Rayon- und Gebietsexekutivkomitees der Sowjets der Werktätigen und den Räten der Volkskommissare der Unions- und Autonomen Republiken zu übergeben;
3. im Januar 1941 die Allunionsräte der Gewerbekooperation, der holzchemischen und der holzverarbeitenden Gewerbekooperation, sowie den Metallverband der Produktivgenossenschaften zu liquidieren".[31]

Alle Massenbedarfsartikel waren im Sozialismus Mangelwaren.

„Auf dem Gebiet des Detailhandels könnte der Verordnung des Ministerrates der Sowjetunion über die Entwicklung des kooperativen Handels in den Städten und Fabriksiedlungen eine große positive Wirkung zukommen. Bekanntlich wurden die alten kooperativen Genossenschaften 1919 unter der Losung des Uebergangs von der bourgeoisen Kooperation zur kommunistischen Zusammenschließung der ganzen Bevölkerung, aller Konsumenten und Produzenten, liquidiert. Lenin warf der alten Konsumgenossenschaft folgende Mängel vor:

„1. gibt sie einer Gruppe besonderer Teilnehmer Vorteile (Dividenden auf jeden Anteil usw.); 2. unterhält sie ihren eigenen Beamtenapparat, ohne zu ihrer Arbeit die Bevölkerung überhaupt, in erster Linie das Proletariat und die Halbproletarier, heranzuziehen; 3. Bei der Verteilung von Produkten räumt sie den Halbproletariern vor der Mittelschicht und der letzteren vor den Schwerreichen keine Vorteile ein; 4. beim Aufbringen der Produkte nimmt sie nicht erst die Ueberschüsse von den Reichen, und dann vom Mittelstand weg, und stützt sich dabei nicht auf die Proletarier und Halbproletarier". In den Dorfgemeinden behielten die staatlichen Verkaufsstellen bloß den Namen der konsumgenossenschaftlichen Läden bei.

In den staatlichen Detailgeschäften hat die Bevölkerung überhaupt nichts zu sagen und muß die Waren nehmen, die ihr die Angestellten in die Hände drücken; da alle Massenbedarfsartikel Mangelwaren sind, so betreiben die Staatsläden eigentlich keinen Einzelhandel mit ihnen – sie verteilen nur die Waren, die sie von den staatlichen Zentrallagern geliefert bekommen. Nach 1928 hat die Arbeiterration einen starken Rückgang erfahren; dieser Rückgang tritt besonders kraß bei Nahrungsmitteln wie Zucker, Fleisch und Butter zutage. Die Mitteilung Cassidys, daß ein einfacher Arbeiter 9 Kilo Weißbrot im Monat bekam, ruft bei uns starkes Bedenken hervor; fragwürdig ist auch die Angabe über 18 Kilo Brot monatlich. Ohne Zweifel aber sank die Brotzuteilung eines Arbeiters während der ganzen Periode der Fünfjahrpläne nicht unter 500 Gramm pro Tag. Die Zuteilungen an anderen Lebensmitteln haben Kürzungen erfahren, aber in welchen Zeitspannen und in welchem Umfang ist uns unbekannt. Nach der Versorgungskrise der Revolutionsjahre 1917-1920 besserte sich die Ernährungslage der Arbeiterklasse in den Jahren der Neuen Oekonomischen Politik rasch und erreichte 1928 ihren Maximalstand; da-

31 Prokopovicz, S. N., 1948, S. 101 f.

nach führte die Zwangskollektivierung der Bauernwirtschaft die landwirtschaftliche Krise von 1932 mit ihren Begleiterscheinungen auf dem Gebiete der Ernährung herbei; von 1935 an begann das Existenzniveau der Arbeiter langsam zu steigen; diese Tendenz hielt an bis zum Anfang des Zeitabschnittes der Kriege in Europa 1939-1945, als wieder eine Senkung einsetzte".[32]

Diskontinuierliches Arbeiten, weil Materialien fehlten:

„Die Versorgung mit Materialien für die Industrie bildet ein großes Problem. Diese Materialien sind zweierlei Art: die Grundrohstoffe, die die Hauptrolle bei der Produktion spielen und an denen immer Mangel herrscht, und die Einzelteile – Schrauben, Bolzen, Schraubenmuttern, Rosetten, Dynamos, Gummierzeugnisse, Riemen, deren Produktion und Lieferung an sich nicht auf besondere Schwierigkeiten stoßen müßte. Wie klein auch die Rolle dieser Details und wie niedrig auch ihre Herstellungskosten sein mögen, ohne sie kann die Fabrik die Maschine nicht fertigstellen. Darum häuften sich manchmal in den sowjetischen Maschinenbauwerken große Mengen nichtkompletter Produktion an, die wegen Fehlens nichtigster Bestandteile nicht fertiggestellt und abtransportiert werden konnten. Wahrscheinlich wiederholt sich auch nach dem Kriege genau dasselbe, selbst in größeren Ausmaßen, – nur daß die Sowjetzeitungen derartige Mißstände jetzt mit Stillschweigen übergehen. Ein riesiges Werk kann seinen Lieferungsverdichtungen von Traktoren oder Lokomotiven nicht nachkommen, weil irgendein kleines oder kleinstes Unternehmen seinen Plan nicht rechtzeitig erfüllt und dem Riesenwerk irgendein Detail, das etliche Dutzende oder einhundert Rubel kostet, nicht geliefert hat. Obwohl die Großbetriebe mit diesen Einzelteilen auf dezentralisierte Weise – also nicht gemäß einem Generalplan, sondern von 1936 an auf Grund einzelner Verträge – versorgt werden, fehlt es auch hier an Freiheit der persönlichen Initiative und an kaufmännischem Unternehmungsgeist der Fabrikdirektoren, die allein die rechtzeitige Produktion, Verladung und Lieferung dieser Teile gewährleisten könnten".[33]

Wir haben kein richtiges Geld, also tun wir nur so als ob wir arbeiten würden. Das Geld, das im Gefolge der Oktoberrevolution 1917 emittiert wurde war ein minderwertiges sozialistisches Geld. Ein solches Geld hatte es seit der Erfindung der Basisinnovation Geld vor 2500 Jahren bis 1917, nicht gegeben. Das Geld war niemals konvertibel und man konnte damit nur persönliche Gebrauchsgegenstände kaufen. Der erste Geldumtausch „wurde nach dem Kriege von 1914-1917 und nach der Oktoberrevolution von 1917 durchgeführt. Der Vorkriegsrubel, der am 1. Januar 1914 hundert Goldkopeken wert war, hatte am 1. Januar 1917 nur noch einen Wert von 34 Goldkopeken. Dann machte ihm die Revolution endgültig den Garaus, so daß der Umtausch in den neuen Sowjetrubel am 15. Februar 1924 zum Wechselkurs von einem Tscherwonetzrubel = 50.000 Millionen Vorkriegs-Papierrubeln erfolgte. Die zweite Reform, die den in den Jahren 1928-1935 entwerteten Rubelkurs stabilisierte, fixierte seinen Wert auf dem Niveau von 22,5 Kopeken. Diese beiden

32 Prokopovicz, S. N.: Der vierte Fünfjahrplan, S. 117, 120.

33 Prokopovicz, S. N.: Der vierte Fünfjahrplan der Sowjetunion 1946-1950, Zürich, Wien 1948, S. 38.

Maßnahmen trugen den für Geldreformen üblichen Charakter und erstreckten sich auf alle Rubel im Lande, welche konkrete Form sie auch besitzen mochten".[34]

Die Arbeit im Kolchos aus Furcht vor Kriminalstrafen war eine Folge des minderwertigen sozialistischen Geldes. „Der Kolchos ist seiner Natur nach eine von der einer Konsum- oder Produktivgenossenschaft grundverschiedene Organisation; ein eigenartiger Versuch einer staatlichen Organisation der Landwirtschaft, ein Experiment, das den wirtschaftlichen Unternehmungsgeist und das persönliche Verantwortungsgefühl der im Kolchos vereinigten Bauern vernichten und sie zu einfachen Arbeitern eines staatlichen Kollektivs umwandeln möchte, die ihre Arbeit aus Furcht vor Kriminalstrafen tun".[35]

Schlussbetrachtung: Unsere Analyse des Wachstums und der Entwicklung der produktiven Kräfte der Sowjetunion und ihres Volkseinkommens – eine Analyse, die auf Grund eines sich über viele Jahre erstreckendem und detaillierten Studiums der Sowjetwirtschaft vorgenommen worden ist – nötigt uns eine unanfechtbare Schlußfolgerung auf: die produktiven Kräfte Rußlands sind in einem Vierteljahrhundert, angefangen mit der Revolution von 1917, kolossal gewachsen, und sie haben den Gang und die Richtung der Entwicklung des Landes vollständig verändert. Die Fehler und Mängel, unter denen die Produktivität der russischen Industrie in den ersten Jahren des zweiten Fünfjahrplans so sehr litt, waren bei seiner Beendigung fast überwunden. Eine große Bedeutung besaß die Einführung des Stücklohn- und Prämiensystems für den Arbeitslohn und die Wiederherstellung einer strengen Produktionsdisziplin in den Fabriken und Bergwerken; die fortschreitende allgemeine Bildung und die Zunahme an höheren und mittleren technischen Lehranstalten bewirkten, daß die Qualifikation des russischen Arbeiters und Technikers sich von Grund auf änderte.

Der Kampf, den die Regierung und die sowjetrussischen Intellektuellen mit der durch den Krieg von 1914-1917, durch den Bürgerkrieg und vor allem durch eine gewaltige soziale Revolution hervorgerufenen Desorganisation der Produktion führten, hat lange gedauert und, wie wir gesehen haben, viele Stadien durchschreiten müssen. Die schwierigste Aufgabe während dieses Kampfes bestand darin, die Arbeiterklasse zu einer normalen geistigen Haltung zurückzuführen; nur allmählich sah sie die Notwendigkeit ein, sich im Produktionsprozeß einer bestimmten Disziplin zu unterwerfen. Alle Nachrichten, die aus Rußland kommen, und vor allem die erfolgreiche Organisierung der Landesverteidigung im Kriege 1941-1944 bekunden, daß diese Arbeitsdisziplin, Arbeitsintensität und Opferwilligkeit der Arbeiterklasse, die der Armee die für sie nötigen Waffen und Ausrüstungsgegenstände in ununterbrochenem Strom zustellt, einen ungewöhnlichen Aufschwung erfahren haben. Wenn die Sowjetregierung in der Zeit vor Ausbruch des Krieges zur Wiederherstellung der Disziplin und Ordnung ohne die Einführung von Kriminalstrafen in

34 Prokopovicz, S. N.: Der vierte Fünfjahrplan der Sowjetunion 1946-1950, Zürich, Wien 1948, S. 126. Kolakowski, Leszek: Marxismus-Utopie und Anti-Utopie, Stuttgart 1974, S. 97-103: Warum brauchen wir Geld?

35 Prokopovicz, S. N.: Der vierte Fünfjahrplan, S. 71.

den Fabriken nicht auskam, so hat der Patriotismus der aus der neuen Kriegsnot emporgewachsen ist, die moralische Atmosphäre des Landes gänzlich verwandelt. Die Hilfe der Alliierten war für Rußland zweifellos nützlich. Aber diese Hilfe läßt sich in keiner Weise mit der Bedeutung vergleichen, welche die Entschlossenheit der ganzen Bevölkerung der Sowjetunion gehabt hat, den Sieg nicht nur auf den Schlachtfeldern, sondern auch in der Arbeit des Hinterlandes zu erringen; weder durften jetzt noch Ausschußware produziert noch Verstöße gegen die Disziplin zugelassen werden, die für die Brüder an der Front verhängnisvoll werden könnten.

Die großen wirtschaftlichen Erfolge der Sowjetregierung erscheinen besonders glanzvoll und bedeutsam, wenn man sie mit den früheren wirtschaftlichen und kulturellen Verhältnissen im vorrevolutionären Rußland vergleicht. Diese seine Rückständigkeit verdankt Rußland dem Selbstherrschertum, das sich überlebt hatte, das sich auf die reaktionäre Adels- und Gutsbesitzerklasse stützte, die in ihrer Auffassung vom Staat und in ihrer Wirtschafts- und Kulturpolitik um ein ganzes Jahrhundert hinter der zivilisierten Welt zurückgeblieben war. Man spricht jetzt häufig von der „Begabung" des russischen Volkes, von seiner Fähigkeit, die Errungenschaften, die die europäisch-amerikanische Technik und Kultur gemacht haben, sich rasch anzueignen und den russischen Bedingungen anzupassen. Aber das ist doch das gleiche Volk, das die herrschende Adelsklasse jahrhundertelang in der Leibeigenschaft, in Rechtlosigkeit und finsterer Unwissenheit erhielt und dem sie sogar das Recht verweigerte, die elementarste Bildung zu erwerben. Trotz aller Anstrengungen der opferwilligen, fortschrittlich gesinnten Intelligenzia, die bestrebt war, das rückständige Volk in kultureller Hinsicht zu heben, stellte Rußland nicht nur in der Mitte des 19. Jahrhunderts, zur Zeit des Krimkriegs, sondern auch noch bei Beginn des Weltkriegs 1914 bis 1918 in wirtschaftlicher, sozialer und kultureller Beziehung ein äußerst rückständiges Land dar, das nicht imstande war, mit den kultivierteren Nationen in Wettbewerb zu treten und sich gegen die Ausbeutung von ihrer Seite zu verteidigen. Die Unzufriedenheit immer breiterer Schichten des Volkes mit dieser Lage der Dinge hatte eine Reihe von revolutionären Bewegungen zur Folge, die im Jahre 1917 mit dem Sturz des Selbstherrschertums und der Adelsklasse ihren Abschluß fanden.

Es ist daher ganz natürlich, daß jede revolutionäre Regierung, die im Lande Fuß fassen wollte, unabhängig von den spezifischen Besonderheiten ihrer Ideologie und ihres politischen Programms einen erbitterten Kampf gegen diese wirtschaftliche und kulturelle Rückständigkeit des Landes führen, daß sie, koste was es wolle, die Entwicklung seiner produktiven Kräfte und vor allem seiner Industrie fördern mußte. Durch die Erschließung der ungemein reichhaltigen Bodenschätze und ihre Ausbeutung, durch Verbreitung von technischem Wissen und Können in weitem Umfang, durch die Hebung der allgemeinen Volksbildung (selbst Greise lernten nun lesen und schreiben), durch kolossale Investitionen der nationalen Kapitalersparnisse in die Volkswirtschaft, durch die Förderung des außerordentlich raschen Wachstums der Industrie und der Städte – mit allen diesen Maßnahmen erzielte die Sowjetregierung schon im Laufe eines Vierteljahrhunderts glänzende Ergebnisse und hob die Wirtschaft des Landes auf ein verhältnismäßig hohes Niveau. Die Kraft der Sowjetregierung lag darin, daß am Anfang des 20. Jahrhunderts im ganzen östlichen Europa ein riesiger, potentiell starker Staat bestand, der aber in seiner Rückständigkeit einen offenkundigen Anachronismus darstellte, und der zu seiner radikalen Erneuerung einer „starken Hand“ bedurfte. Das russische Volk begriff instinktiv diese historische Aufgabe, als es fast in seiner Gesamtheit sich an der Revolution von 1917 beteiligte. Da es ihm an politischer Erfahrung und Kenntnis fehlte, zeigte es sich den demagogischen Parolen und Versprechungen der radikalsten Parteien leicht zugänglich, und unter diesen Parolen ging es, ohne sich über sie wirklich klar zu sein, mit der ganzen Kraft revolutionärer Leidenschaft zur Attacke auf das alte soziale und politische Regime über. Erst später sollte ihm bevorstehen – oftmals auf Grund unmenschlicher Leiden – sich in diesen Parolen und Versprechungen aus eigener Erfahrung zurechtzufinden, wegzuwerfen, was der Einrichtung seines neuen Lebens im Wege stand, und anderseits mit der ganzen Kraft des Verständnisses und Willens, über die ein Volk verfügt, das zu unterstützen, zu vertiefen und weiterzuentwickeln, was ihm von Nutzen war. Diese Mitbeteiligung des Volkes verlieh der Revolution von 1917, ungeachtet ihrer internationalen Parolen, einen zutiefst nationalen Charakter.

Sehr häufig wird die Frage gestellt, welche Bedeutung die kommunistische Ideologie für die Festigung und die Erfolge der Sowjetregierung gehabt hat. Wir wagen zu glauben, daß unsere Analyse der wirtschaftlichen Entwicklung des Landes in dieser Periode eine klare und bestimmte Antwort auf diese Frage gibt. Als die Kommunistische Partei an die Macht kam, mußte sie zunächst die Verwaltung des Landes organisieren. Vom ersten Tage an, da die Sowjetregierung gebildet worden war, begannen die Reibungen und der Kampf zwischen dem internationalen Kommunistischen Programm der herrschenden Partei und der russischen sozial wirtschaftlichen Wirklichkeit mit ihren unaufschiebbaren nationalen Aufgaben. Im Verlauf dieses Kampfes stellte sich immer deutlicher heraus, daß nur die Ideen im Bereich der Wirtschafts-, der Sozial- und Kulturpolitik in dem neuen Nachrevolutionären Rußland eine schöpferische Bedeutung hatten, die am Ende des 19. Jahrhunderts die Bildung starker, von den Narodniki ausgehender demokratischer und sozialistischer Strömungen innerhalb der russischen Intelligenzia zur Folge gehabt hatten und die bei Beginn des 20. Jahrhunderts tief in die Volksmassen eingedrungen waren. Es wurde deutlich, daß dieses rückständige Land nur dann eine große Zukunft haben würde, wenn die harte russische Wirklichkeit faktisch umgewandelt, wenn sie von oben bis unten nach diesen demokratischen Ideen radikal erneuert werden würde. Anfänglich – wie wir gesehen haben, in den Jahren 1918-1920 – triumphierten in der Politik der Sowjetregierung die kommunistischen und internationalen Prinzipien; erst von 1921 an, als die Sowjetregierung unter dem Druck der Unzufriedenheit und der Aufstände des Volkes genötigt wurde, zur Politik der Restaurierung der nationalen produktiven Kräfte und danach – besonders von 1928 an – zu ihrer weiteren planmäßigen Entwicklung überzugehen, begannen die nationalen Gesichtspunkte in der Sowjetpolitik zu erstarken und schließlich zu überwiegen.

Das heutige Sowjetrußland stellt somit im Jahre 1944 nicht einen „Sammelplatz“ für die Verwirklichung des internationalen Kommunismus mit seinem für alle Länder gleichlautenden Programm dar, sondern ein Land, das sich im Uebergang zur nächsten historischen Etappe in der wirtschaftlichen, politischen und kulturellen Entwicklung des russischen Volkes befindet. Die materiellen und geistigen Kräfte, die das Volk nach der Aufhebung der Leibeigenschaft in Jahre 1861 aufgespeichert hatte und die nach dem Sturz des Selbstherrschertums frei geworden waren, wurden der Aufbauarbeit im Gebiet der russischen Industrie, des Gesundheitswesens, und der Volksbildung zugeführt. Umgekehrt welkten und zersetzten sich die kommunistischen Ideen im Fortgang dieser schweren nationalen Arbeit, und auf dem Gebiet der Wirtschaftsbeziehungen zu anderen Staaten schmälerten sie das Prestige und die Autorität des Landes. Jedesmal, wenn die Sowjetregierung von der Durchführung der national-russischen Aufgabe abwich und ihr kommunistisches und internationales Programm verwirklichen wollte (Ungarn, Deutschland, Spanien, Finnland usw.), mußte sie Niederlagen einstecken. Wenn sie aber sich mit der ihr eigenen Energie und Hartnäckigkeit der Durchführung der nationalen wirtschaftlichen und sozialen Aufgaben zuwandte, fand sie stets die Unterstützung der Volksmassen, besonders die der jungen Generation, und sie war dann immer erfolgreich. In dem Maße, in dem die Regierung, das Volk und seine neue Intellektuellenschicht Erfahrungen in der Staatsführung gewann, traten diese Aufgaben immer stärker an die erste Stelle im Rahmen der Umgestaltung des Landes; sie bewirkten zu gleicher Zeit tiefgehende Veränderungen in der Ideologie der Machthaber und ihrer nächsten Umgebung. Schon vor Beginn des Krieges mit Deutschland 1941 hatten sich die meisten internationalen Ideen und kommunistischen Parolen der Oktoberrevolution verflüchtigt, waren verblichen und – was die Hauptsache ist – hatten ihre Anziehungskraft auf die Massen eingebüßt. Der Krieg mit Deutschland hat diesen langsamen und schmerzhaften Prozeß der Rückkehr des Landes zu seinen nationalen Aufgaben und Zielen verstärkt, und, wie man hoffen darf, beendet“.[36]

Der beste Kenner des Stalinschen Fünfjahrplans dürfte der 1891 in Saratow geborene A. Ohnesorge sein, der nach dem Abitur 1907 an der Bergakademie in Freiberg i. S. studierte und Soldat im Ersten Weltkrieg (1914/18) war. Ohnesorge war von 1928 bis 1931 Gutachter des Stalinschen Fünfjahrplans (1928-1932/33) und erhielt tiefe Einblicke in die sowjetische Wirtschaft und Gesellschaft.

Der erste Stalinsche Fünfjahrplan (1928-1932/33): Das Modell für die SBZ / DDR. „Als vor tausend Jahren die Zwistigkeiten der Sippen in Nowgorod – dem damaligen Kultur- und Handelszentrum Rußlands – nicht aufhören wollten, als diese ehemals reiche und blühende Hansestadt der völligen Vernichtung preisgegeben schien, beschlossen die Sippenältesten, einen Fürsten zu suchen, der nun endlich diesem unhaltbaren Zustande ein Ende bereiten sollte. Die Abgeordneten Nowgorods beriefen den skandinavischen Germanen Rurik mit folgenden Worten: ‚Unser Land ist groß und reich, aber die Ordnung fehlt bei uns. Kommt und herrscht über uns!‘

---

36 Prokopovicz, S. N.: Rußlands Volkswirtschaft unter den Sowjets, Zürich, New York 1944, S. 428-432.

Die Worte dieser Berufungsformel galten immer in Rußland, dessen Regierungen nie volksverbunden waren, am wenigsten die heutige (1935). Wie war es nun möglich, dieses von der Natur außerordentlich reich mit schwarzer Erde, mit Wäldern und mit Bodenschätzen aller Art bedachte Land so zu verwirtschaften, daß heute Hunger, Kummer und Sorge ein beinahe schon normaler Zustand geworden sind?

Rußland war schon immer ein Land der größten Gegensätzlichkeiten, ein Land, in dem unter der absolutistischsten Monarchie der Welt noch Dorfversammlungen (Mir) primitivster Form ‚regieren' konnten, ein Land, welches Gelehrte und Künstler von Weltruf hervorgebracht hat, während die Masse der Bevölkerung zum großen Teil aus Analphabeten besteht. Daß dieses Bild sich auch im Wirtschaftskörper Rußlands widerspiegelt, ist nur eine selbstverständliche Folgeerscheinung.

Der Wirtschaftskörper eines jeden Landes, ja die Weltwirtschaft selbst, reagiert außerordentlich fein auf alle Schwankungen politischer und kultureller Art.

Ein jeder brutale Eingriff in die gesunde Entwicklung der Wirtschaft muß sie bis in die Grundfesten erschüttern, ja er kann sie sogar vorübergehend zum Erliegen bringen. Diese Erschütterungen werden um so schneller überwunden, je fester die natürlichen Grundlagen einer jeden Wirtschaft sind. Und diese Grundlagen sind:

Der Lebenswille des Volkes,
seine Arbeitskraft und Arbeitsintensität,
die Art und Menge der im Lebensraum des Volkes von der
Natur gegebenen Schätze stofflicher Art.

Unsere Kriegsgeneration hat ja bewiesen, daß ein Volk, trotz der Armut an wichtigsten Rohstoffen leben kann, wenn es nur leben und kämpfen will. Daß unsere Wirtschaft die durch erkünstelte Eingriffe materialistischer – unserem Volke wesensfremder – Art verursachten schweren Erschütterungen noch überwunden hat, ist nur der Arbeitskraft, der Arbeitsintensität und dem Lebenswillen des Volkes zu verdanken.

Im heutigen Rußland führt das verängstigte und innerlich zermürbte Volk ein hoffnungsloses Leben, welches man nur mit dem Ausdruck ‚vegetieren' bezeichnen kann. Vier Jahre (1914/18) des blutigsten und unpopulärsten aller Kriege, die Rußland geführt hat, vier darauffolgende Jahre des mörderischsten und grausamsten aller Bürgerkriege, die die Weltgeschichte kennt, haben die seelische Kraft, den Lebenswillen des Volkes erschüttert. Hunger und Seuchen untergruben jahrelang die Gesundheit und die physische Kraft des Volkes, bis endlich – etwa 1924 mit Einführung der NEP (1921-1927) eine kleine Atempause kam. Sofort flackerte auch der Lebenswille auf, ein kleiner Hoffnungsschimmer weckte die erlahmten Kräfte und überall wurden Ansätze der aufbauenden Arbeit merkbar.

Da kam – 1930, seit der Durchführung der Kollektivierung der wichtigsten landwirtschaftlichen Gebiete – der Rückschlag, von dem sich das russische Volk und die Wirtschaft Rußlands nicht so bald erholen werden.

Der Lebenswille zerbrach endgültig. Apathisch und schicksalsergeben führt das ganze Volk das Dasein des heutigen Tages, glücklich, wenn es für das Heute das tägliche Brot hat, besorgt um das Morgen, bar jedes Lebensinhaltes und jedes Lebenszieles. Seine despotischen Beherrscher versuchen, ihm mit auch modernsten Hilfsmitteln der Propaganda einzuhämmern: Dein Ziel soll sein – die Internationale des Proletariats, – denn das ist das Paradies; du mußt der Bannerträger des Proletariats sein, denn dein Land ist nach dem Willen von Marx zur Eingangspforte dieses Paradieses bestimmt worden; du mußt Proletarier werden, denn nur diese sind des Paradieses würdig.

Die Russen spielten meistens entweder die Rolle der Statisten oder die der Sündenböcke. So wie in einer Aktiengesellschaft der Vorstand das allein verantwortliche Organ für die Durchführung der vom Aufsichtsrat getroffenen Verfügungen und Beschlüsse ist, so trägt neuerdings auch im sowjetrussischen Wirtschaftsleben der Direktor einer Produktionsstätte die alleinige Verantwortung. Das ist auch der Grund, warum diese Posten mit Vorliebe Russen oder anderen Nationalitäten überlassen werden.

Jetzt noch einige Worte über die Struktur der heutigen Wirtschaft Sowjetrußlands.

Die marxistische Lehre besagt, daß nur die sozialistische Wirtschaft die richtige sei, Privatbesitz sei Diebstahl am Volke. So wurde bereits etwa im November 1917 der gesamte Grund- und Hausbesitz – mit Ausnahme der bäuerlichen Wirtschaften – enteignet, sämtliche Produktionsstätten – mit Ausnahme des Kleingewerbes – sozialisiert und sämtliche Handelsunternehmungen – mit Ausnahme des Kleinhandels – geschlossen oder in staatliche Verteilungsstätten umgewandelt. Mit einem Schlage war das gesamte Wirtschaftsleben lahmgelegt, denn das Zerstören ist leichter als das Erhalten oder gar das Aufbauen. Milliarden an Werten wurden durch Feuer und Rauch vernichtet, unermeßliche und unersetzliche im Privatbesitz befindliche Kunstschätze verschleppt, Produktionsstätten durch Zerstören wichtiger Maschinen arbeitsunfähig gemacht. Ergebnis: Chaos, Hunger und Kälte! Da wurde von Lenin – als die Not am größten war – das Ruder energisch mit einem Ruck umgelegt und ein neuer Kurs der Wirtschaftspolitik, der der NEP, gesteuert. Die nunmehr auf privatwirtschaftlicher Grundlage arbeitenden Kleinbetriebe der Landwirtschaft und des Gewerbes konnten ihre Erzeugnisse auf den freien Markt bringen, wo sie reißenden Absatz fanden. Ausländisches Großkapital erhielt eine Reihe von Konzessionen und rief neue Produktionsstätten ins Leben. Der Handel blühte auf. Daß neben dem legalen und ehrlichen Handel die schwarzen Börsen und das Schiebertum wie die Pilze aus der Erde schossen (in Rußland ‚Spekulantentum' genannt), war klar, denn jeder plötzliche Umbruch der Wirtschaft ruft dunkle Elemente und Abenteurer auf den Plan.

An der Groß- und Kleinspekulation waren alle Bevölkerungsteile beteiligt. Aber trotz dieser Schieber schien sich die Wirtschaft zu befestigen, die Bevölkerung gesundete physisch und sah zuversichtlich in die Zukunft. Sie ahnte nicht, daß diese Atempause bald vorbei sein würde, denn die Herrscher Rußlands waren gewillt, ihr ‚Programm' unter allen Umständen durchzuführen.

Als nach dem Tode Lenins der Kaukasier Stalin den Kampf um die Nachfolgerschaft zu seinen Gunsten entschied[37], wurde sofort mit Vorbereitungen zur restlosen Sozialisierung und Proletarisierung Rußlands begonnen. Diesem Beginnen lagen folgende Gedankengänge zugrunde:

(1.) Sowjetrußland als Träger dcr kommunistischen Weltrevolution muß eine starke militärische Macht sein;
   a) dazu ist eine Selbstversorgung auf dem Gebiete der Rüstung und der Ernährung eine unumgängliche Notwendigkeit;
   b) die Entwicklung der Schwerindustrie, als der Grundlage für das Rüstungswesen, ist demnach vordringlich;
   c) die Herstellung der Munition und anderer Kampfmittel erfordert eine leistungsfähige chemische Industrie;
   d) die Sicherstellung der Verpflegung des Heeres und der Bevölkerung verlangt Schaffung landwirtschaftlicher Großbetriebe.

(2.) Zur Durchführung dieser Aufbauarbeit werden Devisen benötigt, welche nur durch den Export zu beschaffen sind;
daher ist notwendig:
Forcierung der Erzeugung von Rohstoffen und deren
Produkte, für die der Weltmarkt aufnahmefähig ist, wie
z. B. Erdöl, Manganerz, Phosphorit, Asbest, Edelmetalle, Nahrungs- und Genußmittel, pflanzliche und tierische Rohstoffe.

(3.) Der Verbrauch an Importwaren für die Lebensbelange der Bevölkerung muß unterbleiben.

(4.) Die ‚sichtbaren und die unsichtbaren Ressourcen' des Landes müssen hundertprozentig dem Aufbau dienstbar gemacht werden, wobei in der Sowjetunion unter den ‚unsichtbaren Ressourcen' die Arbeitskraft des Volkes verstanden wird.

(5.) Die Sozialisierung und die Proletarisierung müssen zu 100 Prozent durchgeführt werden, da nur diese die Garantie für die Stärke der ‚Diktatur des Proletariats' sind.

Der gesamte Aufbau sollte planmäßig in mehreren Etappen durchgeführt werden. Die erste Etappe – der Aufbau der Schwerindustrie und der Ausbau der Exportwarenerzeugung – wurde auf fünf Jahre bemessen.

Am 1. Oktober 1928 wurde mit der Durchführung dieses ersten Fünfjahresplanes begonnen. Im Sommer 1928 trat ich das erstemal als Gutachter und als Gastdozent die Reise nach Rußland an und habe also dieses Land vor dem Beginn des Fünfjahresplanes wiedergesehen.[38] In den Jahren von 1929 bis 1931 führte ich insgesamt sechs Gutachtenreisen durch, wobei ein jedesmaliger Aufenthalt in der

---

37 Der Name Stalin ist ein Pseudonym. Der wirkliche Name ist Dschugaschwili.

38 Ich siedelte 1908 als siebzehnjähriger Abiturient von Rußland nach Deutschland über, da ich als Reichsdeutscher in Deutschland studieren und berufstätig sein wollte.

Union zwei Monate gedauert hat. Ich habe eine Reihe von wissenschaftlichen Instituten, Hochschulen, administrativen Behörden und eine große Anzahl von Betrieben kennengelernt, kam dienstlich mit vielen Einheimischen verschiedenster Berufsgruppen zusammen und konnte die Arbeit der deutschen und anderen ausländischen – insbesondere amerikanischen – Fachleute beobachten. Ich habe Sowjetrußland ‚im Aufbau‘ miterlebt! Es liegt im Charakter des Russen, daß er den Hang zum Abstrakten, zum Mystischen hat. Besonders stark ist diese Eigenschaft bei der Intelligenz ausgeprägt, die sie entweder zu den Fanatikern der Idee oder zu denen der Wissenschaft machte. Erlebt der Russe aber eine Enttäuschung, so bringt er nicht mehr die Energie zur Wiederaufnahme des Kampfes – ja selbst der Verteidigung – auf und wird passiv, gleichgültig und schicksalsergeben. Der russische Gelehrte aber sucht Trost und Vergessen im Arbeiten, in seiner Wissenschaft und verliert sich oft in ganz abstrakten Dingen.

Als ich 1928 einige Forschungsinstitute besuchte, war der Verkehr mit den russischen Wissenschaftlern herzlich-kollegial, wir gingen auch oft zusammen ein Stück des Weges auf der Straße; ich war öfters Gast in ihrem Heim, und die Kollegen scheuten sich sogar nicht, mich im Hotel zu besuchen. 1929 bedauerten schon die Herren, mich in ihrem Heim nicht empfangen zu können, 1930 grüßten wir uns noch auf der Straße und 1931 wurde ich gebeten, von ihnen auch auf der Straße keine Notiz zu nehmen. Die Angst vor der GPU, die Angst, des Umganges mit den ‚Vertretern der kapitalistischen Welt‘ verdächtigt zu werden, zwang sie zu dieser für sie gänzlich unnatürlichen Umgangsweise. Nur in ihrem Laboratorium oder ihrem Arbeitszimmer tauten diese jetzt so verschlossenen Menschen auf und schwelgten in Fachgesprächen. Sie klagten über den eingetretenen Mangel an Reagenzien, an Apparaten und – mit ganz leiser Stimme – an geeignetem wissenschaftlichen Nachwuchs. Und das mit Recht! Denn der Nachwuchs wird jetzt weniger nach den Gesichtspunkten der Veranlagung zu wissenschaftlichen Arbeiten ausgewählt, sondern nach denen der Klassenzugehörigkeit. 1931 habe ich z. B. 6 Aspiranten[39] zur Sonderausbildung überwiesen bekommen. Nach 6 Wochen konnte ich beurteilen, daß nur 2 sich bedingt als Dozenten und 4 überhaupt nicht eignen würden. Damit habe ich dem Direktor des Instituts – einem im persönlichen Verkehr sehr netten Mann, aber als ehemaligem Berufssoldaten (Inhaber von 2 Orden der Roten Fahne) durchaus keinem Fachmann auf dem Gebiete des bergmännischen Hochschulwesens – eine große Enttäuschung bereitet, denn gerade der eine von mir als gänzlich ungeeignet bezeichnete Aspirant war sein Stolz. Er wurde nämlich in der Zeit der Vorbereitung zum ‚Aufbau‘ als altes Parteimitglied von der Drehbank geholt, an die Hochschule kommandiert und nach vier Jahren als Ingenieur bezeichnet. Daß die Kenntnisse dieses etwa fünfunddreißigjährigen Mannes sehr mangelhaft waren, ist nicht so verwunderlich.

Die Qualität der Studierenden sank von Jahr zu Jahr, denn nach der alljährlich in der Sowjetunion stattfindenden ‚Reinigung‘ wurden Studenten nichtproletarischer Abstammung von der Hochschule verwiesen und durch ‚geeignetere‘ ersetzt.

---

39 Für die Professorenlaufbahn bestimmte Assistenten.

Wie hoch die jetzigen Herrscher Rußlands den Wert einer gründlichen fachwissenschaftlichen Ausbildung einschätzen, geht aus dem Inhalt einer 1929 groß angelegten Propaganda: ‚In fünf Jahren vom Analphabeten bis zum Fachingenieur‘, hervor. Ich staunte, als ich auf allen von mir im Ural besuchten Werken große Plakate sah, die diese ‚Erkenntnis‘ des bolschewistischen Geistes verkündeten. Auf meine Frage, wie man so ein in der ‚kapitalistischen‘ Welt unmögliches Ding fertigzubringen gedenke, wurde mir vom roten Direktor eines Eisenerzbergwerkes – der allerdings selbst kaum schreiben konnte – geantwortet, daß man in diesem Falle alles unnütze Zeug, wie Geschichte, Literatur, Chemie und wie das Zeug alles heiße, wegfällen läßt, denn als Eisenerzbergingenieur braucht man ja das alles nicht.

Diese Einstellung ist für das heutige Rußland charakteristisch. Die Bolschewisten sagen: Wir haben keine Zeit für Nebensächlichkeiten, wir müssen ‚enge Spezialisten‘ (Spezialisten der eingeengten Sondergebiete) ausbilden, wir müssen Tempo entwickeln, wir müssen die USA einholen und überholen! Denn – es ist wieder eine der Gegensätzlichkeiten der Sowjetunion – dem Lande der Diktatur des Proletariats dient ausgerechnet das kapitalistischste Land der Welt als Vorbild.

Weil in Amerika ‚enge‘ Spezialisten ausgebildet wurden (jetzt sind die Vereinigten Staaten von Nordamerika von diesem Ausbildungssystem abgekommen), weil in Amerika gigantische Bauten und Maschineneinheiten geschaffen wurden, so müssen auch die Sowjets dasselbe tun, ja sogar Amerika übertreffen. Für das jedem Überschwänglichen so leicht zugängliche Volk ist diese Art der Propaganda die geeignetste, zumal ihm immer eingetrichtert wird, die Sowjets bekämpften die kapitalistische Welt mit kapitalistischen Methoden. Die Amerikaner haben es verstanden, diese Psychose und diese Gigantomanie für ihre Zwecke so schön auszunützen und überschwemmten die Sowjetunion mit Katalogen, Broschüren, Zeitschriften und Büchern, die diese Gigantomanie verherrlichen. Der Erfolg lohnte diesen Aufwand, denn Amerika hat – gegen Barzahlung – viel nach der Sowjetunion verkauft und es außerdem erreicht, daß jeder ‚moderne‘ russische Ingenieur die amerikanischen Kataloge und Nachschlagewerke zu seiner Hausbibel erhoben hat. Der wirklich wissenschaftlich arbeitende Ingenieur ist aber Anhänger deutscher Arbeitsmethoden geblieben. Während in der Vorbereitungszeit zum ‚Aufbau‘, als Sowjetrußland noch Devisen in ausreichender Menge besaß, die Reise nach Deutschland der sehnlichste Wunsch der Professoren und der wirklich Gebildeten war, bevorzugten die roten Direktoren, die ‚kaufmännischen‘ Leiter und sonstige in der Industrie tätigen Parteimitglieder ein Kommando nach Amerika. War doch ein solches Kommando die sichtbare und amtliche Anerkennung der voraussichtlichen Eignung zum ‚Industrieführer‘ Rußlands!

Das in Amerika Gesehene mußte natürlich in die Praxis umgesetzt werden. Da ein Halbgebildeter und Wirtschaftsfremder die Form eher begreift als den Inhalt, so wurden die wenigen arbeitsfähigen Werke zu ‚Trusts‘ zusammengefaßt, und zwar bekam jedes Industriegebiet zunächst seinen eigenen Trust. Zunächst waren die Trusts vertikal aufgebaut, d. h. die Eisenhüttenwerke und die Eisenerzgruben z. B. unterstanden derselben Verwaltung. Als nach Beendigung des ersten Jahres der ‚Aufbauperiode‘ die Leistungen der Werke viel zu wünschen übrig ließen, wurden aus Vertikaltrusts solche mit horizontalem Aufbau, d. h. die Rohstoffbetriebe und die der Verarbeitung waren je eine Einheit für sich. Kaum war man mit dieser Umorganisation fertig, so wurde verfügt, daß die Trusts zentral verwaltet werden sollten; dann wurde wieder dezentralisiert. Ich dachte dabei immer an die Lafontainesche Fabel vom Tierorchester. Es ist wirklich gleichgültig, ob mangelhaft vorgebildete, jeder Begeisterung und Arbeitslust bare und dazu noch halbverhungerte Musiker sich nebeneinander oder übereinander setzen, das Orchester bringt doch keinen vernünftigen Satz zustande, mögen auch die Instrumente die größten der Welt und von den besten ausländischen Meistern gebaut worden sein. Ein begeisternder Kapellmeister von hervorragendem musikalischen Können wäre wohl in der Lage, so ein Orchester für kurze Zeit zusammenzureißen. Wenn aber der Kapellmeister selbst nichts weiter aufzuweisen hat als kommunistische Gesinnungstüchtigkeit, so sind er und seine Musiker zur Erfolglosigkeit, ja zum völligen Versagen verurteilt. Daß dieses ewige Umorganisieren den an und für sich schon starken Wechsel in der technischen und administrativen Leitung der Betriebe begünstigt, ist selbstverständlich.

Ist ein administrativer (roter)-Direktor wirklich vernünftig und tüchtig, was ab und zu vorkommt, so wird er versetzt, um in einem anderen Unternehmen noch zu retten, was zu retten ist. Gute technische Leiter, welche fast ausnahmslos – da zur alten Intelligenz gehörig – keine Kommunisten sind, werden entweder von anderen Trusts wegengagiert oder was beinahe die Regel geworden ist – von der GPU verhaftet. ‚Gründe' dazu gibt es mehr als genug, denn der Ingenieur ist der Sündenbock für alles. Dieses ewige Suchen nach dem Sündenbock hat dazu geführt, daß die Ingenieure zuerst die Betriebe öfter wechselten – bis 1931 war es eine große Seltenheit, wenn sie länger als ein Jahr auf demselben Werke blieben – und dann aber die Betriebe überhaupt mieden, um lieber als untergeordnete Konstrukteure in irgendeinem von den vielen Projektbüros ein möglichst unauffälliges Dasein zu führen. Denn jeder, auch mit der geringsten Verantwortung belastete Posten birgt die Gefahr eines Konfliktes mit der GPU in sich. Um der Flucht aus den Betrieben ein Ende zu bereiten, wurde zuerst 1931 die Freizügigkeit des technischen Personals und bald darauf die der Arbeiter aufgehoben. Gleichzeitig wurde unter Androhung von schwersten Strafen verboten, Arbeiter und Angestellte, die ohne Genehmigung des roten Direktors ihr Werk verließen, auf einem anderen Werke einzustellen. Denn früher war es an der Tagesordnung, daß die Arbeiter sich einstellen ließen, die Berufskleidung[40] faßten und nach zwei Tagen wieder verschwanden. Der ständige Arbeiterwechsel wirkte sich natürlich katastrophal auf die Leistung aus, und ich entsinne mich keiner Konferenz, auf der gerade über diesen Punkt nicht lange und – wie üblich – zwecklos gesprochen wurde. Dem Arbeiter ist dieses ewige Wandern nicht zu verdenken, hofft er doch, in seinem ‚Arbeiterparadiese' endlich doch ein Plätzchen zu finden, wo er halbsatt zu essen hat und halbwegs menschenwürdig schlafen kann. Abgesehen von einigen wenigen Paradesiedlungen in Leningrad, Moskau, Charkow und Asbest (Ural) spottet die ‚Fürsorge' der Sowjets für

40 Jedem Arbeiter mußte bei seiner Einstellung die für die Durchführung der Arbeit notwendige Kleidung kostenlos geliefert werden.

die Wohnbedürfnisse ihrer Arbeiter jeder Beschreibung. Wie leichtfertig man diesen Punkt behandelt, geht aus folgendem Beispiel hervor: Der Geologe M. meldet, daß in der Gegend von Alapajewsk (nördlicher Ural) mit einem Eisenerzvorrat von mindestens 500 Millionen Tonnen zu rechnen ist. Sofort kommt von Moskau die Weisung, mit der Planung eines Abbaues von 10 Millionen Tonnen jährlich zu beginnen. Ich wurde von der Uraler Verwaltung gebeten, mir die Sache an Ort und Stelle anzusehen, was ich auch tat. Diese Waldgegend ist sehr schwach besiedelt, so daß für den Aufschluß dieses Gebietes Arbeiter von auswärts herangeholt werden müßten. Ich stellte fest, daß die Art der Lagerstätte nur den Abbau in einer größeren Anzahl von kleinen bis höchstens mittleren Betrieben gestattet und daß mit einer jährlichen Leistung von 300-350 Tonnen je Arbeiter zu rechnen sei. Demnach müßte man für den Abbau von nur 1 Million Tonnen mit einer Arbeiterzahl von 3.000 Mann rechnen. Die Unterbringung dieser 3.000 Mann stößt schon auf Schwierigkeiten, geschweige denn von 30.000 Mann, für welche Siedlungen von einer Aufnahmefähigkeit von mindestens 75.000 Menschen gebaut werden müßten. Eine Planung des Abbaues für solch eine Fördermenge hätte also keinen Zweck. Es wurde aber trotzdem ernstlich erwogen, die Leute in Baracken unterzubringen (‚Holz ist ja genug da, und unsere Arbeiter sind es allmählich gewöhnt'), bis ich die Bemerkung machte, daß im Ural doch eine genügende Menge anderer wirtschaftlicher zu gewinnender Erze vorhanden sei.

Ich habe auch nirgends in Sowjetrußland gesehen, daß vor der Inangriffnahme eines großen Industriebaues für genügende Unterkunft der Arbeiter Sorge getragen wurde. Ich habe nie gesehen, daß vorher auch wirklich fahrbare Straßen gebaut worden sind, wie es bei uns eine Selbstverständlichkeit ist. Das übliche Bild einer – auch der größten – Baustelle ist ein ununterbrochenes Gefahre kleiner Pferdewagen, im Sommer gehüllt in Wolken von Staub, im Herbst und Frühjahr bis zur Unkenntlichkeit vollgespritzt mit Dreck; die höchstens 0,2 Kubikmeter fassenden zwei- oder vierrädrigen Wagen werden von kleinen, unterernährten, mit eiternden Geschwüren bedeckten Pferdchen gezogen, und von Männern, Frauen oder Kindern gelenkt! Ein Gekribbele wie in einem Ameisenhaufen, bloß mit dem Unterschied, daß die Ameisen nach getaner Arbeit in ihrer Behausung Unterschlupf finden, während Mensch und Pferd in der Sowjetunion in Wind und Wetter unter freiem Himmel oder in Erdlöchern die Nacht verbringen. Für einwandfreies Trinkwasser zu sorgen, ist scheinbar ein ‚kapitalistisches Vorurteil', über welches die Sowjetgewaltigen als ihrer unwürdig hinwegsehen. Verpflegung für die Menschen und Futter für die Pferde sind Nebensache. Die Folge einer solchen ‚sozialen Fürsorge' ist eine hohe Sterblichkeit unter Mensch und Tier. Ich habe bei jeder Gelegenheit darauf hingewiesen, daß eine gute Vorbereitung zum Bauen das Bauen selbst wesentlich erleichtert, daß an Stelle der Tausende von Pferden einige wenige Feldbahnen diese Arbeit besser leisten würden, bekam aber jedesmal die Antwort, daß die zu entwickelnden bolschewistischen Tempi eine Vorbereitungszeit für Straßen- und Häuserbau nicht gestatten und daß Feldbahnen Importware seien, während Menschen und Pferde einheimische ‚Erzeugnisse' sind. Und so kommt es, daß jeder in der Sowjetunion ausgeführte Großbau mindestens genau soviel Opfer kostet, wie der Bau des Panamakanals zur Zeit der französischen Regie. Und was die bolschewistischen Tempi anbetrifft, so sind sie in bezug auf Reden und sonstige Leerlauf' Arbeit' unübertrefflich, in bezug auf die positive Arbeit aber sehr bescheiden, zumal dauernd Pausen durch die sogenannten ‚objektiven Ursachen', wie Materialmangel, Nichteinhalten von Lieferungsterminen seitens der russischen Maschinenfabriken, falsche Reihenfolge der Anlieferung, Arbeiterwechsel oder -mangel usw., für die die Leitung angeblich nichts kann, eintreten. Die Tempopsychose ist überhaupt der Grund, warum in der Sowjetunion der letzte Schritt vor dem ersten gemacht wird. Daß dadurch die Arbeitskraft des Volkes nutzlos vergeudet wird, ist gleichgültig. Die Arbeitsintensität, die auch in Friedenszeiten ein Faktor von geringer Größe war, ist begreiflicherweise noch mehr gesunken.

In einem von den Uraler Bergingenieuren und roten Direktoren gehaltenen Vortrag habe ich schon 1929 etwa folgendes ausgeführt:

Ein Industrieunternehmen sei mit dem menschlichen Körper zu vergleichen. Der technische und der administrative Leiter sind das Gehirn, in dem die Belange des Unternehmens durchdacht und Beschlüsse gefaßt werden; der Betriebsingenieur und der Meister sind das Nervensystem, welches die Durchführung dieser Entschlüsse vermittelt; die Arbeiterschaft ist das Muskelsystem, welches die einzelnen Arbeitsvorgänge ausführt; die Maschinen und das Werkzeug sind das Knochengerüst.

Wird für die Zufuhr der für die Unterhaltung und das Wachsen des Körpers notwendigen Aufbaustoffe gesorgt, ist das Zubringen der Stoffe bis zur Verbraucherstelle, ist also die Blutbahn in Ordnung und findet eine geregelte Abfuhr der Abfälle und sonstiger verbrauchter Stoffe statt, so ist der Körper gesund und leistungsfähig. Jeder unnatürliche Eingriff, jede einseitige Bevorzugung oder Vernachlässigung dieser Komponentengruppen bringt den Körper zur Mißgestaltung, ja sogar zum Absterben.

Und wie sieht es jetzt in der Sowjetunion in Wirklichkeit aus?

Ein Teil der Gehirnzellen ist künstlich aufgebläht (Administration), also krank; der andere Teil (Fachleute) vernichtet und durch unzulängliche ersetzt.

Die Entwicklung des Nervensystems (Meister) ist vernachlässigt worden. Einige der wichtigsten Muskelgruppen (Facharbeiter) fehlen vollständig.

Die Ernährung klappt nicht, erst recht nicht der Blutumlauf (Organisation) und der Stoffwechsel. Und so ist es gekommen, daß in einem von der Natur so reich bedachten Lande die Wirtschaft vollständig zum Erliegen gekommen ist. Schuld daran sind:

nicht der Mangel an Rohstoffen,

nicht die seelische Eigenschaft des Volkes,

nicht der ‚böse Nachbar', dem der Friede nicht gefällt,

sondern einzig und allein die betrübliche Tatsache, daß ein System, welches sich ‚sozialistisch' nennt, den wichtigsten Faktor im Staate und in der Wirtschaft

– den Menschen –

mißachtet und mißhandelt hat!

Ein ‚Erfolg' ist aber erzielt worden:

Die ‚Proletarisierung' und die ‚Sozialisierung' sind hundertprozentig gelungen. Und diesem ‚Erfolg' ist es zu verdanken, daß Rußland nicht die ‚Pforte zum Paradies' geworden ist, sondern eine endlose, verwahrloste Straße, auf der ein seelisch und körperlich zermürbtes Volk in ein graues Nichts zugetrieben wird!"[41]

Das Leben und die Arbeit in der Sowjetunion in der Zeit des ersten Stalinschen Fünfjahrplans (1928-1932/33).

Das Leben und die Arbeit in der UdSSR. „Wenn man für das Wort ‚Kommunismus' einen deutschen Ausdruck wählt, so wäre laut ‚Duden' hierfür ‚Gütergemeinschaft' zu setzen.

Nach dem zu urteilen, was seine absoluten Anhänger speziell dort, wo der Kommunismus zum Regierungssystem erhoben wurde, im heutigen Rußland, den weniger Tiefdenkenden und den Volksmassen vorpredigen und einzuhämmern versuchen, schließt dieses Wort aber noch den ‚idealen Menschheitsbegriff *Freiheit, Gleichheit, Brüderlichkeit*' in sich.

Wer von allen Lebewesen hängt wohl mehr an irdischem Besitz und den Glücksgütern dieses Lebens, wer ist mehr auf seinen mühelos errungenen Vorteil bedacht, wer egoistischer und wer grausamer als die Menschen, und zwar speziell die Menschen, welche diese ungeheuerste Lüge von ‚Gütergemeinschaft, Freiheit, Gleichheit und Brüderlichkeit' predigen, die Welt mit diesem Wahngebilde ‚Kommunismus' beglücken wollen und es zum Regierungssystem in Sowjetrußland erhoben haben?

Für diese Menschen – die *Antichristen* nämlich – ist Kommunismus gleichzusetzen mit *Eigennutz* im krassesten Sinne des Wortes und zwar Eigennutz für eine kleine Gruppe von Menschen, die etwa 1 Prozent der Gesamtbevölkerung dieses Riesenlandes der Sowjetunion, die rund 164 Millionen Menschen und dessen Flächenraum ein Sechstel der gesamten Erdoberfläche beträgt, ausmacht.

Während der 4 ½ Jahre meines Aufenthaltes in der UdSSR als deutscher Spezialist habe ich tiefe Einblicke tun können in das heutige Leben des sogenannten ‚Arbeiterparadieses', in dieses Elend, in dem 90 Prozent aller Menschen dort leben, und in die Industrialisierung des Landes, die angeblich dem ‚friedlichen' Aufbau dienen soll, weil ich in dieser Zeit in viele Fabrikbetriebe gekommen bin und weil ich in vielen reinrussischen und deutschrussischen Kreisen verkehrte und mit dem Volk lebte und fühlte!

Dieser Aufsatz soll ein Bild vermitteln, wie es mit der ‚Freiheit, Gleichheit, Brüderlichkeit' in Wahrheit aussieht, es soll gesprochen werden von ‚Planerfüllung' und von sonstigem Interessanten, ohne den Stoff im Rahmen dieses Aufsatzes auch nur annähernd erschöpfend behandeln zu können.

---

41 Ohnesorge, A., Dr. Ing.: Warum ist die Wirtschaft der Sowjetunion zusammengebrochen? Der „Aufbau" der Industrie. „Ein großer Aufwand schmählich ward vertan". Goethe: „Faust". In: Laubenheimer, A. (Hrsg.): Und du siehst die Sowjets richtig. Berichte von deutschen und ausländischen „Spezialisten" aus der Sowjetunion, Berlin, Leipzig 1935, S. 163-176.

Die Menge des Wissenswerten ist ungeheuer groß! In dem angeblich ‚klassenlosen' Staatswesen der UdSSR, ist die ‚Masse Mensch', etwa 90 Prozent der Gesamtbevölkerung, bezüglich der Lebensmittelzuweisung auf Karten in drei Klassen, sog. Kategorien, eingeteilt, denen die Lebensmittelmengen sehr unterschiedlich zugeteilt werden.

In der III. Kategorie befinden sich alle Bauern, die heute noch außerhalb der Sowchosen, das sind die Staatsgüter, oder der Kolchosen, das sind die Dorfgemeinschaften, selbständig arbeiten, alle noch etwa selbständigen kleinen Handwerker, Gewerbetreibende oder nicht sonstwie organisierte Leute und alle Geistlichen und Arbeitslosen, von denen es trotz des lauten Geschreis weit mehr gibt als im heutigen Deutschland.

Diese Menschen erhalten keine Lebensmittelkarten, können also in den staatlichen Kooperativen gar nichts kaufen und müssen zusehen, wie sie sich ernähren. Millionen von ihnen verhungern! Der Sowjetstaat kümmert sich nicht um sie!!

In der II. Kategorie befinden sich alle kleineren Angestellten der Post, der Eisenbahn oder sonstiger Staatsbetriebe, der Handels- und Verwaltungsbehörden usw., sowie alle weiblichen Wesen, soweit sie nicht als Arbeiterinnen in Fabriken tätig sind, also alle Hausfrauen, Büroangestellten, Verkäuferinnen u. dgl.

Zur I. Kategorie gehören alle Ingenieure, Arbeiter, Meister, Abteilungsvorsteher, höhere Beamte, Wissenschaftler usw.

Die an den zuerst genannten 90 Prozent, die die ‚Masse Mensch' ausmachen, noch fehlenden 10 Prozent Menschen sind *eine ganz besondere Kategorie für sich*, die sich zusammensetzt aus höheren und höchsten Spitzen der Sowjetbehörden, hohen Parteileuten, Militärs, GPU und deren Trabanten.

Aus der nachstehenden Zusammenstellung geht hervor, was und wieviel es nun ist, was die Menschen der II. und I. Kategorie auf ihre Lebensmittelkarte pro Monat erhalten können. Alle Waren sind nur in den staatlichen Kooperativen zu erträglichen Preisen erhältlich, die in einem wenigstens einigermaßen richtigen Verhältnis zum Einkommen stehen.

Ware	Menge II. Kategorie kg	Menge I. Kategorie kg	In welcher Zeit	Preise in Rubel à kg
Butter	–	–	–	–
Brot	0,4	0,8	Täglich	0,20
Fleisch	–	1,0	Monatlich	3-5
Zucker	0,6	1,0	Monatlich	3,0
Graupen	0,6	1,0	Monatlich	0,18
Makkaroni	–	–	–	–
Eier	–	–	–	–
Mehl	–	–	–	–
Heringe	–	0,5	Monatlich	1,0
Kartoffeln	5,0	8-10	Monatlich	0,25
Zwiebeln	–	–	–	–
Tee	–	–	–	–
Fisch	–	–	–	–
Margarine	–	0,4	Monatlich	?

Bemerkt sei zu dieser Aufstellung, daß es für diese aufgezählten Waren wohl die Karten regelmäßig gibt. Ob aber die Ware verabfolgt wird, hängt davon ab, ob sie da ist!

Sehr oft ist es nicht der Fall. Sicher gerechnet werden kann nur mit dem Brot in der Stadt!

Für besonders qualifizierte oder bevorzugte Leute, sog. ‚Udarniki' (Stoßtruppler), gibt es hin und wieder eine Zusatzkarte für 1 kg Fleisch, 1/2 kg Zucker oder sonst etwas. – Auch mit dieser Zusatzware geht es wie mit den Waren auf Normalkarte: sie werden verteilt, sofern sie da sind.

Seife oder sonstige Gegenstände, die für jeden Kulturmenschen Bedürfnis sind, gibt es auf Karten überhaupt nicht.

Eine geradezu katastrophale Angelegenheit ist die Versorgung der Bevölkerung mit Petroleum. – Für den Russen ist Petroleum eine ebenso große Lebensnotwendigkeit wie das Brot, weil er sich nur mit dessen Hilfe eine warme Mahlzeit oder den unvermeidlichen Tee kochen kann. In Rußland, selbst in den Großstädten wie Moskau, Leningrad, wird fast ausschließlich mit Petroleum auf sog. Primus-Apparaten gekocht, da der gewöhnliche Sterbliche kein Brennholz bekommen kann, ausgerechnet in Rußland, dem holzreichsten Lande der Erde!

Das Petroleum ist von 1930 bis zum Jahre 1934 im Preise von 10 auf 45 Kopeken pro Liter gestiegen. Die Gehälter der Leute wurden aber nicht etwa erhöht, sondern im Laufe dieser Zeit viermal rücksichtslos reduziert.

Obwohl Rußland das zweitreichste Land der Welt an Erdöl ist, kann die Bevölkerung das Petroleum nur ‚erstehen', weil die sowjetrussische Regierung die Erdölproduktion zum größten Teile ausführt zwecks Devisenbeschaffung, oder für ihre militärischen oder industriellen Zwecke verwendet. Oft gibt es tagelang keinen Tropfen zu kaufen. Morgens um 4 Uhr fangen die Leute an ‚anzustehen', in der Hoffnung, daß heute endlich der langersehnte Tankwagen bei den Verkaufsstellen ankommt. Werden sie der Lieferwagen ansichtig, so rennt alles herbei und in kürzester Zeit ist eine ‚Schlange', oft von mehreren 100 Metern Länge gebildet. Ausgegeben wird, solange der angelieferte Vorrat reicht, und nur zu oft geht die Hälfte trotz stundenlangen Wartens, natürlich auch in den kalten russischen Wintern, leer aus.

Schlange vor einer Petroleum-Verteilungsstelle

Wenn man sich nun die Aufstellung der erhältlichen Lebensmittelsorten und -mengen noch einmal ansieht, so ist es wohl jedem Menschen absolut klar, daß diese selbst für den an sich sehr anspruchslosen Russen nicht annähernd genügen.

Deshalb hat nun die „einsichtige und fürsorgliche" Sowjetregierung für Abhilfe gesorgt, indem sie in großer Zahl sog. ‚freie Handelsgeschäfte' eingerichtet hat, in denen eine Reihe von Lebensmitteln ohne Karte zu hohen Preisen gegen Sowjetrubel gekauft werden können.

Daneben bestehen noch die sog. ‚Torgsin'-Geschäfte, in welchen gegen ausländische Zahlungsmittel oder gegen Torgsin-Bons alles zum Leben Notwendige und Entbehrliche in jeder Menge und in guter Qualität zu haben ist.

Torgsin-Bons sind erhältlich gegen Tausch von Gold- und Silbersachen – auch Goldplomben oder -kronen – oder sonstige Wertgegenstände, wie Edelsteine, Teppiche, wertvolle Ölgemälde usw. in den zu Umtauschzwecken eingerichteten staatlichen Büros.

Wird ein Russe von seinen im Ausland lebenden Verwandten oder Freunden durch Geldsendungen unterstützt, so zahlt die Staatsbank dieses Geld nicht etwa in bar an den Adressaten aus, sondern gibt ihm dafür ‚Torgsin-Bons', wobei die Staatsbank für ihre gehabte ‚Mühe' etwa 15 Prozent des Betrages für sich einbehält!

Wer also nur irgendwie noch etwas Goldenes oder Silbernes – Uhrengehäuse oder Ketten, silberne Eßbestecke usw. – hat, tauscht diese gegen die dringendsten Nahrungsmittel oder Kleidungsstücke ein. Die Preise in den Torgsin-Läden entsprechen etwa den Weltmarktpreisen, wobei 1 Goldrubel nach deutschem Geld 2,16 Mark kostet.

So zieht die Sowjetregierung die letzten kümmerlichen Reste an Vermögenswerten aus dem Volke, um dafür eine Industrie, die vorerst nur Kriegsindustrie ist, zu bauen!

Neben allen diesen staatlichen Kaufmöglichkeiten besteht noch außerdem der ‚freie Markt', wo der Bauer seinen geringen Überschuß an Lebensmitteln feilhält, wo aber auch alles Sonstige, wie alte Kleider, Schuhe, Schleich- und Schieberware von Menschen, die sich ihrer entbehrlichen Habseligkeiten entäußern wollen, um das nackte Leben fristen zu können, angeboten wird. Die hier üblichen Preise liegen etwa in der gleichen Höhe wie in den staatlichen freien Handelsgeschäften.

Ich habe sie in nachstehender Tabelle neben die Torgsin-preise (Goldrubel) gestellt, um zu zeigen, in welchem Verhältnis der Sowjetrubel zum Goldrubel steht. Das Verhältnis ist etwa, 1:40! – Das ist aber beileibe keine Inflation! Wehe dem, der davon laut spricht!

Ware		Preise in Sowjetrubel (freier Handel)	Preise Goldrubel (Torgsin)
Butter	1 kg	24,0-30,0	0,60-0,70
Wurst	1 kg	18,0-27,0	0,40-0,90
Käse	1 kg	20,0-30,0	0,50-0,60
Schinken und Speck	1 kg	35,0	0,90-1,00
Zucker	1 kg	15,0	0,40-0,50
Fleisch (Rind)	1 kg	12,0	0,30
Fleisch (Schwein)	1 kg	16,0	0,40
Eier	10 Stück	8,0-9,0	0,20
Kartoffeln	1 kg	1,20	0,02
Graupen	1 kg	6,0-8,0	0,12-0,15
Tee	50 g	10,0	0,50
Öl	1 Liter	50,0	1,0
Milch	1 Liter	2,50-3,0	0,10
Zwiebeln	4 Stück	1,0	–
Schokolade	1 Tafel	12,0	0,18-0,25
Zigaretten	25 Stück	3,0-4,0	0,08-0,12

Es verdient	pro Monat brutto Rubel
Ein qualifizierter Arbeiter	120-130
Ein ungelernter Arbeiter	60-130
Kleinere Büroangestellte, männliche oder weibliche	80-175
Musiker, Schauspieler	200-300
Allererste Kräfte dieser Berufsgruppe	bis 500
Mittlere Beamte, Meister, Techniker, junge Ingenieure	bis 300
Hauptingenieure und leitende Beamte	bis 500
Übersetzer, Dolmetscher, wissenschaftliche Arbeiter, Ärzte	200-300
Direktoren (meist Parteileute)	400-800
GPU.-Beamte, hohe Militärs- und Regierungsbeamte	600-?

Es ist ganz selbstverständlich, daß nur die allerwenigsten Menschen auf die Dauer diese Preise anlegen oder in Gold bezahlen können, denn die Einkünfte des russischen Werktätigen stehen in gar keinem Verhältnis zu diesen Preisen.

Von diesen Bruttoeinnahmen gehen die regelmäßigen Abzüge ab für Steuern, Gewerkschafts- und Parteibeiträge, die Rate für die jedes Jahr wieder neu aufgelegte Staatsanleihe, die jeder mindestens in Höhe eines Monatsgehaltes zu zahlen hat, ferner die für irgendwelchen kulturellen Zweck usw. usw., die zusammen 20-25 Prozent betragen. Nach Abzug der Hausmiete, Straßenbahnkarte und sonstiger allernotwendigster Ausgaben bleibt für das nackte Leben recht wenig, für Kleidung, Schuhe schon gar nichts und für besondere Ausgaben erst recht nichts übrig.

Um überhaupt den Lebensunterhalt in dem ‚Paradies des werktätigen Volkes' bestreiten zu können, sind die Menschen bestrebt, sich neben ihrer normalen Dienststelle noch für den Abend oder für zu Hause eine Arbeit zu beschaffen, um auf diese Weise noch nebenher Geld zu verdienen. Da in Sowjetrußland das Projektemachen nicht abbricht und eine Phantasie die andere jagt, sind für Ingenieure derartige Arbeiten nicht allzu schwer zu erhalten.

Die russischen Techniker und Ingenieure erhöhen so ihre Einkommen um 200-500 Rubel monatlich, wohlverstanden nur bei mehrstündigen regelmäßigen Abendarbeiten, und sind so in der Lage, sich auf dem ‚freien Markt' oder in den ‚freien Handelsgeschäften' Butter, Fleisch, Kartoffeln, Brot, Mehl oder mal ein Paar Schuhe zu 100-150 Rubel pro Paar oder einen Anzug zu 400-1.000 Rubel kaufen zu können.

Ich kenne Hunderte von Fällen, wo diese Menschen Tag für Tag monatelang von morgens 9 Uhr bis abends 11 Uhr ‚arbeiten'. Was bei einer solchen Arbeiterei bei dem durch mangelhafte Ernährung geschwächten Körper an Geistesprodukten herauskommt, kann man sich unschwer vorstellen. An seiner offiziellen Dienststelle sitzt er die Zeit meistens nur ab, um sich ‚frisch' zu halten für die Abendarbeit, wo er ja immerhin etwas leisten und vorzeigen muß, um sein Geld zu erhalten.

Aber nur den allerwenigsten gelingt es, derartige Nebenarbeiten zu bekommen. Die *große Masse* der Arbeiter ist deshalb gezwungen, bei dem geringen Einkommen mittags in den staatlichen Speisehäusern oder in den Werkskantinen eine warme Suppe, die für deutsche Begriffe eine scheußliche Brühe ist, oder irgendeinen Brei (Kascha) oder Salzfisch oder auch mal etwas Fleisch zu genießen. Für abends hat er dann zu Hause trockenes Brot, wenn es gut geht, etwas Hering oder eine Gurke und Tee. Morgens, bevor er zum Büro oder zur Arbeitsstelle geht, dasselbe!

Die bis jetzt geschilderten Kauf- und Ernährungsmöglichkeiten existieren nur in den größeren Städten, wie Moskau, Leningrad, Charkow, Odessa oder in einigen anderen Industrie-und Verwaltungszentren. In kleineren Landstädtchen, die ich auch aus eigener Anschauung kenne, sieht es furchtbar aus und auf dem Lande selbst gibt es fast gar nichts!

In den kleinen Landstädten bekommt nur der in einem staatlichen Betrieb (Sägewerke, Stein- oder Kalkbrüche, kleinere Fabriken usw.) Arbeitende 200-500 g Schwarzbrot pro Tag – *seine Angehörigen dieses nicht einmal* – und sonst nichts, weder Zucker noch Graupen, Makkaroni usw. Petroleum gibt es in diesen Orten, wenn es gut geht, 2-3 Liter pro Monat. Dabei ist aber nicht etwa elektrisches Licht in jenen Ortschaften.

Auch die Wohnverhältnisse in den Großstädten sind für die bescheidensten Begriffe eines Kulturmenschen geradezu entsetzlich!

Jeder Mensch hat Anspruch auf 9 qm Wohnfläche, für die der Mietpreis mit 1,32 Rubel/qm und Monat staatlich festgelegt ist; jeder weitere kostet das Dreifache, also 3,96 Rubel.

Da ich ein Privatzimmer bei einer Familie gefunden hatte, welches an sich anständig möbliert und sauber war (eine große Seltenheit) und eine Größe von etwa 6x7m, also 42 qm hatte, waren dafür an das sog. Hausbüro an Miete abzuführen:

Für 9 qm à 1,32 Rubel	11,88 Rubel
Für 35 qm à 3,96 Rubel	130,68 Rubel
Gesamtmiete also	142,56 Rubel

Mich drückte dieser ungeheure Mietspreis weniger, da ich vertraglich freie Wohnung hatte.

Der Russe, welcher seine Wohnung selbst zu bezahlen hat, ist schon in Anbetracht der Mietshöhe bestrebt, so ‚klein' wie möglich zu wohnen.

Der Zuzug der Landbevölkerung in die Städte, in denen sie Arbeit und damit Brot zu finden hofft, ist derartig groß, daß eine ungeheure Wohnungsnot herrscht.

So z. B. hat die Einwohnerzahl Leningrads einen Zuwachs im Laufe der letzten 10 Jahre von 1,5 Millionen Menschen erhalten und hat somit heute gegenüber der Friedenszeit eine Einwohnerzahl von rund 3 Millionen Menschen.

Um alle diese Zugewanderten, die wirklich einen Arbeitsplatz gefunden haben, unterzubringen, werden Zwangseinquartierungen vorgenommen, gegen die sich der Russe nicht wehren kann.

Durch diese Umstände wohnen heute in jeder normalen 4-, 5-, 8- oder 10-Zimmerwohnung fast ebensoviel Parteien, die natürlich in den meisten Fällen noch aus mehreren Köpfen bestehen, bei einer Küche, einem Klosett und evtl. einem Baderaum.

Mir sind viele solcher Wohnungen bekannt, die ich mit Adresse angeben könnte.

So z. B. wohnen heute in einer ehemaligen 5-Zimmerwohnung 4 Parteien von zusammen 14 Köpfen. Der einstmalige Wohnungsinhaber war ein Deutscher. Die Familie, bestehend aus Frau und 4 Kindern im Alter von 26-14 Jahren sind soweit verdrängt, daß sie noch ein Zimmer und einen ehemaligen Abstellraum bewohnen, die Küche wird natürlich von allen Parteien gemeinsam benutzt. Man kann sich vorstellen, welches Durcheinander und auch welchen Zank es gibt, wenn 4 Hausfrauen gemeinsam wirken und sich gegenseitig in die ‚Töpfe' gucken!

Zur Illustration will ich noch einen zweiten Fall anführen: Die Verwandten einer mir befreundeten Familie aus Deutschland suchte ich auf Bitten der letzteren im Herbst 1933 auf, um diesen dann wahrheitsgetreu berichten zu können, wie die russischen Angehörigen leben und wohnen.

Das Herz hat sich mir bei diesem Besuch im Leibe herumgedreht. 5 Menschen – die Großmutter, die Eltern und 2 Kinder im Alter von 7 und 9 Jahren – hausen in einem Raum von 4,5 x 5 m.

Die Großmutter kann natürlich nicht mehr arbeiten – sie hat auch genug mit dem Flicken der Garderobe zu tun–, bekommt deshalb auch keine Lebensmittelkarten. Der Vater ist Komponist, hat nur hin und wieder einen Auftrag und deswegen auch nur zeitweise Lebensmittelkarten. Die Mutter hat eine Stellung als Sekretärin bei einem Filmtrust und befindet sich in der II. Kategorie.

Die Eltern mit den 2 Kindern lebten bis 1932 als Emigranten in Deutschland und waren auf Bitten der Großmutter, die vor Sehnsucht nach ihrer Tochter ‚verging', nach Rußland zurückgekehrt in der Überzeugung, daß die russischen Berichte, wie ‚herrlich es aufwärtsgehe', stimmten. Oh, welche Enttäuschung! Aufwärts geht es dort nur mit den Preisen aller zum Leben notwendigsten Gegenstände! Die beiden Mädchen hatten ewig Hunger – die Alten übrigens auch –, schliefen Nacht für Nacht auf zwei zusammengeschobenen Sesseln und trauten sich nicht in die sowjetrussische Schule, weil sie dort von den Mitschülern gehänselt und geschlagen wurden, außerdem hatte die Ältere in Deutschland die Volksschule besucht, so daß sie schon Vergleiche ziehen konnte.

Das Zimmer war natürlich übervoll mit Möbeln – ein Riesenflügel stand auch noch darin–. Wie und wo die drei Erwachsenen schliefen, ist mir schleierhaft geblieben, ich sah nur eine Ottomane. Einer schlief fraglos auf, in oder unter dem Flügel. Es war schrecklich!

Die Großmutter war die frühere Inhaberin dieser 6-Zimmerwohnung, in der heute 5 Parteien mit zusammen 18 Köpfen wohnen. Wie die Toiletten einer solchen Wohnung oder überhaupt in Sowjetrußland aussehen und wie sie benutzt werden, das ist ein ganz besonderes Kapitel für sich, über das man besser schweigt, weil einem das Gruseln dabei ankommt!

Das wäre so in großen Zügen das Bild von dem Leben, das heute 90 Prozent aller Menschen im ‚Paradies des werktätigen Volkes' leben!

Nur die 10 Prozent Menschen, die ich anfangs dieses Aufsatzes als ‚eine besondere Kategorie' bezeichnet habe, leben anders.

Sie haben alles was das Leben angenehm und freundlich gestalten kann: genügend gute Lebens- und Genußmittel, anständige Garderobe, die sie in den eigens für sie eingerichteten Kooperativen zu angemessenen Preisen kaufen, in die nie ein Außenstehender hineinsehen, geschweige denn selbst etwas kaufen kann. Sie haben sogar ihre Spezialapotheken und Kliniken, haben gute und geräumige Wohnungen mit Dienstpersonal, im Winter auch genügend Holz, Automobile und Sommerwohnungen, sog. ‚Datschen', in denen die Sommermonate verbracht werden.

Wie diese 10 Prozent ‚Auserwählten' leben, konnte ich durch besondere Umstände aus eigener Anschauung kennen lernen. So sieht es mit der ‚Freiheit, Gleichheit, Brüderlichkeit' in dem ‚klassenlosen' Staate Sowjetrußland aus!

Die Industrialisierung des Landes, von deren Durchführung alle das versprochene ‚Paradies' erhofft hatten, ist ein weiteres, sehr interessantes Kapitel.

Das Kapitel ‚Industrialisierung und Planerfüllung' ist unerschöpflich. Ich kann im Rahmen dieses Aufsatzes nur einen ganz kleinen Ausschnitt geben. Allein von den mir bekannten Fällen, wie der Plan ‚erfüllt' worden ist, d. h. wie er in Wirklichkeit nach den Begriffen eines objektiv urteilenden Fachmannes nicht erfüllt wurde, könnte ich ein ganzes Buch schreiben.

Einer Textil- und Webereimaschinenfabrik Leningrads z. B. (die im alten Rußland schon bestand) waren für das Jahr 1933 vom obersten Planbüro in Moskau 4 Stück 25.000-kW-Turbinen zugeteilt. Der Leitung und der Belegschaft fehlte jede Erfahrung. Die Aufnahme der Fabrikation war befohlen und die Turbinen mußten gebaut werden.

Im Laufe des Jahres hatte sich herausgestellt, daß man 4 Aggregate beim besten Willen nicht schaffen konnte. Das Sollquantum wurde stillschweigend reduziert auf 2 Turbinen.

Im Dezember 1933 erschienen prompt in der ‚Iswestija' großartige Artikel, die besagten, die Fabrik habe ihren ‚Plan' erfüllt!

Ob die Turbinen tatsächlich einwandfrei nach ihrer Aufstellung gelaufen sind, konnte ich nicht mehr erfahren. Ich glaube es nicht.

Ein anderes bedeutendes Werk hatte eine 50.000-kW-Turbine fertiggestellt. Mit Musik und Tamtam ließ man sie auf dem Prüfstand anlaufen, wo große feierliche Reden gehalten wurden.

Das ‚Eingeweide' – wenn ich mal so sagen darf – dieser ersten 50.000-kW-Turbine stammte aus einer ausländischen und war in das russische Gehäuse ‚transplantiert' worden. Die ganze Turbine war natürlich in der Zeitung rein russisches Erzeugnis!! Auf dem Prüfstand ist sie tatsächlich gelaufen, aber nicht mit voller

Tourenzahl. Als man sie dann mit Mühe und Not in einem neuen Kraftwerk aufgestellt hatte, alles fertig zur ersten Inbetriebsetzung war und man sie probeweise in Gang setzte, zitterte und bebte das ganze Maschinenhaus schon bei 300 Touren derart beängstigend, daß alles schnellstens wieder stillgesetzt werden mußte! Das Fundament war leider ein wenig zu schwach ausgefallen! – Ich habe die Schmiede einer Leningrader Waggonfabrik reorganisiert für eine Leistung von 750 Personenwagen, die ihr für das Jahr 1932 zugeteilt waren. Als wir mit unseren Arbeiten ungefähr fertig waren, wurde auf höchste Anordnung das Sollquantum auf 1.500 Wagen erhöht. Wir fingen noch einmal von vorne an. Ich muß an dieser Stelle zur Charakterisierung der sowjetrussischen Arbeits- und Fabrikationsweise anführen, daß z. B. eine Waggonfabrik nicht etwa für die verschiedensten Zubehörteile Unterlieferanten hat, welche die sog. Zug- und Stoßvorrichtung des Waggons, die Nieten, Schrauben, Schlösser für die Türen und die hunderterlei Kleinigkeiten liefern, die in Deutschland und in jedem anderen Industrieland von den einschlägigen Spezialfabriken hergestellt werden. Jedes Werk in Rußland macht alles selbst, jede Waggon- oder Lokomotivfabrik jeden kleinsten Teil, welcher zu einem Waggon gehört. Wie unrentabel dieses Verfahren ist und wie teuer alles wird, spielt nach Ansicht der meisten Russen gar keine Rolle! Bei Einwendungen in dieser Hinsicht, die ich tausendmal gemacht habe, wird einem gesagt: ‚Derartige Fragen kommen nur in kapitalistischen Ländern in Betracht!‘

Der russische Konstrukteur läßt bei der Ausarbeitung seiner Konstruktionen die Gestehungskosten vollkommen außer acht. Er berauscht sich an seiner schönen Zeichnung und setzt unglaublich viel Maße hinein. Nach den Begriffen eines sachverständigen Technikers malt er, aber er konstruiert nicht!

Und die Materialanlieferung? – Sie kann nur in ganz unvollkommener Weise erfolgen, da trotz aller neuen Walzwerke die Mengen und Dimensionen nur ganz ungenügend vorrätig sind.

Wird eine Abmessung gebraucht und ist sie nicht da, wird abgedreht oder umgeschmiedet!

In derselben Waggonfabrik, von der ich sprach, sah ich z. B. die Kolonne eines 30-Zentner-Hammers damit beschäftigt, kleine Blechabfälle von Stanzteilen umzuschmieden von 14 mm auf 10 mm Stärke. Auf meine Frage ‚warum‘, wurde mir vom Betriebsleiter gesagt: ‚Wir brauchen Material in dieser Stärke dringend für Laschen und haben nichts anderes, können auch nichts bekommen‘. Diese Waggonfabrik stellt ihre Gesenke ausschließlich aus umgeschmiedeten alten Radbandagen oder Achsen her, weil Gesenkstahl trotz aller neuen Stahlwerke nicht zu bekommen war.

Die alten Waggonachsen werden überhaupt immer zu Flach- oder Rundmaterial umgeschmiedet und verwendet, wie die Dimensionen gerade gebraucht werden. Qualitätszahlen spielen dabei gar keine Rolle. Die Hauptsache ist, daß das Fertigfabrikat zusammengehauen wird und aus dem Fabrikhof auf irgendeine Weise herausrollen kann. – *Dann ist der Plan erfüllt!!*

Die von mir zitierte Waggonfabrik hat nach ‚erfülltem Plan‘ im Jahre 1932 soviel Waggons von der Eisenbahnverwaltung zurückerhalten, daß 2,5 Millionen Rubel für nachträgliche Reparaturen aufgewendet werden mußten.

Der Materialmangel ist ungeheuer. Die Findigkeit der russischen, 'Fachleute' geht so weit, daß sie sogar Blattfederstahl schweißen, d. h. bei einer zu reparierenden Blattfeder werden die gebrochenen Blätter nicht weggeworfen, sondern die zwei Bruchstücke fein säuberlich aneinandergeschweißt, auf eine nächstgrößere Länge geschnitten und wieder eingebaut!

Daß eine derartige Feder beim ersten kräftigen Schienenstoß wieder bricht, ist selbstverständlich, aber beim langsamen Herausrollen aus dem Fabrikhof merkt man nichts und das ist die Hauptsache. So werden ‚die Pläne erfüllt!'

Bei der Reorganisation alter und der Projektierung neuer Werke wird natürlich alles auf das Modernste und Rationellste angesetzt, ein ganz genauer Fabrikationsplan aufgestellt und durchgearbeitet und die Fabrikationsprozesse und Herstellungsverfahren nach vorhergegangenen Zeitstudien unter Zugrundelegung des geeigneten Materials festgelegt, ebenso der Material An- und -Abtransport auf das Peinlichste und ohne jede Überschneidung oder Rückwege projektiert. Es werden die zweckmäßigsten Werkzeuge entworfen und konstruiert und ein genauer Rentabilitätsnachweis der ganzen Anlage bis in die kleinsten Details geführt.

Die ‚OST'-Normen, die unseren ‚DIN' entsprechen, hat jedes Büro in mehreren Exemplaren zur Verfügung, von denen auch tatsächlich nicht abgewichen wird. Ganze Bände werden zusammengeschrieben – gerechnet und – gezeichnet und alles stimmt haargenau, bis auf drei Stellen hinter dem Komma!

In der Theorie und auf dem Papier ist alles richtig, nur nicht in der Praxis.

Die neuerbauten Werke arbeiten nur mit einem geringen Bruchteil ihrer Leistungsfähigkeit und die Produktion dieser Werke ist dabei noch zu einem großen Prozentsatz nach unseren Begriffen ‚*Ausschuß*'. In den veröffentlichten Statistiken, die auch in unserer Tagespresse oder in den führenden technischen deutschen Zeitschriften erscheinen, wird dieser Ausschuß natürlich als ‚gute Ware' in die Produktion eingerechnet.

Daraus ergibt sich das gänzlich verzerrte Bild, welches man sich in Deutschland, auch in führenden deutschen Industriekreisen, von den Erfolgen der Industrialisierung macht.

Mir sind Fälle bekannt, wo die Monatsproduktion einer Magnetfabrik für den Automobil- und Traktorenbau zu 80 Prozent Schrott war! 30-50 Prozent ist das Normale!

Die Sowjetregierung gab zu Anfang des Jahres 1933 in ihren offiziellen Zeitungen selbst an, daß 60 Prozent aller bisher fertiggestellten Traktoren gänzlich unbrauchbar waren, weitere 30 Prozent einer ganz durchgreifenden Reparatur bedurften, um sie für die Erntekampagne 1933 verwenden zu können und nur 10 Prozent direkt gebrauchsfähig waren.

Auf allen anderen Industriegebieten hat man absolut das gleiche Bild. Alles, was für den Inlandsbedarf gebraucht wird, ist unglaublich schlecht und oberflächlich hergestellt, nur damit der Plan erfüllt werden kann. Diese Lotterwirtschaft wirkt sich z. B. in städtischen Autobusbetrieben, die mit aller Gewalt ausgebaut werden sollen, dahin aus, daß von den laufenden Autobussen (in Leningrad sind es etwa 200) 60 Prozent ständig außer Betrieb sind und repariert werden müssen. Die Kosten dieser Reparatur sind Nebensache und erscheinen in keiner Statistik. Die Hauptsache ist, daß auf dem Papier dem Stadtbetriebe 200 Autobusse zugeführt sind; welche Lebensdauer sie haben, ist dem Lieferwerk gänzlich gleichgültig.

Diese Tatsache ist mir bekannt geworden durch einen leitenden Beamten des Verkehrstrustes, so daß der Prozentsatz der sich ständig in Reparatur befindlichen Wagen eher zu niedrig als zu hoch angegeben worden ist.

Was in Sowjetrußland an Werken vielleicht am besten funktioniert, sind die Gewehr- und Munitionsfabriken in Tula, die ‚Traktorenfabriken', sprich Tankfabriken, in Stalingrad, Charkow und Leningrad und die Kanonenfabriken und Flugzeugwerke.

Diese Werke werden in der Belieferung von Material und Baustoffen in allererster Linie bevorzugt.

Der nächstwichtige Verbraucher ist die Eisenbahn Verwaltung, da ja auch der Ausbau des Eisenbahnnetzes und des Wagenparkes strategisch sehr wichtig ist. In den dann noch verbleibenden kleinen Rest können sich die übrigen Fabriken teilen.

Ich habe für eine bedeutende Maschinenfabrik einen Schmiedeofen von 1,0 x 1,5 m Herdfläche für Kohlebefeuerung konstruiert, der tatsächlich dringend gebraucht wurde, da diesem Werk über das ihm zugeteilte Quantum Naphtha hinaus trotz aller Vorstellungen nichts mehr bewilligt werden konnte. – Es hat 1¼ Jahre gedauert, bis man diesen kleinen Schmiedeofen in Betrieb nehmen konnte, weil die Werkleitung von dem ihr zugewiesenen Kontingent feuerfester Steine nicht so viel abzweigen konnte, um den Ofen ohne Unterbrechung fertigstellen zu können. Ich hatte bei der Konstruktion des Ofens, auf die mir bekannte Steinkalamität Rücksicht nehmend, keinen einzigen Formstein verwendet, sondern nur Normalsteine und sog. Wölber. Letztere waren überhaupt nicht zu erhalten und es mußte jeder Gewölbestein einzeln behauen werden. Dabei hat man in den letzten vier Jahren sieben keramische Riesenwerke gebaut.

Entscheidend für die Zuteilung von Roh- und Baustoffen ist allein der Grad der Kriegswichtigkeit.

Mir sagte ein hoher russischer Regierungsbeamter, daß jedes Werk der Sowjetunion vorerst ein Militärwerk sei!

Die Industrialisierung des Landes dient zunächst ganz allein dem Zweck, eine große Kriegsindustrie zu schaffen, bei der eine Rentabilität der Anlagen vorerst eine vollkommen untergeordnete Rolle spielt. –

Niemals gibt die Komintern die Hoffnung auf, die Welt doch noch mit dem Kommunismus zu ‚beglücken'.

Wann wohl wird der Unterausschuß des Völkerbundes zusammentreten, um die Sowjetunion zu bereisen, welcher hier die Zustände objektiv untersucht, damit die Kulturwelt wahre Kunde durch offizielle Behörden und Persönlichkeiten erhält von den Grausamkeiten der führenden Kreise der kommunistischen Internationale, der Bevölkerung Rußlands gegenüber, von dem Elend und der Rechtlosigkeit der Massen, – der Kunde gibt von dem Lande, in welchem die jedem Kulturvolk heiligsten Menschenrechte und die Glaubensfreiheit mit Füßen getreten werden, wo der Raub am Besitz des Einzelnen öffentlich sanktioniert und organisiert ist, wo Millionen von Menschen langsam aber sicher hinsiechen, weil es an den notwendigsten Nahrungsmitteln und für Kranke an den einfachsten Medikamenten fehlt, während die Machthaber und deren Trabanten alles haben, was das Leben angenehm und annehmbar zu gestalten vermag, auf daß sich die positiven Kräfte aller Völker der Erde zusammenschließen, um den Angriff der kommunistischen Weltrevolution abzuwenden, der die ganze Welt zu verseuchen droht.

Beim Völkerbund hat man zwar Unterausschüsse für die Bekämpfung des Menschenhandels eingesetzt, warum gibt es keinen für die Bekämpfung der Weltrevolution? Beim Menschenhandel werden wertvolle Einzelschicksale zugrundegerichtet: *Hier steht das Schicksal von Millionen Menschen, ja eines ganzen Kulturvolkes auf dem Spiel!*“[42]

„Im Torgsin“

„Fast in allen russischen Städten gibt es eine Reihe von Läden, wo man in den Schaufenstern nichts von einer Knappheit an Lebensmitteln und Kleidern merkt. Das sind die „Torgsin“-Läden. Vor ihnen stehen die Leute in kleinen Gruppen und sehen sehnsüchtig nach dem Obst, das verlockend in kleinen Pyramiden aufgeschichtet ist, mustern die geschmackvoll arrangierten Stiefel und Pelzmäntel, und bei dem Anblick von Butter, Weißbrot und anderen Delikatessen läuft ihnen das Wasser im Munde zusammen – alles Herrlichkeiten, von denen sie nur träumen können. Kaufen können sie nichts, denn hier heißt das Sesam blankes Gold oder ausländische Währung, und die Mehrzahl der Leute besitzt weder das eine noch das andere. Und wenn einer ein bisschen Gold hat, so tut er gescheiter, darüber den Mund zu halten. Die Stammkunden in diesen Läden sind meistens Ausländer, denen ihre im Ausland lebenden Verwandten Geld überweisen können. Für das große Publikum kommen diese Läden nicht in Frage, ebensowenig wie die besonderen Warenhäuser der OGPU, der Roten Armee und der höheren kommunistischen Beamten“.[43]

Die Torgsin-Läden waren das Modell für die Intershops[44] in der DDR und die Spezialläden in Wandlitz für das Politbüro und ihm nahestehende Personen.[45]

Die Phantasie eines Menschen in unserem Kulturkreise reicht nicht aus, um sich eine Vorstellung von dem oben geschilderten Leben zu machen. Der folgende Bilderbericht vermittelt einen Eindruck von dem Leben des russischen Volkes in der Stadt. Die unendlich traurigen Schicksale des Bauerntums werden im Bildteil am Schluß des Buches aufgezeigt.

---

42 Ohnesorge, A.: Warum ist die Wirtschaft der Sowjetunion zusammengebrochen? In: Laubenheimer, A. (Hrsg.): Und du siehst die Sowjets richtig. Berichte von deutschen und ausländischen „Spezialisten“ aus der Sowjetunion, Berlin, Leipzig 1935, S. 17-32.

43 Ebd., S. 100. Muggeridge: Winter in Moscow, London 1934.

44 S. 1236 ff.

45 S. 1252 ff.

Bilder aus dem Alltag – Von Obering. K. Haase

Das Leben wogt auf Moskaus Straßen vom Morgen bis in den späten Abend. Es ist täglich das gleiche Bild. Die Massen der überbevölkerten Stadt sind dauernd unterwegs auf der Jagd nach Lebensmitteln und Bedarfsgegenständen, sie irren durch die Magazine und finden nur selten, was sie suchen. Das Geschiebe ist rücksichtslos, die Masse kennt keine Rücksichtnahme oder gar Höflichkeit. Man wird von hinten und von vorn, von link und von rechts angerempelt. Man muß sich auch in acht nehmen, daß man von der häßlichen Angewohnheit des Überallhinspuckens nicht besudelt wird. Betrachtet man sich die einzelnen Menschen dieser wogenden Menge, so fällt die allgemeine Dürftigkeit nur allzu deutlich auf. abgetragene, zerschlissene Kleidung, durchgelaufene und schiefgetretene Schuhe sind vorherrschend.

Kriegszerstörungen 1941-1945. „Die deutsche Okkupation der westlichen und südlichen Gebiete des Europäischen Rußland wirkte sich besonders schwer auf die Erzeugung von landwirtschaftlichen Produkten, wie Brot, Zucker, Sonnenblumenöl, Butter, Fleisch, und die Produktion der Schwerindustrie – Kohle, Roheisen, Maschinen – aus. Während der Okkupationszeit haben die Deutschen:

1.710 Städte zerstört,
mehr als 70.000 Dörfer und Flecken niedergebrannt,
über 6.000.000 Gebäude vernichtet,
25 Millionen Menschen obdachlos gemacht,
31.850 Industriebetriebe (mit 4.000.000 Arbeitern) zerstört,

65.000 Eisenhahngeleise zerstört,
15.800 Lokomotiven und 428.000 Eisenbahnwagen vernichtet oder weggeführt, sowie der Bevölkerung entwendet oder abgeschlachtet:
7 Millionen Pferde,
17 Millionen Stück Rindvieh,
27 Millionen Schafe und Ziegen,
20 Millionen Schweine.

Der durch diese Zerstörungen und Plünderungen dem Nationalvermögen zugefügte Schaden beziffert sich auf 679 Milliarden Rubel, nach dem offiziellen Kurse – 128 Milliarden Dollar. Nach dem Ural und nach Sibirien wurden 1.300 industrielle Unternehmen evakuiert, die dort auch bleiben werden. Die obdachlos gewordene Bevölkerung wohnte und wohnt teils auch jetzt noch in „Untergrundbehausungen" („podsemki") – in der Erde ausgegrabenen Löchern unter einem erdüberschütteten Dach. Zur Aussaat und zum Gemüsebau bestellte man die Aecker mit einer Hacke, bestenfalls pflügte man mit Kühen. Die Wiederherstellung der Wirtschaft in den besetzen Gebieten begann aber unverzüglich nach dem Abzug der Deutschen. Die Bauern gingen vor allem an die Wiederherstellung ihrer eigenen Wirtschaft, setzten Kartoffeln, pflanzten Gemüse an, bestellten die Aecker, bauten ihre nieder gebrannten Hütten auf, beschafften sich Kühe, Schweine und Hühner. Die Wiederherstellung der Kolchosen und Sowchosen geschah erst an zweiter Stelle.

Ein Korrespondent ausländischer Zeitungen, Jean Champenois, der in der Sowjetunion vor dem Kriege und während der ganzen Krieges lebte (1937-1945), bewertet den Zustand ihrer Volkswirtschaft nach dem Kriege folgendermaßen: „Wir persönlich waren niemals der Ansicht, daß die UdSSR aus diesem Krieg ruiniert und erschöpft hervorgehen würde; alle Anzeichen und alle positiven Tatsachen, die uns zur Verfügung stehen, widerlegen solch eine Einschätzung der Nachkriegslage der Volkswirtschaft in der UdSSR. Im Gegenteil, wir sind fest davon überzeugt, daß unter den Ländern des alten Kontinents die Sowjetunion ihre Volkswirtschaft eher als alle anderen wiederherstellen und weiterentwickeln wird, und daß sie in überraschend kurzer Zeit das Wohlstandsniveau, auf dem sie vor dem Kriege stand, nicht nur erreichen, sondern noch überschreiten wird".[46]

Mit dieser Diagnose und Prognose Herrn Champenois sind wir völlig einverstanden, möchten sie aber durch die Bemerkung ergänzen, daß das Vorkriegsniveau des Wohlstandes der Sowjetbevölkerung, nach europäischen Maßstäben gemessen, sehr niedrig war.

Die Sowjetmacht plant schon im Jahre 1948 das Vorkriegsniveau der volkswirtschaftlichen Produktion zu erreichen.[47]

Die Rolle der Ideologie in der Sowjetunion. „Die Lehre des Marxismus-Leninismus stellt die *Ideologie* oder, was das gleiche ist, den *Ausdruck der Interessen*

---

46 Champenois, Jean: Le peuple russe et la guerre, Paris, 1947, S. 258.

47 Prokopovicz, S. N.: Der vierte Fünfjahrplan der Sowjetunion 1948, S. 13 f., 17.

einer bestimmten Klasse innerhalb der Sowjetgesellschaft dar, nämlich *des Parteiapparates* (oder, vor der Revolution, der existenzlosen *Intelligenz*).

Von 1938 bis zum Tod Stalins (1953) diente die *Geschichte der Kommunistischen Partei der Sowjetunion (Bolschewiki)*, ein etwa 450 Seiten starker Band, als Grundlage der gesamten politischen Schulung in der Sowjetunion.[48] Das eigentliche ‚Dogma', den theoretischen Teil, bildete dabei nur ein etwa 33 Seiten starker Abschnitt des IV. Kapitels ‚Über den historischen und dialektischen Materialismus', dessen Verfasser Stalin selbst gewesen sein soll.

Vorher hatte es nur vereinzelte Werke verschiedener Autoren über den Marxismus-Leninismus gegeben; und dann die ‚Quellen', also die Originaltexte der Werke von Marx, Engels, Lenin und – später – Stalin. Die ‚theoretischen Werke' der frühen Sowjetautoren verschwanden Mitte der dreißiger Jahre, weil ihre Schöpfer, wie zum Beispiel N. I. Bucharin, Verfasser des weitverbreiteten *Abc des Kommunismus*, als ‚Feinde des Volkes' erschossen worden waren".[49]

Der vierte Fünfjahrplan der Sowjetunion 1946-1950. „Am 9. Juni 1947 wurde ein Erlaß (Ukas) des Obersten Sowjets der UdSSR über die Verantwortung für den Verrat von Staatsgeheimnissen und für den Verlust von Dokumenten, die ein Staatsgeheimnis enthielten, veröffentlicht. Durch diesen Erlaß wurde die Verbreitung von Mitteilungen nicht nur militärischen, sondern auch ökonomischen und wissenschaftlichen Charakters untersagt. Insbesondere verbot der Erlaß das Verbreiten folgender Angaben:

1. Angaben über die Industrie im ganzen und deren einzelne Zweige, über die Landwirtschaft, den Handel und die Verkehrswege, die vom Ministerrat der UdSSR als geheimzuhalten anerkannt würden.
2. Angaben über den Zustand der Währungsfonds, die laufende Zahlungsbilanz und die operativen Finanzpläne der UdSSR. Angaben über die Orte und die Ordnung der Aufbewahrung und des Transports von Edelmetallen des Staatsfonds, der Valutawerte und der Geldzeichen.
3. Pläne und Planvorlagen, die die Ein- und Ausfuhr einzelner Waren betreffen; Lage der Exportfonds von einzelnen Waren.
4. Angaben über die geologischen Vorkommen und die Gewinnung von Buntmetallen und von seltenen Metallen und Erden.
5. Mitteilungen über Entdeckungen, Erfindungen, technische Vervollkommnungen, Forschungs- und Experimentalarbeiten in allen nichtmilitärischen Domänen der Wissenschaft, der Technik und der Volkswirtschaft – bis zu deren endgültigem Abschluß und der Freigabe der Ergebnisse zur Veröffentlichung.

---

48 Geschichte der Kommunistischen Partei der Sowjetunion (Bolschewiki). Kurzer Lehrgang, gebilligt vom ZK der KPdSU (B) 1938, Berlin (-Ost) 1945.

49 Achminow, Herman F.: Die Totengräber des Kommunismus. Eine Soziologie der bolschewistischen Revolution, Stuttgart 1964, S. 222 f.

6. Nachrichten über die Verhandlungen, Beziehungen und Abkommen der UdSSR mit fremden Staaten, wie auch über beliebige andere Maßnahmen im Bereich der Außenpolitik und des Außenhandels, die nicht in offiziell veröffentlichten Berichten enthalten wären.

7. Andere Angaben, die durch den Ministerrat der UdSSR als nicht zur Veröffentlichung bestimmt erklärt würden.

Die Verbreitung der oben angeführten Angaben und Mitteilungen, insofern dieselbe nicht als Landesverrat oder Spionage qualifiziert werden könnte, wird durch Inhaftierung in einem Korrektions-Arbeitslager auf folgende Dauer geahndet:

Verbreitung durch Privatpersonen – auf die Dauer von 5-10 Jahren;
Verbreitung durch Staatsangestellte – auf die Dauer von 8-12 Jahren;
Uebermittlung ins Ausland von Erfindungen, Entdeckungen und technischen Vervollkommnungen – auf die Dauer von 10-15 Jahren.

Es liegt auf der Hand, daß nach dem Wortlaut dieses Erlasses jedes wissenschaftliche Studium der Volkswirtschaft der Sowjetunion zum Verbrechen wird, da es ja wie die positiven, so auch die negativen Seiten der Entwicklung aufdecken muß. Jedenfalls droht dem Wissenschaftler für die Veröffentlichung der Ergebnisse seiner Forschungen eine langjährige Haft in einem Zwangsarbeitslager.

Deshalb auch sind unsere Kenntnisse über die gegenwärtige Lage der Volkswirtschaft in der Sowjetunion sehr dürftig".

Im totalitären Sozialismus der Sowjetunion wurden geistige und politische Strömungen der Bevölkerung „erstickt durch den kommunistischen Dogmatismus und die Diktatur der kommunistischen Partei und ihrer Exekutivorgane, der Außerordentlichen Kommission zur Bekämpfung der Konterrevolution, der Tscheka, die jeden Bürger, der sich anmaßt, selbständige Gedanken über soziale und politische Fragen zu hegen und nach politischen Freiheiten zu trachten, für einen Konterrevolutionär ansieht".

Wenn der erste Stalinsche Fünfjahrplan (1928-1932/33) die Sowjetmacht vor die Aufgabe stellte, alle kapitalistischen Staaten in ihrer wirtschaftlichen Entwicklung „einzuholen und zu überholen", so ist nach dem Kriege 1941-1945, in ihren ökonomischen Ideen eine bedeutsame Ernüchterung bemerkbar. In seiner in der Versammlung der Wähler zum Obersten Sowjet am 9. Februar 1946 gehaltenen Rede hat Stalin darauf hingewiesen, zu welchem Ausmaße er die Entwicklung der Schwerindustrie der Sowjetunion in den nächsten drei Jahrfünften, bis zum Jahre 1960, bringen möchte.

Nach diesem Plan wird die Sowjetunion im Laufe der nächsten 15 Jahre zwar Großbritannien überholen, doch nur das derzeitige Niveau der wirtschaftlichen Entwicklung der Vereinigten Staaten erreichen. Der Krieg hat die produktiven Kräfte der Sowjetunion so sehr geschwächt, daß die Sowjetmacht ihre früheren Illusionen aufgeben mußte.

	Bruttoertrag von Brotgetreide	Beschaffungen und Einkäufe	In Prozent des Bruttoertrages
1928-29	733,2	107,9	14,7
1930-31	835,4	221,4	26,5
1931-32	694,8	228,4	32,9
1932-33	698,7	187,8	26,9
1935-36	810,9	283,9	35,0
1936-37	744,6	297,8	40,0
1937-38	1082,6	318,5	29,4
1942 (Plan)	1170,0	404,5	34,6

Diese Tabelle zeigt, uns erstens, welch glänzenden Erfolg die Getreidebeschaffungspolitik der Sowjetregierung, deren Werkzeuge die Kolchosen und Sowchosen waren, hatte: mit ihrer Hilfe hat die Sowjetmacht bis zu 35-40 Prozent der gesamten Getreideproduktion des Landes in den Händen des Staates konzentriert. Zweitens weist sie zwei erhebliche und schroffe Steigerungen im Umfang der Vorratsbeschaffungen in den Jahren der Mißernten 1931 und 1936 auf; in den Jahren 1931 und 1932 führten die maßlosen Beschlagnahmungen der landwirtschaftlichen Erzeugnisse bei den Bauern zu einer Hungersnot in der Ukraine, im Nördlichen Kaukasus, an der Unteren und Mittleren Wolga und in Kasachstan, der mehr als 8 Millionen Menschen zum Opfer fielen. Die Vorratsbeschaffungen an anderen landwirtschaftlichen Produkten und Nahrungsmitteln, wie auch an Erzeugnissen, die der Industrie als Rohstoff dienen, – wuchsen annähernd im gleichen Maße an. Die Regierungsbeschaffungen in Naturalienform umfaßten folgende Erzeugnisse: Rohbaumwolle, Zuckerrüben, Flachsfasern, Sonnenblumen, Tabak, Tee, Zitrusfrüchte, Fleisch, Milche und Molkereiprodukte, Eier, Wolle, Kartoffeln, Gemüse und sonstige Produkte. Leider besitzen wir nur fragmentarische und nicht systematisierte Angaben über die Ausmaße dieser Beschaffungen.

Eine grundlegende Eigenart der Organisation des Detailhandels in Sowjetrußland ist das Bestehen einer außergewöhnlich hohen Umsatzsteuer, die den Haupteinnahmeposten des Staatshaushalts bildet. Diese Steuer wurde im Jahre 1930 eingeführt und nahm rasch außerordentliche Ausmaße an. 1935 machte die Umsatzsteuer 75,4 Prozent, 1940 – 59,4 Prozent, 1950 macht sie dem Plane nach – 65,1 Prozent aller Staatseinnahmen aus. Sie wird zu verschiedenen Sätzen von Waren sowohl des persönlichen wie auch des industriellen Bedarfs, von Maschinen, Instrumenten, Eisenbahnschienen, Baumaterialien usw. erhoben, – mit dem einzigen Unterschied, daß diese Steuer bei Nahrungsmitteln aber nach niedrigen Sätzen, und zwar in Höhe von 1, 2, 3, 4 Prozent, selten 10-12 Prozent vom Verkaufspreis der Ware, berechnet wird. Soweit wir feststellen konnten, wird nur bei zwei Waren, die gleichzeitig dem Industrie- und dem personellen Gebrauch dienen, eine hohe Umsatzsteuer eingezogen: beim Spiritus – 67,1 Prozent und beim Petroleum – 90 Prozent. Auf diese Weise fällt die Steuer mit ihrer ganzen Wucht dem persönlichen Verbrauch zur Last, hauptsächlich dem Verbrauch der unentbehrlichsten Konsumgüter.

Bei der Vergesellschaftung der gesamten Industrie, der Eisenbahnen, der Binnen- und Seeschiffahrt, des Handels und eines beträchtlichen Teils der Landwirtschaft, verliert die Belastung der Produktionsmittel durch diese Steuer jeden Sinn. Ein wirkliches, nicht aber ein nominelles Einkommen kann dem Fiskus, unter dem Monopolsystem der Wirtschaft, nur die Umsatzsteuer auf persönliche Gebrauchsgegenstände abwerfen. Welchen Einfluß diese Steuer auf den Preis der verkauften Waren ausübt, kann man aus folgenden Beispielen ersehen:

Bei einer Steuer von 20 % steigt der Preis um 25 %

Bei einer Steuer von 40 % steigt der Preis um 66,7 %

Bei einer Steuer von 50 % steigt der Preis um das Doppelte

Bei einer Steuer von 75 % steigt der Preis um das Vierfache

Bei einer Steuer von 90 % steigt der Preis um das Zehnfache.

Eine derartige Preiserhöhung für die Nahrungsmittel und Gegenstände des persönlichen Bedarfs war nur dank dem Außenhandelsmonopol durchführbar, das die Einstellung der Importe aller derjenigen Waren aus dem Auslande möglich machte, die von der Staatsgewalt eine Herabsetzung der Dekretpreise dieser Waren im Innenhandel erzwingen könnten. Das Monopol des Außenhandels liefert den Binnenmarkt des Landes der unumschränkten Herrschaft der politischen Gewalt und der von ihr dekretierten Preise aus.

Um die tatsächlichen Ausmaße des Warenumsatzes im Detailhandel zu bestimmen, müßten wir eigentlich von der Summe des Bruttoumsatzes des Detailhandels den Teil der Umsatzsteuer, der auf die persönlichen Gebrauchsartikel entfällt, abziehen. Da aber die Sowjetstatistik diese Ziffer nicht publiziert, müssen wir uns mit der annähernden Ermittlung der gesuchten Größe begnügen, indem wir von der Summe des Bruttoumsatzes des Einzelhandels die gesamte Summe der Umsatzsteuer subtrahieren. Bei solch einer Berechnungsweise könnte der Fehler nicht groß ausfallen; wir sind der Meinung, daß der Fiskus mehr als neun Zehntel aller Einkünfte aus der Umsatzsteuer von den persönlichen Gebrauchsartikel bezieht.

In der sowjetrussischen Wirtschaftspresse indessen werden die Ziffern des Bruttoumsatzes im Einzelhandel ständig als bezeichnend für den Umfang der Belieferung der Bevölkerung mit Gebrauchsartikeln angeführt. Ihre maximale Höhe erreichte die Besteuerung des Detailhandels im Jahre 1935, nach der Aufhebung der Lebensmittelkarten und dem Uebergang zum „kommerziellen“ Handel mit seinen hohen Einzelpreisen; darauf setzte bis 1939 ein allmählicher Abbau der Umsatzsteuer ein, und mit ihm auch ein Rückzug der Detailpreise. Mit dem Beginn der Kriege 1939-1945 fing die Umsatzsteuer wieder zu steigen an, und zwar wie den Ansätzen, so auch den Gesamteinkünften nach. Die ersten Preissteigerungen für Lebensmittel und Massenkonsumgüter – Kartoffeln, Zucker, Fleisch, Milch – wurden bereits Anfang 1940 durchgeführt; am Ende dieses Jahres wurde der Brotpreis erhöht. 1941, nach dem Beginn des Krieges mit Deutschland, führte man eine normierte Versorgung der städtischen Einwohnerschaft auf Grund von Lebensmittelkarten ein; die Preise der rationierten Waren blieben während des ganzen Krieges unverändert („eingefroren"). Sie stiegen allmählich nur für Produkte, die in die Rationierung nicht eingeschlossen waren. Im Jahre 1943 wurde die Abgabe von rationierten Gütern gekürzt; viele Produkte wurden den Lebensmittelgeschäften in ungenügenden Mengen geliefert, so daß sie nur für einen Teil der Bevölkerung langten, der andere ging mit leeren Händen fort; später verschwanden einige Waren vollkommen vom Markte. Bei den Kaufläden bildeten sich lange Schlangen von Hausfrauen, die die Mangelware erwischen wollten. Infolge dieses Fehlens einiger Produkte machten sich Bestrebungen zur Schaffung eines schwarzen Marktes geltend: Leute, die wendig genug waren, sich im staatlichen Laden die ihnen nicht besonders nötigen Mangelprodukte zu festen Preisen zu verschaffen, verkauften sie zu stark erhöhten Preisen weiter an die, denen sie notwendig waren und die sie vor dem Verschwinden der dürftigen Vorräte nicht ergattert hatten. Doch diese Versuche spekulativen Wiederverkaufs der Waren aus staatlichen Warenhäusern führten nicht zur Bildung eines regelrechten schwarzen Marktes, wie er am Anfang des Krieges in manchen westeuropäischen Ländern in Erscheinung trat: seine Entstehung wurde durch das Nichtvorhandensein der Waren, mit denen man Schleichhandel hätte treiben können, verhindert.

Darum also gab es in den Kriegsjahren keinen schwarzen Markt in der Sowjetunion. Neben den staatlichen Kaufläden, die Produkte und Waren zu den vom Staate dekretierten Preisen verkauften, existierten in den Städten Sowjetrußlands noch Kolchosenmärkte, auf denen die Kollektivbauern, die ‚Kolchosniki', die Erzeugnisse ihrer Wirtschaften zu freien Preisen absetzen durften. Wie groß die Zufuhr von landwirtschaftlichen Produkten zu diesen Märkten war, kann man aus der Tatsache schließen, daß 1938 der Wert des Warenumsatzes auf ihnen die Summe von 24,4 Milliarden Rubel erreichte. Die Preise aber stiegen auf den Kolchosenmärkten zu unerschwinglicher Höhe an. In Moskau mußte die Bevölkerung für Lebensmittel nachstehende Preise (in Rubeln pro Kilogramm) zahlen:

	Rationspreise	Kolchosenmarkt	
	1943/44	1943	1944
Roggenbrot	1	100	75
Kartoffeln	–	50	–
Zucker	5	1.000	–
Hammelfleisch	12	500	150
Butter	–	800-1.000	–
Milch (pro Liter)	2,2	70	60
Ein Ei	–	–	6

Die freien Preise des Kolchosenmarktes, besonders die von 1943, verblüffen durch ihre Höhe. Soviel wir wissen, haben die Schwarzhandelspreise in den westeuropäischen Ländern niemals die legalen, von den Regierungen festgesetzten Preise um das 40-, 75-, 100- und 200fache übertroffen. Die Höhe der Preise bezeugt, welch hohen Grad die Unterernährung der russischen Stadtbevölkerung in den Kriegsjahren erreicht hatte und was für unglaubliche Preise sie für den dürftigsten Zuschuß zu ihrer Ration zu zahlen bereit war.

Dank diesen überaus hohen Kolchosenmarktpreisen mußten die Kollektivbauern in den durch die deutsche Invasion nicht berührten Teilen Rußlands, die Ueberschüsse an landwirtschaftlichen Produkten zum Verkauf besaßen, von deren Absatz enorme Mengen Geld aufspeichern. Die städtische Einwohnerschaft und die Industriearbeiter dagegen mußten nicht nur alles, was sie sich verdienten, sondern auch ihre ganzes Hab und Gut und ihre gesamten Ersparnisse, insofern solche vorhanden waren, aufzehren. So erwuchs in Sowjetrußland aus den übermäßigen Kolchosmarktpreisen ein sehr ernstes soziales Problem: die Bauern bereicherten sich, die Arbeiter aber verarmten. Ein anderes Ergebnis dieses schwunghaften Kolchoshandels waren die sehr beträchtlichen Mengen der im Laufe der vier Kriegsjahre von der Regierung emittierten Geldzeichen, Entwertung des Rubels und große Inflation.

Die Sowjetregierung fing schon während des Krieges an, Maßnahmen gegen die wachsende Inflation und Geldentwertung zu ergreifen. Im Dezember 1942 begann sie eine erfolgreiche Werbekampagne zugunsten freiwilliger Spenden für den Bau von Panzerkampfwagen und Flugzeugen. Diese Kampagne, die auch einen beträchtlichen Teil des Jahres 1943 andauerte, hat der Regierung, laut Zeugnis von H. Cassidy, vier Milliarden Rubel eingebracht. Die zweite Maßnahme war die Organisierung von inneren Staatsanleihen; bekanntlich werden die Beschlüsse über die Höhe der Anleihezeichnung in den Versammlungen jeder Fabrik und jedes Werks und der Kollektivbauern jedes Kolchos gefaßt und sind somit für jeden Arbeiter und Kolchosnik verbindlich. In den Kriegsjahren erreichten die Anleihen sehr beträchtliche Ausmaße. Vor 1939, also vor Beginn der Kriegsperiode in Europa, betrugen die jährlichen Anleihen 3,1-5,9 Milliarden Rubel; in den Jahren 1939-1941, vor dem Ausbruch des Krieges mit Deutschland, bezifferten sie sich auf 7,6-10,8 Milliarden Rubel; in den Jahren des Krieges wuchsen ihre Summen rasch an:

1942	12,7 Milliarden Rubel
1943	20,3 Milliarden Rubel
1944	29,0 Milliarden Rubel
1945	26,4 Milliarden Rubel

Die Produktion von persönlichen Gebrauchsgütern ist von der Sowjetindustrie stets stiefmütterlich behandelt worden. Ueberall arbeitet dieser Industriezweig hauptsächlich für lokale Märkte; eine große Rolle spielen in ihm das Handwerk und kleinere Unternehmungen, deren Arbeiterzahl 16 nicht übersteigt. Die totale Nationalisierung der gesamten Industrie in den ersten Jahren nach der Oktoberrevolution von 1917 hat die ganze Verwaltung der Industrie in den Händen des Obersten Volkswirtschaftsrates und der Staatlichen Plankommission zentralisiert. Das Handwerk und die Kleinindustrie wurden nicht nur vergessen, sie wurden vernichtet. Mit ihnen zusammen wurde auch die Initiative, die Unternehmungslust, die Fähigkeit, Waren zu produzieren, die dem Geschmack des Verbrauchers entsprechen, gleichfalls zunichte gemacht. Infolgedessen stellte es sich heraus, daß die Bevölkerung, deren persönliche Bedürfnisse bloß im geringsten Grade durch die Großindustrie befriedigt werden konnten, um die allernotwendigsten Gegenstände des persönlichen Gebrauchs und des täglichen Lebens gebracht wurden. Vor dem Kriege klagte die Sowjetpresse, daß es in den Kolchosen an Wagen, Schlitten, Kummet, Pferdegeschirr, selbst an Krummholz und Zugleinen fehle; es waren keine Schmieden zum Beschlagen von Pferden, zum Schärfen der Aexte, zur Reparatur von Pflügen vorhanden; es fehlte sogar an Mühlen zur Vermahlung des Getreides. In der Nähe von Moskau konnte man keine Graupenmühlen zum Schroten von Buchweizen und Hirse finden. Im Gebiet von Archangelsk begannen die Bauern, aus Mangel an Wassermühlen, die so baufällig geworden waren, daß sie auseinanderfielen, das Korn zwischen handbetriebenen Mühlsteinen zu zermahlen“.[50]

50 Prokopovicz, S. N.: Der vierte Fünfjahrplan der Sowjetunion 1946/1950, Zürich 1948, S. 5-7, 20, 28 f., 101.